EL LIBRO DE LA HISTORIA

EL LIBRO DE LA
HISTORIA

DK LONDON

EDICIÓN DE PROYECTO
Alexandra Beeden y Sam Kennedy

EDICIÓN SÉNIOR
Victoria Heyworth-Dunne

ASISTENTE EDITORIAL
Kate Taylor

EDICIÓN DE ARTE DEL PROYECTO
Katie Cavanagh

DISEÑO
Vanessa Hamilton

ASISTENTE DE DISEÑO
Renata Latipova

COORDINACIÓN DE ARTE
Lee Griffiths

DIRECCIÓN EDITORIAL
Gareth Jones

DIRECCIÓN DE ARTE
Karen Self

SUBDIRECCIÓN DE PUBLICACIONES
Liz Wheeler

DIRECCIÓN DE PUBLICACIONES
Jonathan Metcalf

DISEÑO DE CUBIERTA
Natalie Godwin

EDICIÓN DE CUBIERTA
Claire Gell

DISEÑO DE CUBIERTA SÉNIOR
Sophia MTT

PREPRODUCCIÓN
Robert Dunn

PRODUCCIÓN SÉNIOR
Mandy Inness

ILUSTRACIÓN
James Graham y Vanessa Hamilton

DK DELHI

ICONOGRAFÍA
Aditya Katyla y Deepak Negi

COORDINACIÓN DE ICONOGRAFÍA
Taiyaba Khatoon

DISEÑO DE CUBIERTA
Dhirendra Singh

MAQUETACIÓN SÉNIOR
Harish Aggarwal

EDICIÓN DE CUBIERTAS
Saloni Singh

Coproducido con
**SANDS PUBLISHING
SOLUTIONS**

4 JENNER WAY, ECCLES,
AYLESFORD, KENT ME20 7SQ

EDICIÓN
David y Sylvia Tombesi-Walton

DISEÑO
Simon Murrell

Estilismo de
STUDIO8 DESIGN

Publicado originalmente
en Gran Bretaña en 2016
por Dorling Kindersley Limited
80 Strand, London, WC2R 0RL

Parte de Penguin Random House

Título original: *The History Book*
Primera edición 2017

Copyright © 2016
Dorling Kindersley Limited

© Traducción en español 2017
Dorling Kindersley Limited

Servicios editoriales: deleatur, s.l.

Traducción: Montserrat Asensio
y Joan Andreano Weyland

ISBN: 978-1-4654-7376-9

Impreso en Hong Kong

UN MUNDO DE IDEAS
www.dkespañol.com

COLABORADORES

REG GRANT (ASESOR EDITORIAL)

R. G. Grant es un prolífico autor que ha escrito sobre temas de historia general, historia militar, actualidad y biografías. Entre sus publicaciones se hallan algunos libros de DK: *Flight: 100 Years of Aviation*, *Battle at Sea* y *Primera Guerra Mundial. La guía visual definitiva*.

FIONA COWARD

La Dra. Fiona Coward es profesora adjunta de arqueología y antropología en la Universidad de Bournemouth (Reino Unido), y ha centrado su investigación en los cambios de la sociedad humana, desde los pequeños grupos sociales de la prehistoria hasta las redes sociales globales de la actualidad.

THOMAS CUSSANS

Thomas Cussans es escritor e historiador y ha colaborado en varios libros sobre historia. Para DK ha participado en *Timelines of World History*, *Historia año por año* e *Historia. Del origen de la civilización a nuestros días*. Fue el editor de *The Times History of the World* y *The Times Atlas of European History*. Su libro más reciente es *The Holocaust*.

JOEL LEVY

Joel Levy es un escritor especializado en historia general e historia de la ciencia. Ha publicado más de veinte libros, entre ellos *Lost Cities*, *History's Greatest Discoveries* y *50 Weapons that Changed the World*.

PHILIP PARKER

Philip Parker es historiador y se ha especializado en el mundo clásico y medieval. Es el autor de *DK Companion Guide to World History*, *The Empire Stops Here: A Journey Around the Frontiers of the Roman Empire* y *The Northmen's Fury: A History of the Viking World*. Asimismo, coordinó la edición de *The Great Trade Routes: A History of Commerce Over Land and Sea*. Participó en *Historia año por año* y en *Historia del mundo en 1000 objetos*, ambos publicados por DK. Anteriormente había trabajado como diplomático y editor de atlas históricos.

SALLY REGAN

Sally Regan ha participado en más de una docena de títulos de DK, como *Historia. Del origen de la civilización a nuestros días*, *Segunda Guerra Mundial* y *Ciencia*. También ha dirigido documentales para Channel Four y la BBC, por los que ha sido premiada.

PHILIP WILKINSON

Philip Wilkinson es autor de varios libros sobre historia, arquitectura y arte. Además de éxitos como *What The Romans Did For Us*, *The Shock of the Old* y *Edificios asombrosos*, ha participado en la creación de múltiples enciclopedias y libros de referencia.

CONTENIDO

SOCIEDADES CAMBIANTES
1776–1914

EL MUNDO CONTEMPORÁNEO
1914–PRESENTE

INTRODU

CCION

El objetivo último de la historia es que el ser humano se conozca a sí mismo. En palabras de R. G. Collingwood, historiador del siglo XX, «el valor de la historia reside en que nos enseña lo que el hombre ha hecho y, por tanto, lo que el hombre es». Sin la historia, no podríamos comprender nuestras vidas.

La historia también cuenta con su propia historia. Desde los primeros tiempos, todas las sociedades han relatado historias sobre sus orígenes o de su pasado, normalmente en forma de narraciones que giraban en torno a los actos de dioses y héroes. Las primeras civilizaciones alfabetizadas también llevaban registros de los actos de sus gobernantes, que inscribían en tabletas de arcilla o sobre los muros de los palacios y los templos. Pero, al principio, estas sociedades no hicieron ningún intento de estudiar de forma sistemática la verdad del pasado: no diferenciaban entre lo que había sucedido de verdad y los acontecimientos que formaban parte de los mitos y leyendas.

La narración histórica en la Antigüedad

En el siglo V a.C., los griegos Heródoto y Tucídides fueron los primeros que intentaron responder a las preguntas sobre el pasado mediante la recogida e interpretación de pruebas. La palabra «historia», acuñada por Heródoto, significa «investigación» en griego. Aunque la obra de Heródoto aún contenía una proporción significativa de mitología, la narración que Tucídides hizo de la guerra del Peloponeso satisface la mayoría de los criterios del estudio histórico moderno. Se basó en entrevistas con testigos del conflicto y atribuyó los acontecimientos a la conducta humana en vez de a la intervención y los designios divinos.

Tucídides acababa de inventar una de las formas de historia más duraderas: la narración de guerras, conflictos políticos, diplomacia y toma de decisiones. El auge de Roma hasta el dominio del mundo mediterráneo alentó a los historiadores a desarrollar un género con un alcance más amplio: la narración de «cómo hemos llegado hasta aquí». El historiador heleno Polibio (200–118 a.C.) y el romano Tito Livio (59 a.C.–17 d.C.) quisieron crear una narrativa del ascenso de Roma, una «imagen general» que ayudara a entender los acontecimientos en una escala temporal amplia. Pese a que se limitaron al mundo romano, fue el principio de lo que a veces llamamos «historia universal», que intenta describir el avance desde los primeros orígenes hasta el presente en forma de narración con un objetivo, lo cual le otorga al pasado un propósito y una dirección aparentes.

En China, el historiador Sima Qian (c. 145–86 a.C.) investigó de un modo parecido la historia china, y se remontó miles de años, desde el legendario Shi Huangdi (c. 2697 a.C.) hasta el emperador Wu, de la dinastía Han (c. 109 a.C.).

Lecciones morales

Además de dar sentido a los acontecimientos mediante la narrativa, los historiadores de la Antigüedad consolidaron la tradición de la historia como una fuente de lecciones y reflexiones morales. Por ejemplo, las obras históricas de Tito Livio o de Tácito (55–120 d.C.) tenían, en parte, el objetivo de analizar la conducta de héroes y villanos, meditando sobre los puntos fuertes y débiles de la per-

Quienes no recuerdan el pasado están condenados a repetirlo.
George Santayana
La vida de la razón (1905)

sonalidad de los emperadores y de los generales, y ofreciendo a los virtuosos ejemplos de qué imitar y qué evitar. Esta sigue siendo ahora una de las funciones de la historia. El cronista francés Jean Froissart (1337–1405) dijo que había escrito sus crónicas sobre los caballeros que combatieron en la guerra de los Cien Años «para inspirar a los hombres valientes a seguir esos ejemplos». En la actualidad, los estudios históricos sobre Lincoln, Churchill, Gandhi o Martin Luther King desempeñan la misma función.

La «edad oscura»

El auge del cristianismo a finales del Imperio romano cambió el concepto de historia en Europa. Los cristianos empezaron a considerar los acontecimientos históricos como obras de la divina providencia o como muestras de la voluntad divina. Se solía evitar la investigación escéptica de lo sucedido, y las narraciones de milagros y martirios se aceptaban sin ser cuestionadas. En la Edad Media, el mundo musulmán fue más sofisticado que el cristiano, y el historiador árabe Ibn Jaldún (1332–1406) se posicionó en contra de la aceptación ciega y acrítica de narraciones de acontecimientos que no podían verificarse. Ningún historiador cristiano o musulmán produjo una obra de escala comparable a la crónica de

la historia china que se publicó en 1085 durante la dinastía Song, que narraba casi 1400 años de historia de China a lo largo de 294 volúmenes.

El humanismo renacentista

Pese a los indiscutibles méritos de la tradición de la historia escrita por parte de otras culturas, fue en Europa occidental donde la historiografía moderna evolucionó. En el Renacimiento se asentó el propósito de redescubrir el pasado. Los pensadores hallaron una fuente de inspiración fértil en la Antigüedad clásica, a la que recurrían en áreas como la arquitectura, la filosofía, la política o la estrategia militar. Los académicos humanistas instauraron la historia como uno de los temas principales de

Vivir con hombres de eras pasadas es como viajar a países extranjeros.
René Descartes
El discurso del método **(1637)**

los nuevos programas académicos, y los anticuarios se convirtieron en personajes habituales en los círculos de la élite, hurgando entre ruinas antiguas y acumulando monedas e inscripciones del pasado. Por otro lado, la difusión de la imprenta permitió que la historia estuviera al alcance de un público mucho más amplio.

La Ilustración

En el siglo XVIII, en Europa, la metodología de la historia, que consistía en verificar hechos mediante la crítica y la comparación de fuentes históricas, había alcanzado un nivel de sofisticación considerable. Los pensadores europeos habían llegado a un acuerdo sobre la división del pasado en tres periodos históricos principales: Antigüedad, Edad Media y Edad Moderna. Esta separación en periodos respondía a un juicio de valores, según el cual el periodo medieval, dominado por la Iglesia, era considerado una era de irracionalidad y barbarismo que separaba el dignificado mundo de las civilizaciones antiguas del emergente universo racional de la Europa moderna. Los filósofos de la Ilustración escribían historias que ridiculizaban los disparates del pasado.

El espíritu romántico

En contraste con esto, el movimiento romántico que recorrió Europa »

a partir de finales del siglo XVIII otorgó un valor intrínseco a la diferencia entre el pasado y el presente.

Los románticos se inspiraron en la Edad Media y, en lugar de entender el pasado como una preparación para el mundo moderno, como se había hecho hasta entonces, los historiadores románticos se lanzaron al ejercicio imaginativo de entrar en el espíritu de las eras pasadas. Esto tuvo que ver, en gran medida, con el nacionalismo. El pensador romántico alemán Johann Gottfried Herder (1774–1803) rebuscó en el pasado en busca de las raíces de la identidad nacional alemana y del verdadero «espíritu alemán».

Conforme el nacionalismo triunfaba en Europa en el siglo XIX, gran parte de la historia se convirtió en una celebración de las características y los héroes nacionales que a menudo rozaba la mitificación. Los países querían tener su propia y sagrada historia heroica, al igual que tenían sus propias banderas e himnos.

La «gran narrativa»

En el siglo XIX, la historia fue ganando cada vez más importancia, y adquirió tintes de destino. La arrogante civilización europea se consideraba a sí misma el objetivo hacia el que toda la historia había ido progresando, y elaboró narrativas y discursos que explicaban el pasado en esos términos. El filósofo alemán Georg Wilhelm Friedrich Hegel (1770–1831) articuló un gran esquema de la historia concebida como un desarrollo lógico que terminaba en el estado prusiano como punto culminante.

Más tarde, el filósofo y revolucionario social Karl Marx (1818–1883) adaptó el esquema de Hegel a su teoría («materialismo histórico»), que afirmaba que el progreso económico, causa del conflicto entre clases, desembocaría en la rebelión del proletariado, que arrebataría el poder a la burguesía mientras el orden mundial capitalista se colapsaba como consecuencia de sus contradicciones internas. El marxismo se convertiría en la más influyente y duradera de todas las «grandes narrativas» históricas.

La historia es poco más que los crímenes, locuras y desgracias de la humanidad.
Edward Gibbon
Historia de la decadencia y caída del Imperio romano (1776)

En el siglo XIX, la historia se profesionalizó y se convirtió en una disciplina académica. La historia académica aspiraba a lograr el estatus de ciencia, con el propósito declarado de acumular «hechos». Se abrió una brecha entre la historia «seria», que a menudo recurría a la estadística económica, y la pintoresca obra literaria de historiadores populares como Jules Michelet (1798–1874) y Thomas Macaulay (1800–1859).

El auge de la historia social

En el siglo XX, el foco de la historia, que siempre se había centrado en reyes, presidentes y generales, se amplió para incluir a la población en general, cuyo papel en la historia se hizo comprensible gracias a investigaciones más en profundidad. Algunos historiadores (al principio, los franceses) dejaron a un lado la «historia de los acontecimientos» para centrarse en el estudio de las estructuras sociales, las pautas de la vida cotidiana y las creencias y formas de pensar *(mentalités)* de la gente corriente en distintos periodos históricos.

Un enfoque eurocéntrico

En términos generales, hasta la segunda mitad del siglo XX, la mayoría de la historia mundial se escribió como la historia del triunfo de la civilización occidental. Este enfoque es-

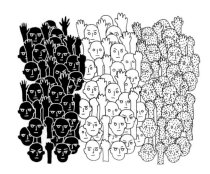

taba implícito tanto en las versiones marxistas de la historia como en las que celebraban el progreso de la tecnología, la empresa y la democracia liberal. Aunque no era necesariamente optimista, sí que sugería que la historia había sido, y seguía siendo, cuestión de Europa y sus ramificaciones en otras geografías. Así, se consideraba aceptable que respetados historiadores europeos mantuvieran que el África negra carecía de historia significativa y que no había contribuido al avance de la humanidad.

El revisionismo poscolonial

En la segunda mitad del siglo XX, el concepto de una «gran narrativa» histórica única y con un determinado sentido se hundió, y se llevó consigo el eurocentrismo. El mundo poscolonial y posmodernista necesitaba múltiples historias narradas desde el punto de vista de muchas identidades sociales diferentes. Se despertó el interés por el estudio de la historia de la raza negra, las mujeres y los homosexuales, además de la historia narrada desde un punto de vista asiático, africano o nativo americano. Los marginados y oprimidos se reevaluaron como «agentes» de la historia en vez de como víctimas pasivas. Tal revuelta revisionista puso patas arriba gran parte de la historia del mundo tal como la conocían los occidenta-

les educados, aunque, a menudo, no se proponían versiones alternativas que sustituyeran a las antiguas. El desconcierto resultante se puso de manifiesto, por ejemplo, en la respuesta al 500.º aniversario, en 1992, del descubrimiento de América por parte de Colón. Antaño se hubiera esperado que la ocasión alentara una celebración generalizada; en cambio, se conmemoró con cierto reparo, si es que se conmemoró en algún sentido. La gente ya no sabe qué pensar de la historia tradicional, de sus grandes hombres y de los acontecimientos que marcaron épocas.

Una perspectiva del siglo XXI

El contenido de *El libro de la historia* refleja el abandono de las «grandes narrativas» del progreso humano. Su objetivo es presentar al lector una visión general de la historia del mundo a través de momentos o acontecimientos específicos que pueden actuar como ventanas a áreas concretas del pasado. En línea con las preocupaciones contemporáneas, el libro también refleja la importancia a largo plazo de factores clave como el crecimiento demográfico, el clima y el medio ambiente a lo largo de la historia humana. Al mismo tiempo, recoge cuestiones de interés histórico popular tradicional, como la firma de la Carta Magna, la peste negra o la

guerra de Secesión estadounidense.

El libro empieza con los orígenes de la humanidad y la «pre-historia» y llega a la actualidad. Por supuesto, en realidad no hubo separaciones claras entre las épocas, y cuando las fechas se superponen, las entradas se incluyen en la era ideológica más pertinente. Tal como ilustra el libro, la historia es un proceso, no una sucesión de acontecimientos aislados. Solo podemos especular sobre cómo modelarán la historia de mañana los acontecimientos que experimentamos hoy. A principios del siglo XXI, nadie puede afirmar haber dado sentido a la historia, pero sigue siendo la disciplina fundamental para todo el que crea, como creía el poeta Alexander Pope, que «el ser humano es el estudio más interesante de la humanidad». ■

Nosotros no hacemos la historia. Ella nos hace a nosotros.
Martin Luther King
La fuerza de amar **(1963)**

LOS ORÍ

HACE 200 000 A

GENES
íos—3500 A.C.

Aparecen los **seres humanos** (*Homo sapiens*) en **África oriental**; los **neandertales** (*Homo neanderthalensis*) viven en **Europa y en Asia Occidental**.

Las poblaciones paleolíticas empiezan a **crear arte** (esculturas de animales y pinturas rupestres) y **artefactos** (joyas y herramientas decorativas y armas).

Inicio de un periodo conocido como «**glaciación**». En las regiones septentrionales, las personas y los animales mueren o migran hacia el sur.

Asentamiento en **Jericó** (ahora en Cisjordania). Es una de las **ciudades habitadas de forma continuada más antiguas** del mundo.

Hace 200 000 años **Hace 40 000 años** **Hace 23 000 años** *c.* **9000 A.C.**

Hace 45 000 años **Hace 35 000 años** **Hace 15 000 años** *c.* **7500 A.C.**

Los seres humanos se han **extendido** y habitan en la mayor parte de **Eurasia y Australia**, a la que han llegado en bote desde el sudeste asiático.

Aparecen los primeros ejemplos de **figuritas humanas**, que suelen representar a **mujeres** talladas o esculpidas en hueso, marfil, arcilla o piedra.

Los seres humanos empiezan a llegar a **Norteamérica**, o por el **puente de tierra** que conecta Asia y Norteamérica (ahora el estrecho de Bering) o por **mar**.

Asentamiento en **Chatal Huyuk** (Turquía central). Las evidencias de **rituales** complejos indican **cohesión social**.

Suele aceptarse que el origen de la especie humana se halla en África. El género *Homo* siguió los procesos habituales de evolución biológica y de selección natural y evolucionó en África oriental durante millones de años junto a los chimpancés, sus parientes cercanos. El *Homo sapiens* (seres humanos modernos) siguió los mismos procesos biológicos y evolucionó junto a otros homínidos (parientes de los seres humanos, como los neandertales, que se extinguieron hace 40 000 años).

Hace 100 000 años apenas hubiéramos podido distinguir entre los grupos dispersos de humanos cazadores-recolectores y los otros grandes simios. Pero a partir de un momento dado (cuesta decir cuándo), los seres humanos empezaron a cambiar de una manera nueva, no por el proceso de evolución biológica, sino por el de evolución cultural. Alteraron su modo de vida creando herramientas, lenguajes, creencias, costumbres sociales y arte. Cuando empezaron a pintar imágenes de animales sobre las paredes de cuevas y a tallar figuritas de piedra o hueso, ya se habían diferenciado de otros animales. Lo que durante los primeros años fue una transformación lenta fue adquiriendo un gran impulso a lo largo de los milenios siguientes. Los seres humanos se habían convertido en los únicos animales con historia.

Descubrir la historia

El estudio del desarrollo temprano de las culturas y sociedades humanas plantea un problema peculiar a los historiadores. La primera forma de escritura no se inventó hasta hace unos 5000 años. El periodo anterior a la aparición de la escritura tendía a calificarse despectivamente como «prehistoria», porque no dejó ningún documento que los historiadores pudieran estudiar. Sin embargo, en los últimos años, a las técnicas arqueológicas tradicionales se le ha sumado una amplia variedad de nuevos métodos científicos, como el estudio del material genético y la datación por radiocarbono de restos orgánicos, lo cual ha permitido a los historiadores arrojar una luz, por vacilante que sea, sobre la era anterior a la escritura.

La narrativa del pasado humano más distante se revisa a medida que nuevos hallazgos e investigaciones plantean cambios de perspectiva. Investigar de nuevo una cueva, un lugar de enterramiento o una calavera humana puede provocar que se cuestionen grandes áreas de conocimiento ampliamente aceptadas. En el siglo XXI, sin embargo, ya se puede

Hay evidencias de **fundición de cobre** en Serbia. En Oriente Próximo se inventa la **rueda**, probablemente más para la producción de alfarería que para el transporte.

Inicio de la **Edad del Bronce** en **Oriente Próximo** y aparición de la **civilización del valle del Indo** (subcontinente indio).

En **Sumeria**, en el sur de Mesopotamia (el actual Irak), se inventa la **escritura cuneiforme**, una de las **más antiguas** del mundo.

Se **erigen rocas** en **Stonehenge** (en la actual Inglaterra), en el centro de un talud circular construido 500 años antes. Las piedras se reordenarán más adelante.

c. **5000** A.C.   *c.* **3300** A.C.   *c.* **3000** A.C.   *c.* **2500** A.C.

c. **4000** A.C.   *c.* **3100** A.C.   *c.* **2700** A.C.   *c.* **1800** A.C.

Desarrollo de **civilizaciones** en **Mesopotamia**, entre los valles del Tigris y el Éufrates (Irak, Siria y Kuwait actuales), donde se instaura la **agricultura de irrigación**.

Narmer **unifica** el Alto y el Bajo **Egipto** y se convierte en el rey de la **dinastía I**. Imperan los **jeroglíficos** egipcios.

Construcción de las primeras **pirámides** de piedra, como **tumbas** monumentales, en **Egipto**. La de Guiza se construirá dos siglos después.

Aparición de la **escritura protosinaítica** (basada en jeroglíficos) **en Egipto**. Es el **antecedente** de la mayoría de los **alfabetos modernos**.

---

describir gran parte de la historia de los primeros seres humanos con un nivel de certeza razonable.

Cazadores-recolectores

Los historiadores coinciden en que, hasta hace unos 12 000 años, los seres humanos eran cazadores-recolectores que usaban herramientas de piedra y vivían en grupos pequeños y móviles. Este periodo se conoce como Paleolítico. La especie humana tuvo éxito: aumentó en número, hasta llegar quizá a los 10 millones de individuos, y llegó a casi todas las zonas de la Tierra. Se adaptó bien a los grandes cambios climáticos que ocurrieron a lo largo de decenas de miles de años, aunque desapareció temporalmente de algunas zonas del norte, como las islas británicas y Escandinavia durante la fase más fría de lo que conocemos como última glaciación.

Aunque los seres humanos vivían en una relación íntima con su entorno natural, su impacto en él no fue siempre beneficioso. Se da una inquietante coincidencia entre la llegada de los cazadores a distintos puntos del planeta y la extinción de megafauna, como los mamuts y los mastodontes. Aunque la actividad humana de caza dista de ser la causa única de estas extinciones (es probable que los cambios climáticos también tuvieran que ver), visto desde la perspectiva moderna parece un precedente preocupante.

La revolución agrícola

Aparentemente, el estilo de vida cazador-recolector ofrecía muchas ventajas. El análisis de restos humanos procedentes de las primeras sociedades cazadoras-recolectoras sugiere que nuestros antepasados solían contar con comida abundante, la cual obtenían sin un esfuerzo excesivo, y que sufrían pocas enfermedades. Si esto era realmente así, no está demasiado claro qué empujó a tantos seres humanos a asentarse en aldeas permanentes, desarrollar la agricultura, cultivar cosechas y domesticar animales: cultivar el campo era un trabajo muy duro, y las enfermedades epidémicas aparecieron por primera vez en las aldeas agrícolas.

Fuera cual fuese el efecto sobre la calidad de vida de los seres humanos, es innegable que el desarrollo de los asentamientos y de la agricultura llevó a un aumento de la densidad de población. Este periodo, a veces conocido como revolución neolítica, supuso un punto de inflexión clave para el desarrollo humano y abrió la puerta al desarrollo de los primeros pueblos y ciudades que conducirían, al final, a la forja de «civilizaciones» estables. ■

AL MENOS TAN IMPORTANTE COMO EL VIAJE DE COLON A AMERICA O LA EXPEDICION DEL *APOLO 11*

LOS PRIMEROS SERES HUMANOS LLEGAN A AUSTRALIA (hace 60 000–45 000 años)

EN CONTEXTO

ENFOQUE
Migración

ANTES
Hace 200 000 años El *Homo sapiens* (ser humano moderno) evoluciona en África.

Hace 125 000–45 000 años Grupos de *Homo sapiens* salen de África.

DESPUÉS
Hace 50 000–30 000 años Hay homínidos de Denísova en Rusia central y meridional.

Hace 45 000 años El *Homo sapiens* llega a Europa.

Hace 40 000 años Extinción de los neandertales. Los últimos asentamientos conocidos se hallan en la península Ibérica.

Hace 18 000 años Los fósiles del *Homo floresiensis* datan de esta fecha.

Hace 13 000 años Hay seres humanos en Clovis (Nuevo México), aunque quizá no sean los primeros del continente.

El *Homo sapiens* evoluciona en África.

El *Homo sapiens* llega a **Oriente Próximo**, pero se retira a África. No llegará a **Europa y Asia occidental** hasta después.

Después de llegar al **sur de Asia**, grupos de *Homo sapiens* siguen la costa hasta el **sudeste asiático**.

En Eurasia occidental, el *Homo sapiens* se encuentra con los **neandertales y los homínidos de Denísova**.

El *Homo sapiens* llega a Australia.

Todas las especies de homínidos, excepto el *Homo sapiens*, **se extinguen**.

El ser humano moderno es el único mamífero verdaderamente global. Desde África, el *Homo sapiens* se ha extendido por todo el mundo, lo cual es una demostración de la curiosidad de la especie y de su creatividad a la hora de adaptarse a distintos hábitats. En concreto, se cree que la capacidad humana de explotar los entornos costeros fue la clave de su rápida extensión a lo largo de las costas meridionales de Asia.

Ni siquiera la flora y la fauna distintas de Australia supusieron una barrera para el *Homo sapiens*. Puede que los humanos llegaran allí hace 60 000 años, aunque las fechas de

Véase también: Pinturas rupestres de Altamira 22–27 ▪ Último periodo glacial 28–29 ▪ Asentamiento de Chatal Huyuk 30–31

Restos de *Homo floresiensis* hallados en la isla indonesia de Flores en 2003. Se cree que su pequeño tamaño era consecuencia de una enfermedad y que no apunta a una especie distinta.

las primeras llegadas siguen siendo controvertidas. Es posible que ya hubieran llegado antes algunos grupos, pero las evidencias apuntan a que la colonización generalizada no empezó hasta hace unos 45 000 años, aproximadamente al mismo tiempo que el *Homo sapiens* llegaba a Europa.

Otras especies de homínidos

El *Homo sapiens* fue el primer homínido que llegó a Australia, pero en otras zonas de Eurasia los seres humanos se encontraron con competencia. Para cuando llegaron a Europa, los neandertales, que habían evolucionado del *Homo heidelbergensis* (un antepasado común con los humanos modernos), ya llevaban unos 250 000 años allí y estaban bien adaptados a la vida en la zona.

En las cuevas de Denísova en el macizo de Altái (Rusia), se han hallado restos de una especie misteriosa (el homínido de Denísova) a la que solo conocemos por su ADN. Y en la isla de Flores, en el sudeste asiático, se han encontrado fósiles de otra posible especie (el *Homo floresiensis*, de corta estatura y cerebro pequeño) y que datan de hace solo 18 000 años, aunque hay quien cree que se trata de seres humanos modernos afectados por alguna enfermedad.

El *Homo sapiens* fue la única de todas estas especies que sobrevivió y colonizó el Nuevo Mundo. Cuando el nivel del mar bajó a causa de la glaciación, Beringia, un istmo de tierra entre Rusia y Alaska, quedó expuesto y permitió al ser humano llegar a América desde Asia. La fecha exacta aún no está clara: antes se

La ocupación relámpago de América demuestra el ingenio incomparable y la adaptabilidad sin par del *Homo sapiens*.
Yuval Noah Harari
Sapiens, de animales a dioses (2011)

creía que unas herramientas de piedra de la «cultura de Clovis», de hace 13 000 años, habían pertenecido a los primeros humanos del Nuevo Mundo. Aunque no se conocen asentamientos más antiguos, muchas de las primeras fechas, sobre todo en Sudamérica, siguen generando debate.

La red social

Hasta que se hallen más evidencias, seguiremos sin saber qué les sucedió a los homínidos de Denísova y al *Homo floresiensis*. Por su parte, la investigación más reciente sugiere que los neandertales se extinguieron hace 40 000 años. Según muchos investigadores, el ingenio del *Homo sapiens* fue clave para su éxito en los territorios de otras especies ante la llegada del cambio climático en torno al último máximo glacial. Se cree que podía recurrir a redes sociales más amplias que otras especies, recurso que resultaría clave para la supervivencia en momentos de escasez y para colonizar los entornos desconocidos con que se hallaban a medida que avanzaba por el mundo, quizá en pos de manadas de animales. ▪

Homo sapiens: el único homínido superviviente

No hay evidencias de violencia entre el *Homo sapiens* y otros homínidos. De hecho, el ADN del *H. sapiens* conserva trazas de neandertales y homínidos de Denísova, lo que sugiere que las especies se cruzaron.

Los neandertales eran hábiles cazando y construyendo herramientas de piedra, pero puede que el *H. sapiens* tuviera mayor capacidad de adaptación y afrontara mejor los cambios climáticos que se sucedían a medida que la glaciación

avanzaba. Desarrollaron herramientas de piedra nuevas y técnicas que aprovechaban recursos como huesos y astas, y establecieron redes de apoyo que permitían a varios grupos sumar sus recursos a lo largo de grandes distancias para aumentar las probabilidades de supervivencia. Puede que esta capacidad de adaptación cultural fuera lo que permitió a los humanos superar a sus primos en la competencia por el acceso a recursos cada vez más impredecibles.

TODO ERA TAN BELLO, TAN FRESCO

PINTURAS RUPESTRES DE ALTAMIRA
(hace 40 000 años)

E l complejo de las cuevas de Altamira, cerca de Santander (España), comprende un conjunto de pasajes y cámaras a lo largo de casi 300 metros, y alberga algunos de los mejores ejemplos de pinturas rupestres del Paleolítico hallados hasta la fecha. Se trata de pinturas tan impresionantes que, cuando se descubrió la cueva, en 1880, la mayoría de los académicos creyeron que eran falsas, y hubo que esperar casi veinte años para que las aceptaran como creaciones de cazadores-recolectores prehistóricos. Es posible que algunas de las primeras creaciones artísticas de Altamira se remonten a hace más de 35 000 años, aunque la mayoría de las famosas pinturas rupestres se realizaron mucho después, hace unos 22 000 años. Entre estos vestigios pictóricos están las imágenes de la Gran Sala, cuyo techo bajo está cubierto de representaciones de animales, como realistas bisontes policromos pintados con mano experta sobre las ondulaciones naturales de la roca, de modo que casi parecen tridimensionales.

El ímpetu artístico

Se conocen otros ejemplos de pinturas rupestres, concentrados en el sudoeste de Francia y el norte de España. Además de imágenes detalladas de animales, también contienen signos y símbolos grabados y huellas de manos. Los arqueólogos aún no se han puesto de acuerdo sobre el significado y las funciones del arte rupestre. Una explicación es que los humanos del Paleolítico apreciaban las cualidades estéticas del arte, igual que hoy. Otros opinan que el asombroso grado de detalle de algunas imágenes (aún hoy pueden apreciarse el sexo de los animales o la estación en que se habían observado) podría significar que las pinturas eran un modo de transmitir información vital para la supervivencia, como qué animales cazar y cómo y cuándo podían encontrarse y perseguirse.

Rituales de caza

Es posible que las pinturas rupestres tuvieran que ver con la visión del mundo o las religiones de las poblaciones paleolíticas. Incluso ahora, muchas sociedades que viven de la caza y la recolección comparten creencias animistas: creen que entidades como animales, plantas y partes del entorno tienen espíritus con los que las personas pueden relacionarse. En estas sociedades, muchos

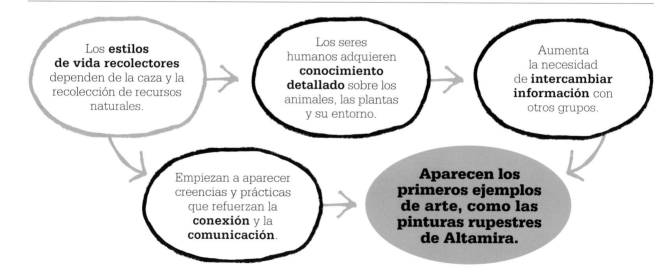

Los **estilos de vida recolectores** dependen de la caza y la recolección de recursos naturales.

Los seres humanos adquieren **conocimiento detallado** sobre los animales, las plantas y su entorno.

Aumenta la necesidad de **intercambiar información** con otros grupos.

Empiezan a aparecer creencias y prácticas que refuerzan la **conexión** y la **comunicación**.

Aparecen los primeros ejemplos de arte, como las pinturas rupestres de Altamira.

Véase también: Los primeros seres humanos llegan a Australia 20–21 ▪ Último periodo glacial 28–29 ▪ Asentamiento de Chatal Huyuk 30–31

La estructura ondulante de la roca de las cuevas de Altamira potencia, en lugar de entorpecer, el efecto artístico. Los animales de la Gran Sala adquieren una cualidad cuasi tridimensional.

de los expertos en religión, o chamanes, creen que pueden comunicarse con esos espíritus para ayudar a las personas enfermas o heridas; además, tradicionalmente, los chamanes creaban arte rupestre cuando entraban en estados modificados de conciencia, o trances, como parte de esa comunicación mágica, lo que ha llevado a algunos a sugerir la po-

Las huellas de manos pequeñas en la cueva de la Fuente del Salín, en Cantabria (España), sugieren que adentrarse en las cuevas podría haber sido un rito de paso.

sibilidad de que las sociedades del Paleolítico contaran con creencias similares. También se cree que los chamanes pueden transformarse en animales para alentarlos a entregarse a los cazadores, lo que podría explicar las imágenes que combinan características humanas y animales, como el Hombre-león de Hohlenstein-Stadel (Alemania) o el Brujo de la gruta de Les Trois Frères (Francia), una figura humana con astas.

Puede que el hecho de pintar imágenes de animales formara parte también de rituales «mágicos» diseñados para mejorar las probabilidades de éxito de las expediciones de caza. No es exagerado destacar lo importantes que debían ser este tipo de rituales en sociedades que dependían grandemente de los animales para alimentarse y cubrir otras necesidades.

Ceremonias de iniciación

También se ha señalado que muchas de las huellas de manos y pies halladas junto a las pinturas rupestres parecen haber pertenecido a individuos

jóvenes. Adentrarse en grutas oscuras y potencialmente peligrosas sin más luz que una lámpara de grasa animal podría haber constituido un rito iniciático para los jóvenes, una prueba que, sin duda, habría exigido un gran arrojo para ser superada.

Los enterramientos y el más allá

En los sitios de enterramientos se han hallado más evidencias de prácticas religiosas o rituales. Así, en el asentamiento de Dolní Věstonice (República Checa) se hallaron tres cuerpos enterrados juntos y en una posición sexualmente sugerente, en la que uno de los varones tendidos junto a la mujer tiene una mano tendida hacia la pelvis de ella, mientras el varón situado al otro lado de ella está tendido cabeza abajo. Los cráneos de los tres y la pelvis de la »

Personas de todo el mundo y a lo largo de la historia han compartido el instinto de representarse a sí mismos y a su mundo mediante imágenes y símbolos.
Jill Cook
Ice Age Art (2013)

mujer estaban rociados con ocre, un pigmento. Resulta interesante notar que los tres cuerpos comparten las mismas deformaciones esqueléticas raras, por lo que puede que fueran familiares. Aunque puede que nunca sepamos por qué se dispusieron así, es obvio que este enterramiento fue mucho más que un mero acto funcional para deshacerse de los cuerpos.

En otros lugares se enterró a algunos individuos con muchas «ofrendas funerarias», como las joyas confeccionadas con conchas del molusco *Dentalium*, en Arene Candide (Italia), o las lanzas hechas con marfil de mamut halladas en el enterramiento de dos niños en Sungir (Rusia). Algunos investigadores han sugerido que estos individuos tan adornados (sobre todo los más jóvenes), y que en sus cortas vidas no habrían tenido tiempo de construirse una reputación que justificara ese tratamiento especial tras su muerte, dan a entender que algunos grupos habían empezado a desarrollar jerarquías y distinciones de estatus. Pero no parece que estas diferenciaciones fueran algo generalizado hasta mucho después. De todos modos, es evidente que, por primera vez, las personas parecían cada vez más preocupadas por lo que sucedía después de la muerte y por cómo los muertos debían entrar en el más allá.

Marcar el territorio

Otros investigadores subrayan que la mayoría del arte rupestre «clásico» se concentra en el suroeste de Francia y el norte de España, una zona relativamente favorable para vivir: incluso en el cenit del último máximo glacial, los hábitats más meridionales y de climas más cálidos, y por tanto más productivos, atraían a grandes manadas de animales. En consecuencia, puede que la densidad de población humana fuera relativamente alta en esas áreas, y que eso diera lugar a tensiones sociales entre los grupos que competían por el territorio y los recursos.

Al igual que los colectivos humanos actuales usan símbolos como banderas, atuendos y símbolos que marcan fronteras, territorios e iden-

Se consideraban parte del mundo vivo, donde animales, plantas e incluso el paisaje y los objetos inanimados tenían vida propia.
Brian Fagan
Cromañón (2010)

tidades grupales, puede que los grupos paleolíticos europeos decoraran las cuevas por motivos similares en un momento en que podía darse una competición intensa por los recursos.

Cooperación

Estas interacciones sociales podrían ayudar a explicar cómo pudo sobrevivir el *Homo sapiens* a los rigores de la vida en Europa durante la última glaciación. Es probable que los cazadores-recolectores vivieran en pequeños grupos diseminados por el territorio. La mayoría de los asentamientos arqueológicos de esa época no muestran ninguna prueba de la existencia de edificios o estructuras complejas, lo que sugiere que los grupos humanos se movían mucho, en función del tiempo y del entorno local, y que seguían a animales, como a los renos, en sus migraciones estacionales.

La capacidad del *Homo sapiens* para forjar relaciones nuevas permitió que los grupos de cazadores se unieran cuando era necesario. Cuando los recursos abundaban, cazaban juntos y, por ejemplo, interceptaban manadas de renos en los lugares donde eran más vulnerables, como valles estrechos o vados fluviales. En periodos de escasez, los grupos se sepa-

Los historiadores aún no están seguros de si la mayoría del arte rupestre esconde un significado específico. Las suposiciones más concretas apuntan a varias posibilidades: arte por el arte; espiritualidad; ritos de iniciación; delimitación de territorio; y sistema para impartir información valiosa sobre la caza.

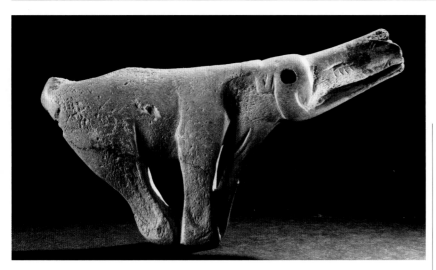

Las herramientas de caza, como este átlatl, solían tallarse con la forma de los animales que iban a matar, probablemente como una especie de «ritual mágico» que aumentaba las probabilidades de éxito de la caza.

raban y se dispersaban lo suficiente como para poder encontrar recursos suficientes para sobrevivir.

Las primeras tecnologías

Estos cazadores-recolectores se esforzaron por desarrollar tecnología de caza, porque eso podía suponer la diferencia entre la vida y la muerte. Fabricaron lanzas con puntas de piedra muy talladas, y las arrojaban sobre sus presas usando átlatles (o propulsores de flechas) diseñados para aumentar el alcance y la potencia del tiro. Estas herramientas eran clave para el éxito de la caza, por lo que no

sorprende que algunos de estos átlatles estuvieran bellamente tallados y decorados, a menudo con representaciones de los animales que se iban a cazar. También tallaban cuidadosamente complejos arpones de pesca con púas de hueso y asta.

Las primeras semillas de una sociedad

Delicados punzones y agujas tallados en hueso sugieren que los humanos del Paleolítico también confeccionaban ropa de abrigo con piel y pelo animal con más esmero que sus antepasados, y fabricaban muchos

otros objetos, desde joyería delicada hecha con dientes de animales y conchas hasta figuritas talladas en piedra o esculpidas en arcilla. Es posible que muchos de estos objetos se intercambiaran o regalaran, o que fueran objeto de comercio con individuos de otros grupos como parte de unas relaciones sociales de más amplia escala.

Europa, entorno impredecible durante el último máximo glacial, llevó a que compartir recursos con otros grupos en momentos de abundancia resultara beneficioso a largo plazo: si un grupo tenía dificultades para hallar recursos en un área, era probable que otros grupos en otras zonas que antes se hubieran beneficiado de su generosidad se sintieran más inclinados a devolver el favor. Puede que estas relaciones de intercambio vincularan a grupos muy distantes en redes sociales complejas de relaciones individuales y grupales que resultarían clave para la supervivencia en un entorno tan exigente. ◼

Estatuillas de Venus

Las figuras de mujer talladas o esculpidas en piedra, marfil o arcilla son una forma de arte paleolítico abundante en Europa, y presentan similitudes sorprendentes: suelen omitir detalles como los rasgos faciales y los pies, mientras que exageran los caracteres sexuales femeninos (pechos, vientre, vulva, caderas y muslos). La atención a características relacionadas con la sexualidad y la fertilidad y con la redondez de los cuerpos representados (la grasa era un recurso precioso durante la glaciación) sugieren que las estatuillas podrían haber tenido

una función simbólica como amuleto relacionado con el embarazo o la fertilidad.

Según algunos investigadores, estas estatuillas representan a una «diosa madre», pero no hay evidencias que sustenten esta interpretación. Otros han señalado el hecho de que las figurillas demuestran que había símbolos e ideas culturales compartidos y que habrían resultado clave para las interacciones sociales, los intercambios de recursos y de información y los posibles emparejamientos en el mundo de la última glaciación.

LOS CIMIENTOS DE LA EUROPA DE HOY SE ASENTARON DURANTE EL FINAL DE LA ULTIMA GLACIACION

ÚLTIMO PERIODO GLACIAL (hace 21 000 años)

El **cambio climático** es resultado de los cambios en la posición y la orientación de la Tierra respecto al Sol.

La última glaciación expande los casquetes polares y reduce el nivel del mar.

Los **hábitats cambian**, y las especies vegetales y animales **cambian** para sobrevivir.

Los animales y los humanos colonizan las **tierras bajas**. Quedarán aislados cuando el nivel del mar vuelva a subir.

Los grupos humanos se enfrentan a **oportunidades y limitaciones** nuevas.

Solo recientemente se ha empezado a entender cómo la relación bidireccional entre los seres humanos y su entorno ha afectado al desarrollo de nuestras sociedades. Los seres humanos evolucionaron durante la última glaciación y superaron periódicas transiciones entre condiciones climáticas muy frías (glaciaciones) y periodos más cálidos (interglaciares). Pero hacia el final de la última glaciación, estos cambios se volvieron más pronunciados y empezaron a ocurrir a intervalos más reducidos, hasta que, hacia 21 000 a.C., culminaron en la glaciación que ahora conocemos como último máximo glacial. Las personas y los animales que vivían en las regiones más septentrionales, o bien murieron, o se retiraron al sur a medida que los casquetes polares crecían

En 1900 se desenterró en Siberia (Rusia) un mamut entero, el primer ejemplar completo que se encontró. El Museo de Historia Natural de San Petersburgo expone un molde de él.

hasta alcanzar la parte meridional de Gran Bretaña. Se congeló tanta agua marina que el nivel del mar bajó y expuso tierras bajas como Beringia, la plataforma continental que conecta Norteamérica y Asia, y que fue la ruta por la que los primeros seres humanos llegaron a América.

Temperaturas en alza

Las temperaturas volvieron a subir después, y hacia 7000 a.C. se consolidó un clima global cálido y estable, semejante al actual. Los casquetes polares se fundieron y, cuando el nivel del mar volvió a ascender, los océanos separaron Eurasia de América, convirtieron el sudeste asiático en un archipiélago y transformaron penínsulas en islas, como las de Japón y Gran Bretaña, donde muchos grupos humanos quedaron aislados. El impacto sobre los ecosistemas fue severo para los grandes animales que ahora conocemos como megafauna, por ejemplo, los mamuts. Las llanuras de la estepa glacial donde la megafauna medraba se vieron sustituidas por bosques extensos, y, en todo el globo, la combinación del cambio climático y la caza humana llevó a muchas especies a la extinción.

Los bosques y los humedales del nuevo mundo posglacial ofrecieron muchas oportunidades a los seres humanos. Cazaban animales del bosque y obtenían comida de una amplia variedad de fuentes fluviales y costeras. Peces migratorios, como el salmón, mamíferos marinos, como las focas, y moluscos, aves y tubérculos, frutas, frutos secos y semillas se convirtieron en alimentos básicos.

Cambio de estilo de vida

Puede que, en las zonas ricas en recursos naturales, los grupos humanos no se asentaran en un único lugar, sino que enviaran a pequeños grupos a explorar territorios lejanos en busca de recursos específicos. Así, las comunidades natufienses del Mediterráneo oriental pudieron explotar amplias extensiones de cereales salvajes en Oriente Próximo. Algunos grupos empezaron a manipular su entorno quemando vegetación y talando árboles para fomentar el crecimiento de las especies vegetales y animales que preferían. Empezaron a seleccio-

Pocos humanos han vivido en un mundo con cambios medioambientales y climáticos tan extremos.
Brian Fagan
Experto en prehistoria humana

nar y a cuidar variedades vegetales productivas y a sembrar las semillas de las plantas preferidas, al tiempo que manejaban y controlaban ciertos animales. Dichas manipulaciones llevaron a que estas especies fueran cada vez más dependientes de la intervención humana, así como al desarrollo de la agricultura, un cambio radical en el modo de vida humano que, desde entonces, ha tenido como consecuencia un impacto aún más radical sobre el medio ambiente. ▪

Testigos de hielo y entornos del pasado

Los paleoclimatólogos estudian la composición de los sedimentos depositados sobre los suelos oceánicos a lo largo del tiempo para entender la evolución del clima. Los foraminíferos, diminutas criaturas marinas, absorben dos tipos distintos de oxígeno, ^{16}O y ^{18}O, del agua del mar. El ^{16}O es el más ligero y se evapora con mayor facilidad, pero, en periodos más cálidos, cae en forma de lluvia y regresa al mar. Así, el ^{16}O y el ^{18}O existen en el agua marina y aparecen en las conchas de los foraminíferos. En condiciones frías, la mayor parte del ^{16}O evaporado no regresa al océano, sino que se congela, por lo que el agua marina contiene más ^{18}O que ^{16}O. Cuando los foraminíferos mueren, las conchas se hunden en el lecho marino y se acumulan. Los paleoclimatólogos perforan el suelo marino para extraer testigos de sedimento y estudiar las proporciones cambiantes de ^{16}O y ^{18}O en las distintas capas y determinar así la evolución del clima.

EN LA PLANICIE DE ANATOLIA SURGIO UNA GRAN CIVILIZACION

ASENTAMIENTO DE CHATAL HUYUK
(hace 10000 años)

EN CONTEXTO

ENFOQUE
Revolución neolítica

ANTES
Hace 11000–10000 a.C.
Evidencias del cultivo de cosechas y de la domesticación de animales en Oriente Próximo.

C.9000 a.C. Se empieza a cultivar maíz en Mesoamérica.

C.8800 a.C. Estilos de vida agrícolas muy consolidados en Oriente Próximo.

DESPUÉS
8000 a.C. Comienzo de la agricultura y de la domesticación de animales en Asia Oriental.

7000–6500 a.C. La agricultura llega a Europa por Chipre, Grecia y los Balcanes.

3500 a.C. Primeras ciudades en Mesopotamia.

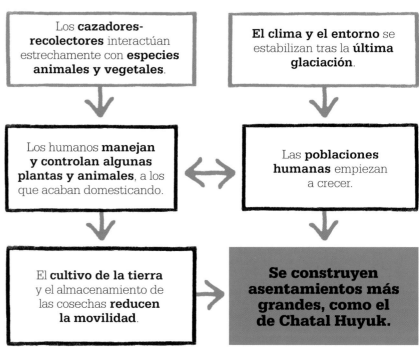

Los **cazadores-recolectores** interactúan estrechamente con **especies animales y vegetales**.

El **clima y el entorno** se estabilizan tras la **última glaciación**.

Los humanos **manejan y controlan algunas plantas y animales**, a los que acaban domesticando.

Las **poblaciones humanas** empiezan a crecer.

El **cultivo de la tierra** y el almacenamiento de las cosechas **reducen la movilidad**.

Se construyen asentamientos más grandes, como el de Chatal Huyuk.

En la década de 1960, James Mellaart halló el asentamiento neolítico de Chatal Huyuk, en la planicie de Konya (Turquía), hoy uno de los sitios arqueológicos más famosos por el tamaño y la densidad del asentamiento, las pinturas de sus muros y las evidencias de conductas religiosas y rituales complejas. Desde su hallazgo, en Oriente Medio se han descubierto otros asentamientos que dan fe de la escala creciente de las comunidades humanas durante la transición del estilo de vida cazador-recolector al agrícola, o «revolución neolítica», que ocurrió entre 10000 a.C. y 7000 a.C. Tanto si el aumento de la población obligó a la búsqueda de medios de subsistencia más estables como si la

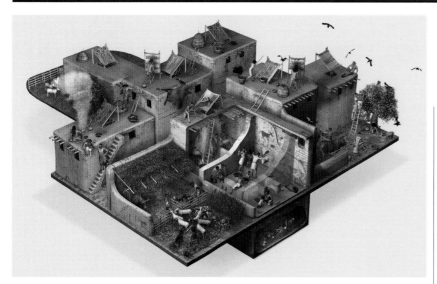

Esta ilustración muestra cómo las personas vivían y trabajaban cerca las unas de las otras en el asentamiento de Chatal Huyuk, con los animales domésticos también cerca.

No está claro si los cráneos decorados, las estatuas y las estatuillas representan a personas concretas o a cabezas de familia o linaje, o bien antepasados míticos o dioses, aunque puede que formaran parte de las ideologías, los rituales y las prácticas sociales comunes que ayudaban a aliviar las tensiones entre individuos y entre grupos o clanes regionales más amplios, los cuales establecían vínculos más formales entre sí mediante el comercio y el intercambio de bienes a larga distancia. Es posible que Chatal Huyuk debiera su éxito, en parte, a su función como centro comercial del intercambio a gran escala de objetos de obsidiana, o vidrio volcánico, del monte Hasan.

Los cambios sociales y económicos que la revolución neolítica trajo consigo ayudaron a modelar tanto la historia humana como los ecosistemas del mundo a partir de entonces. ▪

agricultura permitió tener más hijos, el tamaño de muchos asentamientos aumentó y se hizo más estable. Había que hallar maneras nuevas de resolver fuentes de estrés social, como las disputas entre vecinos.

Los primeros habitantes de los asentamientos plantaban y cultivaban, y almacenaban lo cosechado para que durara el año entero, de modo que ya no podían desplazarse como los cazadores-recolectores.

incluso tras su muerte: se les enterraba bajo el suelo de las casas. A veces se les desenterraba y se les retiraba el cráneo, y, en algunos casos, sobre él se moldeaban rasgos faciales con yeso y se pintaba con ocre, para ser exhibido. En asentamientos como 'Ain Ghazal (Jordania) se han hallado grandes estatuas hechas con yeso, y hay muchos ejemplos de estatuillas de arcilla que representan a animales y personas (sobre todo mujeres).

Cohesión comunitaria

Se cree que el desarrollo de una organización religiosa más formal y de prácticas rituales de grupo pudo contribuir a la evolución de la cohesión comunitaria; en muchos asentamientos se reservaban edificios para estos usos. Se trataba de estructuras mayores que las domésticas y que contaban con características novedosas, como bancos de yeso de cal y algunas muestras de arte simbólico y figurativo: Chatal Huyuk cuenta con murales y figuras de temáticas como toros, leopardos y buitres. En muchos lugares, algunos de los habitantes permanecían en la comunidad

La agricultura y la salud

La agricultura proporcionó una fuente de alimento abundante y estable a largo plazo, pero tuvo también consecuencias negativas. Es posible que los agricultores tuvieran que trabajar más que los cazadores-recolectores y, como su dieta estaba más limitada, desarrollaron déficits nutricionales. Asimismo, al vivir cerca de los animales, estos pasaron algunas de sus enfermedades a las personas, como la viruela, el carbunco, la tuberculosis y la gripe. Las comunidades más grandes y con mayor densidad de población propiciaron la propagación de enfermedades, y supusieron más problemas a la hora de deshacerse de los excrementos y desechos humanos y animales, aumentando de este modo los trastornos gastrointestinales y las enfermedades como el cólera y el tifus. Por otra parte, los sistemas de irrigación crearon el caldo de cultivo para generar mosquitos y otros parásitos, que infectaron a las personas con enfermedades como la malaria.

CIVILIZA
ANTIGUA
6000 A.C.—500

CIONES
S
D.C.

Hammurabi, uno de los grandes reyes de **Mesopotamia**, escribe un **código de leyes**, el **primer** sistema legal escrito conocido.

El faraón **Ramsés II** construye dos grandes templos en **Abu Simbel** para **glorificar** a los faraones y afirmar su **dominio** en Nubia.

Clístenes introduce la **democracia** en **Atenas**. Todos los ciudadanos atenienses **podían votar** directamente sobre la política ateniense.

Inicio de la **guerra del Peloponeso** entre **Grecia** y el **Imperio persa**: los éxitos militares influirán en el desarrollo de la identidad griega clásica.

1780 A.C.   1264 A.C.   507 A.C.   490 A.C.

1700 A.C.   650 A.C.   c. 500 A.C.   c. 334 A.C.

Los **minoicos** construyen el **palacio de Cnosos** en Creta. Es la primera civilización europea que produce un **sistema de escritura** (conocida como silabario **lineal A**).

Cénit de la **cultura celta**, que se desarrolló cerca de Hallstatt (**Austria**) y se extendió a los territorios de las actuales Francia, Rumanía, Bohemia y Eslovaquia.

Siddhartha Gautama (**Buda**) rechaza la vida material para buscar la **iluminación** y predica el **budismo** en India.

El rey macedonio **Alejandro Magno** invade Asia Menor y crea un gran imperio. La **cultura griega** se extiende hacia **oriente**.

Hace 5000 años, el ser humano empezó a formar sociedades complejas. Estas «civilizaciones» solían tener estructuras sociales y de Estado, construían ciudades y monumentos como templos y pirámides, y usaban alguna forma de escritura. La clave para el desarrollo de las civilizaciones fue la agricultura. Cuando bastó tan solo una parte de la población para trabajar en el campo y producir alimento, el resto pudo habitar ciudades y palacios y desempeñar toda una serie de funciones especializadas: aparecieron los burócratas, los comerciantes, los escribas y los sacerdotes. No cabe duda de que la civilización elevó el nivel de la vida humana en muchos aspectos (tecnología, arte, literatura, filosofía), pero también instauró la desigualdad y la explotación como base de la sociedad, lo que condujo a guerras conforme los Estados crecían y se convertían en imperios.

Civilizaciones emergentes

Las primeras civilizaciones se desarrollaron en zonas donde podía practicarse la agricultura intensiva (que solía implicar el uso de sistemas de irrigación), por ejemplo a lo largo de las riberas de los ríos Tigris y Éufrates en Mesopotamia (actual Irak), del Nilo en Egipto, del Indo en el norte de India y Pakistán y del Yangtsé y el río Amarillo en China. Aunque estas civilizaciones de Eurasia y el norte de África se fundaron independientemente las unas de las otras, a lo largo del tiempo establecieron contactos y compartieron ideas, tecnología e incluso enfermedades. Todas siguieron una secuencia en la que las herramientas de piedra (Edad de Piedra) fueron sustituidas por otras de bronce (Edad del Bronce) y, luego, por otras de hierro (Edad del Hierro). En América, donde olmecas y mayas desarrollaron las primeras civilizaciones de Mesoamérica, el uso de útiles de piedra persistió, y la mayoría de las enfermedades que azotaban a Eurasia eran desconocidas.

Escritura y filosofía

Hacia 1000 a.C., las civilizaciones eurasiáticas experimentaron un nuevo impulso. El uso de la escritura evolucionó, pasando del mero registro a la creación de libros sagrados y textos literarios que contenían los mitos y las creencias de las distintas sociedades, desde las narraciones de Homero, en Grecia, hasta los Cinco Clásicos del confucianismo, en China, o los Vedas hindúes, en India. En el Mediterráneo oriental aparecieron formas de escritura que usaban un

Shi Huangdi (dinastía Qin) **unifica China**, hasta entonces una región de estados en guerra, e inicia grandes proyectos, como el **ejército de terracota**.

Julio César es **asesinado** en Roma, a manos de senadores que creen que cada vez tiene más ansias de poder.

Inicio del **periodo clásico maya**; se construyen muchas ciudades, templos y monumentos en **México** y **Guatemala**.

Roma cae ante los **visigodos**. El Imperio romano se encoge, y gran parte de Europa es invadida por **tribus bárbaras**.

221 A.C.

44 A.C.

250 D.C.

410 D.C.

218 A.C.

43 D.C.

312 D.C.

486 D.C.

El comandante **Aníbal** de **Cartago** (norte de África) cruza los Alpes para **invadir Italia**. Incapaz de tomar Roma, regresa a África.

El **ejército romano**, liderado por Aulo Plaucio, **invade** el sur de **Britania**. El Imperio romano llegará a **Gales** y a la frontera **escocesa**.

El **emperador Constantino** de Roma adopta el **cristianismo** tras la victoria en el puente Milvio. El cristianismo gana **popularidad** rápidamente.

Clodoveo, rey de los francos salios, **vence a los romanos** en Galia y **unifica Francia** al norte del Loira bajo su dinastía.

---

alfabeto, y los fenicios, pueblo de comerciantes y marineros, las difundieron. Las ciudades-estado griegas se convirtieron en un campo de pruebas para las nuevas formas de organización política, como la democracia, y en la fuente de nuevas ideas en el arte y la filosofía. La influencia de la cultura griega llegó hasta el norte de India, mientras que en India nacía el budismo, la primera «religión mundial» que ganó conversos más allá de su sociedad de origen.

Poblaciones en crecimiento

El mundo antiguo alcanzó la cúspide de su periodo clásico hace 2000 años. La población mundial había crecido desde los 20 millones de habitantes en el momento del surgimiento de las primeras civilizaciones hasta los 200 millones. Unos 50 millones vivían en una China Han unida, y una cantidad

parecida estaba regida por el Imperio romano, que había ampliado su territorio hasta las costas atlánticas y las fronteras persas. En gran parte, los imperios tuvieron éxito gracias a la eficiencia de las comunicaciones por tierra y mar y al despliegue de la fuerza militar. Europa, India y China estaban comunicadas por rutas comerciales, y sus ciudades habían crecido mucho: se estima que la población de Roma superó el millón de habitantes.

Civilizaciones en declive

Las causas del declive de los imperios clásicos a partir del siglo III d.C. han generado controversia entre los historiadores. Las epidemias que estallaban en las ciudades superpobladas y que se transmitían a lo largo de las rutas comerciales tuvieron mucho que ver. Las luchas de poder internas también fueron un factor importante

que llevó a la fragmentación política y al declive de la calidad del gobierno. Sin embargo, es posible que el factor clave fuera la limitación geográfica de las áreas civilizadas de Eurasia. Tanto el Imperio romano como el Han habían construido murallas para marcar y defender los límites de sus imperios, más allá de los cuales vivían tribus «bárbaras» nómadas o seminómadas. Las sociedades civilizadas tenían una escasa, si no nula, ventaja militar sobre estas poblaciones, que saqueaban y se asentaban cada vez con más frecuencia en sus territorios. La parte oriental del Imperio romano cristiano sobrevivió hasta 1453, y la civilización china recuperó su vigor a partir de 618, con la dinastía Tang, pero Europa occidental necesitó siglos para revivir el nivel de población y organización que había conocido bajo el gobierno de Roma. ∎

PARA TRAER EL GOBIERNO DE LA JUSTICIA A LA TIERRA

EL CÓDIGO DE HAMMURABI (c. 1780 a.C.)

Aumento
de la **agricultura**,
la **población** y la
urbanización.

Las **redes locales
se descomponen** y la
resolución de conflictos
se complica.

**Hammurabi escribe un código legal para
consolidar su control sobre la región.**

**Aumenta
la necesidad** de leyes,
registros permanentes
y poder judicial.

Aparición de los sellos
cilíndricos, la escritura,
las instituciones judiciales
y las **leyes escritas**.

En 1901, en las ruinas de la ciudad de Susa, se halló una estela de piedra de dos metros de altura que contenía 280 «sentencias», o leyes, que constituyen el primer código legal escrito conocido. En origen, la estela se había erigido en Babilonia hacia 1750 a.C., por orden de Hammurabi, uno de los reyes más importantes de Mesopotamia.

La revolución de la Edad del Bronce

Mesopotamia, que significa «entre dos ríos», se halla entre los ríos Éufrates y Tigris, y se la considera el lugar donde surgió la primera civilización humana de la historia. Allí también se dieron los primeros desarrollos de escritura, matemáticas y astronomía. Su crecimiento demográfico

Véase también: Asentamiento de Chatal Huyuk 30–31 ▪ Los templos de Abu Simbel 38–39 ▪ El palacio de Cnosos 42–43 ▪ Las conquistas de Alejandro Magno 52–53 ▪ La fundación de Bagdad 86–93 ▪ La fundación de Tenochtitlán 112–117

Hammurabi, el legislador

Hacia el año 2000 a.C., los amorreos, pueblo seminómada procedente de Siria, cruzaron Mesopotamia y sustituyeron en muchas ciudades-estado a los gobernantes locales por dinastías de jeques amorreos. A principios del siglo XVIII a.C., los tres reyes amorreos más poderosos eran Samsi-Adad en el norte, Rim-Sin en Larsa, al sur, y Hammurabi en Babilonia, en el centro. A lo largo de su prolongado reinado, Hammurabi anexionó todo el sur de Mesopotamia a su reino y, finalmente, amplió su poder remontando el Tigris hasta Nínive y el Éufrates hasta Tuttul, en la unión con el río Balikh. Supervisó personalmente la construcción de numerosos templos y otros edificios.

El prólogo de su código, tributo al propio Hammurabi y largo registro histórico de sus conquistas, presume de que su liderazgo era de origen divino, ya que los dioses trasladaron el control sobre la humanidad a Marduk (divinidad babilónica) y, por lo tanto, a su rey. También revela que se consideraba a sí mismo el garante de una sociedad justa y ordenada.

y de riqueza llevó a la aparición de una jerarquía social en cuya cúspide estaban los gobernantes, los cortesanos y los sacerdotes. Por debajo estaban los comerciantes y los artesanos, mientras que los siervos y los obreros ocupaban la base. Este proceso suele describirse como «especialización»: distintos miembros de la sociedad desempeñaban funciones diferentes.

La sociedad mesopotámica coordinaba la mano de obra para construir grandes estructuras, como murallas defensivas y templos, y para movilizar ejércitos. Usaba la ingeniería hidrológica para desviar el curso de los ríos e irrigar las llanuras aluviales. Las necesidades administrativas, como la contabilidad, propiciaron el desarrollo de la escritura cuneiforme, la primera conocida, y de conceptos matemáticos como las fracciones, las ecuaciones y la geometría. También se desarrolló una astronomía sofisticada para confeccionar calendarios. Este paso adelante, a veces llamado revolución de la Edad del Bronce, puede entenderse como el cambio más importante en el mundo humano antes de la revolución industrial.

La unificación de Mesopotamia

Durante gran parte de los milenios IV a.C. a II a.C., Mesopotamia fue un mosaico de reinos y ciudades-estado rivales, como Uruk, Isín, Lagash, Ur, Nippur y Larsa. Hammurabi, el rey amorreo de Babilonia, unificó la región mediante una combinación de astucia, diplomacia, oportunismo, poder militar y longevidad. Como era tradicional con los reyes conquistadores, Hammurabi usó edictos previos como base para sus propias leyes,

Cuando Marduk me envió a gobernar sobre los hombres [...] traje el bienestar a los oprimidos.
Hammurabi

pero estas leyes se caracterizaron por el gran alcance de su imperio y por el hecho de que se inscribieron en estelas (bloques de piedra) y, por tanto, se registraron a perpetuidad. Las leyes del código de Hammurabi y su prólogo revelan mucha información sobre la vida durante lo que se conoce como periodo paleobabilónico. Contienen sentencias sobre cuestiones como las disputas de propiedad y la violencia contra las personas hasta los esclavos huidos y la brujería.

El legado de Hammurabi

Aunque parece que las leyes de Hammurabi tuvieron poco peso y apenas se aplicaron en la época, y pese a que su imperio se desintegró poco después de su muerte, su reinado supuso un punto de inflexión para el sur de Mesopotamia. Asentó el ideal de un estado unificado, con capital en Babilonia, y los escribas mesopotámicos copiaron sus leyes como mínimo hasta el siglo VI a.C. Presentan similitudes con la Biblia hebrea, a la que quizá influenciaron y que, a su vez, sigue influyendo sobre las leyes de muchas sociedades actuales. ▪

TODAS LAS TIERRAS HAN CAIDO POSTRADAS PARA LA ETERNIDAD BAJO SUS SANDALIAS

LOS TEMPLOS DE ABU SIMBEL (c. 1264 A.C.)

EN CONTEXTO

ENFOQUE
Egipto faraónico

ANTES
C. 3050 A.C. Narmer unifica los reinos del Alto y del Bajo Egipto.

C. 2680 A.C. Keops (Jufu) inicia la construcción de la gran pirámide de Guiza, la más grande de la historia.

C. 1480 A.C. Tutmosis III conquista Siria y lleva su imperio hasta el Éufrates.

DESPUÉS
C. 1160 A.C. Ramsés III repele las invasiones libias y de tribus saqueadoras conocidas como «pueblos del mar».

C. 1085 A.C. Colapso del Imperio Nuevo. Egipto queda dividido entre gobernantes libios, al norte, y reyes-sacerdote en Tebas, al sur.

Siglo VII A.C. Los asirios y, luego, los persas invaden Egipto.

En torno a 1264 a.C., el faraón egipcio Ramsés II (c. 1278–1237 a.C.) ordenó la construcción de dos templos gigantescos sobre los taludes de la orilla occidental del Nilo en el sur de Egipto. La entrada estaba custodiada por cuatro estatuas del propio faraón, sentado en el trono y con los símbolos de la realeza divina, como la corona doble que simbolizaba la autoridad sobre el Alto y el Bajo Egipto. Los templos se diseñaron para que simbolizaran y encarnaran el estatus, la ambición y el poder únicos de los faraones del antiguo Egipto.

La tradición faraónica

Ramsés II había heredado una tradición muy antigua: unos 1800 años antes, el rey Narmer (a quien el historiador griego Heródoto llamó Menes) unificó los reinos del Alto Nilo (meridional) y el Bajo Nilo (septentrional). Las hazañas de Narmer se recogieron en una tablilla de arcilla que se recuperó en un templo de Hieracómpolis en el siglo XIX y que recoge una de las primeras representaciones conocidas de un rey egipcio. Las inscripciones de la tablilla contienen muchos de los símbolos y tradiciones que caracterizarían a los faraones durante los tres milenios siguientes. Por ejemplo, Narmer aparece agarrando a un enemigo por el cabello y a punto de aniquilarlo; Ramsés II solía representarse del mismo modo, pues el poder militar y la fuerza sobrenatural eran dos de las características de la realeza egipcia. El faraón, como los dioses, solía representarse con un tamaño mucho mayor al de los meros mortales.

La situación geográfica de Egipto, con los extremos contrastes entre el valle del Nilo y su delta, que desembocan en el mar Mediterráneo en el norte, y las extensiones de desierto

El magnífico complejo de templos de Abu Simbel se trasladó 200 metros hacia el interior y 65 m hacia arriba en 1964–1968, para protegerlo del aumento del nivel del Nilo durante la construcción de la presa de Asuán.

Véase también: El código de Hammurabi 36–37 ▪ El palacio de Cnosos 42–43 ▪ Las conquistas de Alejandro Magno 52–53 ▪ El asesinato de Julio César 58–65

Yo, [el creador], te concedo a ti, Ramsés II, cosechas constantes […, tus] fardos son tan abundantes como la arena, tus graneros tocan el cielo y tus pilas de cereales son como montañas.

Inscripción en el templo de Abu Simbel (c. 1264 A.C.)

inhabitable a su alrededor, propició el desarrollo de una cultura y una civilización únicas. Se concebía al faraón como a un dios viviente que podía controlar el orden del cosmos, incluidas las inundaciones por desbordamiento del Nilo, las cuales traían el fértil limo que revitalizaba las tierras de cultivo. También se solía representar a los faraones como campesinos en escenas agrícolas, para simbolizar su papel de guardianes de la tierra.

El Imperio antiguo

El Imperio antiguo que siguió a Narmer estuvo regido por una sucesión de dinastías lideradas por faraones poderosos que canalizaron el poder burocrático y económico del reino unificado en proyectos de construcción monumentales, como las pirámides. A su vez, estos proyectos estimularon el desarrollo científico, tecnológico y económico, y favorecieron el aumento de las relaciones comerciales con otros reinos de Oriente Próximo y del Mediterráneo.

Las deidades predominantes en el Imperio antiguo eran Ra, dios del sol, Osiris, dios de los muertos, y Ptah, el creador. En el Imperio medio y el Imperio nuevo posteriores, gobernados por familias desde Tebas, Amón se convirtió en la deidad principal. En tanto que gobernante supremo, el faraón estaba íntimamente relacionado con los dioses y se le consideraba la encarnación de algunas deidades concretas.

El Imperio nuevo

En el siglo XXIII a.C. cayó el Imperio antiguo. Tras lo que se conoce como Primer Periodo Intermedio, las dinastías del Imperio medio recuperaron el control de un Egipto unificado desde 2134 a.C. hasta aproximadamente 1750 a.C., cuando fueron invadidos por los hicsos (probablemente, semitas de Siria). A su vez, los hicsos fueron expulsados de Egipto hacia 1550 a.C., cuando la dinastía XVIII, la mayor y más importante, ascendió al poder y fundó el Imperio nuevo. En esa época se creía que la inmortalidad ya no era accesible exclusivamente a los faraones; también a los sacerdotes, escribas y otros que podían permitirse hacer ofrendas y pagar rituales, así como el proceso de momificación, por lo que en el Valle de los Reyes se excavaron tumbas que luego se llenaron con ofrendas fúnebres de una enorme riqueza.

Bajo el imperio de faraones expansionistas, como Tutmosis III y Ramsés II, Egipto extendió su control hasta el Éufrates, en Asia, y curso arriba del Nilo, hasta Nubia. Que Ramsés construyera Abu Simbel en Nubia no fue casualidad: además de representar la gloria divina de los faraones egipcios en general, el templo simbolizaba el control de Ramsés sobre el territorio recién conquistado. ▪

El **valle del Nilo** está rodeado de un **desierto inhóspito**, pero es **muy fértil** gracias a que el río más largo del mundo lo cruza y **lo irriga**.

Una civilización **sofisticada, coherente y unificada** se desarrolla a lo largo de una **amplia franja** de terreno.

El comercio y las **conquistas** impulsan la economía y el aumento **de población**. Aparece un reino grande y próspero.

Se construyen monumentos enormes, como el templo de Abu Simbel, para reflejar el poder, la riqueza y los sistemas de creencias de Egipto.

EL APEGO ES LA RAIZ DEL SUFRIMIENTO

SIDDHARTHA GAUTAMA PREDICA EL BUDISMO (*c.*500 A.C.)

EN CONTEXTO

ENFOQUE
La difusión del budismo

ANTES
***C.*1200 A.C.** La cultura védica se extiende por el norte y el centro de India.

***C.*1200–*c.*800 A.C.** Las tradiciones orales védicas se escriben en sánscrito en los Vedas.

***C.*600 A.C.** En la India védica aparecen los mahajanapadas, los 16 reinos rivales.

DESPUÉS
322 A.C. Chandragupta Maurya funda el Imperio maurya.

Siglo III A.C. Sri Lanka se convierte al budismo.

185 A.C. Caída del Imperio maurya.

Siglo I D.C. El budismo llega a China y Japón.

Siglo VII Se invita a misioneros budistas a que levanten un monasterio en el Tíbet.

Siddhartha, el Buda, rechaza la vida material y enseña su propia filosofía.

Asoka el Grande conquista India y **unifica el imperio**.

Asoka **convierte el budismo en la religión oficial del Estado** y lo difunde por el sur y el este de Asia.

Tras la caída del Imperio maurya, **el budismo entra en declive en India**.

El budismo florece en Sri Lanka, el sudeste asiático, China, Japón, el Tíbet y Asia central.

Siddhartha Gautama, más conocido como Buda, nació al final del periodo védico (1800–600 a.C.) en el sur de Asia en plena transición. En el sistema de castas del país, los brahmanes (casta sacerdotal) y los chatrias (casta guerrera) componían la élite y Siddhartha Gautama nació en el seno de este segundo grupo.

En aquella época, India era un fermento de sectas e ideologías nuevas, algunas de las cuales defendían una filosofía de renuncia al mundo material. Siddhartha desarrolló una filosofía parecida y basada en el hinduismo místico, pero que al mismo tiempo rechazaba la creciente rigidez de los rituales védicos y de la piedad hereditaria de los brahmanes. Renunció a sus posesiones, buscó y halló la iluminación y se convirtió en Buda. Predicó en el noreste de India y fundó el *sangha*, núcleo de discípulos de la comunidad monástica que continuaría la doctrina budista.

Véase también: Las conquistas de Alejandro Magno 52–53 ▪ El colapso de la civilización del valle del Indo 70 ▪ La construcción de Angkor Wat 108–109 ▪ Las conquistas de Akbar el Grande 170–171

> Si la separación es una certeza en este mundo, ¿no sería mejor separarse voluntariamente en aras de la religión?
> **Siddhartha Gautama**

Durante los tres siglos siguientes, el budismo fue una secta minoritaria, pero bajo el emperador maurya Asoka el Grande (304–232 a.C.) se convirtió en la religión oficial de India. Al principio, el reinado de Asoka se caracterizó por la conquista sangrienta, pero hacia 261 a.C. adoptó un nuevo modelo de reinado y de filosofía religiosa basada en el credo de la tolerancia y de la no violencia. Amplió el control del Imperio maurya y, como el budismo demostró ser una potente fuerza cohesionadora, logró unificar toda India, excepto el extremo meridional, en un imperio con 30 millones de habitantes.

Una religión mundial

Una vez que consolidó el budismo como religión estatal, Asoka fundó monasterios y financió su estudio. Envió misioneros budistas a todo el subcontinente y a puntos tan lejanos como Grecia, Siria y Egipto. Al principio, sus misiones instauraron el budismo como filosofía de la élite, pero la religión arraigó en todos los estratos sociales en Sri Lanka y el sudeste asiático, así como a lo largo de la Ruta de la Seda, en los reinos indogriegos (los actuales Pakistán y Afganistán) y luego en China, Japón y el Tíbet. En India, donde surgió, el budismo empezó a declinar tras la muerte de Asoka (232 a.C.), como consecuencia del resurgimiento del hinduismo y, luego, de la llegada del islam. Pero fuera de India, su tradición y estudio florecieron y dieron lugar a distintas ramas, como el budismo zen, el theravada (o hina-

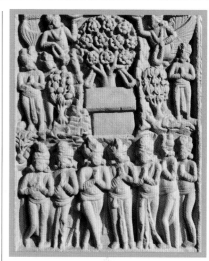

Estos altorrelieves que representan la vida de Buda decoran las puertas de la Gran Estupa, en Sanchi, encargada por el emperador Asoka en el siglo III a.C.

yana), el mahayana o el vajrayana (o tántrico). Además de ser la primera religión que se difundió ampliamente más allá de la sociedad en que se originó (es decir, fue la primera «religión mundial»), el budismo es también una de las más antiguas, ya que se practica desde el siglo VI a.C. ▪

El Buda

El mito y la leyenda que rodean a Siddhartha Gautama interfieren con la historia sobre su vida. Aunque distintas tradiciones dan distintas fechas de su nacimiento y muerte, muchas coinciden en 563–483 a.C. Se dice que nació milagrosamente de su madre y creció rodeado de lujos en el palacio de su padre, el rey Suddhodana Tharu, líder del clan sakia.

A los 29 años, rechazó el lujo, abandonó a su esposa y a su hijo y renunció a las cosas materiales en su busca de la iluminación mediante el ascetismo. Tras pasar seis años viajando y meditando, alcanzó la iluminación y se convirtió en el Buda, pero, en lugar de ascender al nirvana, el estado trascendente objetivo del budismo, eligió permanecer y predicar su nuevo mensaje, el *dharma*.

Buda difundió su doctrina hasta su muerte a los 80 años de edad, y sus seguidores formaron el *sangha*, comunidad monástica proselitista. Instaba a sus discípulos a que siguieran el *dharma*, y les instruía con enseñanzas como esta: «Todo lo individual se desvanece. Esforzaos sin descanso».

UN INDICIO DE LA EXISTENCIA DE UN SISTEMA DE ESCRITURA JEROGLIFICA EN LAS ISLAS GRIEGAS

EL PALACIO DE CNOSOS (c. 1700 A.C.)

EN CONTEXTO

ENFOQUE
Creta minoica

ANTES
C. 7000 A.C. Primera colonización de Creta.

C. 3500 A.C. Inicio de la Edad del Bronce en Creta.

DESPUÉS
C. 1640 A.C. Una gigantesca explosión volcánica arrasa las colonias minoicas y la costa.

C. 1500 A.C. Mayor estratificación de la cultura minoica. Transferencia de la administración local a las poblaciones grandes.

C. 1450 A.C. Los micénicos invaden Creta.

C. 1100 A.C. Los «pueblos del mar» aterrorizan al mundo mediterráneo y provocan el declive minoico.

1900 D.C. Arthur Evans inicia la excavación de Cnosos.

1908 El arqueólogo Luigi Pernier halla el disco de Festos.

La **sociedad minoica** se vuelve muy próspera gracias a la **agricultura y al comercio**.

Desarrollo de la **estratificación social**, con una élite rica que controla el comercio.

En los elaborados **complejos palaciegos** se almacenan productos para su redistribución.

La necesidad de llevar **registros** da lugar a una «escritura» en forma de **jeroglíficos**.

En Cnosos, los jeroglíficos evolucionan a la escritura lineal A.

En la década de 1890, Arthur Evans, historiador británico, halló unos sellos de arcilla antiguos en venta en Atenas. Procedían de la entonces relativamente inexplorada isla mediterránea de Creta, y, para Evans, fueron un emocionante indicio de la existencia del primer sistema de escritura en Europa.

Evans siguió la pista de los sellos hasta su origen cretense, y excavó una prometedora parcela en Cnosos, al norte de la isla, donde halló un vasto complejo palaciego. La iconografía del palacio se centraba en el culto a los bóvidos, e incluía frescos que representaban el deporte de saltar por encima de toros. Evans llamó «minoica» a esta civilización, por el mítico rey cretense Minos, que (según la mitología griega) construyó un laberinto para encerrar al Minotauro: una temible criatura, medio hombre medio toro. Además, Evans descubrió que los minoicos habían inventado un alfabeto primitivo, al que llamó lineal A.

El periodo palaciego

Desconocemos el origen del pueblo minoico (puede que procediera de Anatolia), el cual se asentó en Creta en el Neolítico, hacia 7000 a.C. Los minoicos cultivaban la tierra, criaban ovejas y oraban en cuevas, sobre

Véase también: Asentamiento de Chatal Huyuk 30–31 ■ El código de Hammurabi 36–37 ■ Las guerras médicas 44–45 ■ La democracia ateniense 46–51 ■ Sejong el Grande introduce una nueva escritura 130–131 ■ La caída de Constantinopla 138–141

las montañas y en los arroyos, pero en 2400 a.C. ya habían empezado a construir complejos palaciegos. En 1900 a.C., en el llamado periodo palaciego de la civilización minoica, se construyeron los palacios de Cnosos, Festos, La Canea y Malia. Tenían formas similares, y el de Cnosos era el más grande. Fue destruido hacia 1700 a.C., quizá debido a un incendio o un tsunami, pero no tardaron en reconstruirlo. En su momento álgido, hacia 1500 a.C., el palacio de Cnosos y la ciudad que creció a su alrededor abarcaban 75 hectáreas y tenían una población de hasta 12 000 habitantes.

Los palacios del pueblo minoico tenían grandes patios centrales rodeados de edificios con múltiples estancias y estaban ricamente decorados con frescos que representaban la flora y la fauna. Disponían de amplios almacenes, donde los gobernantes (que quizá ejercían el doble papel de sacerdote-rey o sacerdotisa-reina) acumulaban bienes para su posterior redistribución. Los gobernantes también controlaban el comercio con otras civilizaciones de la Edad del Bronce en el Mediterráneo, como Biblos, en Fenicia (ahora en el Líbano), Ugarit, en Siria, el Egipto faraónico, los asentamientos de la Grecia micénica en las Cícladas y otros lugares más lejanos.

La escritura lineal A

Los minoicos desarrollaron su propia escritura, quizá en un principio para llevar registros y para cuestiones administrativas. Empezó como una escritura jeroglífica, pero luego evolucionó en el silabario lineal A, en el que los símbolos denotan sílabas (en vez de letras, como con los abecedarios). El lenguaje minoico que nos ha llegado en escritura lineal A aún no ha podido descifrarse; pero, hacia 1450 a.C., los minoicos fueron invadidos por los micénicos, procedentes de Grecia continental, que adaptaron la escritura minoica y la transformaron en la lineal B, utilizada para escribir griego arcaico.

La civilización minoica cayó poco después de que los micénicos invadieran Creta. Sin embargo, el legado de la escritura minoica perdura a través de su relación con el alfabeto fenicio, que a su vez se convertiría en la base del alfabeto latino que se usa hoy en muchas partes del mundo. ■

El disco de Festos

El disco de Festos se halló en 1908 entre las ruinas del palacio de Festos. Está hecho de arcilla cocida, tiene 15 cm de diámetro y está grabado con símbolos de una escritura desconocida. Aunque se ha datado en 1700 a.C., se hizo usando la técnica de impresión con taco de madera, que se creía que no se había inventado hasta 2000 años después (en China), por lo que el disco es un gran misterio arqueológico. Los símbolos, muchos de los cuales son objetos cotidianos, están dispuestos en espiral y separados en palabras por medio de líneas verticales. Se han hallado paralelismos entre algunos símbolos de los jeroglíficos cretenses y el lineal A, lo que sugeriría que la escritura del disco podría ser una forma elaborada de una escritura minoica ya existente. Hay muchas teorías sobre su significado: algunos creen que la inscripción es un himno a una diosa; otros, que narra una historia o que es un calendario o un juego, y hay quien opina que es una falsificación muy lograda.

Este fresco del salto del toro, del palacio de Cnosos (Creta), es el panel restaurado más completo de las diversas representaciones de acrobacias con toros, una temática habitual en el arte minoico.

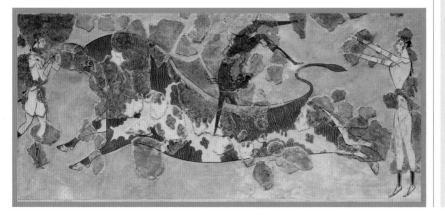

EN TIEMPOS DE PAZ, LOS HIJOS ENTIERRAN A SUS PADRES. EN LA GUERRA, SON LOS PADRES QUIENES ENTIERRAN A SUS HIJOS

LAS GUERRAS MÉDICAS (490–449 A.C.)

EN CONTEXTO

ENFOQUE
El Imperio persa

ANTES
Siglo VII A.C. Los medos fundan un reino en el actual Irán.

***C.* 550 A.C.** Ciro el Grande se rebela contra el gobierno medo y funda el Imperio persa aqueménida.

***C.* 499 A.C.** Las ciudades-estado griegas se rebelan, sin éxito, contra los persas.

DESPUÉS
431 A.C. Atenas y Esparta compiten por la supremacía en Grecia en la guerra del Peloponeso.

404 A.C. Artajerjes II asciende al trono del Imperio aqueménida.

331 A.C. Alejandro Magno derrota a Darío III y conquista el Imperio persa.

312 A.C. Persia pasa a formar parte del Imperio seléucida, formado por uno de los generales de Alejandro.

Leónidas de Esparta se alzaba ante sus 300 guerreros, a punto de enfrentarse al ejército más poderoso que el mundo hubiera conocido. El enviado de su enemigo le exigió que depusiera sus armas a los pies del rey-dios persa. «Venid a buscarlas», fue la lacónica respuesta de Leónidas.

En las guerras médicas o guerras greco-persas (490–449 A.C.), un pequeño grupo de ciudades-estado del sur de Grecia se enfrentó a un imperio vasto y cosmopolita. El conflicto ejerció una profunda influencia sobre el desarrollo de la identidad y la cultura de la Grecia clásica y dejó un rastro vívido en la literatura y los mitos occidentales. Por el contrario, la historia del Imperio persa aqueménida ha quedado en la sombra, lo cual contradice la importancia que tuvo esa gran civilización de Oriente Medio.

Los aqueménidas

El primer Imperio persa, regido por la dinastía aqueménida, creció rápidamente. Es posible que, en su punto álgido, gobernara a más de la mitad de la población mundial. Surgió hacia 550 A.C., cuando el rey persa Ciro el Grande derrocó a los medos y se lanzó a la conquista de Babilonia y Lidia (ahora en Turquía), con lo que

Un hoplita (infantería pesada) griego vence a su adversario persa en esta decoración del interior de una copa de vino de 460 a.C. Pegaso, el caballo alado, adorna el escudo del vencedor.

los griegos jonios pasaron a estar gobernados por Persia. Cambises II y Darío, sucesores de Ciro, ampliaron el imperio hacia Egipto y los Balcanes, donde Tracia y Macedonia abrieron la puerta de Europa a los persas.

Los aqueménidas instauraron el gobierno persa como un modelo para los imperios posteriores. Pese a su gran tamaño, el imperio adoptó cierto multiculturalismo y concedió a los territorios conquistados libertad de culto, de lenguaje y de cultura. Invirtieron en infraestructuras (los per-

Véase también: El código de Hammurabi 36–37 ▪ La democracia ateniense 46–51 ▪ Las conquistas de Alejandro Magno 52–53 ▪ Las guerras del Peloponeso 70 ▪ Mahoma recibe la revelación divina 78–81

sas construyeron una red de carreteras para mantener unido el imperio, como luego harían los romanos) y en el ejército, y traspasaron la administración local a las provincias. El régimen aqueménida unió a Oriente Medio bajo una misma cultura.

El conflicto con los griegos independientes estalló después de que las ciudades-estado de Atenas y Eretria apoyaran la infructuosa revuelta de los jonios contra el gobierno persa en 499 a.C. Darío respondió invadiendo la Grecia continental, pero los atenienses y sus aliados lo derrotaron en Maratón en 490 a.C. Darío planeó una invasión a mayor escala, pero fue su hijo Jerjes el que empezó a reunir un gigantesco ejército para ejecutar su plan cuando él ya había muerto.

El padre de las mentiras

La principal fuente de información sobre las guerras médicas es Heródoto de Halicarnaso, conocido como el padre de la historia, pero también como el padre de la mentira. Heródoto estimó que el ejército terrestre de Jerjes constaba de 1 700 000 hombres, pero los historiadores moder-

> El resto de las expediciones […] no son nada en comparación con esta. ¿Acaso hubo alguna nación de Asia que Jerjes no trajera consigo contra Grecia?
>
> **Heródoto**

nos creen que la cifra máxima estaría más cerca de los 200 000.

La segunda invasión persa, en 480 a.C., fue detenida por la heroica defensa de Leónidas y sus 300 espartanos en las Termópilas y por la resistencia naval griega en Artemisio. Luego, la marina griega atrajo a la flota persa hasta una trampa en Salamina. Jerjes regresó a Persia y dejó a un gran ejército para que pro-

siguiera la guerra, pero, en 479 a.C., los griegos, liderados por los espartanos, aplastaron en la batalla de Platea a los persas, que también perdieron ante los espartanos en la de Mícala. Es posible que el éxito griego se deba a las dificultades que Jerjes halló a la hora de abastecer y apoyar a su gran ejército tras la derrota naval, aunque Heródoto lo atribuyó a la superioridad moral de la causa griega.

La Liga de Delos

Entonces, los griegos pasaron a la ofensiva y formaron la Liga de Delos para enfrentarse a Persia. En 449 a.C., los persas por fin firmaron la paz y concedieron la independencia a los estados jonios.

Las guerras médicas habían reforzado la identidad de los griegos, y afianzaron su confianza en su cultura y su ejército, sobre todo en Atenas. El creciente poder del país provocó conflictos con Esparta y llevó a la guerra del Peloponeso entre 431 a.C. y 404 a.C. El Imperio persa había alcanzado los límites de su expansión, pero conservó su poderío hasta que Alejandro Magno lo derrotó en 331 a.C. ▪

Ciro el Grande

Ciro II, luego conocido como «el Grande», fundó el Imperio aqueménida. Hacia 557 a.C. se convirtió en rey de Anshan, vasallo del rey medo. Según la leyenda, se ganó el apoyo del ejército persa haciéndoles limpiar arbustos de espinos durante todo un día. Al siguiente, los invitó a un banquete y les preguntó por qué seguían siendo esclavos de los medos cuando, si apoyaran su rebelión, podrían vivir rodeados de lujo.

Unos diez años después, Ciro había conquistado Media y, en Asia Menor, Lidia (incluida su capital, Sardes). Siete años más tarde conquistó Babilonia desviando el río Éufrates y marchando sobre el cauce seco para entrar en la gran ciudad. Esta victoria le valió las tierras del Imperio neobabilonio, que incluían Asiria, Siria y Palestina. Liberó a los judíos del yugo de Babilonia y les permitió reconstruir el templo de Jerusalén. El griego Jenofonte lo consideraba un ejemplo de gobernante ideal.

Ciro murió en 530 a.C., durante una campaña en Asia central. Fue enterrado en una gran tumba en el palacio real que había construido en Pasargadas (Persia).

LA ADMINISTRACION DESCANSA EN LAS MANOS DE LA MAYORIA, NO DE LA MINORIA

LA DEMOCRACIA ATENIENSE (*c.* 507 A.C.)

EN CONTEXTO

ENFOQUE
Política y filosofía griegas

ANTES
Siglos XIV–XIII A.C.
Asentamiento micénico en Atenas y fortificación de la Acrópolis.

C. 900 A.C. Unión política de pequeñas ciudades de Ática en una ciudad-estado con centro en Atenas.

C. 590 A.C. Las reformas de Solón abren la política de Atenas a todos los ciudadanos, de cualquier clase.

DESPUÉS
86 A.C. Roma, liderada por Sila, saquea Atenas.

c. 50 A.C. Movimiento romano filohelénico. Atenas se convierte en el objetivo de los benefactores imperiales.

529 D.C. El emperador cristiano Justiniano I cierra la escuela de Platón y expulsa a los académicos paganos.

Pericles

Pericles (c. 495–429 a.C.) fue el político más importante de Atenas durante 30 años. Empezó a adquirir relevancia hacia 462 a.C., cuando ayudó a Efialtes a desmantelar el Areópago, el último bastión del poder oligárquico. Tras la muerte de Efialtes, Pericles emprendió varias reformas, como la introducción de una retribución para quienes servían en los tribunales, de modo que hasta los ciudadanos más pobres pudieran expresar su opinión.

El término «democracia» procede de los términos griegos *demos* (pueblo) y *kratos* (gobierno). La democracia que se desarrolló en Atenas hacia 507 a.C. y que floreció en su forma más pura entre 462 a.C. y 322 a.C., con algunas interrupciones, proporcionó el modelo de lo que se ha convertido hoy en la forma de gobierno predominante en el mundo. En 2015, 125 de los 195 países del mundo eran democracias electorales. Sin embargo, la democracia de la antigua Atenas era distinta a su forma moderna, y reflejaba la historia de Atenas y de los guerreros estados griegos de la época.

Oligarcas y hoplitas

Tras el caos de la Edad Oscura en Grecia –el periodo que siguió a la caída de la civilización micénica, hacia 1100 a.C., y que perduró hasta el siglo IX a.C.–, la mayoría de las ciudades-estado emergentes griegas se convirtieron en oligarquías, con nobles que monopolizaban el gobierno y servían a sus propios intereses. En Atenas, el Areópago (un consejo y tribunal compuesto por varones aristócratas) controlaba la maquinaria del estado, nombraba a los funcionarios y ejercía de tribunal civil,

También se cree que ayudó a impulsar la asertiva política exterior de Atenas cuando la ciudad quiso explotar su dominio de la Liga de Delos. Durante las décadas de 440 a.C. y 430 a.C., Pericles participó en un ambicioso programa de obras públicas que provocó controversia tanto en la ciudad, donde sofocó una revuelta, como fuera, donde lo acusaron de haber confiscado dinero de la Liga de Delos para pagar el Partenón. De todos modos, era muy popular y fue elegido general todos los años a partir de 443 a.C.

> Para el ateniense, los frutos de otros países son un lujo tan familiar como los suyos propios.
> **Pericles**

mientras que las clases bajas *(thetes)* quedaban excluidas del gobierno.

No obstante, el desarrollo del modelo «hoplítico» de ciudadano-soldado entre los siglos VIII a.C. y VII a.C. resultó perturbador para los que ocupaban posiciones de poder, pues condujo a cierto nivel de igualitarismo. Los hoplitas eran los varones que integraban la infantería pesada, en su mayoría ciudadanos libres, cuya táctica principal era la falange, una formación militar en la que los soldados se alineaban en filas apretadas y en las que el escudo de cada hoplita protegía al que quedaba a su izquierda. Cualquier hombre que pudiera comprar las armas y la armadura podía defender el estado. Así, apareció una especie de clase media que declaró que el servicio militar debía acarrear una ciudadanía plena y la capacidad de representación política. Las clases bajas también planteaban exigencias, y las tensiones entre ellas y los estamentos más elevados en relación con cuestiones como la reforma agraria y la esclavitud por deudas, amenazaban con provocar una fractura social.

Solón y Clístenes
En Atenas, las reformas del estadista Solón en torno al año 594 a.C.

El Partenón, erigido en 447–438 a.C. como templo dedicado a Atenea, suele verse como el símbolo de la democracia y de la civilización occidental.

aliviaron parte de estas tensiones. Instauró una ley que declaraba que todos los ciudadanos podían votar en cuestiones de estado y que los tribunales debían admitir a todos los ciudadanos. Al mismo tiempo, apaciguó a las clases altas introduciendo una oligarquía estratificada en la que el poder correspondía a la riqueza: la aristocracia controlaría los cargos más elevados, la clase media ocuparía los cargos inferiores y los pobres podrían ser elegidos por sorteo para ejercer de jurados.

A finales del siglo vi a.C., Atenas cayó bajo el dominio del tirano Pisístrato y sus hijos. En respuesta, una facción de aristócratas liderados por Clístenes se alió con miembros de clases sociales inferiores para arrebatarles el poder. La institución de la verdadera democracia en Atenas suele fecharse en este punto: hacia 507 a.C., Clístenes introdujo un gobierno verdaderamente popular, o democracia directa, en el que todos los ciudadanos podían votar sobre la política ateniense (a diferencia de la democracia representativa actual, en la que la población elige a representantes para que actúen como legisladores). También

reorganizó la ciudadanía en unidades geográficas, en vez de por familias, con lo que deshizo los vínculos tradicionales que sostenían la sociedad aristocrática ateniense y estableció la insaculación (la elección aleatoria de ciudadanos para cargos gubernamentales, en lugar de basar los nombramientos en la herencia). Además, reestructuró la Boulé, una asamblea de 500 miembros que legislaba y proponía leyes a la asamblea de votantes (Ecclesia). En 501 a.C., el mando militar se transfirió a generales elegidos por la población (*strategoi*).

En 462 a.C., Efialtes se convirtió en el líder del movimiento democrá-

tico ateniense. Junto a su protegido Pericles, desmanteló el Areópago y transfirió la mayoría de sus poderes a la Boulé, la Ecclesia y los tribunales ciudadanos. Cuando Efialtes fue asesinado en 461 a.C., Pericles asumió el liderazgo político y se convirtió en uno de los gobernantes más influyentes de la historia de la antigua Grecia.

¿Una democracia perfecta?

Atenas contaba con una democracia directa genuina, pero aún había muchos que no podían participar en el sistema porque no se les consideraba ciudadanos de pleno derecho. Los derechos políticos se limitaban a »

La **oligarquía aristocrática** monopoliza el **poder** en Atenas.

Los agricultores pobres se ven abocados a la **esclavitud por deudas**, lo que provoca mucho **resentimiento**.

Los hoplitas, de clase media, logran el **éxito militar** y manifiestan el deseo de **representación política**.

Hay una fuerte **presión para el cambio**. Las limitadas reformas políticas de Solón **no satisfacen las demandas** de las clases media y baja.

Pisístrato hace **reformas económicas**, pero **no satisface** las exigencias continuadas de reforma política.

Clístenes instaura la democracia y otras reformas, creando así un gobierno más igualitario.

La constitución ateniense dependía de una cuidadosa separación de poderes, esencial para que la democracia directa pudiera funcionar en la práctica. También garantizaba que todos los ciudadanos (varones mayores de 20 años de edad) pudieran ejercer, y evitaba el abuso de poder.

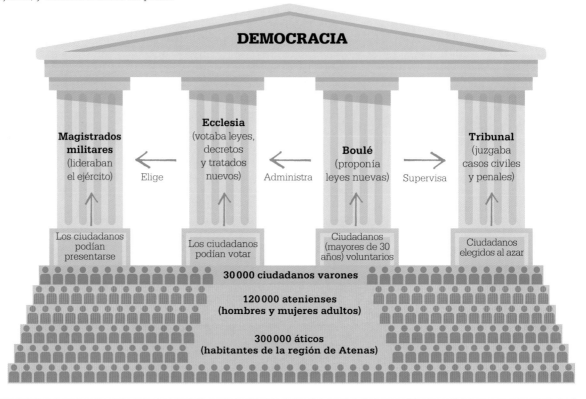

DEMOCRACIA

Magistrados militares (lideraban el ejército)

Elige

Ecclesia (votaba leyes, decretos y tratados nuevos)

Administra

Boulé (proponía leyes nuevas)

Supervisa

Tribunal (juzgaba casos civiles y penales)

Los ciudadanos podían presentarse

Los ciudadanos podían votar

Ciudadanos (mayores de 30 años) voluntarios

Ciudadanos elegidos al azar

30 000 ciudadanos varones

120 000 atenienses (hombres y mujeres adultos)

300 000 áticos (habitantes de la región de Atenas)

los varones atenienses adultos; mujeres, extranjeros y esclavos quedaban excluidos. En el siglo IV a.C., de los 300 000 habitantes que había en Ática (la región de Grecia controlada por Atenas), únicamente 30 000 varones tenían derecho a voto. En teoría, los varones adquirían el derecho a voto a los 18 años, pero, como en general debían completar dos años de servicio militar, no entraban en los listados del consejo hasta que tenían 20 años, y no alcanzaban sus derechos políticos completos hasta cumplir los 30 años.

Atenas alcanzó el cénit de su gloria durante la Pentecontecia, las décadas que transcurrieron entre la victoria griega en las guerras médicas (479 a.C.) y el estallido de la guerra del Peloponeso (431 a.C.). En 447 a.C., Pericles se apropió del tesoro de la Liga de Delos (la confederación antipersa que se había convertido en el

Los ciudadanos ordinarios, aunque estén ocupados en sus actividades, son jueces justos en cuestiones públicas.
Pericles

vehículo de la hegemonía ateniense) para construir un templo (el Partenón) sobre la colina rocosa conocida como Acrópolis. La «carta» de ciudadanía ateniense estaba muy solicitada, y, en 451 a.C., Pericles instauró una ley que la limitaba a los varones cuyos dos progenitores fueran atenienses.

Un centro de filosofía
Además de ser la ciudad-estado más poderosa de la antigua Grecia, Atenas también fue el crisol de una dirección revolucionariamente nueva en filosofía, gracias en gran medida a Sócrates (c. 469–399 a.C.). Los primeros filósofos griegos, conocidos colectivamente como presocráticos, ya habían lanzado su propia revolución en el pensamiento humano en los

siglos VI a.C. y V a.C. Rechazaron las explicaciones sobrenaturales sobre el mundo, el poder explicativo de la mitología y la autoridad de la tradición, y se propusieron hallar los orígenes y el funcionamiento del mundo natural mediante el razonamiento y la observación. Los filósofos naturales presocráticos desarrollaron teorías acerca de los elementos, propusieron clasificaciones de la naturaleza y dedujeron pruebas matemáticas y geométricas.

Sócrates dirigió sus observaciones hacia el interior y hacia cuestiones más humanas. Tal como dijo Cicerón, «hizo que la filosofía bajara de los cielos». Su método consistía en plantear preguntas: ¿qué es la amistad?, ¿qué es la justicia?; tendía a exponer los límites del pensamiento existente y a menudo hacía parecer a sus interlocutores ridículos o pomposos. Por tanto, Sócrates no era nada popular, y sus enemigos lo acusaron de dos crímenes: de corromper a los jóvenes alentándolos a ir en contra del gobierno y de impiedad, o falta de respeto a los dioses. Fue condenado a muerte mediante envenenamiento con cicuta.

Los sucesores de Sócrates

Los sucesores de Sócrates, sobre todo Platón (c. 428–348 a.C.), que lo vio como un mártir de la verdad, entendieron el destino de Sócrates como un fallo de la democracia. Platón dirigió una escuela (la Academia) y desarrolló ideas acerca de las verdades universales y de la metafísica que modelarían toda la religión y la filosofía posteriores en el mundo occidental. Aristóteles (384–322 a.C.), uno de sus alumnos, alcanzó el mismo nivel de influencia, fundó el Liceo y escribió sobre temas como política, ética, derecho y ciencias naturales.

Platón se oponía a la democracia, porque creía que la población carecía de la gracia filosófica necesaria para legislar y que, si el gobierno

quedaba en manos de ciudadanos ordinarios, aparecería la tiranía. En su república ideal, filósofos ilustrados gobernarían como reyes. También cuestionó el principio básico de la democracia (la libertad, o *eleutheria*), que creía que podía alejar a las personas de la búsqueda de la ética y causar desunión social.

La caída de la democracia

En la guerra del Peloponeso (431–404 a.C.), que acabó con la derrota de los atenienses a manos de los espartanos, la democracia ateniense se suspendió en dos ocasiones: en

Las dictaduras surgen de manera natural de la democracia, y las formas más graves de tiranía y esclavitud surgen de la libertad más extrema.
Platón

Audiencia en Atenas (1884), por sir William Blake Richmond, captura la atmósfera de la tragedia *Agamenón* (c. 480 a.C.), de Esquilo. Este periodo se considera la edad de oro del teatro griego.

411 a.C. y 404 a.C. Según los oligarcas atenienses, la debilidad de Atenas se debía a la democracia, e impulsaron una contrarrevolución para sustituir el gobierno democrático por una oligarquía extrema. En ambos casos, el gobierno democrático se recuperó en menos de un año.

La democracia floreció durante ocho décadas más, pero fue abolida cuando Filipo II de Macedonia y su hijo Alejandro (luego el Magno) conquistaron Atenas en 322 a.C. Se restauró intermitentemente durante el periodo helenístico en los siglos II y I a.C., pero la conquista de Grecia por parte de Roma en 146 a.C. acabó con ella definitivamente.

Pese a que el gobierno democrático había sido aplastado, la ciencia y la filosofía atenienses perduraron. La fama e influencia de Platón y Aristóteles se prolongaron durante las eras que siguieron, y gran parte de su obra sigue influyendo sobre el pensamiento occidental actual. ∎

NO HAY NADA IMPOSIBLE PARA AQUEL QUE LO INTENTA

LAS CONQUISTAS DE ALEJANDRO MAGNO (SIGLO IV a.C.)

EN CONTEXTO

ENFOQUE
Mundo helenístico

ANTES
449 a.C. Tras las guerras médicas, Persia obtiene el control de los reinos griegos de Asia Menor.

359 a.C. Filipo II de Macedonia inicia su ascenso al poder y desarrolla tecnologías y tácticas militares innovadoras.

338 a.C. Filipo II derrota a los estados griegos y se convierte en el líder de Grecia.

DESPUÉS
321 a.C. Tras la muerte de Alejandro Magno, las disputas entre sus generales conducen a una guerra civil generalizada.

278 a.C. Los generales de Alejandro Magno instauran tres reinos helenísticos en Grecia, Oriente Medio y Europa.

30 a.C. El emperador Octavio anexa Egipto, el último reino helenístico, a Roma.

En lo que fue una de las expansiones militares más rápidas y osadas de la historia, Alejandro Magno, el joven rey de Macedonia (los Balcanes), dejó un reguero de conquistas en la mayor parte del mundo conocido de su época y puso en marcha un proceso de helenización (la difusión de la cultura griega y su fusión con las tradiciones orientales no griegas), que se prolongaría durante siglos.

Filipo II, padre de Alejandro, había transformado su Estado periférico en una gran potencia militar, y había librado contra sus vecinos campañas que habían culminado con el domi-

Este mosaico representa a Darío III combatiendo en Issos, en 333 a.C. Alejandro conquistó el Imperio persa y destruyó su capital, Persépolis, sin haber sufrido ni una sola derrota.

nio de Macedonia sobre toda Grecia. Cuando lo asesinaron (336 a.C.), Filipo había estado planeando una expedición a Asia occidental para liberar las antiguas ciudades-estado griegas en poder de la entonces superpotencia mundial, el Imperio persa. Tras eliminar a sus rivales para asegurarse el trono macedonio, Alejandro se propuso poner en práctica los planes de su padre, que le permitirían satisfacer también su propia sed de gloria.

Rey del mundo
En 334 a.C., tras haber obligado a las otras ciudades-estado griegas a aceptar su autoridad, Alejandro marchó sobre Asia Menor (actual Turquía) a la cabeza de un ejército de 43 000 soldados de infantería y 5500 de caballería. En el centro estaba la falange macedonia, un cuerpo bien entrenado y cohesionado de 15 000 hombres armados con *sarisas*, unas picas de hasta 7 metros de longitud. Cuando la formación se combinaba con la magnífica carga de caballería que proporcionaban los *hetairoi* («compañeros»), la guardia personal del rey, resultaban invencibles.

Tras una primera victoria sobre los persas en el río Gránico, Alejandro prosiguió a través de Asia Menor. Se detuvo en Gordión, en el reino central

---

Inicio del **intercambio cultural** Oriente-Occidente tras las **guerras médicas,** cuando las provincias occidentales del Imperio persa se **helenizan** y Macedonia adopta aspectos de la **cultura persa.**

Las conquistas de Alejandro fuerzan la rápida síntesis de las culturas orientales y la griega, y sientan así las bases de la era helenística.

El **conocimiento helenístico** sobrevive a la caída de Roma en el **Imperio bizantino** y, gracias a la **traducción** de los clásicos griegos al **árabe,** en la **Edad de Oro del islam.**

Las **sociedades helenizadas** de Egipto y Asia occidental **se integran** en el Imperio romano.

---

de Frigia, donde la tradición afirmaba que quien pudiera desatar un complejo nudo realizado por el fundador de la ciudad conquistaría el continente. Alejandro, en uno de los gestos francos que lo caracterizaban, cortó el nudo con su espada, y derrotó a las muy superiores fuerzas que había reunido Darío III, el emperador persa: primero en Issos (en la costa sur de Asia Menor), en 333 a.C., y luego en Gaugamela (actual Irak), en 331 a.C. Una vez que hubo sometido a los persas, Alejandro se dirigió hacia el este y llegó a Afganistán y Asia central, y luego al Punjab, aplastando toda resistencia que hallaba en su camino. Hubiera seguido hacia el interior de India, pero, en 325 a.C., sus hombres, agotados, se negaron a seguir.

El legado helenístico

Ahora, Alejandro era el rey de un imperio vasto y étnicamente diverso que incluía 70 ciudades recién fundadas y unidas por una cultura, unas costumbres y un lenguaje común, así como por importantes rutas comerciales; aunque el proceso de helenización ya estaba en marcha en la mitad occidental de Persia antes de su expedición, Alejandro había acelerado su difusión por Oriente Medio. En 323 a.C., Alejandro murió, al parecer de muerte natural (aunque quizá fue envenenado), sin sucesor. Sus generales más importantes dividieron el imperio, pero algunas de las dinastías helenísticas que fundaron, como la seléucida, en Siria y Babilonia, o la tolemaica, en Egipto, sobrevivieron hasta la era romana. ▪

Alejandro Magno

Durante la Antigüedad, se consideró a Alejandro Magno el hombre más extraordinario que hubiera vivido jamás; figura clave de las literaturas nacionales desde Asia central hasta Europa occidental, es uno de los hombres más famosos de la historia. Nació en 356 a.C., y sus padres afirmaban descender de semidioses y héroes. Alejandro se educó junto a Aristóteles, lo que garantizó su conocimiento de la mitología griega. Llegó a estar convencido de que era invencible, e incluso divino. Como general, era resuelto y temerario –tanto por arriesgar su vida como la de sus hombres–, y también fue un estratega brillante. Conservó la lealtad de sus fuerzas durante su larga y ardua campaña, pero su carácter irascible, alimentado por un elevado consumo de alcohol, lo llevó a eliminar a quienes estaban más cerca de él, e incluso a amigos suyos. Falleció a los 32 años de edad, en la cúspide de su poder. Su cortejo fúnebre fue secuestrado por uno de sus generales, Tolomeo, quien lo desvió hacia Alejandría (Egipto), donde más adelante Julio César visitó su tumba, que ahora está perdida.

SI LOS QIN LOGRARAN SU PROPOSITO CON EL MUNDO, TODO EL MUNDO SERIA SU PRISIONERO

EL PRIMER EMPERADOR UNIFICA CHINA (221 A.C.)

EN CONTEXTO

ENFOQUE
La China Han

ANTES
1600–1046 A.C. Gobierno de la dinastía Shang.

C. 1046–771 A.C. Dinastía Zhou Occidental.

771–476 A.C. Periodo de las Primaveras y Otoños (primera mitad de la dinastía Zhou Oriental).

551–479 A.C. Vida de Confucio.

476–221 A.C. Periodo de los Reinos Combatientes (segunda mitad de la dinastía Zhou Oriental).

DESPUÉS
140–87 A.C. Reinado del emperador Wudi. Periodo de expansión imperial.

220–581 D.C. Periodo de los Tres Reinos y Seis Dinastías.

581–618 Dinastía Sui.

618–907 Dinastía Tang.

China es, probablemente, el Estado coherente más longevo de la historia y, de manera harto extraordinaria, esto se debe a la voluntad de un hombre: Shi Huangdi, el autoproclamado primer emperador chino, de la dinastía Qin. Antes de que él la unificara, en 221 a.C., China era una región compuesta por estados diversos y culturas, etnias y lenguajes distintos. Durante lo que los historiadores chinos conocen como el periodo de las Primaveras y Otoños (771–476 a.C.), la región estuvo en teoría bajo el control de los reyes de la dinastía Zhou, pero, en realidad, su sistema feudal de gobierno significaba que el monarca contaba con una

Véase también: El emperador Wu reivindica el Mandato del Cielo 70 ▪ División de China en tres reinos 71 ▪ La rebelión de An Lushan 84–85 ▪ Qubilay Kan conquista a los Song del Sur 102–103 ▪ Hongwu funda la dinastía Ming 120–127

> Cuando [Shi Huangdi] tiene dificultades, se arrodilla con humildad ante los demás, pero, cuando consigue su propósito, se los come vivos sin remordimiento.
> **Sima Qian**
> **Historiador durante la dinastía Han**

autoridad simbólica, mientras que los señores feudales ostentaban el verdadero poder sobre lo que, de hecho, eran sus estados autónomos. Hasta 140 estados distintos competían por el poder y el territorio.

El periodo de las Primaveras y Otoños dio paso al de los Reinos Combatientes (476–221 a.C.), durante el que el poder se consolidó en siete reinos: Qi, Chu, Yan, Han, Zhao, Wei y Qin. En este punto de la historia, no estaba nada claro que pudiera emerger una identidad o un estado chino global, y lo que parecía más probable era que las considerables diferencias geográficas, climáticas, culturales y étnicas entre los distintos reinos dieran lugar a una evolución parecida a la que se dio muchos siglos después en Europa, y que China se fragmentara en múltiples entidades nacionales distintas y divergentes.

El auge de los Qin

El año 247 a.C., un príncipe de trece años, Zhao Zheng, ascendió al trono de los Qin. Había heredado un estado militarizado, en el que una burocracia eficaz, ejércitos potentes y generales capaces se combinaban para producir una formidable máquina de guerra. Zheng ejecutó o desterró a sus rivales, nombró a generales y consejeros muy eficientes y conquistó a los otros seis estados de la región, por lo que, en 221 a.C., los siete estados ya estaban unificados bajo su gobierno. Desdeñó el título tradicional de rey *(wang)* y se autoproclamó emperador *(huangdi)*. Como era el primer *(shi)* emperador de la dinastía Qin, se le conoce como Shi Huangdi.

La filosofía que había imperado en el Estado Qin era el legalismo: una estricta centralización del poder y una gran severidad a la hora de imponer el cumplimiento de la ley. Ahora, el emperador se propuso aplicar esta filosofía en toda China, e impuso la unidad cultural, lingüística, económica y tecnológica. Se prohibieron todas las formas de escritura menos la xiãozhuàn (sello pequeño). Además, según la leyenda, el emperador ordenó enterrar vivos a 400 eruditos confucianos y que se quemaran todos los libros existentes. En su reinado se marcó un nuevo «año uno» de la historia y la cultura de China. También introdujo una amplia variedad de reformas económicas: un sistema de pesos y medidas único y unificado y una moneda única. Llegó a estandarizar el calibre de las ruedas de carro, para que los ejes tuvieran la misma anchura en todo el imperio.

El nuevo orden

El nuevo orden social y político del imperio reflejaba cambios que se habían iniciado en el periodo de las Primaveras y Otoños. El sistema feudal se abolió, por lo que el campesinado ahora debía lealtad al Estado, no a los señores feudales o a los líderes »

Shi Huangdi

En tanto que primer emperador de China, Zhao Zheng (260 a.C.–210 a.C.), luego conocido como Shi Huangdi, fue una figura verdaderamente clave en la historia de China. Unificó el país e inauguró un periodo de gobierno imperial que perduraría casi 2000 años. Era un déspota brutal, pero también innovador, dinámico y enérgico. Se dice que solo necesitaba una hora de sueño y que se fijaba un objetivo de trabajo diario, medido por el peso de los documentos que debía revisar. Solía pasear disfrazado por las calles de la ciudad, para estar al día de lo que se decía, e hizo cinco grandes rondas de inspección por todo el imperio. Temía que lo asesinaran (sobrevivió como mínimo a un intento), por lo que se obsesionó con la inmortalidad y financió expediciones en busca de ingredientes mágicos y místicos con los que elaborar un elixir que le concediera la vida eterna. Irónicamente, es muy posible que su muerte, a los 50 años de edad, tuviera que ver con el consumo de pócimas de mercurio (muy tóxico) que tomaba para alargar su vida.

de los clanes. Más de cien mil familias nobles fueron obligadas a trasladarse a la capital imperial, Xianyang (cerca de Xi'an, en la provincia de Shaanxi), donde les confiscaron las armas y las fundieron para forjar estatuas gigantes. En el periodo de los Reinos Combatientes, la presión de la incesante competencia militar había favorecido la aparición de medios más meritocráticos de ascender en la sociedad, por lo se facilitó la movilidad social y se socavó la importancia del linaje noble. En la dinastía Qin, una administración burocrática centralizada sustituyó al gobierno aristocrático, y el país se dividió en 36 comandancias, que eran divisiones administrativas controladas por gobernadores designados (no hereditarios). Censores, o inspectores, se desplazaban por el país para garantizar el cumplimiento de la ley Qin.

La dinastía Qin también presenció la aparición de una nueva forma de estratificación social que dividió la sociedad en cuatro clases: nobleza erudita (*shi*), campesinos (*nong*) y dos clases nuevas que habían aparecido durante la dinastía Zhou, los artesanos (*gong*) y los comerciantes (*shang*). Los nobles eruditos sustituyeron a

> Con el pecho hinchado como un halcón y la voz de un chacal, Qin es un hombre de compasión escasa y corazón de lobo.
>
> **Sima Qian**
> **Historiador durante la dinastía Han**

los aristócratas en la mayoría de los cargos del alto funcionariado, mientras que la de los comerciantes era oficialmente la clase más baja y más despreciada de todas, y era objeto de discriminación legal. Sin embargo, los comerciantes ricos podían utilizar su fuerza económica para convertirse en actores políticos importantes.

Grandes obras

Algunos de los mayores logros de Shi Huangdi fueron sus proyectos de ingeniería civil, que tuvieron un

elevado coste humano, pues muchos trabajadores perdieron la vida durante los procesos de construcción. Suele atribuírsele la construcción del primer tramo de la Gran Muralla de China, que levantó para repeler a las tribus nómadas del norte, uniendo partes de las murallas erigidas por los Reinos Combatientes y añadiendo miles de kilómetros de muralla nueva. Otros proyectos fueron el canal de Lingqu, que unía los ríos Xiang y Li para poder transportar material militar del norte al sur de China, y la construcción de carreteras militares como «el Camino Recto», de 800 kilómetros de longitud y que llegaba desde Xianyang a la Gran Muralla.

El más famoso de los proyectos del emperador fue la construcción de su propio mausoleo y complejo funerario, que necesitó 38 años y 700 000 obreros para su finalización. Consistía en una enorme pirámide cubierta de tierra para crear un montículo de 100 metros de altura y 500 de anchura. En el interior de la pirámide había una tumba en la que se había recreado en miniatura su amado imperio completo, con ríos y mares de mercurio líquido. En torno a la tumba se excavaron fosas que luego ocuparon miles de guerreros, burócratas y artistas de terracota de tamaño real, cuyo propósito era servir al emperador en la otra vida. Una vez acababan sus tareas, se mataba a quienes trabajaban en la obra, para que los secretos de la ubicación y los contenidos del mausoleo murieran con ellos, por lo que se tardó más de dos mil años en descubrir la tumba.

Pese a los esfuerzos megalomaníacos de Shi Huangdi, la dinastía

Custodios de la tumba del emperador Shi Huangdi, estos soldados de terracota fueron hallados por unos obreros que cavaban un pozo en 1974. Las figuras se habían pintado con colores vivos, y cada una tiene su propia expresión facial.

China es una gran región que comprende muchos estados y **culturas diversas**.

El **Estado Qin conquista** a los otros seis.

La **unidad de China** se consolida.

Siete estados principales se **enfrentan** a menudo para ganar **poder** y **territorio**.

El Qin Shi Huangdi impone la unificación, la estandarización y la homogeneidad.

Qin tuvo una vida muy breve. La agitación del campesinado, alimentada por un resentimiento profundo por las brutales extorsiones económicas y los largos años de trabajos forzados, sumada a la bancarrota derivada del gasto en obras civiles, se combinaron para debilitar la cuidadosa y ordenada administración del emperador y de sus consejeros principales, cuyo jefe era el canciller Li Si.

Cuando Shi Huangdi murió, en 210 a.C., su hijo menor, Hu Hai, influido por su consejero Zhao Gao, se hizo con el trono y desterró (y luego ejecutó) a Li Si. El propio Hu Hai fue asesinado al cabo de tan solo tres años en el trono y su sucesor, Zi Ying, vio tan reducida su autoridad que adoptó el título de rey en vez del de emperador.

La dinastía Han

China cayó presa de la rebelión y de la agitación civil y, unos días después del ascenso al trono de Zi Ying, el general Liu Bang, del clan Han, marchó sobre Xianyang. El año siguiente, 206 a.C., se autoproclamó emperador de la dinastía Han (con el nombre Gaodi), que gobernaría China durante los siguientes 400 años y que modeló su historia hasta tal punto que el mayor grupo étnico de China en la actualidad se conoce como *han*.

Los Han ampliaron el territorio en todas direcciones: hacia el oeste, hasta Xinjiang y Asia central; hacia el noreste hasta Manchuria y Corea, y hacia el sur hasta Yunnan, Hainán y Vietnam. También recuperaron el confucianismo como la filosofía oficial: la educación y la ética confuciana se convirtieron en las piedras angulares de la burocracia erudita y, al final, sentaron las bases del importante sistema de exámenes para el servicio civil, que dio una base meritocrática a las instituciones imperiales y combatió el poder de la aristocracia durante milenios.

El éxito de los Han en la construcción y mantenimiento de una China unificada y centralizada partió de los cimientos que había sentado el primer emperador, Shi Huangdi. La dinastía Han se hundió en 220 d.C., en un ambiente de agitación civil y de desastres naturales que convenció a los chinos de que la dinastía gobernante había perdido el «Mandato del Cielo», a lo cual siguió un periodo violento y caótico conocido como periodo de los Tres Reinos y Seis Dinastías. A pesar del devastador coste de este colapso, durante el que la población china cayó en picado desde 54 millones de habitantes, en 156 d.C., a 16 millones, en 280 d.C., el concepto de una China unificada sobrevivió a 360 años de divisiones y permitió que la dinastía Sui reunificara el país en 581.

La influencia del primer emperador Shi Huangdi sigue viva en la China moderna, y el presidente Mao Zedong (1893–1976) recurría a él para inspirarse. «Nos acusáis de actuar como Shi Huangdi», atronó Mao en una diatriba contra sus críticos intelectuales en 1958. «Os equivocáis. Lo superamos cien veces. Cuando nos criticáis por imitar su despotismo, ¡estamos encantados de coincidir con vosotros! Vuestro error es que no lo habéis repetido lo suficiente.» ∎

Confucio, considerado el filósofo más influyente de la historia de China, insistía en la importancia de la moralidad, la integridad, la humildad y la autodisciplina.

ASI SIEMPRE A LOS TIRANOS

TIRANOS

EL ASESINATO DE JULIO CÉSAR (44 A.C.)

EN CONTEXTO

ENFOQUE
Colapso de la República romana

ANTES
509 A.C. Roma es una república en la que unas pocas familias ricas comparten el poder.

202 A.C. Roma vence a Cartago, y el imperio se expande rápidamente.

88–82 A.C. La guerra civil entre los generales Sila y Mario lleva a la república a la crisis.

DESPUÉS
31 A.C. Tras vencer en la batalla de Actium, Octavio es coronado como primer emperador de Roma (con el nombre de Augusto), lo cual supone el final de la república.

79 D.C. La erupción del Vesubio destruye Pompeya.

Siglo II D.C. Máxima extensión del Imperio romano, con unos 60 millones de habitantes.

El sistema político **oligárquico** de la **República romana** es corrupto y decadente.

La **nobleza** romana domina el **senado**, que protege sus privilegios a expensas del cambio político, lo que lleva a la **crisis de la República**.

Tras sus exitosas campañas militares, **Julio César es nombrado dictador** y fuerza las **reformas políticas y sociales**.

Un grupo de senadores asesina a César, por miedo a su popularidad y poder.

Octavio gana la **guerra civil** para determinar el heredero de César. Se le llama **Augusto** y se convierte en el **primer emperador de Roma**.

Augusto se asegura de que el **cargo de emperador** sobreviva nombrando heredero a **Tiberio**, y convierte así a Roma en una **monarquía hereditaria**.

El 15 de marzo de 44 a.C., la vida de Julio César llegó a su fin a manos de una facción de senadores aristócratas decididos a rescatar la República romana de lo que consideraban la tiranía de César. En realidad, la muerte del dictador no solo no salvó la República, sino que provocó la última de una serie de guerras civiles que agotaron al Estado romano y lo dejaron incapaz de resistir el ascenso al poder absoluto de Octavio, el sobrino nieto de Julio César. Octavio, al que se le permitió usar el nombre de Augusto, creó una nueva ordenación política que le permitió gobernar como emperador y poner fin a 500 años de República romana en todo excepto en el nombre.

Orígenes republicanos
El origen de Roma fue una agrupación de pueblos que había sobre las siete colinas romanas, junto al Tíber, y luego creció y se convirtió en una ciudad-estado más de entre las muchas que había en la península Itálica. Según la leyenda, en un principio, Roma estuvo gobernada por reyes, pero la monarquía fue derrocada en 509 a.C., y la ciudad pasó a ser una república. Una constitución nueva permitió la elección de dos altos funcionarios, llamados cónsules, para que lideraran el Estado, pero limitaba la duración del cargo a un año, para impedir abusos de poder. Además, se prohibió el título de rey, y se redactó una cláusula que permitía nombrar a un dictador que sustituyera a los cónsules en momentos de crisis y cuyo cargo estaría limitado a seis meses de duración.

La incipiente República romana tuvo un enorme éxito: entre 500 a.C.

La columna de Trajano (en Roma) es una de las fuentes de información más valiosas sobre el ejército romano. Está decorada con un relieve en espiral que muestra a legiones bien entrenadas en campaña.

y 300 a.C. aumentó su territorio y su poder gracias a una combinación de conquistas y diplomacia que le permitió anexionarse casi toda la península Itálica. Entre 202 a.C. y 120 a.C., Roma logró el control sobre partes del norte de África, la península Ibérica, Grecia y el sur de Francia. Los territorios conquistados se organizaban en provincias gobernadas por gobernadores de corta duración que mantenían el orden y supervisaban la recaudación de impuestos.

En el siglo I a.C., Roma era una superpotencia mediterránea, pero su larga tradición de gobierno colectivo, en el que nadie podía acumular demasiado poder, empezaba a ser cuestionada por las ambiciones personales de unos pocos militares muy poderosos. Una serie de guerras civiles, rencillas políticas internas y altercados sociales culminaron con la dictadura de Julio César, un estadista y general brillante cuyo asesinato a manos de sus enemigos políticos llevó a la muerte de la República y al nacimiento del Imperio romano.

La República se tambalea

El periodo en el que Julio César adquirió protagonismo en la escena política romana (hacia 70 a.C.) se caracterizó por la agitación política y social. A principios de la historia de Roma, la población no esclava se dividió oficialmente en dos clases: los patricios (miembros de la antigua nobleza hereditaria y terratenientes ricos) y los plebeyos, o, para abreviar, la plebe (la gente común). Cuando se formó la república, solo los patricios tenían derecho a ocupar cargos en el senado (el consejo de gobierno y órgano asesor de Roma); pero, en 368–367 a.C., una enmienda legislativa permitió también la elección de plebeyos ricos, y el resultado fue una estructura de poder compartido.

Sin embargo, en realidad, un pequeño grupo de familias patricias conocidas colectivamente como los optimates («hombres excelentes») dominaban desde hacía tiempo el senado y protegían con celo sus privilegios. Al final de la República romana, quienes defendían los derechos de la plebe (los populares, o «del pueblo»), buscaron el apoyo de la población en contra de los optimates, ya fuera en defensa de los intereses de la población o, más frecuentemente, de los suyos propios. Los optimates se resistían a aplicar las reformas sociales y económicas urgentes y necesarias para satisfacer las necesidades cambiantes de la población romana. En Italia y las provincias, la desigualdad del sistema fiscal y la corrupción de los gobernadores estaban provocando conflictos sociales, mientras que, en la propia ciudad de Roma, las infraestructuras apenas podían soportar el aumento de la población. La rápida expansión **»**

En César se unían genialidad, método, memoria, literatura, prudencia, deliberación e industria.
Cicerón
Segunda Filípica, sección 116

del imperio había traído consigo una enorme cantidad de mano de obra esclava de las nuevas provincias, por lo que muchos trabajadores agrícolas y pequeños granjeros se vieron expulsados del campo y acudieron a la ciudad en busca de trabajo.

El ascenso de Julio César

Mientras, varios líderes militares destacados en las provincias romanas habían empezado a usar sus ejércitos para ganar peso político. Uno de ellos, Julio César, un general inteligente y ambicioso que procedía de una familia patricia, se había alineado con los populares y había ascendido rápidamente entre las filas políticas. César quería instaurar las reformas necesarias para afrontar las dificultades de la República, por lo que maniobró hasta colocarse en una posición que le permitiera alcanzar su objetivo.

Julio César se convirtió en cónsul en 60 a.C., y dos años más tarde lo nombraron gobernador de la provincia de la Galia, cargo que le permitió mantenerse al día de lo que sucedía en el senado y que le servía de trampolín hacia la gloria militar. En una serie de campañas durante los ocho años siguientes, conquistó la Galia y unió la totalidad de lo que hoy es Francia con partes de lo que hoy son Alemania y Bélgica bajo su gobierno. También dirigió dos expediciones a Britania, en 55 a.C. y 54 a.C. Sus heroicas hazañas militares le hicieron inmensamente rico, y también aumentaron su prestigio personal. Contaba con la lealtad de sus ejércitos y con el amor de la población romana, a la que ahora podía regalar banquetes, juegos y dinero.

Sintiéndose respaldado por sus logros, César intentó dictar las condiciones de su regreso a la política romana, y exigió que le permitieran presentarse de nuevo al cargo de cónsul mientras seguía al mando de la Galia. Esto lo enfrentó directamente con los optimates del senado, ya que la ley romana exigía que los líderes militares renunciaran al control de sus ejércitos antes de regresar a Roma, un prerrequisito para presentarse al cargo. César sabía que si accedía a entrar en la ciudad como ciudadano privado, sin sus ejércitos, lo más probable era que sus rivales políticos intentaran juzgarlo por abuso de poder durante su primer consulado.

De nuevo en Roma, los optimates, alarmados por las implicaciones que podía tener el ascenso meteórico de César, se aliaron con uno de sus prin-

> Aún podemos retroceder, pero, cuando crucemos ese pequeño puente, todo se resolverá por la espada.
> **Julio César**
> **Alocución a su ejército antes de cruzar el Rubicón**

cipales rivales políticos, el general Pompeyo. El senado aprobó leyes con las que pretendía arrebatar a César su mandato cuando volviera de la Galia, y en 49 a.C. lo declararon *hostis,* o enemigo público. En respuesta a esta amenaza directa, César hizo lo que parecía inconcebible: marchó sobre Roma con su ejército. En el camino, César hizo un alto en la frontera entre los territorios galos y las provincias romanas de Italia, junto a un pequeño río llamado Rubicón. César era plenamente consciente de que cruzar ese río constituiría una de-

Julio César

Cayo Julio César nació en Roma en 100 a.C. en una familia patricia con antepasados distinguidos. Entendió desde muy pequeño que el dinero era la clave del poder en un sistema irremisiblemente corrupto. También aprendió rápido que, para tener éxito, tendría que forjar una red de alianzas y patrocinios.

Tras servir en la guerra para aplastar la revuelta de esclavos liderada por Espartaco en 72 a.C., César fue secuestrado brevemente por piratas. Cuando volvió a Roma en 60 a.C., gastó grandes sumas de dinero para comprar influencia y cargos, hasta que se unió a otros dos hombres importantes en Roma, Pompeyo y Craso, para formar el Primer Triunvirato. Entre los años 58 a.C. y 50 a.C., César creó una base de poder provincial en la Galia, donde, sin la sanción del senado, lanzó varias campañas militares que le convirtieron en el dueño de Europa occidental, con una riqueza fabulosa y ejércitos poderosos. Sin embargo, las campañas también le hicieron ganar muchos adversarios entre las clases dirigentes, los cuales, finalmente, acabarían tanto con su trayectoria como con su vida.

claración de guerra contra el senado, pero, según el comediógrafo ateniense Menandro, pronunció la frase «*alea jacta est*» («la suerte está echada»), y avanzó junto a sus hombres.

El nuevo orden de César

En la guerra civil que siguió, César acabó con las fuerzas de Pompeyo en la batalla de Farsalia, en el norte de Grecia, en 48 a.C. Pompeyo huyó a Egipto, donde luego sería asesinado. César aplastó los últimos reductos de resistencia y, en 45 a.C., regresó por fin a Roma para consolidar su posición política. En 46 a.C. aceptó el cargo de dictador durante diez años; dos años después, le concedieron el cargo de forma vitalicia. Ahora que se hallaba en una posición que le permitía emprender la monumental tarea de reconstruir el Estado romano y devolver la estabilidad al imperio, César inició reformas políticas y sociales de gran alcance. Extendió la ciudadanía romana, amplió el senado e incorporó aliados procedentes de la aristocracia de provincias; instauró colonias fuera de Italia, para que contribuyeran a la difusión de la cultura romana y cohesionaran el imperio; gastó grandísimas sumas de dinero en obras públicas y edificios; redujo los impuestos; e incluso reformó el calendario romano e introdujo el sistema de años bisiestos que sigue vigente en la actualidad.

Una conspiración de asesinato

Las soluciones pragmáticas que César aplicó para recuperar la unidad de Roma tras años de caos le valieron la aprobación de gran parte de la sociedad, pero, al mismo tiempo, su actitud cada vez más autocrática en relación con el poder alienaba a otros miembros de la clase gobernante. Sentían que César intentaba destruir las tradiciones del Estado romano y socavar el prestigio de la

El *Cursus honorum* era la secuencia de responsabilidades por la que ascendían los patricios romanos que aspiraban al poder hasta alcanzar el cargo más alto: cónsul.

Cónsules Magistrados superiores, presidían el senado y comandaban el ejército.

Cargos independientes gobernaban los puestos ocupados por plebeyos. El de edil era el rango superior al que podía aspirar la plebe.

Pretores Jueces que comandaban los ejércitos en ausencia de los cónsules.

Ediles Responsables del mantenimiento de los edificios públicos y los templos y de garantizar la provisión de cereales.

Ediles plebeyos De estatus inferior a los ediles patricios.

Cuestores Eran el primer cargo electo. Supervisaban el uso de los fondos públicos.

Tribunos Protegían a la plebe de los abusos de poder mediante el veto de leyes y sentencias.

Senadores Dirigían a otros magistrados y controlaban la concesión de fondos públicos.

aristocracia, así que hicieron correr el rumor de que quería proclamarse rey. Por desgracia, César no supo acallar el rumor. Aceptó honores sin precedentes, como asumir el título de «Imperator» («general victorioso») como apellido, y también permitió que se erigieran estatuas y templos en su honor, además de acuñar monedas con su efigie. Cuando adoptó a su sobrino nieto, Octavio, se temió que intentara establecer una sucesión dinástica. Algunos senadores concluyeron que la única solución era asesinar a César, y tramaron una conspiración para llevar a cabo el crimen.

Cayo Casio Longino, un general que había logrado importancia política durante una campaña desastrosa en Persia, representaba a quienes se oponían a las reformas del dictador, y era el principal artífice de la conspiración para asesinarlo. Según los historiadores romanos, la implicación de Casio se debió a una combinación de celos y avaricia. También se dice que fue él quien reclutó al confabulador más importante, Marco Bruto, un colega y confidente en quien César confiaba, pero que se oponía a las supuestas ambiciones monárquicas del dictador. **»**

La muerte del dictador

La conspiración de asesinato creció rápidamente, y al final incluyó a sesenta senadores, muchos de los cuales eran íntimos colegas de César. Los conspiradores decidieron atacar durante una reunión del senado convocada para el 15 de marzo (el Idus de marzo). Ese día se reunieron en casa de Casio, y todos se escondieron una daga entre las túnicas antes de acudir al teatro de Pompeyo (parte de un gran complejo civil construido por el antiguo rival de César), donde iba a reunirse el senado. En el teatro contaban con un grupo de gladiadores, para que ayudaran a controlar cualquier problema con la multitud. Sin embargo, muchos de los conspiradores estaban nerviosos y dispuestos a huir, convencidos de que habían sido descubiertos. Efectivamente, César estaba avisado: alguien le había entregado una lista con nombres de los conspiradores, pero no hizo caso. Su esposa le rogó que no asistiera a la reunión, pero uno de los conspiradores, que estaba en casa de César, ayudó a calmar sus temores. Cuando César llegó, un conspirador distrajo a Marco Antonio, su lugarteniente, y lo hizo retrasarse fuera del teatro. Cuando César tomó asiento, los conspiradores sacaron las dagas y lo apuñalaron 23 veces. En un giro iró-

> Encontré una Roma de ladrillo y dejo una Roma de mármol.
> **Augusto**
> **Según Suetonio, biógrafo de Augusto**

> Los propios Cielos asignaron a César, casi como a un médico atento, a los romanos.
> **Plutarco**
> *Vidas paralelas*

nico del destino, César expiró a los pies de la estatua de Pompeyo.

El Segundo Triunvirato

Asaltados por un fervor incontrolado, los conspiradores bañaron sus manos en la sangre de Julio César y salieron al Foro para proclamar su tiranicidio. En el vacío de poder que siguió, Marco Antonio y Octavio, el heredero de César, se apresuraron a asumir el control del Estado, y el año 43 a.C. formaron un triunvirato (grupo de tres hombres en el poder) junto a Lépido, uno de los antiguos aliados de César.

Como necesitaban reunir fondos suficientes para consolidar su autoridad y eliminar la oposición, el triunvirato confeccionó una lista con las personas que habían apoyado a los asesinos de César y los declararon proscritos. Así, unos 200 senadores y más de 2000 équites («caballeros», o aristocracia menor) vieron sus bienes confiscados o fueron asesinados. Con las arcas del tesoro llenas, el triunvirato persiguió y mató a Bruto y a Casio. En 40 a.C., los triunviros volvieron a reunirse, esta vez para repartirse el mundo romano. Lépido se quedó con África, Marco Antonio con Oriente y Octavio con Occidente. Pero no pasó mucho tiempo antes de que Octavio le declarara la guerra a

Marco Antonio en el norte de África y, tras derrotarlo en Accio (Grecia occidental) en 31 a.C., Octavio se convirtió en el dueño del mundo romano.

El primer emperador de Roma

Octavio volvió a Roma en 28 a.C. y, en vez de seguir el ejemplo de César, renunció a los poderes dictatoriales que se le habían concedido para poder declarar la guerra a Marco Antonio. Como muestra de gratitud por los servicios prestados a Roma, en 27 a.C. el senado le concedió el título de augusto («venerable») y amplios poderes legales. Gracias a la astucia política, se convirtió en el gobernante único de Roma y controló el ejército y todos los aspectos del Estado romano.

Emperador en todos los aspectos menos en su nombre (se esforzó en rechazar el título y se hizo llamar prínceps, o «primer ciudadano»), durante las cuatro décadas que siguieron, Octavio, gobernando ya con el nombre de Augusto, se propuso transformar las ruinas del sistema republicano y convertirlo en una autocracia imperial, aunque siempre dando la impresión de que toda su autoridad provenía de la voluntad del pueblo. Definió las fronteras del imperio, impulsó reformas para limpiar tanto la vida pública como la privada y aplastó a los disidentes. Tras los largos periodos de guerra civil, gran parte del imperio le estaba agradecida por la paz.

La *pax romana*

Efectivamente, la potencia del ejército romano y las mejoras en seguridad y estabilidad a lo largo de gran parte del territorio, en lo que se conocería como *pax romana* (paz romana), impulsaron el crecimiento del comercio, de la actividad económica, de la población y de la prosperidad en general. El arte y la cultura florecieron, se construyeron muchos edificios privados y las provincias de fuera de Italia iniciaron un proceso de romanización en el que la lengua, la cultura, las leyes y las instituciones romanas se incrustaron en distintas sociedades y atravesaron fronteras étnicas. Los provincianos podían incluso alcanzar la plena ciudadanía romana a través de un periodo de servicio militar.

Sin embargo, la *pax romana* de Augusto significó justo lo contrario para los territorios de más allá del imperio. Incluso después de haber reducido el ejército de 80 legiones a una fuerza permanente de solo 28, Augusto tuvo que hallar ocupación para sus 150 000 soldados. Así, lanzó una serie de campañas para ampliar fronteras, reprimir y hostigar a los rebeldes y a los «bárbaros» y apoderarse de esclavos en las áreas conquistadas.

El Ara Pacis Augustae (Roma) es un altar dedicado a Pax, la diosa romana de la paz. El friso representa a una procesión de miembros del senado romano junto a un sacerdote.

Tengo la esperanza de que, cuando muera, los cimientos que he sentado para el futuro gobierno [de Roma] se mantengan firmes y estables.
Augusto

Un legado imperial

Al final de su vida, en 14 d.C., Augusto había instaurado un nuevo sistema imperial que perduró durante siglos. Desde unos años antes de su muerte, Augusto había estado preparando a un heredero para que lo sucediera y conservara el control del Estado. Poco a poco, fue concediendo poderes a Tiberio, su hijastro, hasta que al final se le pudo considerar coemperador. Esto facilitó la transición de la autoridad tras la muerte de Augusto, evitó un vacío de poder y garantizó la continuidad. Augusto estableció así el principio de la sucesión directa y garantizó la supervivencia del alto cargo de emperador. El sistema se mantuvo a lo largo de múltiples dinastías, y el imperio alcanzó su cúspide bajo la dinastía antonina, cuando el emperador Adriano ordenó la construcción de una muralla en el norte de Britania para marcar el límite del imperio.

Aunque fue drástica, la transición de república a monarquía otorgó a Roma una nueva estabilidad. Haciéndose pasar por demócrata, Augusto creó un nuevo sistema de gobierno autocrático que, a pesar de limitar la participación política, tenía mucha más capacidad para resistir las turbulencias convulsas que habían azotado a la República romana de la generación anterior. ∎

CON ESTE SIGNO VENCERAS

LA BATALLA DEL PUENTE MILVIO (312 D.C.)

EN CONTEXTO

ENFOQUE
**La propagación
del cristianismo**

ANTES
33 D.C. Crucifixión de Jesús.

46–57 Misiones del apóstol
san Pablo.

64–68 Un incendio arrasa
Roma y Nerón mata a cientos
de cristianos. Martirio de san
Pedro y san Pablo.

284–305 Diocleciano y Galerio
reprimen el cristianismo en
todo el Imperio romano.

DESPUÉS
325 El primer concilio de
Nicea define la naturaleza
de la fe cristiana ortodoxa.

***C.*340** Ulfilas, el «Moisés de
los godos», empieza a difundir
el arrianismo entre las tribus
germánicas.

380 El cristianismo, religión
oficial del Imperio romano.

391 El Imperio romano prohíbe
los cultos paganos.

En octubre de 312 d.C., el emperador Constantino I estaba junto al puente Milvio, cerca de Roma, a punto de enfrentarse en combate a Majencio, su rival por el control del Imperio romano de Occidente (en 285, el imperio se había dividido en dos mitades, la oriental y la occidental, con sendos emperadores y lugartenientes). La tradición afirma que, en los días previos al encuentro, Constantino había tenido la visión de una cruz en llamas en los cielos que llevaba la inscripción *in hoc signo vinces* («con este signo vencerás»). Esto le convenció de que contaba con el apoyo del dios de los cristianos, convicción que se vio confirma-

Constantino I adoptó el cristianismo tras su victoria en el puente Milvio, lo que supuso un gran impulso para dicha religión, que ganó más seguidores y empezó a arrinconar los cultos paganos.

da cuando su ejército derrotó a Majencio. De hecho, el dios cristiano no había sido el primero que había establecido contacto con Constantino: en una visión anterior, Apolo también le había mostrado su apoyo. Al parecer, buscaba un aval teológico que legitimara sus ambiciones de convertirse en emperador único y es posible que un ser supremo monoteísta encajara bien con ellas: un espejo divino que reflejaba su propia posición en la tie-

Véase también: El saqueo de Roma 68–69 ▪ Belisario reconquista Roma 76–77 ▪ La coronación de Carlomagno 82–83 ▪ La querella de las investiduras 96–97 ▪ La caída de Jerusalén 106–107 ▪ La caída de Constantinopla 138–141 ▪ Las 95 tesis de Martín Lutero 160–163

rra. Pese a la leyenda de su visión divina, al parecer la conversión al cristianismo de Constantino no fue inmediata: no fue bautizado hasta muchos años después, en su lecho de muerte. Pero poco después de aquella victoria, Constantino inició un proceso de apoyo y posterior exaltación del cristianismo. En 331 promulgó el edicto de Milán, que proclamaba la tolerancia religiosa y la legalización del cristianismo en el imperio.

Un imperio con múltiples fes

Durante los tres siglos después de la vida de Jesucristo, la religión basada en sus enseñanzas siguió conformando una secta minoritaria en el Imperio romano, donde convivía con muchas otras fes, tanto monoteístas como politeístas. Sin embargo, algunos elementos del cristianismo, como su naturaleza igualitaria, lo hacían sospechoso a ojos de las autoridades, y los cristianos eran perseguidos periódicamente. En ese momento, y en todo el mundo antiguo, los cambios sociales, políticos y económicos empezaron a reflejarse en los cambios culturales y religiosos. El cristianismo no era más que una de varias religiones monoteístas que ganaban fuerza en el Imperio romano, como el culto persa del mitraísmo, con el que compartía muchos aspectos.

El auge del cristianismo

En 324, tras deponer a Licinio, emperador de Oriente, Constantino se convirtió en el emperador único del Imperio romano, y entonces decidió valerse del cristianismo como fuerza unificadora en las regiones de su reino. Para facilitar el gobierno de la cada vez más dominante mitad oriental, construyó una ciudad a la que llamó Constantinopla (actual Es-

tambul) y, aunque la consagró con ritos cristianos y paganos, solo permitió la erección de iglesias cristianas. Aunque se tardó mucho tiempo en que todos los ciudadanos romanos se convirtieran al cristianismo, durante el reinado de Constantino, las clases sociales superiores, que buscaban mejorar su posición política y conseguir los favores del emperador, se adhirieron en manada a la Iglesia, y se mandaron construir basílicas en todo el imperio. Pese a esto, el cristianismo no era una religión única y uniforme, y se dieron escisiones, o cismas. En 325, Constantino convocó el concilio de Nicea (el primer concilio universal de la Iglesia cristiana) para resolver la controversia arriana, una disputa teológica sobre si Jesús era de la misma sustancia que Dios.

Cristianización de Roma

A mediados del siglo IV, el emperador Juliano, creyente de la religión antigua, intentó recuperar el paganismo, pero los cristianos eran mayoría, al menos en Oriente. La fe estaba cada vez más ligada al imperio, y el Estado romano adoptó y moldeó la Iglesia para convertirla en un instrumento de control político y social y de unidad y estabilidad.

Bajo Teodosio I (r. 379–395), los templos y cultos paganos fueron reprimidos, y se prohibió la herejía; el cristianismo se convirtió en la religión oficial del Imperio romano. Al final, también se convirtió tanto en la fe de los reinos bárbaros que le sucedieron en el territorio del Imperio romano de Occidente como del Imperio bizantino, en Oriente. A lo largo de muchos siglos, la Iglesia occidental (católica) y la Iglesia oriental (ortodoxa) se fueron distanciando en cuestiones de doctrina y de organización, pero el cristianismo perduró. ▪

Los emperadores romanos obtienen autoridad y legitimidad de **religiones paganas**.

El igualitarismo del cristianismo amenaza con **alterar el estricto orden social** del Imperio romano.

Constantino ve el cristianismo (monoteísta) como una **herramienta** para la **unidad** y la **validación de su autoridad imperial**.

Tras la batalla del puente Milvio, Constantino adopta el cristianismo, que se convertirá en la religión oficial del Imperio romano.

La Iglesia se reforma a imagen del **Estado romano**, con una **jerarquía estricta** y la **centralización del dogma**.

LA MISMA CIUDAD QUE HABIA TOMADO EL MUNDO ENTERO FUE TOMADA

EL SAQUEO DE ROMA (410 D.C.)

El **Imperio romano de Occidente pierde** poder económico y militar.

Los nómadas de las estepas se ven **obligados a emigrar**.

La **autoridad imperial** se debilita y las fronteras se **quebrantan**.

La migración nómada **desplaza a las tribus germánicas**.

Las invasiones bárbaras culminan con el saqueo de Roma.

Las tribus germánicas crean **reinos nuevos en Europa occidental**.

En 410 d.C., Roma cayó ante un ejército de pueblos nómadas germánicos (los visigodos) que saqueó la ciudad durante tres días. Aunque Roma ya no era la capital del Imperio romano de Occidente y la destrucción fue relativamente limitada, el saqueo sacudió a todo el mundo. Entonces se estaban dando cambios conocidos como periodo de las grandes migraciones o de las invasiones bárbaras, producidos por grandes movimientos de población en toda Eurasia. Los pueblos bárbaros empezaron a invadir imperios consolidados, como Roma y China, entre 300 y 650, y los dividieron en reinos nuevos que, en muchos casos, dieron

Véase también: El asesinato de Julio César 58–65 ▪ Clodoveo une las Galias 71 ▪ Belisario reconquista Roma 76–77 ▪ La coronación de Carlomagno 82–83 ▪ Qubilay Kan conquista a los Song del Sur 102–103

Los «otros» bárbaros

«Bárbaro» era un término griego que aludía al parloteo de quienes no hablaban griego y que, por lo tanto, no podían considerarse civilizados, y los romanos también adoptaron este término. Pero en el siglo IV, las fronteras entre Roma y sus vecinos bárbaros se habían difuminado, tanto a nivel cultural como geopolítico: los bárbaros se parecían más a los romanos y viceversa. Así, el ejército romano estaba compuesto en su mayoría por bárbaros, ya se tratara de auxiliares y mercenarios germánicos o de ciudadanos romanos que eran en realidad galos, británicos o de cualquiera de los centenares de grupos y etnias que componían Roma. Gran parte de la cultura romana sobrevivió a las invasiones. Así, aunque gran parte de Italia, la Galia e Hispania cayeron bajo el poder de los godos, los suevos y los vándalos germánicos, sus idiomas resistieron la influencia germánica y continuaron siendo lenguas romances: lenguas que evolucionaron del latín que los romanos hablaban en Roma.

lugar a los países de la era moderna. Los cambios climáticos en el centro de Asia llevaron a las tribus nómadas de las estepas a buscar mejores pastos, lo que obligó a los nómadas vecinos a invadir los llamados imperios civilizados. China fue saqueada por los xiongnu, Persia por los heftalíes e India por los hunos blancos.

Bárbaros a las puertas

En Europa, la llegada de los hunos a las tierras al este del Rin y al norte del Danubio desplazó a las tribus germánicas que llevaban mucho tiempo viviendo en un equilibrio delicado con el Imperio romano. Los visigodos se trasladaron a tierras romanas, hasta que irrumpieron en Roma en 410, mientras que otras tribus, como los vándalos, los suevos, los alanos, los francos, los burgundios y los alamanes, invadían y se asentaban en territorios que abarcaban desde la Galia

hasta Hispania y el norte de África. En la década de 440, los hunos, con Atila al frente, saquearon Europa oriental antes de ser derrotados por romanos y germánicos. El Imperio romano de Occidente se encogió hasta abarcar poco más que la propia Italia y sus emperadores no eran más que hombres de paja de los generales bárbaros. En 476, el último emperador nominal fue depuesto por uno de esos generales, Odoacro, lo que marcó el fin del Imperio romano de Occidente. Pero el Imperio de Occidente llevaba en declive desde, como mínimo, el siglo III. Su población y economía se habían reducido, y cada vez había sido más dependiente económicamente del Imperio de Oriente. Además, la debilidad de la autoridad central había otorgado más poder a las provincias. El ejército, obligado a reclutar entre las tribus bárbaras, estaba perdiendo su fuerza nuclear. En realidad, puede que las invasiones bárbaras no fueran más que parte de un proceso, en vez de las causantes de una caída. La cultura, la lengua y la religión romanas perduraron en las provincias, y gran parte de la nueva élite gobernante se vio a sí misma como la continuadora de la tradición de Roma. La propia ciudad sobrevivió al saqueo de Alarico y sus visigodos (410) y al de los vándalos (455) y floreció bajo Teodorico el Grande (489–526), rey de los ostrogodos.

A su vez, los reinos sucesores que las tribus germánicas forjaron durante los siglos siguientes acabaron sufriendo el ataque de otros invasores, como los magiares y los vikingos. ▪

En *Destrucción* (*c.*1935) Thomas Cole representó la invasión de una gran ciudad, parecida a Roma. El caos y la muerte cubren los edificios antes erigidos para celebrar una civilización ahora caída.

OTROS ACONTECIMIENTOS

EL COLAPSO DE LA CIVILIZACIÓN DEL VALLE DEL INDO
(c. 1900–1700 a.C.)

La civilización del valle del Indo (c. 3300–c. 1700 a.C.) contaba con grandes ciudades, con calles planificadas e impresionantes sistemas de alcantarillado y de abastecimiento de agua en lo que ahora son Pakistán y el noroeste de India. Hacia 1900 a.C. había entrado en declive, y ya no producía las elaboradas joyas y sellos por los que era famosa. En c. 1700 a.C., las grandes ciudades de Harappa y de Mohenjo-Daro estaban prácticamente deshabitadas. No sabemos por qué, pero lo más probable es que se debiera a una combinación de malas cosechas y del declive del comercio con Egipto y Mesopotamia. También hay evidencias de inundaciones como consecuencia de un cambio en el curso del río Indo.

EL EMPERADOR WU REIVINDICA EL MANDATO DEL CIELO
(1046 a.C.)

La idea de que el emperador de China gobierna con la aprobación de los Cielos se remonta a la dinastía Zhou, fundada cuando Wu y su aliado Jiang Ziya vencieron a los Shang en la batalla de Muye, en 1046 a.C. Los Shang habían gobernado durante un largo periodo de paz, pero en la década de 1040 se habían corrompido. El concepto de Mandato del Cielo de la dinastía Zhou, que quería impedir su propio declive bajo la corrupción, dio

más importancia al buen gobierno que al nacimiento noble, y autorizaba a derrocar a los gobernantes que no mostraran estas cualidades. En definitiva, influyó en el modo en que los chinos concibieron a sus gobernantes durante miles de años.

JUDÁ DESAFÍA A LOS ASIRIOS
(c. 700 a.C.)

En el siglo IX a.C., el reino hebreo de Judá (al oeste del mar Muerto) formaba parte del gran Imperio asirio. En el siglo VIII a.C., Ezequías, rey de Judá, se negó a pagar el tributo a los asirios. El rey asirio, Senaquerib, asedió entonces Jerusalén (evento que recoge la Biblia), pero Judá resistió a sus enemigos, que no pudieron tomar la ciudad. Aunque fue un tropiezo relativamente pequeño para Asiria, supuso un gran triunfo para Judá, que atribuyó la victoria a Yahvé. Fue un factor importante en la adopción de una religión monoteísta por parte de los hebreos poco después.

LA CULTURA CELTA FLORECE EN HALLSTATT
(c. 650 a.C.)

En el siglo VIII a.C. se desarrolló una cultura peculiar en los alrededores de Hallstatt, al sudeste de la actual Salzburgo (Austria). La población de Hallstatt era celta y, probablemente, procedía de Rusia. En su punto álgido, aproximadamente en 650 a.C., la cultura de Hallstatt se había extendido hacia el oeste, hasta Francia oriental, hacia el este, hasta Ruma-

nía, y hacia el norte, hasta Bohemia y Eslovaquia. Sus miembros producían bellas herramientas y objetos ornamentales de bronce, pero también fueron de los primeros europeos en usar hierro para hacer objetos, como espadas. Su extraordinaria joyería de bronce presentaba formas intricadas, como espirales, nudos y diseños animales, que ejercieron una influencia perdurable en el arte celta.

LAS GUERRAS DEL PELOPONESO
(431–404 a.C.)

Las guerras del Peloponeso enfrentaron a Atenas (al principio la ciudad-estado griega más potente, y centro de la civilización clásica) y la más militarizada Esparta. Los espartanos empezaron lanzando la infantería sobre Atenas, y los atenienses usaron su superioridad naval para reprimir las revueltas a lo largo de la costa. En 413 a.C., el ataque a Siracusa (Sicilia) salió mal y la mayoría de las fuerzas atenienses fueron destruidas. Entonces, Esparta, aliada con Persia, apoyó rebeliones en varios estados súbditos de Atenas y acabó destruyendo toda la flota ateniense en Egospótamos (405 a.C.). La guerra dejó a Atenas profundamente herida y puso fin a la edad de oro de la cultura griega, para dar paso al dominio de Esparta.

ANÍBAL INVADE ITALIA
(218 a.C.)

En el siglo III a.C., Cartago (Túnez), que se había consolidado como una importante potencia regional, se extendió por la costa del norte de África antes de invadir Hispania en 230 a.C. En 218 a.C., Aníbal, el comandante de Cartago en Hispania, cruzó los Alpes con su ejército para atacar Italia. A pesar de varias victorias en lo que se conocería como la segunda guerra púnica, Aníbal no pudo tomar Roma y, en 202 a.C., regresó a África. Los romanos habían demostrado su fuerza y allanaron el camino para su propio ascenso al poder, aunque confirmaron que Cartago era invencible en el Mediterráneo.

DERROTA DE VERCINGETÓRIX EN ALESIA
(52 A.C.)

En 52 a.C., el jefe galo Vercingetórix había liderado una revuelta contra la conquista romana de la Galia (la actual Francia). En la batalla de Alesia (Borgoña, en el este de Francia), las fuerzas romanas dirigidas por Julio César construyeron una ingeniosa fortificación circular doble rodeando la ciudad, con la que pudieron cercar a Vercingetórix y sus fuerzas y, a la vez, cubrirse las espaldas contra los ataques de refuerzos exteriores galos. El jefe galo se vio obligado a rendirse, y, tras cinco años en cautiviad, fue estrangulado por orden de César. Tras esta batalla, el Imperio romano pudo extenderse por toda Europa.

LOS ROMANOS OCUPAN BRITANIA
(43 D.C.)

En 43 d.C. desembarcó en Britania una fuerza invasora romana, por orden del emperador Claudio. Pese a la oposición de los jefes locales, como Caractaco, y de la revuelta posterior de los icenos, liderados por Boudica, el Imperio romano se extendió por las actuales Inglaterra y Gales, y llegó hasta la frontera de lo que hoy es Escocia. Hasta c. 410, los romanos gobernaron Britania, donde fundaron ciudades, desarrollaron un sistema de caminos e introdujeron innovaciones como la calefacción subterránea y el uso de cemento. Muchos británicos se beneficiaron del gobierno romano y de los sólidos vínculos comerciales con el imperio en productos como metales y cereales.

DIVISIÓN DE CHINA EN TRES REINOS
(220 D.C.)

Los últimos años de la dinastía Han en China estuvieron marcados por amargas divisiones y enfrentamientos que, en el año 220, culminaron en la división del país entre tres emperadores rivales que afirmaban ser herederos legítimos de los Han. Los Tres Reinos (el Wei del norte, el Wu del sur y el Shu del oeste) alcanzaron un acuerdo relativamente estable sobre el territorio hasta que estalló la guerra en 263, cuando la dinastía rival Jin se enfrentó a ellos y los conquistó. Las guerras tuvieron consecuencias devastadoras para la población.

INICIO DEL PERIODO MAYA CLÁSICO
(250 D.C.)

La civilización maya llegó a su periodo clásico en el siglo III d.C., con una gran cantidad de ciudades en las actuales México y Guatemala que contaban con los característicos templos en forma de pirámides escalonadas, monumentos tallados con inscripciones de fechas del complejo calendario maya y una amplia red comercial. Teotihuacán, en el centro de México, era la ciudad más grande, aunque en las tierras bajas también había ciudades poderosas, como Tikal. La civilización maya dejó una huella perdurable en América central y del norte, y su cultura influyó a civilizaciones posteriores, como la azteca.

SE ERIGEN OBELISCOS EN EL REINO DE AKSUM
(Siglo IV D.C.)

En el siglo IV d.C., la población de la ciudad etíope de Aksum erigió obeliscos de piedra que se convertirían en el símbolo de su civilización. Aksum dominaba las rutas comerciales marítimas en torno al Cuerno de África y en el Índico, con lo que proporcionaba una ruta vital entre Asia y el Mediterráneo y conseguía grandes ingresos para el reino. Los obeliscos alcanzaban los 33 metros de altura, y se cree que eran monumentos dedicados a personas relevantes. Como testimonios de la potencia de este reino y de su desarrollo como civilización independiente, estos obeliscos se han convertido en símbolos de la cultura africana.

CLODOVEO UNE LAS GALIAS
(Finales del siglo V D.C.)

El final del gobierno romano en la Galia (actual Francia) llegó cuando el líder de los francos salios, Clodoveo, venció al líder romano Siagrio en 486 d.C. Esta victoria, que se sumó a las de Childerico, su padre, puso a toda la Galia al norte del Loira bajo el gobierno de su dinastía, llamada merovingia en honor a su abuelo, Meroveo. Los merovingios gobernaron Francia durante 300 años, y convirtieron en realidad la idea de una Galia unida e independiente de gobernantes extranjeros.

EL MUN
MEDIEV
500–1492

El ejército del **Imperio romano de Oriente**, liderado por Belisario, **recupera Roma** y expulsa a los **ostrogodos**.

El califa abasí Al-Mansur **funda Bagdad**, lo que marca el inicio de la **Edad de Oro del islam**. La ciudad es un centro de **erudición árabe**.

Carlomagno es coronado **emperador** en Roma. En tanto que líder secular de la **cristiandad**, **unifica** gran parte de Europa occidental.

En **Camboya** se empieza a construir el gran templo hindú de **Angkor Wat**, que será la **estructura religiosa más grande del mundo**.

536   **762**   **800**   **1120**

c. **610**   **793**   **1099**   **1192**

Mahoma anuncia que ha recibido una revelación divina y **funda el islam**. En veinte años, esta religión **dominará** la península Arábiga.

En el primero de sus muchos saqueos, **guerreros vikingos asaltan** brutalmente un monasterio en la isla sagrada de **Lindisfarne** (norte de Inglaterra).

Los caballeros **cristianos** arrebatan **Jerusalén** a los **musulmanes** y fundan diversos **estados cruzados** en Palestina y Siria.

Minamoto Yoritomo se convierte en **sogún** e inaugura un linaje de **gobernantes militares** que dominará Japón durante **650 años**.

Se llama Edad Media al periodo comprendido entre 500 y 1500, considerándola una era distinguible entre el mundo antiguo y la Edad Moderna. Pero, en realidad, no hubo una ruptura limpia con el mundo antiguo. En el Mediterráneo oriental, el Imperio romano se prolongó durante casi mil años tras la caída de Roma en el llamado Imperio bizantino. La tradición antigua de una China unida bajo un emperador se recuperó en el siglo VI y perduró hasta la dinastía Ming. Y en Europa occidental, donde la fragmentación fue más evidente tras el colapso del Imperio romano, el cristianismo sobrevivió como distintivo de las sociedades «civilizadas» frente a las «bárbaras».

El auge del islam

La dominancia de dos religiones monoteístas mutuamente hostiles (el cristianismo y el islam) fue la circunstancia más notable de este periodo en la mayor parte de Eurasia. El surgimiento del islam en el siglo VII fue un acontecimiento revolucionario, y los ejércitos árabes, inspirados por la fe, transformaron el paisaje político: el gobierno musulmán se extendió desde la península Ibérica, en el oeste, hasta Asia central, en el este.

Aunque era imposible sostener un califato musulmán unido, la religión garantizó la continuidad de la civilización incluso cuando el poder pasó de los árabes a otros pueblos, como los turcos. Las grandes ciudades musulmanas superaban a las de la cristiandad en tamaño y sofisticación, y los académicos árabes conservaron y desarrollaron la ciencia de los griegos antiguos. La civilización musulmana siguió siendo dinámica y expansionista en la Edad Media.

El destino de Occidente

En Europa occidental, la civilización decayó tras la caída del Imperio romano. Reyes guerreros gobernaban a una población muy escasa y sostenida por la agricultura de subsistencia, y el territorio se vio acosado por saqueadores e invasores no cristianos, como los vikingos y los magiares, hasta el siglo X.

La nostalgia por la Roma antigua llevó a la coronación de Carlomagno como emperador el año 800, pero el Sacro Imperio Romano no logró unificar políticamente la Europa occidental. A falta de unos estados centralizados y poderosos, lo que mantenía unidas a las sociedades eran las relaciones feudales.

A partir del siglo XI empezó a ganar impulso en Europa una recuperación de la cultura, el comercio y la vida urbana. El «periodo cálido medieval»

El rey de Inglaterra Juan sin Tierra firma la **Carta Magna**, que afirma que todos, incluido el rey, **deben cumplir la ley** del reino.

Mansa Musa, el rico rey de **Malí** hace su célebre *hayy* (peregrinación) **a La Meca**, que ayuda a difundir el **islam** en **África Occidental**.

La **peste negra** llega a Europa, probablemente desde Asia. En dos años **mata a un tercio** de la población europea.

El rey coreano Sejong ordena crear un **alfabeto** nuevo y más sencillo del **idioma coreano** para promover la alfabetización.

1215

1324

1347

1443

1275

1325

1368

1492

El comerciante veneciano **Marco Polo** llega a la corte de **Qubilay Kan**. El gobernante mogol **conquistará el sur de China** cuatro años después.

Los **aztecas** fundan la ciudad capital de Tenochtitlán en el centro de **México**. Mientras, los **incas** desarrollan su civilización en **Perú**.

Hongwu es proclamado primer emperador de la **dinastía Ming** china, tras derrocar a la dinastía Yuan. Seguirán casi 300 años de **prosperidad y estabilidad**.

Los reyes Isabel y Fernando de Castilla **toman Granada** y ponen fin a 800 años de **dominio musulmán** en la península Ibérica.

(950–1250), durante el que Europa experimentó temperaturas superiores a la media, mejoró el rendimiento de las cosechas. También fue este el periodo en que se levantaron grandes catedrales y castillos. Sin embargo, aun cuando los cruzados cristianos luchaban para llegar a Jerusalén, en el corazón del mundo musulmán, el flujo de la civilización iba en dirección contraria, y los eruditos árabes lograron una gran ventaja en medicina, filosofía, astronomía y geografía.

Expansión y contracción

Se estima que, en el siglo XIII, la población mundial había aumentado hasta los 400 millones de habitantes, el doble que en el punto álgido de la Antigüedad. Una amplia red comercial unía Europa con China y otros prósperos reinos comerciales de Asia, tanto por tierra, a lo largo de la Ruta de la Seda, como por mar, a través del océano Índico. El Cairo y Venecia se convirtieron en importantes centros comerciales del extremo occidental.

Sin embargo, las sociedades civilizadas seguían siendo vulnerables. Los mongoles, una tribu nómada de las estepas asiáticas, tomaron ciudades clave desde Oriente Medio hasta el sur de China y perpetraron grandes masacres. Otra amenaza eran las epidemias; la peste negra que se propagó a lo largo de las rutas comerciales a mediados del siglo XIV acabó con una cuarta parte de la población mundial.

Inventos y progreso

A pesar de la lentitud del progreso tecnológico, al cabo de los siglos este fue importante. China era el país más avanzado del mundo, y fue el origen de la mayoría de los inventos, desde el papel y la imprenta hasta la brújula magnética y la pólvora. Incluso la relativamente atrasada Europa se benefició de mejoras en la construcción de barcos y la forja del metal, mientras que el invento y la difusión del arado y del molino de viento transformaron la agricultura.

A finales de la Edad Media, los reinos de Europa occidental habían pasado de ser estados «feudales» basados en juramentos de lealtad a convertirse en estados más estables y centralizados, capaces de canalizar sus recursos clave para emprender grandes proyectos de colonización y exploración. Mientras, en América, civilizaciones como la azteca y la inca continuaron evolucionando de manera independiente, ajenas a la evolución que seguían Eurasia y África, hasta que llegaron los conquistadores españoles en el siglo XVI. ∎

AMPLIAD EL IMPERIO Y HACEDLO MAS GLORIOSO

BELISARIO RECONQUISTA ROMA (536)

ENFOQUE
El Imperio bizantino

ANTES
476 d.C. El general bárbaro Odoacro derroca al último emperador del Imperio romano de Occidente y gobierna Italia como rey independiente.

493 Teodorico el Grande derroca a Odoacro y se convierte en rey y súbdito nominal del Imperio bizantino.

534 Bizancio pone fin al gobierno vándalo en el norte de África.

DESPUÉS
549 Bizancio recupera Roma de manos de los godos por tercera y última vez.

568 Los lombardos invaden Italia y toman el territorio que Justiniano había recuperado.

751 Los lombardos toman Ravena, el último enclave bizantino importante en el norte de Italia.

El 9 de diciembre de 536 d.C., el ejército del Imperio romano de Oriente (o bizantino), liderado por Belisario, entró en Roma por la antigua Porta Asinaria, lo que obligó a los defensores de la ciudad, los bárbaros ostrogodos, a huir hacia el norte por la Porta Flaminia. Casi exactamente sesenta años después de que Italia hubiera sido arrebatada al imperio, parecía que su antiguo lugar de nacimiento podía volver al gobierno romano.

La supervivencia de Bizancio
Mientras que el Imperio romano de Occidente había caído definitivamente en 476, después de un siglo de invasiones bárbaras, la parte oriental (el Imperio bizantino con su capital en Constantinopla, ahora Estambul), resistió la tempestad y conservó provincias ricas, como Egipto, lo que le permitió defender su territorio. Sin embargo, la pérdida del lugar de nacimiento del imperio había supuesto un duro golpe para el prestigio de los emperadores bizantinos, que se negaban a aceptarlo. En 488, el emperador bizantino Zenón envió a una tribu de bárbaros germánicos mercenarios, los ostrogodos, para que derrocaran a otra liderada por Odoacro, que había depuesto al último emperador del Im-

perio romano de Occidente. A cambio, los ostrogodos podrían gobernar Italia como súbditos del emperador bizantino. Por otro lado, los godos habían ido avanzando sobre tierras imperiales, por lo que Zenón esperaba que su eliminación resolviera ambos problemas a la vez.

La guerra gótica
Durante los cuarenta años siguientes, el gobierno ostrogodo en Italia fue relativamente tranquilo, pero el ascenso de Justiniano (c. 482–565) al trono del Imperio bizantino en 527 cambió las cosas. Estaba decidido a

> Encontrar en Italia dinero para la guerra es imposible, ya que el enemigo ha reconquistado casi todo el país.
> **Belisario (545)**

Véase también: La batalla del puente Milvio 66–67 ▪ El saqueo de Roma 68–69 ▪ La caída de Jerusalén 106–107 ▪ El cisma de Oriente 132 ▪ La caída de Constantinopla 138–141

El emperador Justiniano se lanzó a un ambicioso programa de expansión y reformas para restaurar la antigua gloria del Imperio romano.

recuperar la dignidad romana, lo que significaba reconquistar las provincias perdidas. Empezó en 533 enviando al norte de África a un ejército liderado por el general Belisario, que derrotó rápidamente a los vándalos (una tribu germánica que dominaba la región desde la década de 430).

Alentado por el éxito, Justiniano ordenó la invasión de Italia en 535. El ejército de Belisario avanzó rápidamente, y en 536 había logrado ya reconquistar Roma. Sin embargo, la euforia que la recuperación de su antigua capital desencadenó en Bizancio se vio interrumpida bruscamente cuando el rey ostrogodo Vitiges contraatacó y sometió a Roma a un agotador asedio de un año de duración.

Punto muerto en Italia

Belisario lanzó otro asalto, pero Justiniano le ordenó que regresara cuando empezó a temer que quisiera proclamarse rey independiente en Italia. El país pasó de un bando al otro repetidamente, y la guerra en Italia se prolongó durante casi veinte años.

Los ostrogodos retomaron Roma en dos ocasiones, pero carecían de los recursos para mantenerla, por lo que en ambos casos volvieron a perderla ante Bizancio. El último gran ejército ostrogodo fue vencido al fin en 552.

El impacto de la guerra

Aunque Bizancio había ganado la guerra, se trataba de una victoria pírrica. Italia había quedado devastada: las ciudades habían perdido a la mayoría de la población y la economía rural estaba destrozada. Las clases gobernantes tradicionales, que hablaban latín, vieron que los cargos relevantes se concedían a oriundos de Constantinopla que hablaban griego. Roma fue tratada como enclave provincial del Imperio bizantino, y las esperanzas de que la ciudad recuperara su posición de centro de poder imperial se vieron frustradas.

Las consecuencias de la guerra, junto a una epidemia que mató a una tercera parte de los habitantes del imperio en 542, complicaron la tarea de encontrar soldados que pudieran defender Italia. La nueva provincia apenas proporcionaba ingresos en forma de impuestos y se convirtió en una enorme carga económica. El optimismo que había generado la reconquista de Roma se convirtió en una depresión profunda, estado de ánimo que se consolidó cuando, en 568, los lombardos, otro grupo bárbaro, invadieron Italia y conquistaron la mayor parte del territorio bizantino en el norte y el centro de Italia.

Aunque el Imperio bizantino sobrevivió nueve siglos más, no pudo volver a intentar restaurar el Imperio romano en Occidente. En cambio, se centró en defender su núcleo griego en oriente y dejó que los reinos germánicos de Italia, la Galia e Hispania se desarrollaran sin obstáculos. ▪

Aparecen tensiones entre el Imperio bizantino y el **inestable** reino ostrogodo de Italia.

El Imperio bizantino invade Italia y toma Roma.

La guerra **devasta Italia**, lo que complica **recaudar impuestos** que financien su defensa.

Nuevas **invasiones bárbaras** penetran las fronteras de un imperio **debilitado** por las **deudas** y la **peste**.

Bizancio **cesa** su **expansión** hacia el oeste y dirige la atención **hacia su interior**.

LA VERDAD HA LLEGADO Y LA FALSEDAD HA DESAPARECIDO

MAHOMA RECIBE LA REVELACIÓN DIVINA (c.610)

EN CONTEXTO

ENFOQUE
El auge del islam

ANTES
*C.*550 Caída del reino hymyarita en el sur de Arabia.

570 Nacimiento de Mahoma.

611 El sah de Persia Cosroes II derrota a Bizancio en Egipto, Palestina y Siria.

DESPUÉS
622 Mahoma y sus seguidores huyen de La Meca y se instalan en Medina.

637 El ejército musulmán toma Jerusalén tras un asedio.

640 El general árabe Amr ibn al-As conquista Egipto.

661 Muawiyya inaugura el califato omeya en Damasco (Siria).

711 Ejércitos musulmanes invaden Hispania y conquistan el reino visigodo cristiano.

En torno al año 610, en una cueva de las colinas sobre la ciudad de La Meca, en el centro de Arabia, Mahoma, un hombre de cuarenta años perteneciente a una familia de mercaderes, declaró que había recibido un mensaje divino del ángel Gabriel. Las revelaciones similares que recibió a lo largo de los meses y años que siguieron llevaron a la fundación de una nueva religión monoteísta: el islam. Solo veinte años después, esta fe ya dominaba la península Arábiga y, un siglo más tarde, sus seguidores habían aplastado a los antiguos imperios bizantino y persa y creado un Estado que llegaba desde la península Ibérica hasta Asia central.

Véase también: La fundación de Bagdad 86–93 ▪ La caída de Jerusalén 106–107 ▪ El *hayy* de Mansa Musa a La Meca 110–111 ▪ El avance árabe se detiene en Tours 132 ▪ La caída de Constantinopla 138–141 ▪ Las conquistas de Akbar el Grande 170–171

En esta miniatura, del siglo XVI, la Kaaba, considerada la casa de Dios y el santuario más sagrado del islam, está decorada por ángeles para celebrar el nacimiento del profeta Mahoma.

Arabia antes del islam

Durante el primer milenio a.C., en el sur de Arabia hubo reinos sofisticados que obtenían su riqueza del comercio de especias. Al principio, las rutas comerciales recorrían la costa noroeste, pero en el siglo VII estas se habían reducido, ya que los mercaderes usaban cada vez más una ruta marítima que atravesaba el mar Rojo, lo que provocó el declive de lugares hasta entonces relativamente prósperos. Quedaron unas cuantas ciudades sueltas, como Medina (entonces Yazrib) y La Meca, que dependían más del comercio local de lana y cuero, además de algunas importaciones clave como cereales y aceite de oliva. Las regiones desérticas del centro de la península Arábiga eran muy pobres: tribus beduinas con un estilo de vida nómada, donde la com-

petición por los escasos recursos modeló una sociedad cuya lealtad principal descansaba sobre la tribu.

En la época de Mahoma, Arabia estaba en un estado de efervescencia religiosa y política. Se habían establecido comunidades judías potentes en Yemen, al sur, y en ciudades oasis del noroeste, como Medina, mientras que el cristianismo iba ganando terreno en Yemen y Arabia oriental. De todos modos, pese a que las fes monoteístas avanzaban frente al paganismo politeísta de los árabes beduinos, las creencias paganas seguían siendo fuertes. El conflicto entre las tribus también era algo habitual, y en La Meca se había declarado una tregua en un recinto sagrado llamado *haram*, para que las distintas tribus pudieran comerciar sin violencia.

Mahoma en La Meca

El *haram* de La Meca estaba controlado por el poderoso clan coraichita (o Quraysí), al que pertenecía Mahoma. El rechazo de Mahoma al paganismo, así como su atrevida proclamación de que solo había un Dios y de que los creyentes debían seguir una serie de

observancias religiosas prescritas, como orar cinco veces al día y ayunar durante el Ramadán, distinguieron a sus seguidores. Su prédica de una única comunidad religiosa que atravesaba fronteras sociales supuso una amenaza para los líderes tradicionales, que sentían que socavaba su autoridad.

La huida a Medina

En 622, el ambiente en La Meca se había vuelto tan tenso que Mahoma y sus seguidores huyeron hacia el norte, hasta Medina, en un evento llamado hégira *(hiyra)*, o migración, que marcó la verdadera fundación de la comunidad islámica. Los habitantes de Medina, resentidos por el poder del clan coraichita, con sede en La Meca, simpatizaron con la causa de Mahoma y le permitieron predicar con libertad, con lo que pudo atraer a más conversos.

A los coraichitas no les gustó ver que la base de poder de Mahoma en La Meca iba aumentando, y dos años después estalló la violencia entre los poderes establecidos de la ciudad y los seguidores de Mahoma. Este »

Mahoma

El profeta Mahoma nació en La Meca en torno al año 570 en una rama del influyente clan coraichita. La tradición explica que quedó huérfano y que su primer matrimonio con una viuda acaudalada llamada Jadiya le aseguró el futuro económico. Las revelaciones religiosas que recibió durante un periodo de doce años a partir de 610, y que luego se escribirían en el Corán, provocaron una ruptura con la élite tradicional de La Meca cuando empezó a predicar contra

el politeísmo pagano y ciertas prácticas aceptadas, como el infanticidio femenino. La huida de Mahoma a Medina en 622 marcó un hito en la difusión del islam, y su aceptación fuera de La Meca demostró que su atractivo podía trascender las estructuras tribales tradicionales. Mahoma fue un líder inspirador, y su habilidad a la hora de gestionar las dificultades a que se enfrentaba la nueva religión condujo a que, cuando murió, en 632, dos años después de su regreso a La Meca, sus seguidores ya se hubieran extendido por toda Arabia.

La batalla de Uhud (625) fue uno de los muchos conflictos sangrientos entre los musulmanes de Medina, liderados por Mahoma, y el ejército coraichita, de La Meca, más numeroso.

campañas de conquista más allá de Arabia. Tuvieron la suerte de que en el extremo norte de Arabia se habían dado cambios profundos. Entre 602 y 628, los dos imperios tradicionales de la zona (Bizancio, al noroeste, y los sasánidas persas, al noreste) se habían enzarzado en una larga guerra que acabó siendo desastrosa para ambos. El coste del conflicto había agotado sus arcas y algunas regiones de los dos territorios habían quedado totalmente devastadas. Ambas partes habían confiado la defensa de sus fronteras a árabes y, como consecuencia, habían aparecido pequeños estados árabes semiindependientes en la periferia de los dos imperios.

Una derrota rápida

Los ejércitos árabes que avanzaron hacia el norte en la década de 630 se toparon con mucha menos resistencia de la que hubieran tenido medio siglo antes. Las provincias cayeron con facilidad, ya que la debilidad de las guarniciones y la dudosa lealtad de los habitantes redujeron la resistencia. Aunque los ejércitos árabes eran relativamente pequeños y estaban pobremente armados, gozaban de mucha movilidad y no necesitaban defender posiciones fijas, lo que suponía una enorme ventaja sobre sus enemigos. Cuando derrotaron a los bizantinos en Yarmuk, en 636, se desplomó todo el edificio de control imperial en Palestina y Siria. En el caso de Persia, los generales árabes solo necesitaron nueve años para desmembrar al Imperio sasánida.

La sociedad islámica

Las tierras recién conquistadas pasaron a formar parte del califato is-

superó a los coraichitas: primero asaltó sus caravanas, y luego los derrotó en una sangrienta batalla en 627, para finalmente negociar su regreso a La Meca en un peregrinaje en 629. Cuando murió, en 632, Mahoma había vuelto a establecerse en La Meca, y sus éxitos diplomáticos y militares, con los que había conseguido atraer a otras tribus a su causa, habían hecho que su posición fuera incuestionable. A medida que su autoridad aumentaba lo hacían también el alcance de su mensaje religioso y el número de nuevos conversos al islam.

Tras la muerte de Mahoma, el islam entró en crisis, y la religión podría haber desaparecido con facilidad.

Las tribus del este se escindieron de la comunidad religiosa musulmana (la *umma*) y proclamaron su alianza a su propio profeta, mientras que los de Medina estaban descontentos por el dominio de La Meca en el movimiento. La elección de Abu Bakr, el suegro de Mahoma, como califa (sucesor) señaló que el liderazgo permanecería en el seno de la familia del profeta, y esto, junto a varias exitosas campañas militares contra los descontentos, permitió la supervivencia de la *umma*.

Más allá de Arabia

Una vez consolidadas sus posiciones, los sucesores de Mahoma, y en especial Omar (634–644), lanzaron lámico. Muchos de sus habitantes se convirtieron, y se toleró a los que no lo hicieron si eran cristianos, judíos o zoroastrianos, siempre que pagaran un impuesto especial. El islam transformó en muchos sentidos los territorios que absorbió. Además de eliminar las antiguas estructuras imperiales, impartió una nueva noción de comunidad religiosa, que con frecuencia unía a vencedores y vencidos. Los eruditos musulmanes recuperaron las obras de los filósofos y los científicos griegos que habían languidecido, olvidadas desde hacía siglos, y las tradujeron al árabe. Además, bellas mezquitas empezaron a adornar las ciudades. Regiones que habían quedado marginadas bajo los imperios bizantino o sasánida se veían ahora en el centro de una civilización nueva y vibrante.

Sin embargo, el éxito acarreó sus propios problemas al islam. Adquirir territorios mucho más urbanizados que Arabia significó que los califas tuvieron que adaptarse y pasar de ser jefes guerreros que lideraban a un estrecho grupo de seguidores a convertirse en monarcas que gobernaban regiones enormes con economías y sociedades complejas. Además, al principio los musulmanes eran minoría y no estaban del todo unidos.

Mahoma recibe la revelación divina.

Las **alianzas** políticas y religiosas **tradicionales** se **debilitan**.

El **islam gana** rápidamente **adeptos** entre las tribus árabes.

La expansión del islam genera **tensiones** acerca de quién ostenta la **autoridad suprema**.

Los ejércitos árabes **conquistan rápidamente** Oriente Medio. El **islam se extiende**.

El islam **sigue proliferando**, pero se **escinde** en dos grandes ramas (**chií y suní**) y en **califatos rivales**.

Recita, en el nombre de tu Señor, que todo lo creó, que creó al hombre de un coágulo.
Corán (sura 96)
Las primeras palabras reveladas a Mahoma (*c.* 610)

Divisiones crecientes

Las tensiones sobre la sucesión en el califato provocaron un gran cisma en el islam. El enfrentamiento entre Alí ibn Abu Talib, el yerno de Mahoma, y Muawiyya, el gobernador de Siria, llevó a una guerra civil que acabó con el asesinato de Alí y con el ascenso de Muawiyya al trono del califato en 661. Mientras los descendientes de Muawiyya (omeyas) gobernaban desde la ciudad siria de Damasco, los seguidores de Alí rechazaban su autoridad y afirmaban que el califa debía ser uno de los descendientes de Alí. Tras el asesinato de Hussein ibn Alí, el hijo de Alí, en Karbala en 680, la división entre los chiíes (que defendían el derecho de los descendientes de Alí a gobernar el califato) y los suníes (que lo rechazaban), más generalizados, fue definitiva, y ha perdurado hasta la actualidad.

La unidad islámica tuvo también otras fracturas. Gobernar un imperio tan grande resultaba imposible, porque los mensajes entre los extremos oriental y occidental tardaban meses en llegar a la corte del califa. Así, surgieron dinastías musulmanas independientes en la periferia, y, en el siglo X, aparecieron califas rivales en al-Ándalus (en la península Ibérica), Túnez y Egipto. No obstante y pese a que la unidad política se había roto, el credo de Mahoma resultó tener gran calado en las gentes y ser muy exitoso; tanto que, a principios del siglo XXI, había unos 1500 millones de musulmanes en todo el mundo. ∎

UN LIDER A CUYA SOMBRA ESTA EN PAZ LA NACION CRISTIANA

LA CORONACIÓN DE CARLOMAGNO (800)

EN CONTEXTO

ENFOQUE
Cimientos de la cristiandad medieval

ANTES
496 D.C. El rey franco Clodoveo se convierte al cristianismo.

507 Clodoveo derrota a los visigodos y gobierna la Galia.

754 El papa Esteban II reconoce a Pipino III como rey de los francos.

768 Pipino III muere, y el reino de los francos se divide entre Carlos (Carlomagno) y su hermano Carlomán.

771 La muerte de Carlomán convierte a Carlomagno en el rey único de los francos.

DESPUÉS
843 El tratado de Verdún vuelve a dividir el reino franco.

962 El papa corona como emperador a Otón I, duque de Sajonia. Une a Alemania e Italia en lo que después se llamaría Sacro Imperio Romano.

El día de Navidad del año 800 sucedió algo extraordinario en la basílica de San Pedro de Roma. El papa León III coronó al rey franco Carlomagno con la diadema imperial, en lo que fue la primera coronación de un emperador en Occidente desde hacía tres siglos. La corona imperial instauró a Carlomagno y a sus sucesores como rivales seculares del poder del papa (líder espiritual de la Iglesia) sobre los gobernantes occidentales. Más adelante, el imperio de Carlomagno (que luego se conocería como Sacro Imperio Romano) se amplió hasta cubrir un área muy extensa y sentó los cimientos de algunos de los futuros estados-nación de Europa occidental.

Nuevos gobernantes

En el medio siglo que precedió al colapso definitivo del Imperio romano de Occidente en 476, la mayoría de

---

Colapso del Imperio romano de Occidente.

Carlomagno **amplía el reino franco**.

El **papa, debilitado, busca aliados** fuera de Italia.

En Roma, el papa corona emperador a Carlomagno. Es el primero en 300 años.

El concepto de **emperador** como **líder secular de la cristiandad** permite que el cargo **sobreviva a divisiones posteriores** del **reino franco**.

Véase también: La batalla del puente Milvio 66–67 ▪ El saqueo de Roma 68–69 ▪ Belisario reconquista Roma 76–77 ▪ La querella de las investiduras 96–97 ▪ La caída de Jerusalén 106–107 ▪ Las 95 tesis de Martín Lutero 160–163

Cultivó las arte liberales con denuedo y tenía un gran respeto por quienes las enseñaban: les concedió grandes honores.
Eginardo (o Einhard)
Erudito y cortesano franco (c. 770–840)

sus provincias fueron invadidas por tribus bárbaras que instauraron reinos más pequeños sobre el antiguo territorio imperial. Al principio, los emperadores romanos de Oriente no reconocieron la legitimidad del gobierno de estos nuevos reyes sobre territorios que, nominalmente, seguían siendo romanos. Sin embargo a medida que los nuevos reinos, y sobre todo el de los francos, se fueron reforzando y unificando, el reconocimiento del Imperio romano de Oriente dejó de tener importancia.

De reino a imperio

Carlomagno, que ascendió al trono franco en 768, amplió significativamente su territorio y conquistó el norte de Italia y Sajonia, arrebató a los árabes algunas zonas del norte de España y tomó territorios ávaros junto al Danubio. Reforzó la administración franca y forjó una red de *missi domenici*, agentes reales que aplicaban la ley en las provincias. Por primera vez en siglos, un gobernante poderoso controlaba la mayoría de lo que había sido el Imperio romano de

Occidente, territorio que convirtió de nuevo en una entidad política única.

En cambio, el papado había pasado por un periodo difícil en el siglo VIII, en que quedó atrapado en rencillas políticas cuando varias familias nobles romanas quisieron asegurarse posiciones de poder en la jerarquía eclesiástica. Después de ser asaltado en Roma, el papa León III huyó a través de los Alpes para pedir ayuda a Carlomagno, a quien invitó a restaurar el orden en Italia y en la Iglesia. Un año después, León coronó a Carlomagno y creó así a un emperador en Occidente junto al de Oriente.

El renacimiento carolingio

Carlomagno lanzó su programa de reformas y, en 802, promulgó un edicto que exigía un juramento de lealtad y enumeraba las obligaciones de sus vasallos. También invitó a la corte a eruditos distinguidos e impulsó disciplinas académicas que habían languidecido desde el colapso del Imperio romano, como la gramática, la retórica o la astronomía. También el arte, la música, la literatura y la arquitectura florecieron bajo su reinado.

Tras la muerte de Carlomagno estallaron las divisiones. La costumbre franca de dividir el reino entre varios herederos debilitaba la autoridad central y provocaba guerras civiles; además, también permitía la aparición de terratenientes poderosos que solían desafiar a la autoridad real. Al final, el imperio se dividió en dos regiones que equivaldrían aproximadamente a Francia y Alemania en la actualidad. Los descendientes inmediatos de Carlomagno heredaron el título de emperador y, a partir del siglo X, también lo heredaron príncipes alemanes de parentesco más lejano. Así, el Sacro Imperio Romano logró sobrevivir hasta inicios del siglo XIX. ▪

Carlomagno

Carlomagno (c. 747–814) fue el primogénito de Pipino III, que en 851 derrocó al último rey merovingio de los francos y asumió el título real. Enérgico y visionario, Carlomagno amplió extraordinariamente el reino franco. También era un gobernante muy potente, y aplicó reformas que reforzaban la autoridad de la monarquía y de la Iglesia. Además, reformó la economía introduciendo un nuevo sistema de moneda, estandarizando los pesos y las medidas y unificando una gran variedad de monedas para impulsar el comercio. Su adquisición del título imperial, en el año 800, consolidó su poder aún más, pero al principio no hizo planes para la sucesión del título. Su primera decisión sobre la cuestión sucesoria fue dividir el reino entre tres de sus hijos, pero no hacía mención al título de emperador. Sin embargo, la muerte de dos de sus hijos llevó a Carlomagno a dejar todas sus tierras y su título a un heredero único: su hijo Ludovico Pío (o Luis el Piadoso).

EL GOBERNANTE ES RICO, PERO EL ESTADO HA QUEDADO DESTRUIDO

LA REBELIÓN DE AN LUSHAN (756)

EN CONTEXTO

ENFOQUE
La China Tang

ANTES
618 Li Yuan, primer emperador de la dinastía Tang.

632–635 Ejércitos chinos capturan Kashgar, Khotán y Yarkanda, en Asia central.

751 Fuerzas árabes derrotan a los ejércitos Tang en la batalla del río Talas (Kirguizistán).

DESPUÉS
762 Los Tang recuperan Luoyang; en 763 el último emperador Yan se suicida, poniendo fin a la revuelta de An Lushan.

874 La corte Tang no puede resistir la primera de una serie de revueltas de campesinos ahogados por los impuestos.

907 El líder rebelde Zhuwen derroca al último emperador Tang y funda la dinastía de los Liang posteriores.

960 La dinastía Song reunifica China.

Proteger las fronteras de China exige un **ejército mayor**, lo que lleva al ascenso de comandantes militares y al **aumento de los impuestos**.

Las reformas del funcionariado **reducen** el poder político que tradicionalmente ostentaban las **familias nobles**.

Las tensiones y las luchas de poder entre aristócratas, burócratas y comandantes militares en la corte Tang llevan a la rebelión de An Lushan.

Los Tang recuperan la autoridad, pero el **control central se ha debilitado**, y China acabará fragmentándose.

En el año 618, la dinastía Tang sucedió a la Sui en el trono chino e inauguró una de las eras más brillantes de la historia del país. Los primeros emperadores Tang dirigieron campañas militares que ampliaron las fronteras hasta Asia central e instauraron un gobierno centralizado con una burocracia muy competente para administrar el imperio. Los emperadores posteriores gobernaron durante largos periodos de paz, de relativa estabilidad política y de crecimiento económico que impulsaron un renacimiento cultural, artístico y tecnológico. Sin embargo, en 755, esta edad de oro llegó a un fin abrupto cuando An Lushan, un general descontento, lideró una rebelión interna contra los Tang que sumió al norte de China en una guerra devastadora, tras la que la dinastía jamás recuperó plenamente el control sobre el país.

Véase también: El primer emperador unifica China 54–57 ▪ Qubilay Kan conquista a los Song del Sur 102–103 ▪ Marco Polo llega a Xanadú 104–105 ▪ Hongwu funda la dinastía Ming 120–127

Las semillas de la rebelión

Bajo Xuanzong (712–756), la dinastía Tang alcanzó el cénit de su poder y de su prestigio, pero varios problemas clave amenazaban con desestabilizarla. En primer lugar, el Estado chino tenía dificultades para recaudar impuestos para financiar un aumento en el gasto militar. El *fu-bing*, un sistema de milicia nacional rentable, que se financiaba a sí mismo y en el que los soldados trabajaban la tierra cuando no estaban en servicio militar, resultó ser insuficiente ante las invasiones de grupos vecinos. Xuanzong tuvo que instaurar provincias militares a lo largo de las fronteras del norte de China, dirigidas por gobernadores locales que lideraban ejércitos enormes y que llegaron a acumular un poder y una autonomía considerables. Por otra parte, las arcas Tang se vaciaron más aún como consecuencia del fracaso del «sistema equitativo de tierra», un programa de distribución de la tierra y de recaudación de impuestos que protegía a los pequeños agricultores de la depredación de los terratenientes ricos reasignándoles tierras pe-

riódicamente. El declive del sistema permitió que la nobleza se hiciera con tierras y aumentara sus bases de poder regionales, lo cual provocó enfado entre los agricultores. Por último, las reformas del funcionariado realizadas por el emperador Taizong (626–649), que permitieron que hombres capaces de procedencia humilde pudieran acceder al sistema de exámenes para ser funcionarios, habían generado una burocracia basada en el mérito, lo cual había erosionado el poder y la influencia de la aristocra-

Diez mil casas con el corazón atravesado emiten el humo de la desolación.
Wang Wei
Poeta del periodo Tang (756)

Los rebeldes de An Lushan conquistaron y ocuparon la capital Chang'an, pero el general se quedó en Luoyang. El emperador había huido hasta Sichuan cruzando la cordillera Qin.

cia. Ahora, Xuanzong tenía que gestionar a facciones rivales en su corte, a nobles potencialmente rebeldes, a burócratas ambiciosos y a gobernadores militares, algunos de los cuales habían empezado a intervenir en cuestiones políticas.

Sin embargo, lo que encendió la chispa de la rebelión contra los Tang fue una serie de debacles militares, como la derrota ante los árabes abasíes en 751, que interrumpió la expansión de China hacia Asia central.

Contra los Tang

Los militares estallaron porque ahora que la era de conquistas había terminado veían amenazada su posición. An Lushan, importante gobernador militar, se alzó contra sus señores. Afirmando que el emperador le había ordenado eliminar a Yang Guozhong (primer ministro de la corte, con quien se había enzarzado en una intensa lucha de poder), movilizó a un ejército y marchó hacia el sur. Al principio pareció que la revuelta tendría éxito: capturó la capital oriental, Luoyang, a principios de 756, y An Lushan instauró una dinastía rival, la Yan, antes de arremeter contra Chang'an (actual Xi'an), la capital principal. Xuanzong logró huir de la corte.

Los Tang aplastaron la rebelión tras ocho años de guerra, pero quedaron heridos de muerte. Durante el siglo siguiente perdieron más poder político en favor de los militares y estallaron más revueltas. En 907, el imperio se había fragmentado en dinastías y reinos locales que lucharon por el poder durante cincuenta años. ▪

UNA EXPLOSION DE VALOR Y UN DESPERTAR DE LA INTELIGENCIA

LA FUNDACIÓN DE BAGDAD (762)

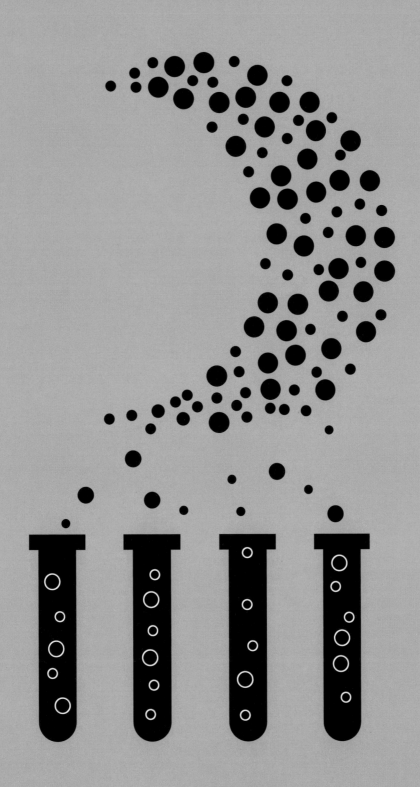

EN CONTEXTO

ENFOQUE
Sociedad y ciencia musulmanas

ANTES
711 Un ejército árabe musulmán y bereber conquista el reino visigodo de la península Ibérica.

756 Abderramán I, príncipe omeya, asienta su corte en Córdoba (en la actual España).

DESPUÉS
800 Inauguración del primer hospital musulmán en Bagdad.

825 Al-Jwarizmi introduce la notación decimal (derivada de India) en el mundo árabe.

1138–1154 Al-Idrisi compila un mapa mundial para Roger II de Sicilia.

1258 El saqueo de Bagdad marca el fin del califato abasí.

1259 Fundación de un observatorio astronómico en Maraghe (Persia).

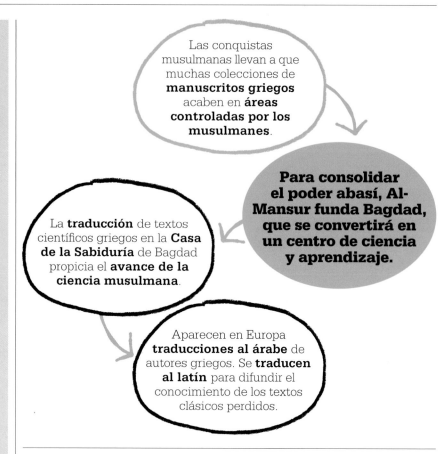

Las conquistas musulmanas llevan a que muchas colecciones de **manuscritos griegos** acaben en **áreas controladas por los musulmanes**.

La **traducción** de textos científicos griegos en la **Casa de la Sabiduría** de Bagdad propicia el **avance de la ciencia musulmana**.

Para consolidar el poder abasí, Al-Mansur funda Bagdad, que se convertirá en un centro de ciencia y aprendizaje.

Aparecen en Europa **traducciones al árabe** de autores griegos. Se **traducen al latín** para difundir el conocimiento de los textos clásicos perdidos.

base del mecanismo. Este sofisticado reloj no era más que uno de los avances que los árabes habían llevado a cabo y con los que superaron a sus contemporáneos europeos.

El auge de los abasís

Tras la muerte del profeta Mahoma, en 632, sus sucesores gobernaron un imperio islámico (o califato) en expansión. Tras el asesinato, en 744, del califa Ibrahim al-Walid, miembro de la familia omeya que había gobernado con sede en Damasco desde el año 661, estalló una guerra civil que no terminó hasta que la dinastía abasí ascendió al poder en 750. Los abasís dedicaron la primera década de su gobierno a pacificar el imperio, con la ayuda de soldados de Jurasán (noreste del actual Irán). Estos soldados, entre los que había

árabes, persas y centroasiáticos, habían sido uno de los principales apoyos de los abasís, a quienes habían proporcionado una base de poder independiente de las tribus árabes del norte de Arabia, Siria e Irak que habían apoyado a los omeyas.

Al-Mansur, segundo califa abasí, fundó la ciudad de Bagdad en 762 en parte para proporcionar tierras a sus soldados de Jurasán. Eligió el lugar por lo suave de su clima y por su ubicación en las rutas comerciales entre Persia, Arabia y el Mediterráneo. Además, solo estaba a unos 30 kilómetros de la capital imperial persa Ctesifonte, a la que pronto eclipsó, por lo que la nueva dinastía pudo presentarse como líder de una cultura que se remontaba a Ciro el Grande en el siglo VI a.C. El corazón de la nueva capital era un recinto

E n 762, el segundo gobernante de la recién ascendida dinastía abasí trasladó la capital del poderoso califato islámico de Damasco a la recién fundada Bagdad. Este traslado suele entenderse como el principio de una Edad de Oro del islam durante la que florecieron las ciencias, el arte y la cultura. El alcance del desarrollo musulmán quedó patente en 802, cuando el califa abasí Harún al-Rasid envió una embajada a Carlomagno, el rey franco, enviándole un reloj de agua que daba las horas dejando caer bolas de metal sobre unos címbalos en la

circular de casi dos kilómetros de diámetro donde se hallaban tanto el palacio del califa como las principales oficinas de gobierno.

Búsqueda de conocimiento

Los abasís no solo reclamaron la herencia política de sus predecesores, sino también sus logros culturales y científicos. Aunque el Imperio omeya había incluido antiguos enclaves de conocimiento griego, como Alejandría (en Egipto), apenas había impulsado la actividad científica. Esto cambió bajo los abasís, que dedicaron su tiempo a consolidar el gobierno musulmán en lugar de lanzarse a campañas de conquista. Patrocinaron a eruditos para que exploraran el conocimiento recogido en obras extranjeras, en vez de depender exclusivamente de la guía del Corán y la hadiz (las enseñanzas del profeta Mahoma).

La primera disciplina en avanzar fue la medicina. Durante mediados y finales del siglo VI, una escuela filosófica en Gundishapur, en el suroeste de Irán, se convirtió en un centro de estudio de medicina. La ocupa-

> Además de su profundo conocimiento de la lógica y del derecho [Al-Mansur estaba] muy interesado por la filosofía y la observación astronómica.
>
> **Said al-Andalusí**
> **Historiador musulmán (*c.* 1068)**

ban sobre todo cristianos de la secta nestoriana, que el Imperio bizantino había perseguido. Se dice que, en 765, Al-Mansur convocó a Jurjis ibn Yibrail ibn Bajtshua a Bagdad para que le diagnosticara unas molestias estomacales. El califa quedó tan satisfecho que pidió a Jurjis que se quedara como médico personal y, durante ocho generaciones, hasta mediados del siglo XI, miembros de la familia Bajtshua ocuparon ese cargo

en la corte de Bagdad y trajeron consigo el conocimiento de textos y de prácticas médicas griegos y helenísticos. En 800, el califa Harún al-Rasid pidió a Yibrail ibn Bajtshua, nieto de Jurjis, que dirigiera el nuevo hospital de Bagdad, el primero del mundo musulmán.

Al-Mansur fundó en Bagdad una biblioteca que albergaba su colección de manuscritos, iniciativa que se vio facilitada por la adopción árabe del papel como soporte para los libros y de la construcción en Bagdad de una fábrica de papel en el año 795. Sin embargo, como los hablantes de árabe no tenían acceso a este conocimiento, la biblioteca hizo poco por el avance de la tradición científica árabe.

La Casa de la Sabiduría

Para remediarlo, Harún al-Rasid (califa entre 786 y 809) y Al-Mamun (que reinó entre 813 y 833) fundaron la Bait al-Hikma (Casa de la Sabiduría), que además de albergar la creciente biblioteca actuaba también como academia para eruditos y como centro de traducción al árabe »

Harún al-Rasid

Harún (763–809) fue nombrado califa después de que Al-Hadi, su hermano, muriera misteriosamente después de haber reinado durante solo un año. Durante los primeros veinte años de su reinado, la familia de los barmáquidas, que habían ayudado a reforzar una potente administración central, dominaron la corte. Bajo el reinado de Harún, Bagdad se convirtió en la ciudad más poderosa del mundo musulmán y floreció como centro de cultura, invención y comercio. Aun así, durante casi dos décadas, Harún vivió en Racca, más próxima a la frontera con el Imperio bizantino,

contra el que lanzó un ataque en 806, en el que lideró un ejército de varios miles de soldados. En 802, Harún regaló a Carlomagno un elefante, como parte de una serie de intercambios diplomáticos con la corte franca que tenía como objetivo presionar aún más a los bizantinos.

La Casa de la Sabiduría de Harún, centro de traducción, biblioteca y academia para eruditos e intelectuales de todo el mundo musulmán, contribuyó a su apodo, al-Rasid (el Justo). Murió en 809 en una expedición a Jurasán, al noreste de Irán.

de las principales obras científicas. Entre los eruditos más importantes se hallaban Hunain Ibn Ishaq (808–873), un cristiano nestoriano de Al-Hirah (Irak), que tradujo más de cien obras, sobre todo de medicina y de filosofía; y Thabit ibn Qurrá, miembro de la secta pagana de los sabeos, que tradujo *Elementos*, la gran obra sobre geometría de Euclides, y el *Almagesto*, la obra clave de Ptolomeo en astronomía.

La traducción se convirtió en una actividad muy prestigiosa. Un patrón árabe pagó la extravagante cantidad de 2000 dinares mensuales para garantizar su asociación con la traducción de una obra del médico griego Galeno (un dinar, de oro puro, pesaba lo mismo que 72 granos de cebada). Al cabo de 150 años, todos los textos griegos clave conocidos se habían traducido al árabe. Muchos de ellos no estaban en absoluto disponibles en Europa occidental e

incluso, de haberlo estado, el conocimiento del griego prácticamente había desaparecido allí. Por tanto, en torno a 850, el mundo musulmán estaba más que preparado para desarrollar las tradiciones científicas de los griegos clásicos y helenísticos, transmitidas y desarrolladas durante el Imperio romano, y para adquirir una ventaja que duraría siglos sobre los europeos occidentales cristianos.

Cálculos complejos

La comprensión de las matemáticas y la astronomía es clave para calcular las horas a las que los musulmanes deben observar sus cinco oraciones diarias (horas que variaban ampliamente en los vastos dominios musulmanes), por lo que eran dos disciplinas estudiadas asiduamente. Una tradición intelectual independiente contribuyó al desarrollo de estas técnicas de cálculo tras ser traída por una delegación de eruditos hin-

Judíos y cristianos […] traducen estos libros científicos y los atribuyen a su propia gente […] cuando en realidad son obras musulmanas.
Mohamed ibn Ahmad Ibn Abdún
Erudito en leyes (principios del siglo XII)

dúes en 771. Estos visitaron la corte de Al-Mansur (lo que, en sí mismo, ilustra la apertura y tolerancia de los primeros abasís) y trajeron consigo las matemáticas relativamente avanzadas de India, como el uso de la tri-

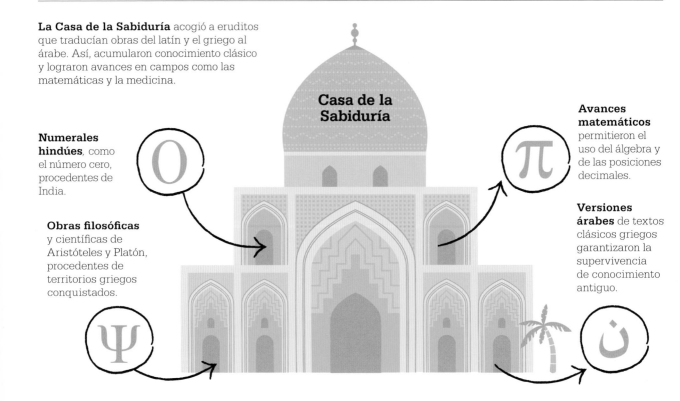

La Casa de la Sabiduría acogió a eruditos que traducían obras del latín y el griego al árabe. Así, acumularon conocimiento clásico y lograron avances en campos como las matemáticas y la medicina.

Casa de la Sabiduría

Numerales hindúes, como el número cero, procedentes de India.

Obras filosóficas y científicas de Aristóteles y Platón, procedentes de territorios griegos conquistados.

Avances matemáticos permitieron el uso del álgebra y de las posiciones decimales.

Versiones árabes de textos clásicos griegos garantizaron la supervivencia de conocimiento antiguo.

El canon de medicina, de Avicena (980–1037), sentó las bases de la medicina en el mundo musulmán y en la Europa medieval y fue una autoridad durante siglos.

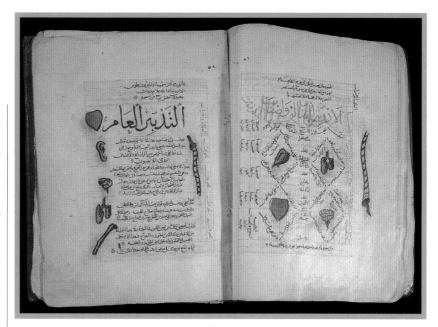

gonometría en la resolución de ecuaciones algebraicas. El hecho de que los matemáticos hindúes también utilizaran una notación decimal fue determinante para que uno de los miembros de la Casa de la Sabiduría, Al-Jwarizmi (*c.* 780–830), la adoptara y describiera en *El libro de la suma y de la resta según el cálculo indio.*

Además, Al-Jwarizmi explicó también el método para calcular las raíces cuadradas de los números y fue pionero en el trabajo sobre ecuaciones de álgebra. Junto con otros eruditos, Al-Jwarizmi hizo grandes avances en geometría a partir de las obras de Euclides y de Arquímedes sobre las esferas y los cilindros.

Astronomía y medicina

Al-Jwarizmi compiló las primeras tablas de horarios conocidas para las oraciones diarias en Bagdad, con cálculos basados en la observación astronómica. Los primeros astrónomos musulmanes se basaron en el *Almagesto* de Ptolomeo y adoptaron su visión de la Tierra como centro del sistema solar y de que los planetas rotaban en torno de ella siguiendo las órbitas de ocho esferas. Aprendieron de los astrónomos hindúes, tradujeron y perfeccionaron *zij* (tablas de posiciones planetarias) indios y siguieron refinando el sistema ptolemaico; solo plantearon un sistema heliocéntrico en raras ocasiones (como en la obra del astrónomo del siglo X Abul-Rayhan Biruni). Sus cálculos se simplificaron a mediados del siglo VIII, cuando adoptaron el astrolabio, instrumento en el que la esfera celeste se proyectaba sobre un plano marcado con líneas de latitud y longitud.

En el siglo XIII, la astronomía musulmana había llegado a su cénit, y, en 1259, se construyó un gran observatorio en Maraghe (en el norte del actual Irán). Allí, Nasir al-Din al-Tusi y sus sucesores llevaron a cabo ajustes precisos para explicar las ligeras discrepancias en la órbita de los planetas, con la ayuda de relojes mecánicos que les permitían registrar sus observaciones detalladamente. Los eruditos musulmanes hicieron grandes avances en muchas otras áreas, primero a partir de los manuscritos griegos traducidos al árabe, y luego gracias a sus propios hallazgos. No aceptaban acríticamente las teorías de los antiguos: Alhacén (fallecido en 1039) escribió una obra crucial, *Libro de óptica*, en el que especulaba con que la visión era el resultado de luz que viajaba de un objeto hasta el ojo, en vez de al revés, como había afirmado Ptolomeo. Los médicos árabes siguieron avanzando, y combinaban sus observaciones prácticas con el análisis teórico. Al-Razi (fallecido en 925) dio la primera descripción de la viruela y del sarampión, además de compilar un compendio médico que inició la tradición de este tipo de enciclopedias y que culminó con *El canon de medicina*, de Ibn Sina (conocido como Avicena en Occidente). Compilada hacia 1015, esta obra incluía secciones independientes para enfermedades de partes del cuerpo concretas y para las que afligían al cuerpo en su totalidad.

Difusión de la ciencia musulmana

La expansión musulmana que empezó a mediados del siglo VII no solo absorbió centros de conocimiento antiguos como Alejandría, sino que llevó el mundo musulmán a los bordes de Europa occidental mediante la conquista de la península Ibérica (desde 711) y Sicilia (desde 827). La tradición del aprendizaje árabe se consolidó en ambas regiones, y sobre todo en la península Ibérica, a la que los árabes llamaron al-Ándalus. La corte que estableció allí en 756 Abderramán I, un príncipe omeya refugiado que había logrado escapar de la revolución abasí, se convirtió en un imán para eruditos de Oriente, y »

El pensador griego Aristóteles enseña a alumnos musulmanes a medir las posiciones del Sol, la Luna y las estrellas en esta escena imaginada de un manuscrito árabe.

sus bibliotecas se convirtieron en depósitos de valiosos textos antiguos que se habían traducido al árabe.

En 967, el clérigo y erudito francés Gerberto de Aurillac (que en el año 999 se convertiría en el papa Silvestre II) llegó a la península Ibérica para estudiar durante tres años en un monasterio de lo que hoy es Cataluña (los condados orientales de la Marca Hispánica). Allí tuvo acceso a manuscritos que habían conseguido cruzar la frontera de al-Ándalus. Cuando regresó a Francia, se llevó consigo conocimientos sobre tecnología árabe, como el reloj de agua, el astrolabio y un ábaco que usaba un sistema decimal. Este fue el primer ejemplo del uso de este sistema en la Europa medieval. Fue un comienzo pequeño, que tuvo un desarrollo paralelo en Salerno, en el sur de Italia, donde, en el siglo IX, se inauguró una escuela de medicina. Aunque durante los primeros años llegaron a la escuela pocos manuscritos musulmanes, a finales del siglo XI llegaron muchos más cuando un médico musulmán, Constantino el Africano, regresó de Kairuán (Túnez). Había ido a estudiar medicina, y trajo consigo obras como *El arte completo de la medicina*, de Alí ibn al-Abbas al-Majusi, del que tradujo al latín algunas partes. Esta traducción dio a los médicos y eruditos occidentales acceso al conocimiento médico musulmán más avanzado.

Los textos griegos clásicos, como las obras de Aristóteles, llegaron directamente del Imperio bizantino a Occidente (sobre todo a Pisa, que tenía un barrio comercial en Constantinopla). De todos modos, el principal canal de transmisión de conocimiento musulmán a Europa seguía siendo al-Ándalus. A medida que al-Ándalus se fue reduciendo debido a la reconquista, el flujo de material se aceleró. La reconquista cristiana avanzó cada vez más hacia el interior de los emiratos árabes de la península Ibérica, hasta que, en 1085, Alfonso VI de Castilla tomó Toledo. La ciudad se convirtió en un centro para la traducción de obras árabes a manos de un grupo internacional en el que participaron el inglés Robert de Ketton, el eslavo Hermann de Carinthia, el francés Raymond de Marsella, el erudito judío Abraham ibn Ezra (también conocido como Aben Ezra) o el italiano Gerardo de Cremona. A mediados del siglo XII, el grupo tradujo al latín muchos textos árabes, como obras sobre matemáticas, medicina y filosofía. Entonces, Europa occidental pudo acceder al *Almagesto* de Ptolomeo y a las obras del médico Galeno, además de a obras nuevas de autores árabes que habían partido de, o resumido, las obras de sus predecesores, como *El canon de medicina*, de Avicena. Esta enciclopedia de cinco tomos se convirtió en uno de los tratados más utilizados en las escuelas de medicina europeas hasta el siglo XVI.

Mecenazgo real

La transmisión de conocimiento hacia Occidente fue un proceso parecido al que había permitido al mundo musulmán absorber el conocimiento griego durante el gran periodo de traducción al árabe durante los siglos IX y X. Mecenas de la nobleza y la realeza desempeñaron funciones similares durante ambas fases de la transmisión. En 1138, el rey Roger II de Sicilia (reconquistada a los musulmanes en 1091) invitó al erudito árabe Al-Idrisi para hacerle el encargo de confeccionar un mapa del mundo a partir de la obra geográfica y cartográfica musulmana. El resultado, para el que hubo que esperar más de 15 años, fue, con diferencia, el mapa del mundo más preciso disponible en Europa, y mostraba áreas tan al este como Corea. El mapa venía acompañado de *El libro de los viajes placenteros a tierras lejanas,* donde el mecenas de Al-Idrisi podría haber leído acerca de cosas tan asombrosas como los caníbales de Borneo o el comercio de oro en Ghana.

Una tradición de aprendizaje

Federico II, nieto de Roger II y emperador del Sacro Imperio Romano entre 1220 y 1250, prosiguió la tradición de su abuelo de promover la traducción de textos árabes. Federico fue un polímata extraordinario que hablaba como mínimo cuatro idiomas y cuya

capacidad de aprendizaje sorprendió tanto a sus contemporáneos que lo llamaron *Stupor Mundi* («asombro del mundo»). Dos de sus protegidos fueron el escocés Miguel Scoto (Michael Scot), que tradujo obras clave de Aristóteles sobre zoología, y Leonardo de Pisa, más conocido como Fibonacci, a quien su familia de comerciantes había enviado a estudiar matemáticas a Bugía (o Bejaia), en el norte del África musulmana. Allí, Fibonacci aprendió el sistema decimal, y en 1202 publicó el *Liber abaci (Libro del cálculo),* la explicación más detallada que se había visto en Europa del sistema de numeración árabe.

A principios del siglo XIII, el Imperio abasí estaba prácticamente colapsado. Las dificultades que entrañaba gobernar un territorio tan extenso y las consecuencias de una serie de guerras civiles había llevado a que provincias clave como al-Ándalus, Túnez o Egipto se independizaran, y ahora contaban con sus propios califas. Incluso en Bagdad, donde los califas abasís seguían aferrándose al trono, no eran más que soberanos nominales. El verdadero

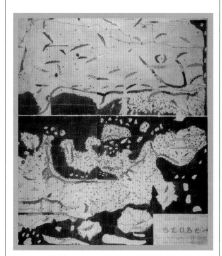

Roger II invitó al erudito Al-Idrisi a que confeccionara un mapa preciso del mundo conocido en 1138. Al-Idrisi presentó el planisferio y un libro acompañante a su patrono en 1154.

poder descansaba en otras familias, como los chiíes persas buyíes y también, a partir de 1055, los selyúcidas, un grupo turco procedente de Asia central. Los mongoles asestaron el golpe de gracia cuando empezaron a avanzar hacia el oeste y a introducirse en el mundo musulmán a principios del siglo XIII. En 1258, el gran kan Mongke lanzó un ejército contra Irak y asedió y luego saqueó Bagdad y masacró a sus habitantes. El último califa abasí, Al-Mutasim, fue ejecutado, y el liderazgo político y cultural del mundo musulmán pasó primero a los mamelucos, en El Cairo, y luego a los turcos otomanos, cuando conquistaron Egipto en 1517.

A estas alturas, los europeos habían redescubierto el conocimiento griego y romano en casi todos los ámbitos del saber gracias a los textos árabes. Habían tenido que pasar siglos para que el material se absorbiese, y la nueva oleada de interés en los manuscritos clásicos surgida en el siglo XV impulsó el Renacimiento en Europa. La Casa de la Sabiduría fundada por los califas abasís había sido crucial a la hora de garantizar la supervivencia de la ciencia griega y romana en el mundo musulmán, lo que permitió su posterior transmisión a la Europa cristiana. ∎

BRETAÑA NO HABIA CONOCIDO JAMAS UN TERROR ASI
LOS VIKINGOS SAQUEAN LINDISFARNE (793)

Un día de junio de 793, un grupo de hombres desembarcó en la isla sagrada de Lindisfarne (norte de Inglaterra) y lanzó un ataque feroz contra el monasterio. Los invasores mataron a algunos monjes, esclavizaron a otros, saquearon los tesoros de la iglesia y luego se marcharon. Tras este saqueo, el primero registrado, y durante los 200 años que siguieron, los vikingos, guerreros marineros paganos procedentes de Dinamarca, Noruega y Suecia, atacaron y saquearon asentamientos en muchos puntos del continente. Sin embargo, también eran colonizadores y comerciantes con una sofisticada cultura artística que dejó una huella en los lugares que invadieron y en los que se asentaron.

Una fuerza imparable
Durante los seis años que siguieron al asalto a Lindisfarne, los vikingos (o «daneses», como los llamaban en la Inglaterra anglosajona) atacaron otros asentamientos cristianos en Inglaterra, Escocia, Irlanda y Francia. La clave de su éxito era el *drakar* vikingo, un barco largo y poco profundo que permitía a la tripulación remontar vías fluviales y desembarcar sigilosamente. Cada *drakar* podía transportar hasta 80 guerreros, reclutados por señores de la guerra cuya autoridad dependía de su habilidad militar y su éxito a la hora de capturar botines para sus seguidores.

Pero no era un único motivo el que llevaba a los vikingos a cruzar el mar. En algunas partes de Escandinavia, el aumento de la población había obligado a los varones jóvenes a adoptar un estilo de vida pirata. En otros lugares, puede que el poder creciente de los líderes de los clanes locales provocara luchas de poder que llevaron al exilio a los perdedores. Y las desde hacía poco ricas ciudades del norte de Europa eran objetivos tentadores para una sociedad guerrera en

Los estragos causados por bárbaros paganos acabaron tristemente con la iglesia de Dios en Lindisfarne mediante el pillaje y la muerte.
Crónica anglosajona

Véase también: El saqueo de Roma 68–69 ■ Belisario reconquista Roma 76–77 ■ La coronación de Carlomagno 82–83 ■
Alfredo gobierna Wessex 132 ■ Cristóbal Colón llega a América 142–147

la que la reputación de hazañas valerosas era un activo extraordinario.

Conquistas y asentamientos

A medida que los grupos de saqueadores vikingos aumentaban de tamaño, muchos de los hombres empezaron a asentarse en los territorios que invadían, como en la isla de Bretaña y en Francia. A finales del siglo IX, Inglaterra estaba dividida en varios reinos incapaces de ofrecer una resistencia coordinada al desafío vikingo, mientras que Francia estaba sumida en luchas internas. Esta oposición fragmentada facilitó la conquista vikinga del norte y el centro de Inglaterra, donde fundaron un reino que duró casi cien años, así como la ocupación de territorios en el norte de Francia, donde sus descendientes se convirtieron en normandos de habla francesa. Los vikingos que se desplazaron al este comerciaron e invadieron siguiendo el curso de los ríos rusos, lo que les dio acceso a la plata procedente del mundo árabe y les puso en contacto con el Imperio bizantino.

En el siglo XI, la mayoría de los reinos escandinavos ya habían

> **Presión** demográfica e **inestabilidad política** en Escandinavia.

> Los **objetivos ricos** al otro lado del mar del Norte atraen a vikingos **desarraigados**.

> **Saqueo del monasterio de Lindisfarne.**

> El éxito en Lindisfarne **atrae a más guerreros** a nuevos saqueos.

> Los saqueos llevan a asentamientos **permanentes** en Inglaterra y Francia.

adoptado el cristianismo, y pasaron del saqueo y del pillaje a una forma más organizada de asentamiento y conquista. Canuto de Dinamarca creó un imperio vikingo en el mar del Norte que abarcaba Dinamarca, Noruega e Inglaterra, pero que no sobrevivió a su muerte. En 1066, el rey noruego Harald III Hardrada hizo un intento fallido de reclamar el trono inglés, lo que marcó el último latido de la era vikinga. ■

Los vikingos estuvieron entre los navegantes, marineros y constructores de barcos más hábiles de Occidente a principios de la Edad Media.

La expansión vikinga en el Atlántico Norte

Los vikingos aprovecharon su conocimiento de los vientos y las corrientes para navegar los mares y descubrir nuevas tierras. Hacia 800, colonizaron las islas Feroe y las usaron como trampolín para explorar el Atlántico Norte. En la década de 870 ya habían llegado a Islandia, donde los colonos fundaron un asentamiento que llegaría a ser políticamente independiente.

En 982, Erik el Rojo, exiliado de Islandia por asesinato, encontró Groenlandia por casualidad y fundó allí una colonia. Una saga nórdica narra cómo, 18 años después, su hijo, Leif Eriksson, se desvió del rumbo y desembarcó en una región llena de bosques de árboles de hoja caduca y de vides, a la que llamó Vinland (Tierra de vino).

Las expediciones posteriores a esta área, en lo que ahora es Terranova (Canadá), llevaron a una pequeña colonia vikinga, que fue abandonada tras los ataques de la población indígena hostil. Aun así, Leif y su tripulación fueron los primeros europeos que pisaron América del Norte.

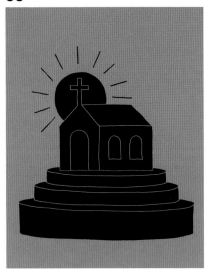

LA IGLESIA ROMANA ES INFALIBLE
LA QUERELLA DE LAS INVESTIDURAS (1078)

EN CONTEXTO

ENFOQUE
Iglesia medieval y papado

ANTES
1048–1053 León IX promulga decretos contra la simonía y el matrimonio de los sacerdotes e inicia la reforma eclesiástica.

1059 Se instaura un cónclave de cardenales para la elección de papas.

1075 El concilio de Letrán decreta que solo el papa puede investir obispos.

1076 Gregorio VII depone y excomulga a Enrique IV.

DESPUÉS
1084 Enrique IV toma Roma y obliga a Gregorio VII a huir al sur de Italia.

1095 El papa llama a la Cruzada y consolida el liderazgo papal sobre la cristiandad.

1122 En el concordato de Worms, Enrique V renuncia a casi todos los derechos a investir obispos.

La laxa observación de las normas de la Iglesia en la investidura de obispos y el matrimonio de sacerdotes conduce a que esta **reclame reformas**.

El papa Gregorio VII promueve la reforma y **prohíbe las investiduras laicas**.

El emperador y el papa se enfrentan. El emperador es excomulgado.

La **victoria papal** en la querella de las investiduras **refuerza el movimiento de reforma** y el poder papal.

En 1078, Enrique IV, emperador del Sacro Imperio Romano, se alzó penitente y descalzo sobre la nieve durante tres días ante la fortaleza italiana de Canossa para suplicar la absolución del papa Gregorio VII. Este acontecimiento fue la culminación de la querella de las investiduras, una lucha de poder que ambos habían mantenido acerca del alcance de la autoridad secular sobre la Iglesia y sobre la autoridad de nombrar, o investir, obispos.

El rey y el papa gobernaban sobre territorios concretos, pero rivalizaban en lo referente a sus autoridades simbólicas para liderar a toda la cristiandad. El papa debía coronar al emperador antes de que este asumiera el título imperial, y Gregorio VII afirmó que la autoridad papal era suprema en temas espirituales y superior a la de los príncipes terrenales incluso en cuestiones seculares. Así, cuando Gregorio perdonó al emperador penitente, ello supuso un golpe para el prestigio imperial, así como un triunfo para la independencia de la Iglesia.

El Estado de la Iglesia
A principios del siglo XI, el papado había perdido su autoridad sobre las Iglesias nacionales fuera de Italia, y los monarcas nombraban a sus pro-

Enrique se topó con las puertas del castillo cerradas tras su expedición a través de los Alpes. Recibió la absolución después de tres días de penitencia.

pios obispos, sobre todo en Alemania, donde el cargo solía venir acompañado del dominio de territorios considerables. También se había generalizado la sensación de que la Iglesia había perdido el contacto con sus raíces: los monasterios se habían convertido en almacenes de tesoros; los obispos gobernaban sus tierras como si fueran señores feudales seculares; y los cargos eclesiásticos se vendían sin disimulo. Algunos sacerdotes itinerantes empezaron a criticar estas traiciones, y las reclamaciones de reformas empezaron a oírse también desde el seno de la Iglesia.

Gregorio VII promovió la autoridad papal, y, en 1075, un consejo eclesiástico declaró que la potestad de nombrar o trasladar obispos correspondía solo al papa. Enrique IV, que se enfrentaba a la posibilidad de perder autoridad sobre gran parte de Alemania, siguió nombrando obispos y exigió al papa que dejara su cargo. Gregorio lo excomulgó, y muchos nobles alemanes, descontentos con el rey y sus intentos de centralizar el poder, sintieron que su excomunión los liberaba de su juramento de lealtad y se alzaron contra él. Enrique optó entonces por encaminarse hacia Canossa en una retirada humillante.

Acuerdo final en Worms

Sin embargo, la sumisión de Enrique no duró mucho. La cuestión de las investiduras no se resolvió, y la disputa subyacente provocó enfrentamientos entre los partidarios del papa y los del emperador hasta que, en 1122, el hijo de Enrique, Enrique V, accedió al concordato de Worms. Atrapado entre una cada vez más decidida reafirmación papal de su supremacía y la creciente independencia de los no-

Yo, Enrique, augusto emperador de los romanos por la gracia de Dios […], dejo en manos de la santa Iglesia católica toda investidura por el báculo y el anillo; admito que en todas las Iglesias la elección se haga canónicamente, y la consagración, libremente.
Enrique V (1122)

bles alemanes, el emperador renunció a prácticamente todos los derechos de investidura ante el papa Calixto II.

Alentada por el éxito, el gobierno y la administración papal (o curia) se consolidaron. El afán de formación y conocimientos llevó a la fundación de universidades, como la de Bolonia, donde se estudiaba derecho canónico. Cada vez más seguros de sí mismos, los papas persiguieron a los herejes y barrieron las prácticas y costumbres moralmente laxas.

Las reformas reforzaron a la Iglesia, cuya importancia diplomática acabó igualándose a la de cualquier monarca, y esta sobrevivió unida hasta el movimiento de la Reforma, en el siglo XVI. El golpe asestado al prestigio de los emperadores del Sacro Imperio fue considerable. Los señores seculares aprovecharon la oportunidad para aumentar su poder y fragmentaron el imperio en una constelación de señoríos y autoridades rivales que solo obedecían de boquilla al emperador. ▪

El nuevo monacato

En el siglo XI, muchos sentían que las órdenes monásticas se habían apartado de su misión original, que acumulaban riqueza y que abandonaban la espiritualidad. Hombres como Bruno de Colonia lideraron las peticiones para regresar a una forma más pura de monacato. En 1084, Bruno se unió a un grupo de ermitaños cerca de Grenoble. Su forma de vida atrajo a otros, que fundaron grupos similares y se convirtieron en el núcleo de la orden del Císter; los cartujos se establecieron en

1098, y en 1153 contaban con casi 350 monasterios. Estas órdenes, sin embargo, no satisfacían las necesidades espirituales de una sociedad que cada vez era más rica, educada y móvil. Así, en el siglo XIII apareció una nueva oleada de frailes mendicantes: se comprometían con una vida de pobreza, viajaban y predicaban entre el pueblo. Los franciscanos, fundados en 1209 por Francisco de Asís, y los dominicos, fundados en 1216 por Domingo de Guzmán, fueron los máximos exponentes de esta nueva vida apostólica de vida monacal.

UN HOMBRE DESTINADO A CONVERTIRSE EN EL SEÑOR DEL ESTADO

MINAMOTO YORITOMO SE AUTOPROCLAMA SOGÚN (1192)

EN CONTEXTO

ENFOQUE
El sogunado en Japón

ANTES

1087 Inicio del sistema *insei*: los emperadores se retiran de la corte, pero conservan la autoridad para contrarrestar el poder de los regentes y de las clases guerreras en ascenso.

1156 Los Minamoto se enfrentan por primera vez a los Taira, y son vencidos por estos.

1180 Guerras Gempei entre los Minamoto y los Taira.

Década de 1190 Yoritomo acumula poder en las provincias.

DESPUÉS

1221 El emperador Go-Toba no logra restaurar el poder imperial durante los disturbios de Jokyu.

1333 La familia de sogunes Ashikaga derroca al sogunado Kamakura.

1467 Estalla la guerra de Onin, la primera de varias que asolarán Japón durante más de un siglo.

En 1192, Yoritomo, líder del clan Minamoto, se convirtió en comandante en jefe militar (sogún); posteriormente marcó el ascenso al poder de los samuráis, una clase militar japonesa, y estableció un linaje de líderes militares que gobernarían Japón durante los siguientes 750 años.

Desde mediados del siglo VII, los regentes del clan Fujiwara habían dominado la corte japonesa y reducido a los emperadores a meros hombres de paja. La situación se complicó en 794, cuando la capital se trasladó (si-

Durante las guerras Gempei, los samuráis luchaban como arqueros montados, pero, en el siglo XV, la espada (en especial la *katana*, de hoja larga) se había convertido ya en su arma principal.

guiendo al emperador) a Kioto. Como los nobles ajenos al clan Fujiwara vieron que se les negaba el ascenso en la corte, empezaron a solicitar cargos en las provincias. La brecha entre los burócratas, con sede en Kioto, y los samuráis, los nobles regionales que asumieron un papel principal en el gobierno local, no hizo más que au-

Véase también: La rebelión de An Lushan 84–85 ▪ Qubilay Kan conquista a los Song del Sur 102–103 ▪ Japón repele las invasiones mongolas 133 ▪ La batalla de Sekigahara 184–185 ▪ La Restauración Meiji 252–253

mentar. La corte de Kioto nombraba gobernadores (*zuryō*) a los samuráis con más talento, tanto para ligarlos al gobierno imperial como para impedir que construyeran sus propias bases de poder. Sin embargo, los samuráis desarrollaron lealtad hacia su familia extensa (o clan) y su líder en vez de hacia el emperador y se enfrentaban entre ellos para aumentar su poder en las provincias. Los clanes Minamoto y Taira se enzarzaron en una serie de enfrentamientos que culminaron en las guerras Gempei, durante las que los Taira fueron aplastados.

El sogunado

Tras la victoria del clan Minamoto, su líder, Minamoto Yoritomo, instauró un gobierno paralelo con sede en Kamakura, unos 400 kilómetros al este de Kioto. Otros jefes de clan se convirtieron en sus vasallos, o *gokenin*, y Yoritomo envió gobernadores militares para que consolidaran su poder en las provincias. En 1192 aceptó el título de sogún del emperador y se convirtió en el gobernante militar *de facto* de Japón.

Durante los siglos que siguieron, los emperadores hicieron intentos vanos de reafirmar su autoridad sobre el sogunado, pero, a su vez, los sogunes no fueron capaces de mantener el control sobre los samuráis y los señores de la guerra que controlaban sus regiones y que habían empezado a enfrentarse entre ellos. Japón se fragmentó en un conjunto de señores feudales militares, o daimios, cada uno con su propia base de poder y sus siervos guerreros, los samuráis.

La aparición del cargo de sogún, que en 1192 pareció ofrecer estabilidad a Japón, condujo, hacia 1467, en el periodo *Sengoku Jidai* (Estados Guerreros), a una guerra civil que duró casi 150 años y que acabó con la reunificación de Japón bajo el nuevo sogunado Tokugawa en 1603. ▪

Minamoto Yoritomo

Yoritomo era descendiente del emperador Seiwa y heredó el liderazgo del clan Minamoto, que había sido aplastado por los Taira en 1159 tras una guerra civil. Después de la guerra, el ahora huérfano Yoritomo fue exiliado a Hirugashima, una isla en la provincia de Izu. Allí permaneció veinte años antes de emitir una llamada a las armas y alzarse contra los Taira. Instaló su cuartel general en Kamakura, desde donde empezó a organizar a los señores de la guerra y a los samuráis en un movimiento independiente.

Una victoria decisiva sobre los Taira en 1185 consolidó el éxito militar de Yoritomo, que se erigió en el líder de Japón.

Yoritomo desarrolló políticas para aliviar las tensiones entre los señores militares y los aristócratas de la corte y forjó una red administrativa que pronto asumió las funciones del gobierno central. Sin embargo, dedicó la mayor parte del resto de su vida a reprimir a los clanes que no habían aceptado el dominio Minamoto.

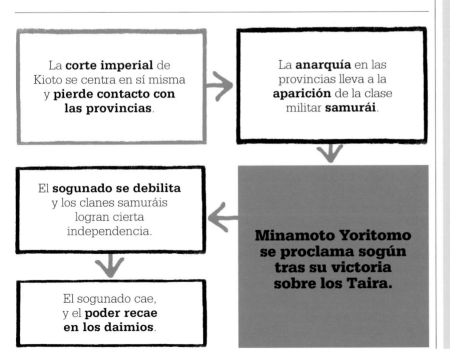

La **corte imperial** de Kioto se centra en sí misma y **pierde contacto con las provincias**.

La **anarquía** en las provincias lleva a la **aparición** de la clase militar **samurái**.

El **sogunado se debilita** y los clanes samuráis logran cierta independencia.

Minamoto Yoritomo se proclama sogún tras su victoria sobre los Taira.

El sogunado cae, y el **poder recae en los daimios**.

LOS HOMBRES DE NUESTRO REINO TENDRAN Y CONSERVARAN TODAS ESTAS LIBERTADES, DERECHOS Y CONCESIONES
FIRMA DE LA CARTA MAGNA (1215)

El 15 de junio de 1215, el rey Juan de Inglaterra firmó un acta estatutaria en Runnymede, un prado junto al Támesis. Concebida para lograr la paz entre el rey y un grupo de barones rebeldes, la Carta Magna no pareció ser eficaz, al menos al principio, pero su afirmación de los derechos de los súbditos frente a las conductas de la corona proporcionó un esbozo que, más de ocho siglos después, aún se considera una garantía clave de los derechos en Reino Unido y otros lugares.

Una sociedad feudal

Cuando el rey Juan subió al trono en 1199, Inglaterra era una sociedad feudal, una jerarquía basada en la posesión de tierras encabezada por el rey. Los señores feudales, o barones, recibían tierras del rey a cambio de su lealtad y sus servicios militares. Ellos arrendaban la tierra a sus propios siervos armados, que la arrendaban a campesinos o villanos. Pero los reyes, sobre todo en Inglaterra, recaudaban impuestos cada vez más grandes e imponían a sus barones cada vez más obligaciones económicas. A partir de Enrique I (1100–1135), los reyes ingleses también se habían propuesto centralizar el gobierno y la administración, en parte mediante

La Carta Magna incluía cláusulas relativas a los bosques reales. Los barones querían limitar los derechos del rey bajo la ley inglesa de bosques, regular sus límites e investigar a los funcionarios.

el establecimiento de varias cortes reales que recaudaban ingresos para la corona mediante multas e impuestos, pero a costa de los barones, que antes obtenían esos fondos a través de sus propios recaudadores locales.

Las exacciones del rey Juan

El descontento de los barones ante el aumento de las exigencias se intensificó durante el reinado de Juan. Las ruinosas campañas contra Francia, entre 1200 y 1204, habían llevado a la pérdida de Normandía (lo que motivó en parte el apodo del rey de «sin Tierra»). El *scutage* (o servicio de escu-

Véase también: La caída de Jerusalén 106–107 ■ Los normandos conquistan Inglaterra 132 ■ La batalla de Castillon 156–157 ■ La ejecución de Carlos I de Inglaterra 174–175 ■ Firma de la Declaración de Independencia de EE UU 204–207 ■ La toma de la Bastilla 208–213

do), que suponía pagar un impuesto sustitutorio del servicio de armas al rey, dejó a muchos barones en deuda con prestamistas y generó mucho resentimiento. El rey estaba demostrando ser un fracaso en la guerra, y, además, había roto el contrato implícito con los barones, según el cual se les permitía gobernar sus tierras como consideraran oportuno.

Los barones esperaban contar con el apoyo del papa, que había excomulgado a Juan, e hicieron frente al rey. Tras vanos intentos diplomáticos, en mayo de 1215 los barones ocuparon Londres y obligaron al rey a firmar un tratado para evitar la guerra civil. Tras la cuidadosa dirección de las negociaciones por parte de Stephen Langton, arzobispo de Canterbury, el acuerdo se hizo realidad.

Las provisiones de la Carta

El documento acabó conociéndose como Carta Magna para diferenciarla de la Carta de Foresta, más limitada y promulgada en 1217. Aunque gran parte de ella abordaba la corrección de los agravios a los barones, la cláusula 39 fue la sección que ejerce-

La centralización real **reduce el poder y los ingresos de los barones**.

Aumentan las **exigencias económicas** para financiar las guerras en Francia.

Los barones se rebelan y obligan al rey Juan a firmar una carta de derechos.

Se **instauran** los **derechos de los súbditos** ante el **castigo arbitrario** por parte del rey.

Aparece el principio de que solo pueden recaudarse **impuestos nuevos tras la consulta** a un consejo real.

ría más influencia. Esta cláusula protegía a todos los «hombres libres» de las acciones arbitrarias de la corona, como el arresto o la confiscación de tierras. La Carta Magna sobrevivió

a la guerra civil que estalló tras su firma y el repudio papal de sus términos en agosto de 1215, que llevó a la excomunión de los barones. Una ley promulgada en 1354 por Eduardo III amplió la cláusula 39 para que protegiera no solo a los «hombres libres» (una pequeña minoría en Inglaterra, pues la mayoría de los habitantes eran técnicamente siervos); también a todo hombre «de cualquier estado o condición». Sobrevivió más que la mayoría del resto de las provisiones, incluida la cláusula de seguridad que permitía a los barones apoderarse de todos los territorios del rey si este no cumplía las obligaciones que imponía el acuerdo.

La Carta Magna, que en un principio se vio como una pequeña concesión, proporcionó un duradero grito de lucha para todo el que se opusiera a la tiranía real. ■

Influencia de la Carta Magna

La Carta Magna ha adquirido un estatus casi mítico como base constitucional de los derechos individuales. Contribuyó al desarrollo del Parlamento inglés a partir del siglo XIII, y los rebeldes del siglo XVII la usaron para refutar el derecho divino de los reyes que los Estuardo Carlos I y Jacobo II reclamaban. Las constituciones de colonias norteamericanas contuvieron cláusulas adaptadas de la Carta Magna, y el diseño del sello de Massachusetts elegido al comienzo de la guerra de la

Independencia estadounidense mostraba a un miliciano con una espada y la Carta Magna en las manos. El impulso revolucionario se vio alimentado por la creencia norteamericana de que la corona había infringido la ley básica que protegía a todos los súbditos ingleses, y tanto la Constitución estadounidense (aprobada en 1789) como la Carta de Derechos estuvieron influenciadas por las limitaciones que la Carta Magna imponía al poder arbitrario del Gobierno sobre los ciudadanos.

EL HOMBRE MAS PODEROSO, EN LO QUE SE REFIERE A FUERZAS, TIERRAS Y TESOROS, QUE EXISTE EN EL MUNDO
QUBILAY KAN CONQUISTA A LOS SONG DEL SUR (1279)

EN CONTEXTO

ENFOQUE
Gobierno mongol en China

ANTES

1206 Gengis Kan funda el Imperio mongol.

1215 Gengis Kan saquea Zhongdu (actual Pekín), la capital de la dinastía Jin.

1227 Muerte de Gengis Kan y fragmentación del Imperio en kanatos más pequeños, leales a un único gran kan.

1260 Qubilay se autoproclama gran kan.

1266 Qubilay ordena la reconstrucción de Zhongdu y le da el nombre de Janbalic.

DESPUÉS

1282 Asesinos chinos matan a Ahmad, el corrupto primer ministro de Qubilay.

1289 Se completa la sección sur del Gran Canal chino.

1368 La dinastía nativa Ming expulsa y sustituye a los mongoles.

En marzo de 1279, guerreros mongoles avanzaron por el sur de China y tomaron los últimos enclaves de la dinastía Song. Esta derrota, que marcó el inicio de la dinastía Yuan, supuso la culminación del ascenso de los mongoles que, en menos de 70 años, habían pasado de ser un grupo nómada desconocido procedente de las estepas del centro de Asia a convertirse en los señores de un imperio que abarcaba de China a Europa oriental. Una de las mayores dificultades a las que se enfrentaban ahora era completar su transición de tribus errantes a conquistadores sedentarios.

El auge de los mongoles
A principios del siglo XIII, los mongoles eran un conjunto de numerosos clanes guerreros. Sin embargo, en 1206, Temuyin, luego conocido como Gengis Kan, se autoproclamó gobernante de una nación mongola unida. Inteligente y cruel, Gengis canalizó las energías de su pueblo desviándolas de las luchas entre clanes hacia la actividad mucho más lucrativa de invadir, primero, las tribus esteparias vecinas y, luego, países más organizados, como Persia, Rusia y el norte de China (1219–1223). Dio a las hordas mongolas una estructura militar

y explotó las habilidades que habían adquirido gracias a su estilo de vida nómada: los soldados eran jinetes expertos, dominaban la guerra móvil y eran capaces de lanzarse sobre sus enemigos con una fuerza devastadora y a la velocidad del rayo.

El gobierno mongol en China
Qubilay Kan, nieto de Gengis, gobernó China a partir de 1260, pero los retos que suponía mediar entre las tradiciones nómadas mongolas y

El papel moneda fue inventado por los chinos hacia el año 800. En la dinastía Yuan, el gobierno ya emitía billetes como este, de 1287.

Véase también: El primer emperador unifica China 54–57 ▪ La rebelión de An Lushan 84–85 ▪ Marco Polo llega a Xanadú 104–105 ▪ Hongwu funda la dinastía Ming 120–127 ▪ Japón repele las invasiones mongolas 133 ▪ La rebelión de los Tres Feudatarios 186–187

Qubilay Kan

Nieto de Gengis Kan, Qubilay Kan (1215–1294) gobernó el norte de China para su hermano mayor Mongke, que se convirtió en gran kan (el gobernante supremo mongol) en 1251. Qubilay recuperó la administración de estilo chino, lo que molestó a muchos mongoles, y estuvo a punto de ser derrocado en 1258, pero la muerte de Mongke llevó a que Qubilay fuera nombrado gran kan en 1260. Instauró una burocracia administrada sobre todo por funcionarios chinos, pero nombró oficiales *(darughachi)* mongoles en las ciudades clave con el fin de garantizar la lealtad al Imperio mongol. Tomó medidas para revitalizar la economía, y, en un principio, alentó la tolerancia religiosa y recibió a extranjeros como Marco Polo en la corte, consciente de los conocimientos que podían aportar. Tras los éxitos en China, Qubilay envió ejércitos a Japón, Birmania, Java y Annam (Vietnam). No obstante, o bien no tuvieron éxito o no lograron consolidar la presencia mongola. Cuando murió, Qubilay era un hombre decepcionado, alcohólico y obeso, por lo cual, en sus últimas campañas, debía ser transportado en litera.

la compleja cultura que habían conquistado resultaron extraordinarios.

Las antiguas jerarquías informales de las estepas no bastaban para administrar un territorio formado por grandes ciudades, y las recompensas del saqueo se vieron sustituidas por los beneficios diferidos del buen gobierno y la recaudación de impuestos. Muchos mongoles añoraban el estilo de vida anterior, y, para apaciguarlos, Qubilay les concedió más privilegios que a los chinos nativos. Además, a fin de ganarse el favor de las élites chinas tradicionales, ascendió a eruditos confucianos, financió templos taoístas e hizo que su hijo estudiara las escrituras budistas. Construyó escuelas para agricultores e introdujo el sistema postal mongol, que usaba caballos y puestos de relevo para comunicar el imperio, lo cual benefició a los comerciantes.

El final del Imperio mongol

La necesidad de restaurar la estabilidad en el norte de China atrasó hasta 1268 los intentos de Qubilay de subyugar a los Song del Sur. Aunque exitosa, la campaña duró 11 años y resultó muy cara. Para conservar su identidad guerrera, los mongoles necesitaban financiar su ejército con los botines de la conquista. No obstante, los sucesores de Qubilay no supieron conservar su identidad y mantener su monopolio sobre el poder, por lo que el ejército se fue debilitando. Tras décadas de hambrunas, epidemias y corrupción, en 1368, Zhu Yuanzhang, el fundador de la dinastía Ming, derrotó a los herederos de Qubilay. Tras más de un siglo de ocupación, China volvía a estar en manos de los chinos nativos (Han). ▪

Gengis Kan une a varias tribus **nómadas**.

Otras tribus se **unen** a los mongoles o son **conquistadas** por ellos.

Los mongoles son lo bastante fuertes como para conquistar estados avanzados, como China.

Los mongoles tienen dificultades para conservar sus **costumbres** y gobernar a la vez **vastos territorios**.

Los mongoles pierden **eficacia militar**, y su imperio **cae**.

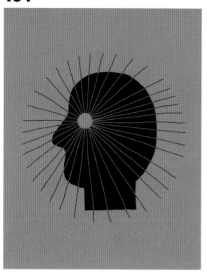

NO CONTE NI LA MITAD DE LO QUE VI, PORQUE SE QUE NADIE ME HABRIA CREIDO

MARCO POLO LLEGA A XANADÚ (*c.* 1275)

EN CONTEXTO

ENFOQUE
Comercio internacional

ANTES
106 a.C. La primera caravana que recorre toda la Ruta de la Seda lleva embajadores chinos a Partia.

751 d.C. La derrota en el río Talas impide la expansión china hacia el oeste a lo largo de la Ruta de la Seda.

1206 Gengis Kan une a las tribus mongolas e inicia la conquista de Asia central y China.

DESPUÉS
Década de 1340 La peste negra se extiende por la Ruta de la Seda, y llega a Europa en 1347.

1370–1405 Tamerlán realiza grandes conquistas y revive brevemente el Imperio mongol y la Ruta de la Seda.

1453 Los otomanos toman Constantinopla y bloquean a los europeos la ruta terrestre a Asia.

El colapso de los poderes tradicionales **perjudica** el **comercio a larga distancia** entre China y Oriente Próximo.

Los **mongoles conquistan y aseguran** los territorios por los que transcurre la Ruta de la Seda.

Aumenta el comercio a lo largo de la ruta, que atrae a mercaderes europeos, como Marco Polo.

El **colapso del gobierno mongol** y el auge del Imperio otomano **restan seguridad** al territorio de la Ruta de la Seda.

Europa busca abrir **rutas marítimas comerciales** a Oriente.

En 1275, el mercader veneciano Marco Polo llegó a Xanadú, la capital del gran kan Qubilay. Había viajado durante cuatro años desde Italia hasta la capital mongola a lo largo de la Ruta de la Seda, antigua red de rutas por las que se transportaban bienes preciosos entre China y Europa desde hacía siglos. La Ruta de la Seda se había convertido en una vía comercial con la llegada de la dinastía china Han a Asia central a finales del siglo II a.C. A partir de entonces, bienes como el jade y la seda empezaron a viajar hacia Occidente, de caravana en caravana y a través de distintos mercaderes, y se cruzaban con convoyes

Véase también: Siddhartha Gautama predica el budismo 40–41 ▪ Qubilay Kan conquista a los Song del Sur 102–103 ▪ Hongwu funda la dinastía Ming 120–127 ▪ El tratado de Tordesillas 148–151 ▪ La construcción del canal de Suez 230–235

de pieles, oro y caballos que viajaban en dirección opuesta. Los inventos chinos, como la pólvora, la brújula magnética y el papel también llegaron a Occidente por ese camino, tras pasar por los puertos de Constantinopla y del mar Muerto, los extremos occidentales de la ruta, donde comerciaban sobre todo Génova y Venecia.

Los mongoles revitalizan la ruta

En el siglo XIII, los imperios que habían controlado distintas secciones de la Ruta de la Seda se habían fragmentado, por lo que la ruta era menos segura para los viajeros, así que los mercaderes la evitaban. Sin embargo, tras la conquista mongola, entre 1205 y 1269, el área estuvo controlada, aunque de forma laxa, por una autoridad única, el gran kan, y los mercaderes podían viajar desde Janbalic (Pekín) hasta Bagdad sin salir del dominio mongol. Esta estabilidad animó la recuperación del comercio.

Hacia esa misma época, los horizontes de los mercaderes europeos también se estaban ampliando. A

Todas las cosas extraordinarias que vienen de India llegan a Janbalic [...], piedras preciosas y perlas y otros tipos de rarezas [...], mil carros de seda entran en Janbalic a diario.
Marco Polo (*c.* 1300)

principios de la Edad Media, solo podían operar localmente y llevar sus productos a puntos desde donde pudieran conectar con rutas comerciales a más larga distancia. A partir del siglo XII, ciudades-estado italianas como Pisa, Génova y Venecia se convirtieron en pioneras del comercio marítimo por el Mediterráneo oriental, lo que permitió a los comerciantes conectar directamente con rutas marítimas que unían Asia occidental y Egipto con China a través del Índico.

Los comerciantes que aprovechaban la *«pax mongolica»* podían obtener beneficios gigantescos. A finales del siglo XIII, los costes de organizar una caravana podían ascender a 3500 florines, pero el cargamento, una vez vendido en China, podía proporcionar siete veces esa misma suma; así, en 1326 era habitual ver a mercaderes genoveses en Zaitun, el principal puerto chino.

El declive del comercio terrestre

La Ruta de la Seda floreció durante un siglo más, pero el colapso del iljanato mongol de Persia en 1335 y el derrocamiento de los Yuan, la dinastía mongola que gobernaba en China, volvió a dejar la ruta dividida entre poderes políticamente débiles. Además, la expansión del Imperio otomano musulmán bloqueó el extremo occidental de la ruta a los viajeros europeos.

Haber tenido acceso a los beneficios que ofrecía comerciar a larga distancia con artículos de lujo alentó a los europeos a buscar alternativas a la difunta Ruta de la Seda. En 1514, mercaderes portugueses llegaron a las costas de China, cerca de Guangzhou, para reanudar los vínculos comerciales que Marco Polo había iniciado hacía dos siglos. ▪

Marco Polo

Con tan solo 17 años de edad, Marco Polo (1254–1324) partió de Venecia hacia la corte del gobernante mongol, Qubilay Kan. Viajó con su padre y con su tío, que ya habían visitado China con anterioridad y a quienes Qubilay había confiado un mensaje para el papa. Marco Polo fue recibido con grandes favores en la corte mongola, y permaneció en China durante 17 años. Viajó al servicio del kan por todo el territorio, hasta que finalmente regresó a casa hacia 1291.

En 1298, los genoveses lo capturaron y encarcelaron durante una batalla naval. Las historias que explicó acerca de su estancia en las tierras del gran kan llamaron la atención de su compañero de celda, Rustichello de Pisa, que las escribió y las adornó en el proceso. El libro resultante se tradujo a muchos idiomas y contiene información valiosa acerca de la vida en China a finales del siglo XIII. Tras su liberación, Marco Polo regresó a Venecia, donde permaneció durante el resto de su vida.

LOS QUE HASTA AHORA HAN SIDO MERCENARIOS POR UNAS MONEDAS LOGRAN RECOMPENSAS ETERNAS
LA CAÍDA DE JERUSALÉN (1099)

EN CONTEXTO

ENFOQUE
Las cruzadas

ANTES
639 Un ejército musulmán toma Jerusalén.

1009 El califa Al-Hakim ordena la destrucción de la iglesia del Santo Sepulcro.

1071 Los turcos selyúcidas capturan al emperador bizantino, Romano IV Diógenes.

1095 El emperador bizantino Alejo I Comneno pide ayuda al papa.

DESPUÉS
1120 Fundación de la Orden de los Caballeros Templarios.

1145 Segunda cruzada.

1187 Saladino, el líder musulmán, captura Jerusalén, y se lanza la tercera cruzada.

1198 Cruzadas bálticas.

1291 Las fuerzas musulmanas completan la reconquista de Palestina y Siria.

El 15 de julio de 1099, unos 15 000 cristianos irrumpieron en Jerusalén tras un asedio que había durado un mes. Los cruzados victoriosos masacraron por igual a los defensores musulmanes y a los judíos. Este acto marcó el inicio de una guerra de 200 años entre musulmanes y cristianos en Tierra Santa.

Defender la cristiandad
Jerusalén había caído en manos musulmanas en 639. Ni los emperadores bizantinos en Constantinopla ni los reyes cristianos de Europa occidental habían tenido la voluntad política o la fuerza para retomar la ciudad, a pesar de que era santa para ambos.

Cruzados victoriosos irrumpieron en Jerusalén y, en un asalto despiadado, arrebataron la ciudad al califato fatimí y sentaron las bases de un reino nuevo.

Sin embargo, en el siglo XI, los avances de un grupo nuevo, los turcos selyúcidas, interrumpieron las rutas de peregrinaje a Jerusalén y, por otro lado, la victoria de los turcos sobre los bizantinos en Manzikert amenazaba con hacer retroceder las fronteras de la cristiandad hasta Constantinopla. En 1095, el emperador Alejo I Comneno envió emisarios al papa Urbano II para solicitar que lo ayudara a reforzar las represalias bizantinas.

Véase también: Mahoma recibe la revelación divina 78–81 ▪ La fundación de Bagdad 86–93 ▪ La querella de las investiduras 96–97 ▪ La caída de Granada 128–129 ▪ La caída de Constantinopla 138–141

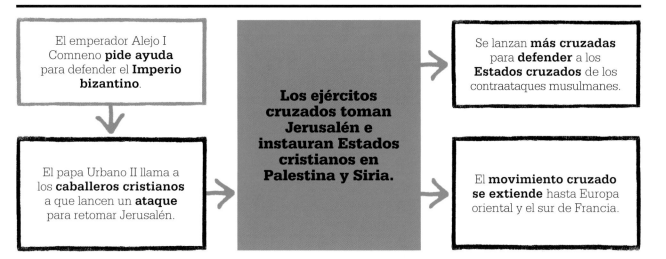

El emperador Alejo I Comneno **pide ayuda** para defender el **Imperio bizantino**.

El papa Urbano II llama a los **caballeros cristianos** a que lancen un **ataque** para retomar Jerusalén.

Los ejércitos cruzados toman Jerusalén e instauran Estados cristianos en Palestina y Siria.

Se lanzan **más cruzadas** para **defender** a los **Estados cruzados** de los contraataques musulmanes.

El **movimiento cruzado se extiende** hasta Europa oriental y el sur de Francia.

La guerra justa

El papa Urbano aprovechó la oportunidad de lanzarse a una causa que aumentaría el prestigio papal. En un sermón de 1095, Urbano describió las atrocidades a que se sometía a los cristianos en Tierra Santa y llamó a una expedición que los liberara. Los guerreros cristianos se unieron a la causa, con el anhelo de lograr tanto la salvación eterna como un botín si se unían a la llamada guerra justa en el nombre de Dios. En 1096, unos 100 000 caballeros cruzados, en su mayoría franceses y normandos, partieron a Tierra Santa. El avance hacia Jerusalén fue lento: los cruzados sufrieron varios reveses a manos de los turcos selyúcidas, y el largo asedio de Antioquía puso a prueba su moral, pero siguieron avanzando y, liderados por el francés Godofredo de Bouillon, capturaron al fin la Ciudad Santa.

Los cruzados fundaron cuatro Estados en el territorio conquistado: Edesa, Antioquía, Trípoli y el reino de Jerusalén, conocidos colectivamente como Ultramar. Para resistir los contraataques musulmanes, los cruzados construyeron una densa red de fortalezas, como Beaufort, Margat o Krak de los Caballeros, que dominaban rutas estratégicas en Tierra Santa.

A medida que el impulso cruzado inicial se fue desvaneciendo, Ultramar empezó a sufrir escasez de población, lo que se resolvió en parte con la fundación de órdenes cruzadas como la de los caballeros templarios y hospitalarios, que juraron votos monásticos para defender Tierra Santa.

Más cruzadas

Sin embargo, eso no fue suficiente, y, cuando los ejércitos musulmanes

Una raza ajena a Dios ha invadido la tierra de los cristianos y ha reducido al pueblo por la espada, la rapiña y el hambre.
Papa Urbano II (1095)

capturaron Edesa en 1144, se llamó a una segunda cruzada que, junto a la tercera, convocada tras la catastrófica pérdida de Jerusalén en 1187, atrajo un máximo de participación cuando monarcas como Luis VIII de Francia, Ricardo I de Inglaterra o el emperador del Sacro Imperio Federico Barbarroja asumieron su liderazgo.

En 1270 se habían lanzado ocho cruzadas más, y el movimiento se amplió para incluir ataques contra los musulmanes en el norte de África, la Reconquista de los territorios musulmanes de al-Ándalus y las expediciones contra grupos paganos en Europa oriental e incluso contra herejes cristianos, como los cátaros del sur de Francia. Sin embargo, en Oriente Próximo, la aparición de Estados musulmanes más fuertes, como el de los mamelucos en Egipto, capaces de organizar una fuerte resistencia a la presión cruzada, hizo que las últimas expediciones fueran ineficaces.

Jerusalén cayó en manos musulmanas por última vez en 1244, y, en 1291, los mamelucos tomaron el último enclave cruzado en Tierra Santa, la ciudad de Acre. ▪

LA OBRA DE GIGANTES

LA CONSTRUCCIÓN DE ANGKOR WAT (*c.* 1120)

EN CONTEXTO

ENFOQUE
El sudeste asiático medieval

ANTES
C. 700 La ciudad-estado de Srivijaya se extiende sobre la mayor parte de Sumatra, Java occidental y la península malaya.

802 Jayavarman II funda el Estado jemer.

DESPUÉS
1177 El reino de Champa invade y destruye Angkor.

1181–1220 Jayavarman VII repele a Champa y devuelve el Imperio jemer a la gloria anterior.

C. 1250 Fundación del primer Estado Thai unido, con capital en Sukhothai.

1293 El gobernante singasari de Java derrota a los mongoles; fin del intento de expansión mongol en el sudeste asiático.

C. 1440 Abandono de la ciudad de Angkor; Angkor Wat sigue siendo un lugar de culto para los peregrinos budistas.

A principios del siglo XII, gran parte del sudeste asiático continental, incluidas Camboya y partes de Vietnam, Laos y Tailandia, estaba gobernado por el Imperio jemer, con capital en Angkor (ahora en el noreste de Camboya), un impresionante complejo urbano con áreas residenciales, templos y una red de depósitos de agua construido por una serie de reyes divinizados que gobernaban como representantes del dios hindú Shiva.

Hacia 1120, el rey jemer Suryavarman II ordenó la construcción de un ambicioso proyecto: un complejo de templos de 200 hectáreas de extensión dedicado al dios hindú Visnú y en el que también quedarían registrados los logros del rey. Angkor Wat, finalizado 37 años después, estaba rodeado por un enorme foso y decorado con torres con forma de loto, y contaba con una galería de 800 metros de longitud con bajorrelieves de escenas de la mitología hindú y del rey como encarnación de Visnú. Angkor Wat es un testimonio de la extraordinaria productividad y creatividad de una de las mayores potencias de la historia del sudeste asiático. Sin embargo, su construcción también marcó su declive, pues los reyes posteriores se enfrentaron

Budas decoran todas las inmensas columnas y dinteles.
Zhou Daguan
Diplomático chino (1266–1346)

a invasiones extranjeras, crisis comerciales y guerras con reinos rivales que redujeron su territorio. La suerte del imperio se recuperó con Jayavarman VII, que hizo del budismo mahayana la religión estatal y emprendió múltiples proyectos de construcción en Angkor. Sin embargo, su muerte en 1218 dejó muy debilitado al imperio.

Influencias externas

El Imperio jemer era prominente entre los poderosos estados que habían emergido en lo que ahora es Camboya, Birmania y las islas indonesias de Java y Sumatra hacia finales del primer milenio d.C. Durante la formación de dichos estados, sus so-

Véase también: Qubilay Kan conquista a los Song del Sur 102–103 ▪ Marco Polo llega a Xanadú 104–105 ▪ Hongwu funda la dinastía Ming 120–127 ▪ El incidente del golfo de Tonkín 312–313

ciedades se vieron profundamente afectadas por los contactos con India y China a través de la importante ruta comercial que cruzaba el golfo de Bengala y la península malaya antes de atravesar el golfo de Tailandia para llegar al sur de China. Además de permitir el intercambio de productos del sudeste asiático, como maderas exóticas, marfil y oro, esta red introdujo ideas, conceptos y prácticas indias y chinas como el hinduismo y el budismo en las civilizaciones de la región, que las adaptaron para crear variaciones originales autóctonas, sobre todo en el arte y la arquitectura.

Imperios marítimos

Mientras que el Imperio jemer dominaba el sudeste asiático continental, el Imperio Srivijaya, con sede en Palembang (Sumatra), dominaba el comercio en el archipiélago indonesio controlando los dos pasos entre India y China: los estrechos de Malaca y de Sonda. Con el tiempo, este imperio había ido acumulando riqueza gracias al comercio con especias (sobre todo, nuez moscada) que Europa, India y China adoraban; pero,

hacia finales del siglo XII había quedado reducido a un reino pequeño que más adelante quedaría eclipsado por el Imperio mayapahit de Java.

A finales del siglo XIII, fuerzas mongolas lideradas por el emperador de China Qubilay Kan invadieron Vietnam, Java y Birmania, y, aunque las campañas fracasaron, los jemeres perdieron el control de Tailandia oriental. A principios de la década de 1400, el imperio se contrajo aún más cuando ejércitos de Champa (ahora

Tras su redescubrimiento por los europeos, a finales del siglo XIX, Angkor Wat sufrió décadas de expolio y de turismo descontrolado. Desde 1992 es Patrimonio de la Humanidad.

en Vietnam) y de Ayutthaya (ahora en Tailandia) le arrebataron más territorio. En 1431, el reino de Ayutthaya tomó Angkor, y la capital se trasladó a la costa, por lo que la jungla pudo volver a ocupar la obra maestra espiritual de Suryavarman. ▪

Suryavarman II

Suryavarman II fue uno de los mayores reyes del Imperio jemer. Subió al trono en 1113, tras matar a su rival, y reunificó Camboya después de varias décadas de inestabilidad. Reanudó las relaciones diplomáticas con China, y su reino fue reconocido como vasallo de China en 1128, lo que ayudó a impedir que los estados vecinos lo atacaran. Fue un líder belicoso: lanzó campañas en lo que ahora es Vietnam contra el reino de Dai Viet, entre los años 1123 y 1136, y contra el enemigo tradicional de los jemeres al este, el reino

de Champa, en 1145. También amplió las fronteras del imperio hasta el interior de Tailandia y avanzó en el interior del reino pagano de Birmania.

Además del extraordinario Angkor Wat, que sigue siendo la mayor estructura religiosa del mundo, construyó otros templos del mismo estilo en la capital. No obstante, sus logros políticos y militares no fueron tan longevos: cuando murió, en 1150, en plena campaña contra Champa, su imperio se sumió en una guerra civil que lo llevó al borde de la destrucción.

NO DEJO A NINGUN EMIR DE LA CORTE NI A NINGUN FUNCIONARIO REAL SIN EL REGALO DE UNA MONTAÑA DE ORO

EL *HAYY* DE MANSA MUSA A LA MECA (1324)

EN CONTEXTO

ENFOQUE
El islam y el comercio en África occidental

ANTES
***C.*500 D.C.** Aparece el reino de Ghana.

1076 Los almorávides conquistan Ghana y fundan un imperio musulmán que va de la península Ibérica a el Sahel.

1240 Sundiata funda el Imperio musulmán de Malí, toma Ghana y logra el control de sus estratégicas minas de sal, cobre y oro.

DESPUÉS
1433 Malí pierde el control de Tombuctú, que pasa a formar parte del Imperio songay, con centro en Gao.

1464 Sonni Alí, soberano del Imperio songay, inicia la expansión de su imperio, y Malí se encoge aún más.

1502 El Imperio songay derrota a Malí.

El **comercio transahariano** extiende el **islam** por África occidental a partir del siglo IX.

El *hayy* de Mansa Musa demuestra la riqueza y el poder del reino musulmán de Malí.

Malí atrae a eruditos de otros países musulmanes y se convierte en un gran **centro de aprendizaje islámico**.

El islam sigue **afianzándose** en África occidental, incluso después del colapso de Malí.

El reino musulmán de Malí, en África occidental, saltó a la palestra mundial a principios del siglo XIV, cuando Mansa Musa, su fabulosamente rico gobernante, hizo un *hayy* (peregrinación) nada habitual a La Meca, financiado por los beneficios que Malí obtenía del control del comercio transahariano de caravanas. La expedición del emperador, que duró un año, se convirtió en un acontecimiento legendario en el mundo musulmán e incluso en Europa. La promoción de la cultura y el conocimiento islámicos que hizo luego simbolizó la infiltración gradual de la fe musulmana en los imperios comerciales de África occidental.

Comercio africano e islam
Hacia el siglo V, en los bordes de la región del Sahel (zona semiárida al sur del Sáhara) habían empezado a surgir estados, como el reino de Ghana,

Véase también: Mahoma recibe la revelación divina 78–81 ▪ Las conquistas de Akbar el Grande 170–171 ▪ La creación de la Real Compañía Inglesa de África 176–179 ▪ Leyes de abolición del comercio de esclavos 226–227

> [Mansa Musa] inundó El Cairo con sus donaciones [...]. Intercambiaron oro hasta que devaluaron su valor en Egipto y provocaron una caída del precio.
> **Chihab al-Umari**
> **Historiador árabe (1300–1384)**

que se acabaría llamando «la tierra de oro» en referencia a la fuente de su enorme riqueza. En el siglo VII, la conquista árabe del norte de África dio un impulso al comercio transahariano, pues los estados musulmanes tenían un gran apetito por el oro y los esclavos de África occidental. A medida que crecía este comercio, los mercaderes musulmanes (y, con ellos, el islam) empezaron a llegar a las fuentes de los ríos Níger y Senegal. Sin embargo, al comercio pacífico pronto le siguió la conquista. Los almorávides, dinastía bereber marroquí, avanzaron hacia el sur en 1076 y saquearon la capital de Ghana, socavando su autoridad sobre la región.

La disminución del poder de Ghana abrió un vacío que gradualmente fue ocupando Malí, un Estado fundado alrededor del Alto Níger y que empezó a expandirse a mediados del siglo XIII.

El *hayy* de Mansa Musa llamó la atención de los cartógrafos europeos: en este atlas catalán de 1375, el emperador aparece con una pepita de oro y un cetro de oro en sendas manos.

Malí llegó al máximo de su extensión y poder bajo Mansa Musa (r. 1312–1337), que forjó lucrativas rutas de caravanas con Egipto y otros centros de comercio en el norte de África. El oro, la sal y los esclavos se llevaban al norte y se intercambiaban por productos textiles y manufacturados.

Un centro de erudición

Mansa Musa no fue el primer gobernante de África occidental que hizo un *hayy* a La Meca, pero la escala de su séquito (más de 60 000 personas, incluidos 500 esclavos que llevaban varas de oro) era una potente expresión de su riqueza. No obstante, el fin de la expedición iba más allá de dar a conocer el prestigio de Malí, pues el rey invitó a eruditos musulmanes y al arquitecto Abu Ishaq Ibrahim al-Sahili (Es-Sahili) a que hicieran el viaje de regreso con él. El arquitecto, nacido en Granada (al-Ándalus), construyó las primeras mezquitas de adobe de África occidental en Tombuctú y Gao, dos enclaves comerciales arrebatados a los vecinos songay.

Liderada por Mansa Musa, Tombuctú se convirtió en el principal enclave comercial de Malí, impulsada por su ubicación en el cruce entre el comercio del desierto y las rutas marítimas por el Níger, y empezó su ascenso como la capital intelectual y espiritual de la región. Alrededor de la mezquita de Sankoré de Al-Sahili se creó un centro de enseñanza que sentó las bases de la celebrada Universidad de Sankoré y otras madrasas (escuelas superiores islámicas).

Malí floreció bajo el hijo de Mansa Musa, pero, luego, una serie de gobernantes débiles y de agresiones externas, junto a la necesidad de mantener controladas a las tribus rebeldes, debilitó el imperio hasta quedar eclipsado por el Imperio songay de Gao: en 1550 ya no era una entidad política relevante. Aunque el imperio de Mansa Musa, uno de los más prósperos del siglo XIV, tuvo una vida corta, los efectos de su *hayy* fueron duraderos y ayudaron a impulsar la propagación de la civilización musulmana en África occidental. ▪

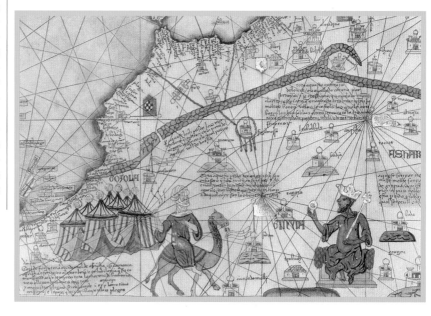

DEMOS DE BEBER AL SOL LA SANGRE DE LOS ENEMIGOS

LA FUNDACIÓN DE TENOCHTITLÁN
(1325)

EN CONTEXTO

ENFOQUE
Los imperios azteca e inca

ANTES

C. 1200 Los incas llegan al valle de Cuzco (Perú).

C. 1250 Los aztecas llegan al valle de México.

1300 Los aztecas levantan asentamientos en tierras del señor del pueblo de Culhuacán.

1325 Los aztecas huyen de Culhuacán y llegan a las tierras que rodean el lago Texcoco.

DESPUÉS

1376 Acamapichtli es el primer gobernante azteca.

1428 Inicio de la expansión inca. Establecimiento de la Triple Alianza azteca.

C. 1470 Los incas conquistan Chimor, capital chimú.

1519 Los españoles llegan a México.

1532 Los españoles llegan a Perú.

Pequeños estados rivales en el centro de México y de Perú **atraen a aztecas e incas**, que llenan el vacío de poder.

⬇

Los aztecas y los incas fundan sus capitales en Tenochtitlán y Cuzco, respectivamente.

⬇ ⬇

El Imperio azteca **se expande** mediante la **agresión** militar y el **miedo a las represalias**.

El Imperio inca se expande **incorporando e integrando** a los **pueblos conquistados**.

⬇ ⬇

Ninguno de los dos modelos de imperio sobrevive a la **invasión española**.

En 1325, un grupo de guerreros refugiados procedentes de América Central, llamados aztecas, recibieron una señal que su dios de la guerra, Huitzilopochtli, había profetizado: vieron un águila posada sobre un nopal que marcaba el lugar donde debían asentarse. Poco después ya habían construido un templo que se convertiría en el centro de su capital: Tenochtitlán. Al cabo de dos siglos, la ciudad era el centro del imperio más importante de la historia de Mesoamérica, una extensa región con una cultura precolombina y que se extendía desde el centro del actual México hacia el sur,

hasta los actuales Belice, Guatemala, El Salvador, Honduras, Nicaragua y el norte de Costa Rica. Este avance sucedió en paralelo al crecimiento de Cuzco, la capital de los incas, un pueblo andino de orígenes humildes que, en cuestión de décadas, había creado el Estado más grande que Sudamérica hubiera visto hasta la fecha.

Los inicios aztecas

Puede que los aztecas iniciaran su periplo por el norte de México hacia el año 1200. Durante los siguientes cien años vivieron una existencia miserable como mercenarios u ocupantes a los que apenas se toleraba y cuya reputación de crueles guerreros no les facilitaba mucho las cosas. A menudo se veían obligados a huir tras haber cometido actos violentos que, en ocasiones, incluían el sacrificio humano. De hecho, su huida a Tenochtitlán fue debida a un incidente de ese tipo. Los aztecas habían pedido a su anfitrión, el señor del pueblo de Culhuacán, que entregara a su hija como esposa de

su jefe. El señor accedió, convencido de que la agasajarían con honores de reina. Por el contrario, para su horror, la mataron y la desollaron como ofrenda a su dios Xipe Totec. Expulsados por el señor y sus soldados, los aztecas huyeron en dirección sur hacia lo que en el futuro sería Tenochtitlán.

Aunque el terreno en torno al lago Texcoco, en el que estaba la isla de Tenochtitlán, era pantanoso y había poca madera disponible, la capital era fácil de defender y los aztecas la usaron para consolidar su posición. Al principio, los aztecas estuvieron protegidos por un tratado con el gobernante tepaneca, Tezozomoc, que dominó el valle de México entre 1371 y 1426; y en 1428, formaron una Triple Alianza con las ciudades de Texcoco y Tlacopán, una unión que dio inicio a un periodo de expansión imperial.

Expansión azteca

En un principio, la sociedad azteca carecía de una jerarquía formal. Se basaba en comunidades (*calpulli*)

Véase también: Inicio del periodo maya clásico 71 ▪ Cristóbal Colón llega a América 142–147 ▪ El tratado de Tordesillas 148–151 ▪ El intercambio colombino 158–159 ▪ El viaje del *Mayflower* 172–173 ▪ Bolívar funda la Gran Colombia 216–219

que poseían tierras en común y cuyos jefes, junto a los sacerdotes, tomaban las decisiones importantes. En 1376, los aztecas eligieron por primera vez a un líder general (*tlatoani*), que ejerció de caudillo militar, juez y administrador del incipiente imperio. Bajo Itzcóatl (1427–1440), Moctezuma I (1440–1469), Axayáctl (1469–1481) y Ahuítzotl (1486–1503), los ejércitos aztecas derrotaron a sus vecinos del valle de México y se expandieron hasta llegar a Oaxaca, Veracruz y la frontera de un territorio controlado por los mayas, al este de lo que ahora son México y Guatemala.

La sociedad azteca se fue transformando a medida que el imperio se expandía. Apareció una élite guerrera; y los labradores (*mayeques*), que no poseían tierras y que estaban ligados a sus señores por su trabajo, ocupaban el escalafón más bajo de la sociedad. La naturaleza militar de la sociedad azteca se vio acentuada por un sistema educativo en el que los varones recibían formación militar (en instalaciones distintas para nobles y siervos). Esto reforzó el espíritu guerrero y dio a los aztecas una gran ventaja sobre sus tribus vecinas.

El sistema imperial

En Tenochtitlán había muchos templos dedicados a dioses. Cada dios tenía su propio templo, y el Templo Mayor tenía altares gemelos dedicados a Huitzilopochtli y a Tlaloc, el dios de la lluvia. En estos templos se sacrificaba a numerosas víctimas humanas (80 000 en la consagración del Templo Mayor), a las que se quemaba

El *Códice Mendoza* es un registro de la historia y la cultura aztecas creado por un artista azteca hacia 1540 para ofrecérselo a Carlos I de España (emperador del Sacro Imperio como Carlos V).

vivas, se decapitaba o se les habría el tórax para extraerles el corazón.

Muchas de las batallas aztecas eran «guerras de flores»: eventos rituales en los que se capturaba (en lugar de matar) a los enemigos, que luego eran sacrificados para aplacar a los dioses aztecas, de quienes se creía que necesitaban sangre para vivir y mantener el sol en el cielo.

Tenochtitlán también exigía tributos a sus súbditos. Pese a la poca burocracia gubernamental organizada, los recaudadores de impuestos recorrían las 38 provincias del imperio y recaudaban los tributos, que incluían 7000 toneladas de maíz, 4000 toneladas de legumbres y cientos de miles de mantas de algodón cada año. El imperio dependía de »

estos tributos para recompensar a la nobleza y los guerreros, que, a su vez, garantizaban que las ciudades conquistadas permanecieran sumisas. Quienes se rebelaban podían esperar poca o ninguna clemencia.

Los aztecas proporcionaban cierta seguridad a sus súbditos, pero poco más. En Tenochtitlán se construyeron costosas islas artificiales (*chinampas*) para ampliar el terreno disponible para producir comida, pero en las ciudades vasallas no se realizaron obras semejantes. Y como los estados derrotados no proporcionaban soldados al ejército azteca, tampoco participaban de los botines de las victorias futuras, y apenas se hizo esfuerzo alguno por difundir el idioma azteca. Se trataba de un imperio levantado sobre el miedo, y, al final, demostró ser frágil: cuando un pequeño grupo de españoles liderado por Hernán Cortés lo invadió en 1519, los súbditos dieron la bienvenida a los recién llegados y el imperio cayó en menos de dos años.

Los inicios incas

Los incas, cuyo centro se hallaba en las alturas de los Andes centrales (actual Perú), también partieron de unos inicios humildes, pero su as-

> Si la tierra [Perú] no hubiera estado dividida por la guerra […] no hubiéramos podido conquistarla a no ser que hubieran llegado […] más de mil españoles.
> **Pedro Pizarro**
> **Conquistador español (1571)**

censo hasta el estatus imperial fue más meteórico. Empezaron como una tribu pequeña y menospreciada, pero desarrollaron sus propias estrategias para incorporar a los grupos vecinos y construir un imperio exitoso.

El mito de los orígenes de los incas hablaba de su aparición en una cueva en lo alto de las montañas y desde donde Manco Cápac, su primer líder, los guio hasta Cuzco. Suele aceptarse que los incas llegaron a la región hacia 1200 y que durante dos siglos siguieron siendo un grupo de

agricultores relativamente insignificante, con una sociedad dividida en clanes (*ayllus*) de estatus aproximadamente equivalente.

La expansión inca

Los incas empezaron a dejar su huella como potencia hacia 1438, cuando los chancas, pueblo vecino, intentaron expulsarlos del valle de Cuzco. Los incas contaban con un líder (sapa inca) y, aunque este no tuvo éxito, su hijo Pachacuti venció a los invasores y lideró al ejército en la conquista del resto del valle de Cuzco y de las tierras altas del sur, en torno al lago Titicaca. Bajo el hijo de Pachacuti, Túpac Inca Yupanqui (Topa Inca), y de su nieto, Huayna Cápac, los incas vencieron a Chimor (el estado más grande de la costa) hacia 1470. Entonces absorbieron el resto de las tierras altas del norte y se expandieron hacia partes de lo que hoy son Ecuador y Colombia y hacia el sur, hasta los desiertos del norte del Chile actual.

A diferencia de los aztecas, los incas sí reclutaban a soldados en los pueblos conquistados (puestos a las órdenes de oficiales incas), por lo que les ofrecían el atractivo de botines futuros a cambio de su lealtad.

Las comunicaciones incas

El Imperio inca estaba muy centralizado, y llevaba un censo que registraba el número de agricultores, los cuales debían trabajos de servidumbre (*mitad*) al sapa inca. Este nivel de organización permitió la construcción de obras públicas a gran escala. La red de caminos, que se extendía a lo largo de 40 000 kilómetros y que a intervalos regulares contaba con puestos de descanso que facilitaban el tránsito rápido del ejército y proporcionaban un sistema de comunicación eficiente por el vasto territorio inca, era de una importancia vital. Al mismo tiempo, los incas domesticaron llamas como animales de carga,

Tlacaélel

A medida que el Imperio azteca crecía, la necesidad de un sistema de administración más complejo era cada vez más imperiosa. Cuando Itzcóatl se convirtió en rey (*tlatoani*), en 1427, introdujo el cargo de consejero supremo (*cihuacoatl*). El primero en ocupar el cargo fue su sobrino, Tlacaélel (1397–1487), que lo ostentó hasta que falleció. Tlacaélel sirvió a varios reyes y proporcionó una valiosa continuidad. Impulsó reformas (que beneficiaban especialmente a la familia real y a los nobles) ordenando la destrucción de las primeras crónicas y la reescritura de la historia azteca para instaurar la base de una ideología imperial azteca.

También presidió la formación de la Triple Alianza, que consolidó la posición azteca y garantizó una provisión constante de víctimas sacrificiales. Dado que Tlacaélel jamás ocupó el cargo de rey, su gran influencia en Tenochtitlán demuestra que el sistema de autoridad azteca no era tan monolítico como podría parecer en un principio.

La sociedad del Imperio azteca era muy militarista. Los niños debían demostrar su valía como guerreros antes de que se les pudiera considerar hombres. Los nobles jóvenes ingresaban en sociedades guerreras y ascendían de rangos gracias a la captura de enemigos para el sacrificio.

Guerreros rapados Eran letales y juraban no retirarse en la lucha.

Guerreros otomíes Eran probablemente los primeros en entrar en combate.

Guerreros jaguar Había que tomar cuatro prisioneros antes de poder ser admitido en los rangos de los guerreros jaguar y águila.

Guerreros águila Junto a los jaguares, puede que fueran el rango inferior de la élite guerrera azteca. Sus resplandecientes uniformes evocaban a las criaturas cuyo nombre llevaban.

Les abrieron el pecho, extrajeron sus corazones palpitantes y se los ofrecieron a sus ídolos.
Bernal Díaz del Castillo
Historia verdadera de la conquista de la Nueva España (1568)

lo que facilitó transportar cargamentos pesados por todo el imperio.

A diferencia de los aztecas, los incas se esforzaron en difundir su propio idioma (quechua) y sus sistemas de creencias religiosas, que al principio se basaban en el culto a Inti (el dios sol), pero en el que acabó predominando Viracocha, dios supremo de la creación y, por lo tanto, deidad más adecuada para una potencia conquistadora. También enviaban a colonos (*miqmaq*) y trasladaban a los grupos más problemáticos a zonas más pacificadas para diluir así su resistencia y crear redes de asentamientos leales en los bordes del imperio. Aunque no se conocen estadísticas demográficas definitivas, a principios del siglo XVI, el Imperio inca (al que los incas llamaban Tahuantinsuyo, o reino de las cuatro regiones) contaba con una población total de entre cuatro y seis millones de habitantes y funcionaba en beneficio de la minoría inca y de sus súbditos.

Pese a sus ventajas, la naturaleza tan centralizada del Imperio inca resultó fatal a inicios de la década de 1530, cuando los invasores españoles liderados por Pizarro capturaron al sapa inca Atahualpa. Sin su líder, los incas cayeron rápidamente.

Los nuevos colonizadores

Los aztecas y los incas construyeron los primeros imperios en América, gracias a la producción de excedentes de alimentos y mediante proyectos de irrigación que permitieron que gran parte de la población pudiera dedicarse a luchar en los ejércitos que realizaban las campañas de expansión. También reorganizaron las estructuras tribales tradicionales en favor de élites guerreras y nobles. En ambos casos, el impulso de la conquista exigía más guerras para recompensar a la casta guerrera o para ofrecer a los pueblos conquistados incentivos a fin de que fueran leales y accedieran a las recompensas de su participación en nuevas campañas.

Ni los aztecas ni los incas sobrevivieron el tiempo suficiente para gobernar tras la ralentización del impulso expansionista. De haberlo hecho, tal vez hubieran desarrollado estrategias para proporcionar a sus imperios estabilidad a largo plazo o, por el contrario, que hubieran declinado hasta convertirse en ciudades-estado rivales que competían por el control de recursos limitados. No obstante, en 1521, los españoles conquistaron a los aztecas, y en 1572 vencieron al último de los líderes incas, con lo que pusieron fin a las ambiciones de ambos imperios y se consolidaron como los gobernantes colonialistas de la región durante 300 años. ∎

NO SOBREVIVIO NI LA DECIMA PARTE DE LA POBLACION

LA PESTE NEGRA IRRUMPE EN EUROPA (1347)

En noviembre de 1347, una galera atracó en el puerto de Génova tras haber huido de un asedio tártaro a Cafa (actual Feodosia), en Crimea. A bordo llevaba un cargamento mortal: la peste negra. En dos años, la epidemia había matado a más de una tercera parte de Europa y de Oriente Próximo y había alterado la composición económica, social y religiosa de la región.

La propagación de la peste
Puede que la peste negra, o bubónica, se originara en Asia central o en el oeste de China en la década de 1330. Al principio avanzó despacio hacia el oeste, pero en 1347 llegó a Crimea y Constantinopla, y desde allí se propagó por las rutas marítimas. Después de Génova, apareció en Sicilia y Marsella. En 1348 ya había llegado a España, Portugal e Inglaterra, y en 1349 a Alemania y Escandinavia.

El portador principal de la peste eran las pulgas infectadas y las ratas que las albergaban, animales que medraban en las condiciones antihigiénicas de la época. Los síntomas de la enfermedad eran inflamaciones (bubas, de ahí que se llame peste bubónica), que aparecían en las ingles, el cuello y las axilas. A las bubas les seguían unas erupciones negras sobre la piel (y de ahí su otro nombre, peste negra) y, luego, en las tres cuartas partes de los casos, la muerte.

La epidemia se atribuyó a varias causas, como el castigo divino, unos vapores tóxicos, las alineaciones adversas de planetas o los terremotos. Pese a no haber cura, se aconsejaba abstenerse de ingerir alimentos difíciles de digerir, purificar el aire con hierbas aromáticas y (la única medida eficaz) evitar la compañía de los demás.

Es probable que la peste provocara la muerte de más de cien millones de personas. Se cree que la población mundial cayó hasta los

Los empleados se niegan a trabajar si no se les paga un salario justo.
La Ordenanza de los Trabajadores (1349)

Véase también: La coronación de Carlomagno 82–83 ▪ Marco Polo llega a Xanadú 104–105 ▪ El intercambio colombino 158–159 ▪ La apertura de la isla de Ellis 250–251 ▪ La población mundial supera los 7000 millones 334–339

La **enfermedad avanza** hacia el oeste **por las rutas comerciales** desde Asia central.

Las r**atas y las pulgas** infectadas **medran** en las condiciones de vida antihigiénicas.

La peste negra mata a más de un tercio de la población europea.

La **caída de la población** permite exigir **condiciones de vida** y salarios **mejores**.

La mortalidad de sacerdotes y monjes **mengua la autoridad de la Iglesia**.

Una sociedad hecha añicos

La mortalidad de la peste negra llevó a cuestionar las actitudes sociales. Las fosas comunes, los pueblos abandonados y el miedo generalizado hicieron pensar que Dios había abandonado a su pueblo y diluyeron la moral tradicional: los asesinatos en Inglaterra se duplicaron en las dos décadas posteriores a 1349, y los flagelantes recorrían el campo, flagelándose el cuerpo con cuerdas anudadas, hasta que el papa prohibió la práctica en 1349. Las donaciones a organizaciones caritativas (especialmente a hospitales) aumentaron como muestra de agradecimiento de los ricos que habían sobrevivido. La producción artística dio un giro hacia lo mórbido: aparecieron representaciones de la danza macabra, en las que la Muerte retozaba junto a los vivos. Y escritores como Boccaccio, que hizo una crónica de la peste en el *Decamerón*, insistieron en la brevedad y fragilidad de la vida.

350 millones de habitantes. Sus efectos fueron más letales en unas regiones que en otras: se cree que en Egipto murió cerca del 40 % de la población. Pasaron tres siglos antes de que la población recuperara los niveles anteriores a la peste.

Reacciones ante la epidemia

Tras la peste, las reacciones fueron diversas. En Alemania se acusó a los judíos de haber envenenado pozos para provocar la peste, y muchos de ellos fueron atacados. Solo en Estrasburgo se asesinó a 2000 judíos.

La reducción de la población llevó a que las tenencias de tierra quedaran vacías y a que la mano de obra escaseara, por lo que los campesinos vieron aumentado su poder de negociación. En 1350, los trabajadores ingleses podían exigir salarios cinco veces superiores a los que pedían en 1347, y los arrendatarios pagaban el alquiler en efectivo, en vez de con trabajos obligatorios. Los gobiernos intentaron controlar los salarios (el Estatuto de los Trabajadores de 1351 intentó congelarlos a niveles de 1346), pero los campesinos respondieron con revueltas como la Jacquerie de 1358, en Francia, o la revuelta de los campesinos de 1381, en Inglaterra.

Al acabar la epidemia, la peste negra había matado a tanta población laica como religiosa, y algunos clérigos dejaron sus puestos. Al igual que sucedió con la de la nobleza, la autoridad de la Iglesia se debilitó mucho. La peste había aflojado las ataduras que sostenían la sociedad medieval y dejó a una población más libre y volátil ante los retos que plantearon el Renacimiento, la Ilustración y la expansión económica de los siglos XVI y XVII. ▪

La Muerte elige de manera indiscriminada a sus víctimas entre las clases sociales en esta *Danse macabre* alegórica.

HE TRABAJADO PARA CUMPLIR
LA VOLUNTAD
DIVINA
HONGWU FUNDA LA DINASTÍA MING (1368)

EN CONTEXTO

ENFOQUE
La China Ming

ANTES
1279 Qubilay Kan derroca a los Song e instaura la dinastía mongola Yuan.

1344 El curso del río Amarillo empieza a cambiar en el centro de China y provoca sequías y un aumento de las rebeliones campesinas.

1351 Revuelta de los Turbantes Rojos contra los Yuan.

DESPUÉS
1380 Hongwu asume el cargo de primer ministro y sienta las bases de una cultura política autoritaria.

1415 El emperador Yongle recupera y extiende el Gran Canal, que ahora permite el transporte de mercancías desde el sur de China a Pekín.

1520 Llegan a China las primeras misiones comerciales portuguesas.

C. 1592 Publicación de *Viaje al Oeste*, una de las obras maestras de la literatura clásica china.

1644 El suicidio de Chongzhen pone fin a la era Ming.

El declive militar y económico de finales de la dinastía Yuan provoca **revueltas campesinas generalizadas**.

⬇

Hongwu funda la dinastía Ming y aplica reformas que restauran la estabilidad y dan autoridad absoluta al emperador.

⬇

Un **sistema autocrático y muy centralizado** proporciona siglos de gobierno estable y de prosperidad económica.

⬇

Una serie de **gobernantes débiles** lleva a que el sistema pierda eficiencia.

⬇

La dinastía Ming se colapsa ante la invasión manchú y las revueltas campesinas.

R odeado de funcionarios en el palacio imperial de Nankín, Zhu Yuanzhang, hijo de campesinos pobres, ofreció sacrificios al Cielo y a la Tierra durante su proclamación como primer emperador de la dinastía china Ming («brillante»).

Así culminó el extraordinario ascenso al poder de un monje convertido en general rebelde que había derrocado a la despreciada dinastía Yuan (fundada por Qubilay Kan, conquistador de China), que gobernaba el país desde 1279. Zhu reinó como emperador Hongwu («Vastamente marcial», en referencia a sus hazañas militares), desde 1368 hasta que murió, en 1398, cuando ya había consolidado una de las dinastías chinas más influyentes, si bien también de las más autoritarias. Él y sus sucesores trajeron tres siglos de prosperidad y de estabilidad al país, estructuraron el gobierno y la burocracia de una manera que perduró, solo con ligeras modificaciones, hasta el final del sistema imperial en 1911 y ampliaron la base económica del país.

La expulsión de los mongoles
La dinastía de Zhu surgió como consecuencia del caos que acompañó el declive de los Yuan. En las décadas de 1340 y 1350, las divisiones de la corte mongola, la corrupción del Gobierno y varios desastres naturales, como pestes y epidemias, llevaron a la fractura general de la ley y el orden y de la administración, a medida que grupos de campesinos se alzaban contra los gobernantes extranjeros. El propio Zhu perdió a la mayor parte

Véase también: El primer emperador unifica China 54–57 ▪ Qubilay Kan conquista a los Song del Sur 102–103 ▪ Marco Polo llega a Xanadú 104–105 ▪ La rebelión de los Tres Feudatarios 186–187

de su familia en un brote de peste en 1344 y, tras pasar varios años como monje mendicante, se unió a los Turbantes Rojos, grupo perteneciente a una constelación de sociedades campesinas secretas que se habían rebelado contra los Yuan. Zhu era un general despiadado y capaz, y ascendió rápidamente hasta lograr el liderazgo de los Turbantes Rojos antes de superar a sus rivales y convertirse en el líder nacional contra los Yuan.

Zhu logró el control de la mayoría del sur y del norte de China y se autoproclamó emperador antes de expulsar a los mongoles de su capital en Dadu (en mongol, Janbalic, la actual Pekín) en 1368. Luego sometió al resto del país, aunque los mongoles resistieron en la zona más septentrional hasta la década de 1370 y la unificación de China no se logró hasta la derrota de las últimas fuerzas mongolas en el sur, en 1382.

Reformas y despotismo

Tras décadas de conflicto que habían arrasado China y empobrecido a la población rural, la prioridad de Zhu como emperador Hongwu fue reinstaurar el orden. Puede que sus orígenes humildes influyeran en algunas de sus primeras decisiones: confió a las comunidades rurales la responsabilidad de determinar los impuestos, eliminando el problema de los avariciosos recaudadores de impuestos que habían azotado las áreas más pobres; confiscó muchas propiedades a terratenientes; y entregó a campesinos sin tierra terrenos propiedad del

Las tribulaciones de juventud de Hongwu le indujeron, ya como emperador, a mejorar la suerte de los pobres de China, pero también influyeron en su crueldad irracional, que le llevó a asesinar a cualquier sospechoso de deslealtad.

Estado en el norte, desprovisto de población, para fomentar la repoblación.

A partir de 1380, Hongwu aplicó reformas gubernamentales que le otorgaron poder personal sobre todas las cuestiones de Estado. Tras ejecutar a su jefe de Gobierno, que había participado en una conspiración para derrocarlo, abolió la jefatura de Gobierno y la secretaría central e hizo que los directores del siguiente escalafón del Gobierno, los

seis ministerios, respondieran ante él, para asegurarse de supervisar incluso las decisiones menores.

A partir de entonces, Hongwu actuó como su propio jefe de Gobierno. Su carga de trabajo era casi insoportable: en una sola semana tenía que estudiar y aprobar unos 1600 documentos y, en consecuencia, el Estado era incapaz de responder rápidamente en casos de crisis. Aunque con el tiempo apareció una nueva »

La Ciudad Prohibida, el palacio imperial de Pekín, seguía la jerarquía confuciana: cuanto más elevado fuera el estatus social de la persona, más podía adentrarse en la ciudad.

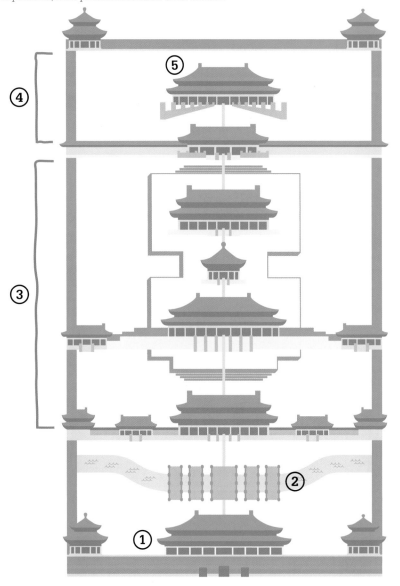

secretaría o gabinete central (un consejo de asesores que ayudaban al emperador a coordinar y dirigir los seis ministerios y otros organismos gubernamentales), la dinastía Ming conservó una estructura más autocrática y centralizada que ninguna de las dinastías anteriores. Esto también se reflejaba en el protocolo de la corte Ming: durante la dinastía Song (960–1279), los consejeros del emperador permanecían en pie ante él para discutir las cuestiones de Estado, pero durante la dinastía Ming se les exigía que se arrodillasen y tocasen el suelo con la frente ante él, en un reconocimiento reverencial de su poder y superioridad absolutos.

Controlar a los militares

Durante los últimos años de la dinastía Yuan, las luchas de poder fuera de la corte central habían destrozado el país, y, con el fin de evitar que la situación se repitiera, Hongwu diluyó el poder del ejército. Aunque adoptó el sistema militar Yuan e instaló guarniciones en las ciudades clave, sobre todo a lo largo de la frontera norte (donde la amenaza de incursiones de tribus nómadas era constante), y creó una casta hereditaria de soldados que se mantenían a sí mismos gracias a tierras concedidas por el Gobierno, también se aseguró de que las unidades militares acudieran periódicamente a la capital para entrenarse y de que un grupo de oficiales seleccionados centralmente compartieran la autoridad en el ejército con los comandantes de las guarniciones, para impedir así la aparición de señores de la guerra influyentes con bases locales potentes.

Perfeccionar el funcionariado

Hongwu también desconfiaba de la élite erudita que llevaba siglos en el corazón del Gobierno, pero sabía que su función era clave para que el Estado funcionara bien, así que promovió

1 Puerta del Sur La gran entrada contaba con cinco puertas. La central estaba reservada al emperador.

2 Río de Agua Dorada Los puentes estaban dispuestos en números impares (cinco). Solo el emperador podía utilizar el del centro, y los rangos siguientes podían usar los puentes restantes.

3 Patio Exterior Área reservada a temas de Estado y eventos ceremoniales.

4 Patio Interior Solo el emperador y su familia podían llegar aquí.

5 Palacio de la Pureza Celestial Había nueve habitaciones y el emperador dormía en una distinta cada noche, para confundir a posibles asesinos.

la educación y formó a eruditos específicamente para la burocracia. En 1373, Hongwu suspendió los exámenes con los que se seleccionaba a los funcionarios y ordenó la creación de escuelas en los condados y prefecturas. En estas escuelas se seleccionaría a los mejores candidatos para que siguieran estudiando en una universidad nacional, en la capital, donde al final se matricularon unos 10 000 alumnos de los que habían llegado en origen. Los exámenes para el funcionariado se recuperaron en 1385, cuando Hongwu consideró que los licenciados bien formados de la universidad estaban preparados para superarlos; y eran tan competitivos que hizo apostar soldados junto a las puertas de los cubículos donde se hacían los exámenes para evitar cualquier colaboración externa o el uso ilícito de materiales de consulta. Así, Hongwu amplió la base de posibles incorporaciones a la administración, pero los funcionarios seguían recibiendo una educación conservadora, basada en los Cuatro Libros y los Cinco Clásicos del confucianismo y en una selección de obras neoconfucianas que exaltaban las virtudes de la lealtad al emperador y de la adherencia a la tradición china. La inno-

Hay quienes son estimados por la mañana [por el emperador Hongwu] y que por la tarde son ejecutados.
Homenaje al funcionario Hsieh Chin (1388)

vación se desalentaba, y si alguien se salía del camino marcado, se le daban latigazos en público, a veces hasta la muerte.

Este maltrato a los funcionarios era un signo de la faceta más cruel de la personalidad de Hongwu. También era paranoico y sangriento en la supresión de la disensión. En 1382 fundó una policía secreta personal, la Jinyi Wei (Guardia del Uniforme de Brocado), cuyos 16 000 oficiales aplastaban el menor signo de disidencia. El alcance y la influencia de esta guardia personal eran conside-

rables, y, como resultado de su acción, la dinastía Ming apenas sufrió rebeliones importantes ni por parte de la aristocracia ni del ejército hasta sus últimos años de gobierno.

Diplomacia internacional

La seguridad de la dinastía en sí misma pareció aumentar aún más con el sucesor de Hongwu, Yongle (r. 1402–1424), que trasladó la capital de Nankín a Pekín y se embarcó en un ambicioso programa de reconstrucción y obras públicas, como la mejora de la navegabilidad del Gran Canal. También construyó la Ciudad Prohibida, que albergaba un complejo palaciego imperial con más de 9000 habitaciones.

La primera política exterior de Yongle fue agresiva, y condujo a cuatro campañas contra Mongolia y, en 1417, a un ataque contra Annam (Vietnam), que resultó en su incorporación al Imperio Ming. También buscó el reconocimiento de gobernantes lejanos: entre 1405 y 1433 lanzó seis expediciones marítimas a gran escala con rumbo al sudeste asiático, África oriental y Arabia. Dirigidas por el almirante Zheng He, su fin era confirmar el dominio de China sobre la zona exigiendo »

Este rollo de seda muestra uno de los regalos más celebrados de los viajes de Zheng He: una jirafa procedente de África, en 1414.

Los viajes de Zheng He

Musulmán de ascendencia mongola, Zheng He fue capturado por los Ming cuando era niño. Lo castraron y enviaron al ejército, donde se convirtió en oficial. Fue un eunuco influyente en la corte, y, en 1405, Yongle lo eligió para que liderara una expedición marítima bordeando el Índico como almirante de la flota y enviado diplomático. Durante los 28 años siguientes, Zheng He capitaneó una de las mayores fuerzas navales de la historia: la primera misión contó con 63 naves –incluyendo algunas

de las llamadas «naves del tesoro», de unos 140 metros de longitud– con una tripulación superior a los 27 000 marineros.

Aunque los viajes fueron extraordinarios en sus aspectos de navegación y en su alcance geográfico (los últimos tres llegaron a Mombasa, en la costa este de África), en realidad no fueron expediciones comerciales ni exploratorias. Su intención era diplomática, y su fin, aumentar el prestigio chino en el extranjero y obtener declaraciones de lealtad y tributos en forma de regalos para Yongle.

tributos y otros gestos de homenaje hacia el emperador.

Los Ming posteriores

Sin embargo, el coste de las expediciones de Zheng He casi agotó el erario público, y, para que no se repitieran, se destruyeron los registros relativos a ellas. La ideología oficial consideraba a China el centro del mundo, y los emperadores Ming posteriores no vieron la necesidad de alentar más expediciones marítimas. Los chinos no consideraban posible una relación de igual a igual con potencias extranjeras: cuando se entablaban relaciones diplomáticas, se consideraba a los extranjeros (al menos, por parte de los Ming) como tributarios. La seguridad y estabilidad de la burocracia también generaron una sensación de autosuficiencia que impedía ver ninguna utilidad en las influencias externas.

Los barcos que se hacían a la mar estaban obligados a informar del cargamento que desembarcaban, y el comercio marítimo privado se prohibió periódicamente (hasta que, en 1567, se legalizó de nuevo, menos con Japón). En Pekín, si un tendero mantenía contactos no autorizados con extranjeros se arriesgaba a que le confiscaran su mercancía.

La incertidumbre militar reforzó el aislamiento diplomático: Annam se independizó de nuevo en 1428, al tiempo que el país dedicaba recursos enormes a contener la amenaza que suponían las tribus mongolas en las fronteras del norte del país. En 1449, el emperador Zhengtong dirigió una expedición desastrosa contra el kan Esen Taishi, el líder mongol, durante la que la mayoría de los 500 000 soldados chinos murieron de hambre, fueron capturados o perecieron en una última batalla en plena retirada.

Se amplía la Gran Muralla

En la década de 1470, la construcción de los últimos tramos de la Gran Muralla, iniciada por la dinastía Qin en el siglo III a.C., no solo fue un intento de impedir la repetición de tamaño desastre, sino también un esfuerzo para compensar el menguante vigor de los Ming. Como sus predecesores, fueron incapaces de incorporar las tierras de los grupos nómadas al norte de la frontera o de enviar expediciones que tuvieran un efecto duradero a la hora de desalentar los ataques. Por tanto, la mejor solución era mantener una defensa fronteriza fija y potente.

Durante el siglo XVI, una sucesión de emperadores de escasa duración y dominados por sus consortes, ma-

Al ascender al trono, Hongwu emitió su propia moneda tradicional en bronce, aunque la escasez de metal llevó a la recuperación del papel moneda, hecho de corteza de morera.

dres o consejeros eunucos culminó con el largo reinado de Wanli (1573–1620), quien, sencillamente, se retiró de la vida pública: durante las últimas décadas en el trono, Wanli se negó incluso a reunirse con sus ministros. La dinastía empezó a declinar: la maquinaria gubernamental flaqueaba, y el ejército apenas tenía fuerzas para responder a la amenaza que suponían los yurchenos, de Manchuria (ahora en el noreste de China). Este pueblo tribal, que luego se dio a sí mismo el nombre de manchú, empezó en 1619 a avanzar sobre las fronteras del norte de China.

Comercio global

No obstante, la productividad económica de la China Ming actuaba como imán para los estados marítimos europeos que buscaban entablar relaciones comerciales nuevas en el este de Asia, y, a principios del siglo XVI, los comerciantes europeos llegaron a

El Mausoleo de Xiaoling, el lugar de reposo definitivo de Hongwu, se halla a los pies de la colina llamada Montaña Púrpura (Nankín) y está custodiado por una avenida de estatuas de parejas de animales, como estos camellos.

la costa de China. En 1514, una flota portuguesa atracó frente a Cantón (o Guangzhou), en el sur; y, en 1557, Portugal ya contaba con una base permanente en Macao. Los comerciantes españoles y portugueses (los primeros operaban desde Nagasaki, en Japón, y Manila, en Filipinas), y también los holandeses a partir de 1601, se aseguraron una proporción importante del comercio con China.

Aunque la política Ming desalentaba el comercio marítimo internacional, los mercaderes Ming participaron activamente en la reactivada economía. No pasó mucho tiempo hasta que florecieron colonias chinas en Manila y en Java (Indonesia), cerca de la ciudad comercial de Batavia, controlada por los holandeses, y hasta que los mercaderes chinos controlaron gran parte del comercio local en el sudeste asiático. La sofisticación técnica de la industria de la porcelana durante la dinastía Ming llevó por primera vez a la producción en masa de artículos de cerámica para su exportación a mercados europeos.

Sin embargo, no todas las consecuencias de este comercio fueron positivas: la enorme afluencia de plata procedente de las Américas y Japón, usada por los europeos para comprar productos chinos (como seda, artículos lacados y porcelana), estimuló el crecimiento económico chino, pero también provocó inflación.

Cambios tecnológicos

La China Ming había heredado de la dinastía Song un legado de innovación científica y tecnológica que había dejado al país al frente de muchos campos científicos, como la navegación y las aplicaciones militares de la pólvora, una sustancia descubierta durante la era Tang y cuyo uso se extendió a Europa desde China en el siglo XIII. Sin embargo, con los Ming, el progreso se ralentizó y, durante el último periodo de la dinastía,

> Hoy, los grandes oficiales civiles y militares, los numerosos funcionarios y las masas se unen para instarnos a que ascendamos al trono.
> **Proclamación del emperador Hongwu (1368)**

las ideas e innovaciones empezaron a llegar desde Europa.

El ejército chino empezó a usar artillería de manufactura europea, y misioneros jesuitas, como Matteo Ricci, que vivió en Pekín entre 1601 y 1610, introdujeron en el país el conocimiento de las matemáticas y la astronomía europeas. Ricci tradujo al chino la *Geometría* de Euclides, además de un tratado sobre el astrolabio. En 1626, el jesuita alemán Johann Adam Schall von Bell escribió el primer tratado en chino sobre el telescopio y presentó el heliocentrismo al público chino.

El colapso de los Ming

Los últimos Ming empezaron a sufrir muchos de los problemas que habían conducido a la caída de los Yuan. Las pérdidas de cosechas redujeron la productividad de la agricultura china, y las hambrunas e inundaciones provocaron un malestar generalizado en las áreas rurales. Las pagas de los militares empezaron a sufrir retrasos, lo que generó problemas de disciplina y deserciones, mientras que las aisladas algaradas campesinas se convertían en revueltas más amplias y generalizadas. Mientras, a

lo largo de la frontera nororiental, los manchúes habían instituido un estado similar al chino en Manchuria, con capital en Mukden –régimen al que en 1636 llamaron dinastía Qing–, y se preparaban para aprovechar el inminente colapso de los Ming. Les allanó el camino una revuelta liderada por Li Zicheng, líder rebelde cuyas fuerzas marcharon sobre Pekín sin hallar resistencia en 1644, lo que llevó al emperador Chongzhen a suicidarse. Desesperados, los militares Ming pidieron ayuda a los manchúes, que irrumpieron en la ciudad y expulsaron a los rebeldes, pero que después se apoderaron del trono y proclamaron la dinastía Qing en China.

Un legado duradero

Los Ming habían sido víctimas de una crisis agrícola que coincidió con la reactivación de la actividad nómada en sus fronteras, una combinación que ya había hecho caer también a dinastías anteriores. La burocracia que había otorgado a China siglos de constancia y había reducido la posibilidad, e incluso la necesidad, de disensión interna no pudo adaptarse a las crisis de rápida evolución.

Y, sin embargo, la era Ming había traído consigo una enorme riqueza y éxito a China. En torno al 1600, la población se había triplicado desde los aproximadamente 60 millones al principio de su gobierno. Gran parte de este crecimiento se centró en ciudades comerciales de tamaño medio en vez de en grandes ciudades, y el aumento de la producción agrícola favoreció la aparición de una clase comercial rica en las provincias. La dinastía Qing mantuvo muchos de los elementos del pulcro y organizado gobierno que Hongwu había instaurado, y proporcionó a China un grado de unidad, estabilidad y prosperidad que los estados europeos de la época solo podían envidiar y admirar. ∎

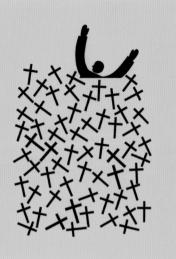

DESTRUID A LOS ADVERSARIOS DE MI PUEBLO CRISTIANO

LA CAÍDA DE GRANADA (1492)

L a medianoche del 2 de enero de 1492, Boabdil, el último emir musulmán de Granada, entregó las llaves de la ciudad a Isabel I y Fernando II, que gobernaban los reinos de Castilla y Aragón (España). Este suceso marcó el fin de casi 800 años de presencia musulmana en la península Ibérica y supuso el eclipse de una gran civilización, célebre por el esplendor de su arquitectura y la riqueza de su tradición erudita. Al mismo tiempo, señaló el nacimiento de una España unida que pronto dejaría de gastar energías en cruzadas contra sus vecinos musulmanes para dirigirlas hacia la construcción de un imperio de ultramar en el Nuevo Mundo.

Conquistas cristianas

La Hispania musulmana (o al-Ándalus) se remontaba a 711, cuando los musulmanes conquistaron el reino visigodo. La resistencia cristiana sobrevivió en Asturias, al norte, pero pasaron siglos antes de que los reinos de Castilla, Aragón, León y Navarra acumularan la fuerza necesaria para avanzar hacia el sur e introducirse en territorio musulmán. Este avance gradual, la Reconquista, ganó impulso en el siglo XI, cuando las regiones musulmanas se fragmentaron en pequeños reinos (taifas) rivales entre sí; y sobre todo en 1085, cuando los musulmanes perdieron Toledo, ciudad de una gran importancia estratégica.

El aumento del espíritu cruzado en Europa occidental también aceleró el progreso de la Reconquista. A partir de mediados del siglo XIV se declararon cruzadas contra los musulmanes de la península Ibérica, y surgió una cultura militar en la que los asaltos a al-Ándalus adquirieron el brillo de expediciones virtuosas. A partir del siglo XII se fundaron órdenes militares, como la de Santiago

Un reino con tantos pueblos y ciudades, con tanta multitud de lugares. ¿Qué ha sido esto, si no la voluntad de Dios de entregarla y depositarla en sus manos?
Andrés Bernáldez
Arzobispo de Sevilla (1450)

Véase también: La fundación de Bagdad 86–93 ▪ La caída de Jerusalén 106–107 ▪ La caída de Constantinopla 138–141 ▪ Cristóbal Colón llega a América 142–147 ▪ El tratado de Tordesillas 148–151

La **fragmentación** del califato de Córdoba **debilita a los musulmanes**.

Los **cristianos** acumulan **riqueza** al tomar **territorios y bienes** musulmanes.

La **unión** de Castilla y Aragón pone **fin a las luchas internas cristianas**.

La Reconquista se acelera a medida que los cristianos obtienen más recursos y unidad, y culmina con la caída de Granada ante el ejército castellano-aragonés.

Expulsión de los **judíos** y los **musulmanes** de España.

España concede recursos a la **expansión** en el **Nuevo Mundo**, en ultramar.

---

y la de Alcántara, que solían lanzar ataques independientes en territorio musulmán y, de paso, amasaron fortunas que les permitieron mantener campañas prolongadas y pagar el rescate de los cristianos que caían prisioneros en las contiendas. También repoblaban con cristianos las tierras musulmanas que conquistaban.

El final de al-Ándalus

En Portugal, la Reconquista se completó con la conquista del Algarve en 1249, mientras que en lo que ahora es España los musulmanes se aferraron al poder en el sur. Pero esto no duraría mucho. En 1474, tras largas luchas dinásticas, Isabel I accedió al trono de Castilla; en 1469 se casó (en secreto) con el príncipe Fernando de Aragón (convertido en Fernando V de Castilla). En 1479, tras heredar este el trono de Aragón como Fernando II, juntos gobernaron ambos reinos, y se propusieron expulsar del sur a los musulmanes. La unión de las dos coronas les permitió dedicar

más recursos a finalizar la Reconquista; también puso fin a siglos de luchas internas cristianas, lo cual coincidió con un periodo de división entre los musulmanes. A partir de 1482, los monarcas iniciaron varias campañas militares para conquistar

Los Reyes Católicos unieron sus fuerzas y usaron su potencia militar para restaurar el cristianismo en la península Ibérica, eliminar a otras religiones y colonizar América.

el reino de Granada, el último dominio árabe de la península Ibérica. Asediaron sus ciudades y, al final, Granada se rindió en 1492.

Pese al acuerdo al que se llegó en la capitulación de Granada, que incluía garantías para la libertad de culto, en 1502, los Reyes Católicos decretaron que los musulmanes mayores de 14 años de edad que se negaran a convertirse al cristianismo (pasando a llamarse moriscos) debían abandonar la península en un plazo de 11 semanas. Este edicto, junto al de la expulsión de la gran comunidad judía de Granada 11 años antes, hizo del país una comunidad más homogénea y menos tolerante, y el impulso cruzado, que ahora carecía de objetivos evidentes, tuvo que hallar otras formas de canalizarse. La expedición de Cristóbal Colón al Nuevo Mundo en 1492, el mismo año en que cayó Granada, proporcionó esa salida y llevó a la colonización de las Américas y al surgimiento de España como primera superpotencia mundial. ▪

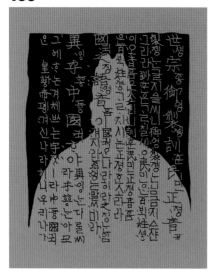

HE IDEADO 28 LETRAS NUEVAS

SEJONG EL GRANDE INTRODUCE UNA NUEVA ESCRITURA (1443)

En 1443, la corte del rey Sejong anunció la creación del hangul, un alfabeto nacional para el idioma coreano, y emprendió un programa de publicaciones en la nueva escritura. Esta medida fue una de las estrategias que el rey coreano lanzó para estabilizar Corea y aumentar la prosperidad, las cuales permitieron que la dinastía Choson (o Yi) sobreviviera durante 450 años más.

El auge de la dinastía Yi

La dinastía mongola Yuan había intervenido en la península de Corea desde finales del siglo XI y hasta 1368, cuando la dinastía Ming la derrocó. Corea quedó sumida en el caos mientras los reyes de la dinastía Koryo intentaban corregir los efectos de un siglo de dominación autoritaria. La redistribución de la tierra y el despido de los ministros promongoles estuvieron a punto de provocar una guerra civil, pero, en 1392, el abuelo de Sejong, Yi Songyye, un antiguo general, dio un paso al frente, derrocó al último rey Koryo y asumió el trono como rey Taejo de Joseon.

La prioridad de Taejo era garantizar la estabilidad. Para ello fue clave la instauración de una ideología estatal neoconfuciana que defendía las relaciones correctas entre el gober-

El rey Sejong de Choson, o Sejong el Grande, revolucionó el Gobierno cuando hizo posible que personas ajenas a la élite social accedieran al funcionariado.

nante y sus súbditos y concedía un estatus privilegiado a la clase burocrática, que actuaba como guardiana de la jerarquía social. El budismo había sido la ideología dominante durante la dinastía Koryo, pero Taejo redujo su importancia en la región fragmentando grandes latifundios controlados por templos budistas y redistribuyendo la tierra, en parte, entre los santuarios confucianos.

El neoconfucianismo insistía en la importancia de la educación como

Véase también: La rebelión de An Lushan 84–85 ▪ Qubilay Kan conquista a los Song del Sur 102–103 ▪ Hongwu funda la dinastía Ming 120–127 ▪ La Restauración Meiji 252–253

Las hyanggyo eran escuelas confucianas en las provincias coreanas. Se usaban para propósitos tanto ceremoniales como educativos.

El neoconfucianismo

El neoconfucianismo que imperó en Corea durante la dinastía Choson había evolucionado en China en los siglos XI y XII como medio para reactivar el confucianismo que había declinado en favor del taoísmo y el budismo durante la dinastía Tang y el principio de la Song. Esta filosofía, una forma más racionalista y secular del confucianismo, rechazaba los elementos supersticiosos y místicos que habían influido en las doctrinas confucianas durante y tras la dinastía Han. Escritores como Zhu Xi insistieron en la importancia de la moralidad, el respeto de la armonía social y la educación como medio para alcanzar el «Supremo absoluto», o *tai qi*, el principio que sustenta el universo. Pero en la práctica, virtudes neoconfucianas como la lealtad, el tesón y la creencia de que un monarca supremo debía regir el Estado como reflejo del Supremo absoluto que gobernaba el universo, tendían a promover un Estado jerarquizado y burocrático ocupado por eruditos que mantenían celosamente el *statu quo*.

medio para producir una clase de eruditos capaz de garantizar el funcionamiento armonioso del Estado. El nieto de Taejo, el rey Sejong el Grande (r. 1418–1450) elevó este principio a nuevas cotas, y en 1420 fundó el Jiphyeonjeon (Salón de los Venerables), un grupo de élite de 20 eruditos a quienes se encargó que iniciaran proyectos de investigación que mejoraran el funcionamiento del reino.

El aliento de la alfabetización era un ideal neoconfuciano importante, y Taejo ya había ordenado la fundación de escuelas públicas. No obstante, en aquella época, el coreano se escribía con caracteres chinos, que no estaban bien adaptados para expresar los sonidos del idioma. Se dice que el propio Sejong desarrolló una escritura simplificada, el hangul, cuyos principios se explicaban en el libro *Hunminjeongeum (Los sonidos correctos para la instrucción del pueblo)*, de 1445. La escritura solo contaba con 28 caracteres (luego reducidos a 24) y resultaba más fácil de aprender que el chino, pero los nobles tradicionalistas se resistieron a su introducción. Temían que eso permitiera a otras clases sociales acceder a los exámenes para el funcionariado, lo que supondría una pérdida de poder para ellos. Como resultado, el hangul cayó en desuso y quedó relegado al estatus de «las letras vulgares» de las clases bajas hasta su redescubrimiento en el siglo XIX, momento a partir del cual prosperó como vehículo para el nacionalismo coreano.

En cambio, la mayoría de las reformas de Taejo y de Sejong sobrevivieron y dieron lugar a una clase de yangban, o funcionarios gubernamentales de élite dedicados a la perpetuación del Estado. Los yangban también actuaban como freno a las posibles tendencias autocráticas de los monarcas Yi, y facilitaron así que la dinastía se prolongara durante más de cinco siglos. ▪

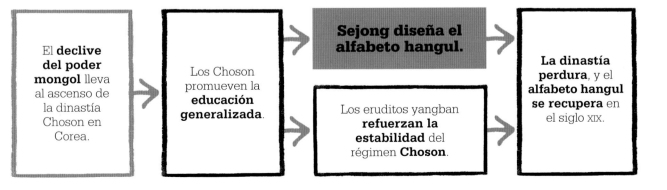

El **declive del poder mongol** lleva al ascenso de la dinastía Choson en Corea.

Los Choson promueven la **educación generalizada**.

Sejong diseña el alfabeto hangul.

Los eruditos yangban **refuerzan la estabilidad** del régimen **Choson**.

La dinastía perdura, y el **alfabeto hangul se recupera** en el siglo XIX.

OTROS ACONTECIMIENTOS

EL AVANCE ÁRABE SE DETIENE EN TOURS
(732)

En el siglo VIII, el pueblo musulmán de la península Arábiga había conquistado la mayor parte del norte de África y había cruzado a Europa, para ocupar la península Ibérica y el sur de Francia. Su expansión hacia el norte parecía imparable hasta 732, cuando se toparon con un ejército combinado de francos y burgundios entre Poitiers y Tours. Los francos y los burgundios ganaron la llamada batalla de Poitiers (o de Tours), y el líder árabe, Abderramán al-Gafiqi, murió. Aunque volvieron a intentarlo en 735–739, los árabes jamás pudieron pasar de Tours. Los francos mantuvieron su poder en Europa occidental y el cristianismo se mantuvo como fe dominante en el continente. Solo al-Ándalus permaneció bajo gobierno musulmán.

ALFREDO GOBIERNA WESSEX
(871–899)

Alfredo el Grande fue un monarca y líder militar capaz que consiguió defender su reino de los invasores vikingos. Amplió su territorio desde su sede en Wessex (centro del sur de Inglaterra) y unió a gran parte del sur de Inglaterra bajo su corona. Levantó fortificaciones, construyó una flota naval, alentó la educación y promovió el inglés antiguo como lenguaje literario gracias a traducciones de libros en latín. Se le llegó a conocer como «rey de los ingleses» y, aunque los vikingos se aferraron al noreste, se le considera el primer monarca que concibió una Inglaterra unida con una cultura característica basada en el cristianismo y la lengua inglesa.

LA DIFUSIÓN DE LA CULTURA MISISIPIENSE
(C. 900)

La tradición de grupos nativos norteamericanos establecidos en torno a grandes montículos de tierra construidos para usos rituales o para albergar las moradas de la clase dirigente se remontaba a miles de años atrás. Eran comunidades confinadas en su mayoría a áreas locales, de Ohio a Misisipi, pero la cultura misisipiense se extendió ampliamente por el este norteamericano. Cultivaban maíz de forma intensiva, trabajaban el cobre y desarrollaron sociedades jerárquicas. El reconocimiento de esta cultura ha sido clave a la hora de acabar con la idea de que los pueblos norteamericanos eran primitivos y para entender con mayor claridad su civilización.

OTÓN I, EMPERADOR DEL SACRO IMPERIO
(962)

El rey germánico Otón I reprimió las revueltas, unió las tribus germánicas y derrotó a agresores externos, como los magiares. Además, modificó la relación entre el rey y la Iglesia católica ejerciendo un gran control sobre el clero y utilizando sus estrechas relaciones con la Iglesia para aumentar el poder real. También amplió su gobierno hasta el norte de Italia y creo lo que se convertiría en el Sacro Imperio Romano. Esta gran potencia política, cuyos emperadores afirmaron ser los primeros líderes seculares de la Europa cristiana y que rivalizaban con los papas por el poder, dominó la mayor parte de Europa durante más de 900 años.

EL CISMA DE ORIENTE
(1054)

Durante los últimos siglos del primer milenio d. C., las partes occidental y oriental de la Iglesia cristiana tuvieron desacuerdos sobre la autoridad (el papa afirmaba su superioridad sobre los patriarcas orientales, que se negaban a reconocerla), las palabras del Credo y otras cuestiones litúrgicas. Estas disputas culminaron en 1054, cuando el papa León IX y el patriarca Miguel I Cerulario se excomulgaron mutuamente y crearon una división conocida como el cisma de Oriente. Esta división entre lo que ahora son las Iglesias católica y ortodoxa no se ha vuelto a cerrar nunca.

LOS NORMANDOS CONQUISTAN INGLATERRA
(1066)

En 1066, tras morir sin descendencia el rey inglés Eduardo el Confesor, estalló una disputa sobre quién debía sucederle. Uno de los aspirantes al trono era el duque Guillermo de Normandía, que invadió Inglaterra, derrotó a los ingleses en la batalla de Hastings y fue coronado rey. Esto forjó un vínculo duradero entre Inglaterra y Europa continental, por el que los gobernantes ingleses poseían tierras en Francia y hablaban francés. Los normandos introdujeron una nueva clase gobernante, construyeron castillos y catedrales y transformaron la lengua inglesa con muchas palabras de origen francés que siguen vivas en la actualidad.

LA GUERRA DE LOS CIEN AÑOS
(1337–1453)

La guerra de los Cien Años consistió en una serie de conflictos entre Inglaterra y Francia que empezaron cuando Eduardo III afirmó su derecho al trono francés, derecho que los Valois de Francia le disputaban. Al final de la guerra, las posesiones de Inglaterra en Francia se habían reducido a la ciudad de Calais y sus inmediaciones. Este resultado transformó Inglaterra, que pasó de ser una potencia que aspiraba a formar parte de un imperio europeo mayor a convertirse en una isla nación separada de Europa. Francia, inspirada sobre todo por el liderazgo de Juana de Arco, reforzó su sentido de identidad nacional.

LA BATALLA DE TANNENBERG
(1410)

En la batalla de Tannenberg (o de Grunwald), una fuerza combinada polaca y lituana aplastó al ejército de los caballeros teutónicos. Esta orden militar, fundada para auxiliar a los cruzados y a los peregrinos, controlaba grandes territorios en Europa oriental, como Prusia y Estonia, y combatía contra los eslavos y los paganos de la región del Báltico. Esta batalla puso fin al poder militar de los caballeros, detuvo la expansión ger-

mánica hacia el este y dejó a la alianza polacolituana como la potencia más importante de Europa oriental.

JAPÓN REPELE LAS INVASIONES MONGOLAS
(1274, 1281)

A finales del siglo XIII, los mongoles, liderados por Qubilay Kan, estaban en el cénit de su poder. Desde su base en Asia central, habían avanzado hacia el este y conquistaron China. En 1271 enviaron tropas por mar para conquistar Japón. El ataque fracasó, en parte porque las naves mongolas se vieron atrapadas por un tifón, fenómeno al que los japoneses llaman *kamikaze* (viento divino). La derrota mongola fue decisiva a la hora de detener su avance y modelar la idea de un Japón fuerte, independiente y ajeno a interferencias e influencias extranjeras. Este concepto de nación japonesa perduró durante siglos.

ESCOCIA DEFIENDE SU INDEPENDENCIA EN BANNOCKBURN
(1314)

La batalla de Bannockburn fue un enfrentamiento clave en la guerra entre Escocia e Inglaterra. Pese a ser muy inferiores en número, los escoceses, liderados por Roberto I Bruce infligieron una dura derrota a los ingleses y a su rey, Eduardo II. Bruce mantuvo pleno control sobre Escocia, desde donde siguió dirigiendo ataques al norte de Inglaterra. La guerra se prolongó durante décadas, y Escocia mantuvo su independencia hasta 1707. La batalla fue una victoria tan avasalladora que aún se recuerda como uno de los acontecimientos clave en la historia escocesa, habiéndose así convertido en el símbolo de

la independencia a la que muchos escoceses siguen aspirando.

LAS CONQUISTAS DE TAMERLÁN
(1370–1405)

Tamerlán, también conocido como Timur Lang, fue el último de los grandes conquistadores nómadas mongoles. En un intento de reavivar el gran Imperio mogol de Qubilay Kan, se desplazó ampliamente por Europa y Asia, desde el norte de India a Anatolia y Rusia. Al final del siglo XIV había conquistado Persia, Irak, Siria, Afganistán y el este de Rusia; en 1398 destruyó Delhi, y en 1405 avanzó hacia China, pero falleció por el camino. Su imperio no perduró, y sus técnicas de combate basadas en la infantería resultaron ineficaces contra las armas de fuego, cada vez más populares a partir del siglo XV.

EL ALZAMIENTO HUSITA
(1415–1434)

Los husitas, seguidores del reformador eclesiástico Jan Hus, fueron precursores de los protestantes, vivían en Bohemia (en la actual República Checa, y entonces parte del Imperio Habsburgo austriaco) y se enfrentaron a sus gobernantes católicos para defender la libertad de culto. Hus fue ejecutado por herejía en 1415, lo que desencadenó una serie de guerras que terminaron con la derrota de los husitas. El área se mantuvo bajo el gobierno Habsburgo católico, pero la mayoría de la población bohemia mantuvo sus creencias protestantes. Su revuelta de 1618 contra los gobernantes católicos desencadenó la guerra de los Treinta Años, en la que los protestantes de Bohemia volvieron a ser derrotados.

LA EDAD MODERN

1420–1795

A

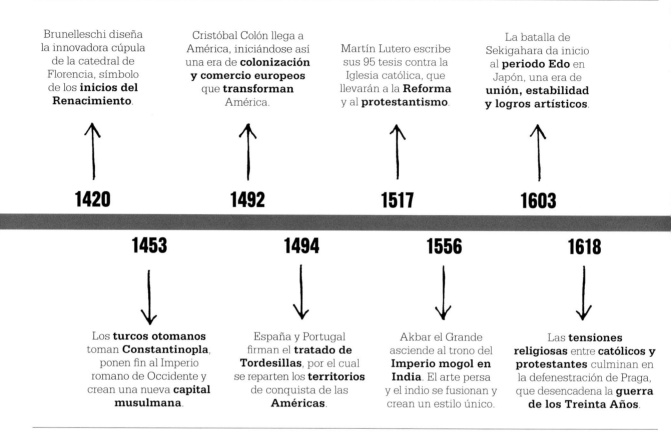

Brunelleschi diseña la innovadora cúpula de la catedral de Florencia, símbolo de los **inicios del Renacimiento**.

Cristóbal Colón llega a América, iniciándose así una era de **colonización y comercio europeos** que **transforman** América.

Martín Lutero escribe sus 95 tesis contra la Iglesia católica, que llevarán a la **Reforma** y al **protestantismo**.

La batalla de Sekigahara da inicio al **periodo Edo** en Japón, una era de **unión, estabilidad y logros artísticos**.

1420   **1492**   **1517**   **1603**

1453   **1494**   **1556**   **1618**

Los **turcos otomanos** toman **Constantinopla**, ponen fin al Imperio romano de Occidente y crean una nueva **capital musulmana**.

España y Portugal firman el **tratado de Tordesillas**, por el cual se reparten los **territorios** de conquista de las **Américas**.

Akbar el Grande asciende al trono del **Imperio mogol en India**. El arte persa y el indio se fusionan y crean un estilo único.

Las **tensiones religiosas** entre **católicos y protestantes** culminan en la defenestración de Praga, que desencadena la **guerra de los Treinta Años**.

Los acontecimientos mundiales siempre parecen distintos vistos en retrospectiva que si se consideran en el momento en que suceden, pero este contraste pocas veces es tan acusado como en la Edad Moderna, que abarca los siglos XV, XVI y XVII. Este periodo suele entenderse hoy como la era durante la que Europa accedió a una posición de dominio a escala mundial; en cambio, los europeos de la época la vivieron como un periodo de grandes desastres. La Reforma acabó con la unidad de la cristiandad, y el conflicto sectario entre católicos y protestantes, junto a las luchas de poder entre dinastías monárquicas, convirtió Europa en un campo de batalla: el continente se despedazaba a sí mismo. Mientras, los ejércitos musulmanes del Imperio otomano amenazaban el corazón de Europa, tomando la ciudad bizantina de Constantinopla y llegando hasta Viena en dos ocasiones.

Sin embargo, la historiografía reconoce los cambios que se iniciaron entonces y que llevaron a convertir a las naciones europeas en las fundadoras del mundo moderno. El resurgimiento de las artes y del pensamiento en el Renacimiento permitió que Europa dejara de ser un desierto cultural. Los europeos empezaron a usar la imprenta y el papel, inventados en China, y produjeron libros en masa que revolucionaron el modo en que se difundía la información. Los ejércitos y las flotas europeas también usaron con gran eficacia la pólvora y las armas de fuego, que también habían inventado los chinos. Y los exploradores y marineros de la costa occidental europea abrieron rutas comerciales marítimas que sentaron las bases de la primera economía global.

El inicio del colonialismo

No es exagerado destacar la importancia del primer viaje trasatlántico de Cristóbal Colón en 1492, que forjó un vínculo permanente entre dos ecosistemas completos que habían evolucionado aislados durante casi 10 000 años. No obstante, el impacto inicial sobre los habitantes de las Américas fue catastrófico, por las enfermedades europeas y la brutalidad de los conquistadores españoles. Un número sorprendentemente pequeño de invasores europeos conquistaron los estados americanos más sofisticados con una facilidad aún más sorprendente, y dejaron todo el Nuevo Mundo abierto a la explotación y la colonización europeas. En cambio, la llegada de navegantes europeos a Asia no tuvo unas consecuencias tan dramáticas. En un principio, países poderosos, como India, el Imperio

Separatistas **religiosos ingleses** (peregrinos) zarpan en el *Mayflower* en busca de una nueva vida. Fundan una **colonia en Norteamérica**.

Se funda en Inglaterra la Real Compañía Inglesa de África. Se **adquieren esclavos** en la costa de África occidental para venderlos en América.

El zar Pedro I el Grande funda **San Petersburgo** en la costa del Báltico, para fomentar el **comercio y modernizar** Rusia a la europea.

La batalla de Quebec pone **fin al gobierno francés en Canadá**; formó parte de la guerra de los Siete Años, que enfrentó a la mayoría de las naciones europeas.

1620   **1660**   **1703**   **1759**

1649   **1687**   **1751**   **1768**

Las guerras civiles inglesas culminan con la **ejecución** del rey Carlos I. Inglaterra será una **república** durante los 11 años siguientes.

Isaac Newton publica sus teorías sobre la **gravedad**, basadas en las **matemáticas** y la **lógica**, y allana el camino a la Ilustración.

Diderot publica el primer volumen de su *Encyclopédie* en tres partes, que destila el **pensamiento racionalista de la Ilustración**.

El capitán Cook **zarpa** en su primer viaje; cartografía la costa de **Nueva Zelanda** y reclama el sureste de **Australia** para Gran Bretaña.

---

chino, el Imperio mogol y el sogunado japonés se limitaron a tolerar a los europeos como mercaderes y les permitieron controlar un puñado de enclaves costeros siempre que no dieran problemas.

Crecimiento económico

En la segunda mitad del siglo XVII se aceleraron las señales de crecimiento económico en Europa. La productividad del trabajo en los oficios y en la agricultura aumentó mucho en algunas zonas, como en los Países Bajos. Instituciones financieras nuevas, como los bancos centrales y las sociedades de capitales, sentaron las bases del capitalismo moderno. Complejas redes de rutas de comercio marítimo unían las colonias europeas en América con Europa, África y Asia. Se transportaba en gran número a esclavos, comprados sobre todo por

comerciantes europeos en África occidental, para que trabajaran en las plantaciones coloniales: en algunas partes del Nuevo Mundo, la población de ascendencia africana superaba a la de europeos y a la de nativos. En el Viejo Continente, los europeos consumían artículos de lujo de China e India y productos como café y azúcar procedentes del Caribe y Brasil. América del Norte y el Caribe eran regiones en disputa colonial, y también lo era India, ya que el precipitado declive del Imperio mogol había abierto áreas del subcontinente indio a la conquista territorial europea.

Movimientos intelectuales

Al hablar de predominio europeo en esta última etapa de la Edad Moderna no debería exagerarse. Aunque China había pasado por momentos difíciles a mediados del siglo XVII (du-

rante la transición de la dinastía Ming a la Qing), la China imperial disfrutaba de una edad dorada de poder y prosperidad ya en el siglo XVIII. La población europea había empezado a aumentar rápidamente hasta alcanzar niveles sin precedentes, como resultado de la mejora de la producción de alimentos y de la reducción de enfermedades epidémicas, pero China también estaba experimentando un crecimiento demográfico acelerado.

Lo que realmente distinguió a Europa del resto en esta época fue el desarrollo del conocimiento y del pensamiento. La revolución científica del siglo XVII inició una transformación del modo en que entendemos el universo. El movimiento racionalista, o Ilustración, cuestionó todas las preconcepciones, tradiciones y convenciones. El mundo moderno estaba en construcción en la mente europea. ∎

SI MI CIUDAD CAE, YO CAERE CON ELLA

LA CAÍDA DE CONSTANTINOPLA (1453)

EN CONTEXTO

ENFOQUE
El Imperio otomano

ANTES
1071 Las fuerzas turcas infligen una gran derrota al Imperio bizantino en la batalla de Manzikert.

1389 Los otomanos derrotan a los serbios en Kosovo, lo que les permite avanzar hacia Europa.

1421 Murat II asciende al trono otomano y planea amplias conquistas.

DESPUÉS
1517 Los otomanos conquistan el Egipto mameluco.

1571 La flota otomana sufre una derrota aplastante en Lepanto.

1922 El imperio termina con la fundación de Turquía.

En 1453, los turcos otomanos tomaron Constantinopla, capital del Imperio bizantino. La pérdida de este imperio cristiano, de un milenio de antigüedad y que había llegado a extenderse por todo el Mediterráneo, supuso un gran golpe para la cristiandad. Como símbolo de la victoria musulmana, Santa Sofía fue convertida en mezquita.

Los turcos otomanos ya habían conquistado gran parte del territorio circundante antes de que el sultán Mehmet II (1432–1481) asediara la ciudad y la bombardeara con artillería pesada. Una vez franqueadas las murallas, los más de 80000 hombres que componían su ejército superaron a la pequeña fuerza que defendía el interior. Mataron a Constantino XI, el último emperador bizantino, y la caída de la ciudad supuso el fin del imperio. Constantinopla pasó a ser

Véase también: Belisario reconquista Roma 76–77 ▪ Mahoma recibe la revelación divina 78–81 ▪ La fundación de Bagdad 86–93 ▪ La caída de Jerusalén 106–107 ▪ La revolución de los Jóvenes Turcos 260–261

la capital del Imperio otomano, que perduró hasta 1922.

Un imperio debilitado

En el momento de la toma de Constantinopla, el Imperio bizantino ya estaba en fase terminal: se había encogido hasta incluir la ciudad capital, algo de territorio hacia el oeste y el sur de Grecia. El declive había empezado con la batalla de Manzikert (1071), durante la que el ejército de la dinastía selyúcida turca expulsó a los bizantinos de Anatolia. A partir de ahí, la rivalidad por la corona bizantina, las disputas por los impuestos, la pérdida de ingresos comerciales y un mal liderazgo militar contribuyeron a la contracción del imperio.

En 1203, la cuarta cruzada, una expedición de Europa occidental cuyo objetivo original había sido conquistar Jerusalén, se inmiscuyó en los conflictos políticos del imperio. Algunos líderes cruzados juraron ayudar a devolver el trono al emperador bizantino depuesto, Isaac II Ángelo, a cambio de su apoyo económico a la expedición. Asaltaron la ciudad, y el hijo de Ángelo fue coronado coemperador como Alejo IV Ángelo; pero en 1204, un alzamiento popular lo

[La sangre fluyó] como agua de lluvia por los canalones tras una tormenta.
Nicolò Barbaro
Testigo de la caída de Constantinopla (1453)

derrocó también a él. El senado bizantino eligió como emperador a un joven noble, Nicolás Kanabos, que se negó a aceptar el cargo y a apoyar a los cruzados. Cuando se les negaron los pagos prometidos, los cruzados y los venecianos, sus aliados, respondieron con otro ataque contra la ciudad. Mataron a civiles, saquearon iglesias y demolieron obras de arte de gran valor. Prácticamente destruyeron Constantinopla.

El auge de los otomanos

Antes de tomar Constantinopla, el Imperio otomano ya se había expandido de Anatolia a los Balcanes. En el siglo XVI se expandió hacia el Mediterráneo oriental a lo largo de las orillas del mar Rojo y hasta el norte de África. La victoria sobre los mamelucos en Egipto (1536) y las guerras contra los safavíes, una de las dinastías gobernantes más relevantes de Persia, otorgaron a los otomanos el control sobre una gran franja de tierra en el Oriente Próximo árabe.

Cuando pabilos encendidos se aplicaron a las «innumerables máquinas» alineadas alrededor de las murallas de la ciudad, explotó el primer ataque de artillería coordinado del mundo.

El Imperio otomano era un Estado musulmán, y los sultanes consideraban que tenían el deber de promover la difusión del islam. Sin embargo, toleraban a cristianos y judíos en un estatus subsidiario y usaban esclavos. Aunque en sus dominios se hablaban varias lenguas y se profesaban muchas religiones, gestionaron las diferencias religiosas y políticas, potencialmente conflictivas, estableciendo reinos vasallos (subordinados) en algunas regiones. Territorios como Transilvania y Crimea pagaban tributos (en pagos regulares) al emperador, pero no estaban gobernados directamente por él, y actuaban como zonas amortiguadoras entre áreas musulmanas y cristianas. Algunos reinos vasallos, como Bulgaria, Serbia o Bosnia, » acabaron siendo absorbidos por el imperio, mientras que otros conservaron el estatus de vasallo.

El gobierno y el ejército

Los otomanos desarrollaron un férreo sistema de gobierno que combinaba la administración local con el control central. El sultán era el gobernante supremo, y, entre mediados del siglo XV y el siglo XVII, existió la costumbre de que sus hermanos fueran ejecutados en la coronación para evitar luchas dinásticas. Tenía un consejo de asesores y un lugarteniente, el cual gobernaba en su ausencia. Las áreas locales estaban gobernadas por gobernadores militares (beys) bajo el control general del sultán, aunque los consejos locales mantenían la autoridad de los beys bajo control.

Las comunidades no musulmanas contaban con cierto grado de autogobierno y organización gracias a un sistema de tribunales independientes llamados millets. Los millets permitían a las comunidades armenia, judía y cristiana ortodoxa regirse por sus propias leyes en temas fiscales internos, de educación, personales y familiares, siempre que no hubiera musulmanes implicados.

Los jenízaros llevaban uniforme y, a diferencia de otras unidades militares, recibían salarios y vivían en cuarteles. Fueron la primera fuerza en usar armas de fuego de manera generalizada.

Esta combinación equilibrada de control central y local permitió a los otomanos mantener un imperio extenso y diverso durante mucho más de lo que hubiera sido posible con un sistema totalmente centralizado.

El ejército también fue clave para el éxito del imperio. Era muy avanzado tecnológicamente (usó cañones ya en el asedio a Constantinopla) y su estrategia militar era muy sofisticada. Sus unidades de caballería rápida podían transformar lo que parecía una retirada en un ataque por los flancos de una eficacia devastadora y en el que rodeaban al enemigo en una formación con forma de media luna que lo tomaba por sorpresa.

En el núcleo de este ejército estaban los jenízaros, una unidad de infantería que había empezado como guardia imperial y que había crecido hasta convertirse en el cuerpo de élite más temido de la época. Al principio, la unidad estaba compuesta por hombres que, de niños, habían sido reclutados de familias cristianas en los Balcanes. Bajo el sistema devshirme, que también se conocía como «tributo de sangre», el ejército otomano se llevaba a niños de entre ocho y 18 años, los obligaba a convertirse al islam y eran obligados a vivir con familias turcas, donde aprendían su idioma y sus costumbres. Se les proporcionaba un estricto entrenamiento militar y los que demostraban un

Mehmet II

Mehmet (1432–1481), hijo del emperador otomano Murat II, nació en Edirne (Turquía). Como era habitual con los herederos al trono otomano, Mehmet recibió una educación islámica y con once años fue nombrado gobernador de una provincia, Amasya, para que adquiriera experiencia en liderazgo. Un año más tarde, Murat abdicó en su favor, aunque poco después tuvo que volver de su retiro para prestar apoyo militar en Anatolia. «Si el sultán eres tú, ven y lidera a tus ejércitos. Si el sultán soy yo, te ordeno que vengas y lideres a mis ejércitos», escribió Mehmet.

El segundo y principal reinado de Mehmet II fue entre 1451 y 1481. Tras tomar Constantinopla, logró conquistar la península de Morea (o del Peloponeso, en el sur de Grecia), Serbia y la costa del mar Negro, Valaquia, Bosnia y parte de Crimea. Reconstruyó Constantinopla, la hizo su capital y construyó mezquitas en ella, al tiempo que concedió libertad de culto a cristianos y judíos. Conocido por su implacable liderazgo militar, Mehmet también acogió a humanistas en Constantinopla, fomentó la cultura y fundó una universidad.

Motivos naturalistas en azules cobalto y verdes cromo rodean la caligrafía islámica de estos azulejos de Iznik (Nicea), encargados para el palacio de Topkapi durante la era clásica del arte turco.

talento especial eran elegidos para funciones especializadas que iban desde la arquería a la ingeniería.

Los jenízaros tenían prohibido casarse hasta que abandonaban el servicio activo, pero recibían beneficios y privilegios especiales, diseñados para garantizar su lealtad al emperador. Aunque representaban una pequeña parte del ejército otomano, tenían un papel clave y fueron determinantes en muchas victorias, como contra los egipcios, los húngaros y los bizantinos, en Constantinopla.

El apogeo otomano

El Imperio otomano alcanzó su cénit con Solimán I el Magnífico. Forjó una alianza con los franceses contra los gobernantes Habsburgo del Sacro Imperio Romano y firmó un tratado con los gobernantes safavíes de Persia que dividía Armenia y Georgia entre las dos potencias y que dejaba la mayor parte de Irak en manos otomanas. Solimán conquistó gran parte de Hungría e incluso asedió Viena, aunque no consiguió tomarla.

Los otomanos llevaron su fe islámica a los territorios conquistados y construyeron mezquitas por todas partes. Prácticamente reconstruyeron Constantinopla (actual Estambul): reforzaron las fortificaciones y construyeron mezquitas, bazares y fuentes. La obra maestra de la ciudad era el palacio real de Topkapi, que el sultán Mehmet II había encargado hacia la década de 1460. Se reclutó a albañiles, canteros y carpinteros de todas partes para garantizar que el complejo fuera un monumento longevo. Contenía mezquitas, un hospital, hornos de pan y un tesoro, entre muchas cosas más, y junto a él había asociaciones imperiales de artistas y artesanos que producían algunas de las obras más bellas del imperio.

Declive gradual

Este florecimiento cultural prosiguió tras la muerte de Solimán, pero el imperio se enfrentaba a grandes dificultades en otros ámbitos. El crecimiento demográfico estaba generando presiones en la tierra disponible; había amenazas militares y revueltas internas; y la derrota ante una coalición de fuerzas católicas en la batalla de Lepanto en 1571 impidió que el imperio siguiera expandiéndose en la costa europea del Mediterráneo.

El Imperio otomano fue perdiendo prestigio e influencia gradualmente, hasta que su declive le valió el apodo de «el hombre enfermo de Europa». Incapaz de responder a las convulsiones del siglo XIX, perdió territorio y se enfrentó a cada vez más movimientos nacionalistas en sus territorios conquistados. Su larga historia terminó con la derrota en la Primera Guerra Mundial y la fundación del Estado turco moderno por parte de Mustafá Kemal Ataturk. ◼

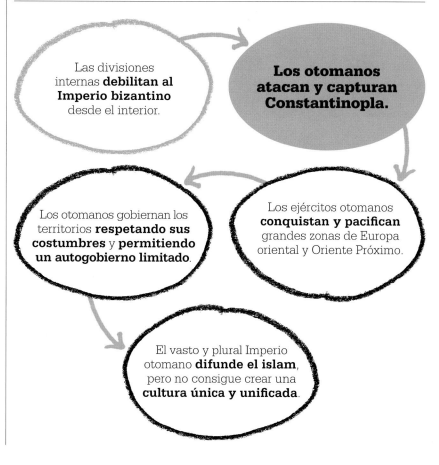

Las divisiones internas **debilitan al Imperio bizantino** desde el interior.

Los otomanos atacan y capturan Constantinopla.

Los otomanos gobiernan los territorios **respetando sus costumbres** y **permitiendo un autogobierno limitado**.

Los ejércitos otomanos **conquistan y pacifican** grandes zonas de Europa oriental y Oriente Próximo.

El vasto y plural Imperio otomano **difunde el islam**, pero no consigue crear una **cultura única y unificada**.

SIGUIENDO LA LUZ DEL SOL, DEJAMOS EL VIEJO MUNDO ATRAS

CRISTÓBAL COLÓN LLEGA A AMÉRICA (1492)

EN CONTEXTO

ENFOQUE
Viajes de descubrimiento

ANTES
1431 El navegante portugués Gonçalo Velho Cabral zarpa en un viaje de exploración hasta las Azores.

1488 Bartolomeu Dias dobla el cabo de Buena Esperanza y descubre el paso alrededor del extremo sur de África.

1492 Isabel y Fernando de Castilla y Aragón acceden a financiar el viaje de Colón.

DESPUÉS
1498 La flota de Vasco da Gama llega a Calcuta.

C. **1499** Amerigo Vespucci descubre el nacimiento del Amazonas.

1522 La expedición española de Fernando de Magallanes a las Indias Orientales, entre 1519 y 1523, resulta en la primera circunnavegación de la Tierra.

Crece la **demanda** europea de **especias y artículos de lujo** procedentes de **Asia**.

Las **rutas terrestres** a Asia son peligrosas y los **otomanos las bloquean**.

Los **portugueses** exploran rutas por el **océano Índico**.

Tras la caída del reino musulmán de Granada, el **celo religioso español** se enfoca al exterior.

La corona española apoya la **exploración** de una posible ruta a **Asia** a través del **océano Atlántico**.

Colón zarpa hacia el oeste y cruza el Atlántico en dirección a Asia, pero se topa con América.

Cristóbal Colón (*c.* 1451–1506), navegante y mercader genovés, emprendió en 1492 un viaje que dio inicio a un contacto perdurable entre América y Europa y cambió el mundo.

Cuando zarpó, Colón esperaba llegar a Asia, pues ningún europeo de la época sabía que todo un continente bloqueaba la ruta hasta allí. Cuando llegó a una isla en las Bahamas tras cinco semanas de navegación, en un principio creyó que había llegado a la zona exterior de Indonesia. Desde allí, Colón siguió explorando el Caribe y recaló en Cuba, La Española y varias de las islas más pequeñas. Se encontró con una respuesta mayoritariamente pacífica por parte de los pueblos nativos, de los que observó que podrían ser buenos sirvientes y esclavos. También se fijó en que llevaban joyas de oro, y, de vuelta a Europa, se llevó una muestra de oro local, así como a algunos nativos prisioneros. Colón regresó al Caribe en tres viajes más, y llevó tras él a numerosos visitantes y colonos europeos.

La motivación de explorar

La motivación que llevó a gobernantes y comerciantes de Europa occidental a explorar era sobre todo económica. Había especias que no crecían en el clima europeo, como la canela, el clavo, el jengibre, la nuez moscada o la pimienta, y que no se valoraban solo por su sabor, sino también porque ayudaban a conservar la comida. También había un mercado entusiasta para la seda y las piedras preciosas, artículos que procedían sobre todo de las islas del grupo indonesio, como las Molucas, conocido en Europa como islas de las Especias.

Transportar esos artículos a través de Asia era difícil y peligroso como consecuencia de las guerras y las inestabilidades locales a lo largo de la ruta. También era costoso, porque, durante el trayecto, los bienes pasaban por las manos de muchos mercaderes distintos. Ciertamente, había excelentes motivos económicos para abrir rutas marítimas: quien pudiera encontrar una manera más directa de importar esos bienes a Europa occidental se haría muy rico.

Otro de los motivos que llevó a los europeos a explorar rutas marítimas a fines de la Edad Media fue investigar la posibilidad de instaurar colonias europeas en Asia, con la intención de que, además de enclaves comerciales, fueran también bases desde las que los misioneros pudieran convertir a los locales al cristianismo. Creían que así lograrían reducir la amenaza percibida del islam.

En los siglos XIV y XV, España, Portugal, Inglaterra y Holanda habían desarrollado barcos que podían navegar por el océano, y contaban con marineros expertos que podían navegar a largas distancias. Los exploradores usaron varios tipos de naves y una de las más exitosas fue la carabela, un barco rápido, ligero y muy manejable que solía estar equipado con una mezcla de velas cuadradas y latinas (triangulares). Las velas latinas permitían navegar contra el viento, de modo que los exploradores podían avanzar incluso en condiciones de viento variable. Los exploradores también usaban carracas (o naos), unas naves de mayor envergadura y que contaban con un velamen similar. En su primer viaje trasatlántico, Colón llevó dos carabelas, de entre 50 y 70 toneladas cada una, y una carraca de unas 100 toneladas, cuya capacidad adicional resultaba útil para transportar provisiones.

Rápidamente se desarrollaron habilidades y tecnologías tanto de la construcción de barcos como de navegación. Los marineros usaban la vara de Jacob, un instrumento de medida básico, y luego el astrolabio marinero para calcular la latitud geográfica donde se hallaban las naves. Lo lograban midiendo ángulos, como el que había entre el sol y el horizonte. También usaban brújulas magnéticas para determinar la dirección, y tanto los mapas como los conocimientos sobre las corrientes y los vientos mejoraban con cada viaje.

Navegantes portugueses

Los navegantes europeos llevaban muchas décadas zarpando hacia el Atlántico. Por ejemplo, en la década de 1470 había marineros que zarpaban desde Bristol (Inglaterra) en busca de una isla mítica llamada «Brasil» y que se creía que estaba al oeste de Irlanda. Los portugueses fundaron colonias comerciales en Madeira, y el infante Enrique el Navegante, hijo del rey Juan I de Portugal, encargó

Me propongo ir y
ver si puedo encontrar
la isla de Japón.
Cristóbal Colón (1492)

muchos viajes de exploración a las Azores en el siglo XV. Enrique fundó la primera escuela de navegación oceánica, con observatorio astronómico incluido, en Sagres (Portugal) hacia 1418. Allí promovió el estudio de la navegación, la cartografía y la ciencia. También envió naves para que recorrieran la costa occidental de África, que le atraía sobre todo por su potencial para comerciar con esclavos y oro. Sus naves siguieron avanzando hacia el sur y establecieron puestos comerciales a lo largo »

Cristóbal Colón

Cristóbal Colón nació en Génova, trabajó como agente comercial de varias empresas genovesas importantes y emprendió varios viajes comerciales en Europa y a lo largo de la costa africana.

Tras su primer viaje a América, Colón zarpó en el segundo en 1493, durante el que exploró las Antillas Mayores y Menores y fundó la primera colonia en La Isabela (en la isla La Española, que hoy es la República Dominicana y Haití). Su tercer viaje (1498–1500) lo llevó a La Española, y de ahí pasó a la isla de Trinidad, donde encontró la costa de Sudamérica y supuso,

al ver el tamaño del río Orinoco, que había hallado un territorio enorme. Durante este periodo, los colonos se quejaron a la Corona de cómo gestionaba su colonia en el Caribe y fue cesado como virrey y gobernador.

En su último viaje, de 1502 a 1504, navegó a lo largo de la costa centroamericana esperando hallar un estrecho hacia Asia. Volvió a España enfermo y cada vez más perturbado mentalmente, porque sentía que no había recibido el reconocimiento y la recompensa que se le habían prometido. Falleció en 1506.

del camino. Los monarcas posteriores siguieron patrocinando viajes, y, en 1488, el capitán portugués Bartolomeu Dias rodeó el extremo sur de África. Poco después, otro portugués, Vasco da Gama, fue el primero en doblar el cabo de Buena Esperanza y seguir por el océano Índico hasta unir Europa y Asia por mar por primera vez.

Como Portugal dominaba la ruta marítima a lo largo de la costa africana, su rival España necesitaba hallar una ruta alternativa si quería acceder a las riquezas de Oriente. Aunque en esa época las personas instruidas ya sabían que la Tierra era redonda, aún desconocían la existencia de América. Por tanto, parecía que podrían encontrar una ruta alternativa hacia Oriente si zarpaban hacia el oeste a través del Atlántico. La ruta resultaba especialmente atractiva para los numerosos marineros (Cristóbal Colón incluido) que creían que el diámetro del planeta era mucho menor de lo que es en realidad.

Búsqueda de patrocinadores

En 1485, Colón presentó a Juan II de Portugal un plan para cruzar el Atlántico y llegar a las islas de las Especias. Pero Juan se negó a invertir en el proyecto, en parte porque Portugal ya estaba explorando la costa africana occidental y en parte porque los expertos a los que Juan consultó se mostraron escépticos ante las distancias que habría que recorrer.

Entonces, Colón echó su red más allá, y buscó patrocinio en las ciudades marítimas de Génova y Venecia, además de enviar a su hermano a Inglaterra para que hiciera lo mismo; pero tampoco tuvo éxito. Por tanto, se dirigió a Isabel I de Castilla y a Fernando II de Aragón, los Reyes

> Se cometieron tales inhumanidades y barbarismos [...], actos tan ajenos a la naturaleza humana que ahora tiemblo al escribir.
> **Bartolomé de las Casas**
> **Historiador español (c. 1527)**

Católicos, que gobernaban España conjuntamente. Al principio también lo rechazaron, porque sus asesores náuticos se mostraron escépticos al ver la distancia de la ruta propuesta, pero, tras largas negociaciones, acce-

El viaje de Colón fue una empresa atrevida. Aunque se aceptaba que el mundo era redondo, muchos creían que el viaje hacia el oeste estaba destinado a fracasar, porque temían que la tripulación muriera de sed antes de llegar a tierra.

Inicio

El viaje de ida y vuelta a América duró siete meses, desde el 3 de agosto de 1492 hasta el 15 de marzo de 1493.

El 3 de agosto de 1492, Colón zarpa de España con tres naves: la *Pinta*, la *Niña* (carabelas) y la *Santa María* (nao).

Las provisiones a bordo de los barcos incluían vinagre, aceite de oliva, harina salada, galletas, legumbres secas y sardinas en salazón.

El 12 de octubre de 1492 las naves llegan al fin a las Bahamas.

Fin

La tripulación se componía de 87 hombres: 20 en la *Niña*, 26 en la *Pinta* y 41 en la *Santa María*.

Colón calculó que Asia estaba a unas 4444 millas náuticas, cuando en realidad son 22 600.

Colón descubrió la isla La Española en 1492, cuando su buque insignia encalló en su costa. La Isabela, fundada en 1496, es el asentamiento europeo permanente más antiguo de América.

dieron a financiar el viaje. Asegurarse una nueva ruta comercial comportaría, ciertamente, riquezas materiales, pero Isabel también concebía el viaje como una misión religiosa que llevaría a Oriente la luz del cristianismo.

Colón zarpa hacia el oeste

Una vez le hubieron concedido los cargos de virrey y gobernador sobre todo el territorio que reclamara para España, además de otros beneficios (como el 10 % de todos los ingresos que se generaran), Colón zarpó hacia el oeste en 1492. Hizo escala en Gran Canaria antes de seguir en dirección oeste, y no volvió a ver tierra hasta cinco semanas después. A principios de 1493 regresó a Europa con dos naves, ya que la tercera había naufragado frente a la costa del Haití actual, y le nombraron gobernador de las Indias, como le habían prometido.

Colón organizó su segunda expedición tan solo unos meses después. Consistió en 17 naves cargadas con unas 1200 personas que fundarían colonias españolas en el Caribe. Además de campesinos y soldados, entre los colonos había sacerdotes, a quie-

No avanzaré por tierra hacia el este, como es costumbre, sino por una ruta hacia el oeste.
Cristóbal Colón (1492)

nes se les había encargado específicamente que convirtieran a los nativos al cristianismo. La conversión religiosa se convirtió en un elemento clave de la colonización europea, e ilustra la ambición de los colonos de imponer su propia cultura y controlar a los pueblos que colonizaban.

El logro de Colón en 1492 suele describirse como el «descubrimiento» de América por parte de Europa. Sin embargo, se trata de una afirmación controvertida, porque, además de que Colón pensaba que había llegado a Asia, los vikingos escandinavos habían llegado a Norteamérica unos 500 años antes: en L'Anse-aux-

Meadows (Terranova) se han hallado restos arqueológicos que revelan que llegaron incluso a levantar asentamientos allí. Sin embargo, los asentamientos vikingos no perduraron en el tiempo, y tanto Colón como sus contemporáneos los desconocían.

Sea como fuere, el viaje de Colón en 1492 inauguró un contacto duradero entre América y Europa. La destrucción que él y sus hombres perpetraron sobre la población indígena del Caribe con la que se encontraron en su primera llegada a América dio inicio también a un proceso de aniquilación de la población nativa que se prolongaría durante un siglo. ■

ESTA LINEA SERA CONSIDERADA COMO UNA MARCA Y UN LIMITE PERPETUOS

EL TRATADO DE TORDESILLAS (1494)

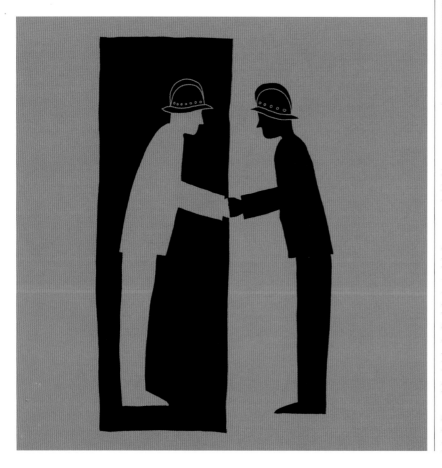

E l 7 de junio de 1494, España y Portugal firmaron en Tordesillas (España) un tratado que resolvió las disputas de ambas naciones en relación con la posesión de los territorios recién descubiertos. Los gobernantes acordaron considerar como línea de demarcación un meridiano situado 370 leguas al oeste de las islas de Cabo Verde. Las tierras al oeste de ella pertenecerían a España; y las situadas al este pertenecerían a Portugal. Eligieron ese meridiano por su ubicación: está a medio camino entre las islas de Cabo Verde, que ya pertenecían a Portugal, y las islas del Caribe, que Colón había reclamado para España en 1492.

En la década de 1490, ambos países estaban descubriendo muchos territorios, incluidos los del Nuevo Mundo, aunque a esas alturas los

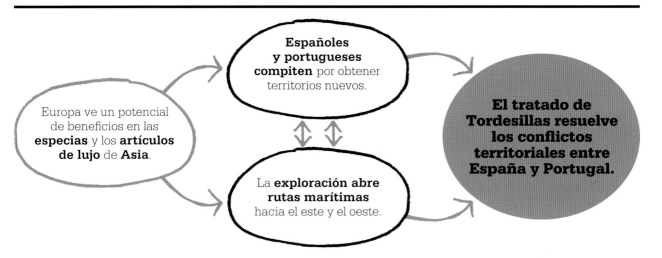

Europa ve un potencial de beneficios en las **especias** y los **artículos de lujo** de **Asia**.

Españoles y portugueses compiten por obtener territorios nuevos.

La **exploración abre rutas marítimas** hacia el este y el oeste.

El tratado de Tordesillas resuelve los conflictos territoriales entre España y Portugal.

europeos aún desconocían el tamaño de las Américas. Pese a que la corona española había financiado los viajes de Colón, su derecho sobre sus descubrimientos no estaba claro. En 1479, el tratado de Alcaçovas firmado entre los Reyes Católicos y Alfonso V de Portugal concedía todos los territorios descubiertos al sur de las islas Canarias a Portugal. En el regreso del primer viaje a América, una tormenta separó las rutas de la *Niña* (comandada por Colón) y la *Pinta* (por Martín Alonso Pinzón), y, según parece, obligó a Colón a atracar en Lisboa, donde informó al rey Juan II de Portugal del hallazgo, diciéndole que iba a reclamar La Española y Cuba para sus patrocinadores españoles. Juan escribió a los reyes españoles para decirles que estaba preparando una flota para reclamar el Caribe para Portugal.

Legalizar la posesión
Para impedir que estas disputas se repitieran cada vez que un navegante hiciera un descubrimiento, los monarcas de ambos países decidieron revisar los términos del tratado de Alcaçovas. El papa había intervenido en el tratado de 1479, y, ahora, el papa

Alejandro VI (que era español) propuso una línea divisoria combinada norte-sur y este-oeste, y sugirió que las tierras al oeste y el sur de una línea cien leguas al sur de las Azores y de Cabo Verde correspondieran a España. Juan II rechazó la proposición, porque consideraba que beneficiaba a sus rivales, y, al final, ambas partes acordaron fijar el meridiano entre las islas de Cabo Verde y el Caribe. El tratado resultante marcó el camino del proceso de colonización posterior y determinó el destino de grandes franjas de territorio en todo el mundo.

Mis compañeros y yo sufrimos una dolencia de corazón que solo el oro puede curar.
Hernán Cortés (1519)

Las colonias portuguesas
En el momento de la firma del tratado de Tordesillas, Portugal ya se había lanzado a explorar África y el sur de Asia. Los portugueses avanzaron hacia el sur desde una base en Ceuta y fundaron varios puestos comerciales a lo largo de la costa de África occidental, avanzando hacia el sur hasta que, en 1498, Vasco da Gama dobló el cabo de Buena Esperanza y cruzó al Índico. En el siglo xvi, Portugal contaba con asentamientos en India, las Molucas, Sumatra, Birmania y Tailandia, y en 1557 ya había fundado un enclave duradero en Macao, que se convirtió en el centro neurálgico de su comercio con muchas comunidades asiáticas.

La línea del tratado pasaba por Sudamérica y otorgaba a los portugueses una porción en el noroeste. En 1500, el explorador Pedro Álvares Cabral llegó a la costa de Brasil y lo reclamó para Portugal. Los conquistadores explotaron su nueva colonia y obligaron a los indígenas a cultivar caña de azúcar (y luego también café) y a trabajar en minas de oro. Murieron muchísimos trabajadores nativos, algunos como consecuencia » de las enfermedades introducidas por los colonos y otros por el tratamiento despiadado que recibían, por lo que se trajeron esclavos desde África para sustituirlos. Brasil, gobernado por un gobernador general portugués a partir del siglo XVI, siguió siendo una colonia hasta principios del siglo XIX.

Los españoles en América

Tras los viajes de Colón y la firma del tratado de Tordesillas, España financió expediciones que combinaban la exploración con la conquista y la colonización. La primera, liderada por Hernán Cortés, se introdujo en México, que albergaba al Imperio azteca, pequeño pero rico. La capital del

El asedio de Tenochtitlán, la capital azteca, fue clave para la conquista de México, y fue un paso más en el objetivo de España de colonizar las Américas.

imperio estaba en Tenochtitlán (Ciudad de México actual). Con unos 600 hombres, Cortés logró derrocar a su rey, Moctezuma. Otro conquistador español, Francisco Pizarro, conquistó el Imperio inca, cuyo centro estaba en Perú, pero que incluía Chile, Ecuador y grandes partes de Bolivia y del noroeste de Argentina. Con 180 hombres, Pizarro sentó las bases de otro enclave español que se convertiría en una gran fuente de riqueza en forma de metales preciosos. La plata peruana se convirtió en la principal fuente de ingresos procedentes de las colonias para España.

Varios factores contribuyeron al éxito de las conquistas de Cortés y Pizarro. Los aztecas se vieron abrumados por un tipo de batalla que les era desconocida; los españoles usaban armas de fuego, y su propósito era masacrar al enemigo, mientras

que la práctica azteca consistía en capturar prisioneros para luego matarlos en sacrificios rituales. Además, los españoles se ayudaron de alianzas forzadas con pueblos locales hostiles a los aztecas. El resultado para España fue una enorme afluencia de riqueza a través del Atlántico y una base segura desde la que aumentar su intervención en las Américas.

Los españoles prosiguieron el proceso de colonización y llegaron a Colombia, que llamaron Nueva Granada. A finales del siglo XVII, gran parte del oeste y del centro de Sudamérica estaba en manos españolas. Los conquistadores, decididos a convertir a los nativos al cristianismo, se repartieron entre ellos las regiones conquistadas. Y aunque los nativos fueron cristianizados, también fueron tratados en condiciones de esclavitud, sobre todo en las minas de plata.

CONQVISTA DE MEXICO POR CORTES AÑ 7

> *Las regiones que encontramos y exploramos con la flota [...] podemos llamarlas un Nuevo Mundo.*
> **Amerigo Vespucci (1503)**

Los trabajadores morían, víctimas de la enfermedad y de la explotación, como sucedía en Brasil, aunque en menores cantidades, y se trajeron esclavos africanos para compensarlo.

La corona española intentó controlar este gran imperio mediante virreyes que gobernaban a los colonos y a los nativos y que se quedaban con una quinta parte de los beneficios de las minas de plata. Los colonos fueron mostrando una resistencia cada vez mayor a las interferencias externas, y, en el siglo XIX, el imperio empezó a perder territorios a medida que las regiones, desde Colombia hasta Chile, iban ganando su independencia.

Circunnavegación

El tratado de Tordesillas proporcionó el sello de aprobación a las actividades de España en América, pero no impidió que España ni Portugal cejaran en el intento de abrir una ruta por el oeste hasta Asia, fuente potencial de especias, artículos de lujo y riquezas para los mercaderes europeos. Amerigo Vespucci, un navegante italiano que trabajaba para Portugal, fue uno de los primeros en dar un paso más en este sentido. Exploró la costa de Sudamérica, y se le recuerda porque América recibió tal nombre en su honor. El portugués Fernando de Magallanes fue el siguiente en explorar esta ruta, esta vez en nombre de España. Creía que las islas de las Especias podían estar a menos de la mitad de camino si se circunnavegaba la Tierra hacia el oeste desde la línea de demarcación que establecía el tratado de Tordesillas, lo que otorgaría a España el derecho sobre ellas. En 1519, Magallanes zarpó con cinco naves en un ambicioso intento de hacer la primera circunnavegación del globo. Aunque falleció por el camino, algunos de los supervivientes completaron el viaje y dieron a España una base desde la que reclamar territorios del sudeste asiático.

En 1529, las coronas rivales firmaron otro tratado, esta vez en Zaragoza. El acuerdo dio Filipinas a España, y las Molucas, a Portugal.

El legado del tratado

Los países europeos que no habían intervenido en el tratado de Tordesillas se limitaron a no tenerlo en cuenta, y pronto empezaron a desarrollar sus propios imperios. La corona británica colonizó Norteamérica, la holandesa se introdujo en las islas de las Especias, y otros países europeos fundaron colonias en el Caribe. Aun así, el tratado ejerció una gran influencia sobre una parte importante del mundo. Reforzó un proceso que ya había empezado en Europa y en el que la riqueza e influencia estaban pasando de las antiguas potencias centroeuropeas (basadas en el Sacro Imperio Romano) a las potencias costeras y marítimas que habían emprendido la construcción de imperios en territorios nuevos. Sus respectivos imperios proporcionaron a España y a Portugal grandes riquezas, y sus colonias en ultramar dejaron un importante legado cultural; la mayor parte de Sudamérica y Centroamérica es hispanohablante, y el legado portugués es muy importante en algunas zonas de África y Asia, y sobre todo en Brasil. ∎

Fernando de Magallanes

Magallanes (1480–1521) nació en el seno de una familia noble portuguesa. Quedó huérfano siendo niño y fue enviado a la corte real portuguesa para que ejerciera de paje. Se convirtió en oficial naval. Sirvió en las colonias portuguesas de India y participó en la conquista de las Molucas, pero, debido a un desacuerdo con el rey portugués, acudió a España en busca de ayuda para su expedición hacia el oeste. En 1519, contando con el apoyo de Carlos I de España, zarpó con cinco naves. Tras perder una nave en un temporal y otra por una deserción, Magallanes navegó por la angosta ruta marítima (llamada estrecho de Magallanes en su honor) entre lo que ahora es Sudamérica continental y Tierra del Fuego. Apareció en un océano al que llamó Pacífico por su serenidad. Cruzó la extensión de agua y se detuvo primero en Guam y luego en Filipinas, donde lo mataron en un enfrentamiento con los indígenas. Solo una de sus naves, capitaneada por Juan Sebastián Elcano, volvió a Europa en 1522, después de haber logrado la primera circunnavegación del globo.

LOS ANTIGUOS NO ERIGIERON JAMAS EDIFICIOS TAN ALTOS

INICIO DEL RENACIMIENTO ITALIANO (1420)

EN CONTEXTO

ENFOQUE
El Renacimiento

ANTES
1296 Inicio de la construcción de la basílica de Santa Maria del Fiore, catedral de Florencia.

1305 Giotto acaba sus frescos en la capilla de la Arena (o de los Scrovegni) de Padua.

1397 Los Médicis fundan su banco comercial en Florencia. Será el más grande de Europa.

DESPUÉS
1434 Cosme de Médicis se convierte en el gobernante de Florencia y patrocina las artes.

1447 Francesco Sforza asciende al poder en Milán. Su corte se convierte en un centro de cultura.

1503 Leonardo empieza a trabajar en *La Gioconda*.

1508 Miguel Ángel empieza a pintar el techo de la Capilla Sixtina.

En 1418, el rico gremio de los comerciantes de lana de Florencia abrió un concurso para decidir el diseño de la cúpula de la basílica catedral de Santa Maria del Fiore, conocida como el Duomo (catedral). Florencia era una de las ciudades más ricas de Italia y un centro financiero y de comercio. Gracias a su riqueza, la ciudad pudo permitirse encargar una cúpula de un tamaño sin precedentes para su catedral.

Este derroche en arte y arquitectura pronto se extendió por Italia, a medida que la prosperidad de la región llevaba a gobernantes y ciudadanos a gastar dinero en embellecer sus ciudades y aumentar el prestigio

> Esta construcción enorme que se eleva hacia el cielo es tan vasta que podría cobijar a toda la población de la Toscana bajo su sombra.
> **Leon Battista Alberti**
> *De pictura* (1435)

de estas. La economía italiana y el orgullo cívico de la población sentaron las bases de uno de los movimientos intelectuales más importantes de la historia: el Renacimiento.

El Duomo

La catedral de Florencia contaba con un vasto espacio octogonal en su extremo oriental, pero, desde el inicio de su construcción, en 1296, nadie había logrado diseñar una cúpula que lo cubriera. Sería la cúpula más grande construida desde el final del periodo romano, y los miembros del gremio habían especificado que debía construirse sin los contrafuertes externos usados por sus rivales políticos en Francia, Alemania y Milán, solución arquitectónica que consideraban pasada de moda. Parecía una misión imposible. Filippo Brunelleschi, un joven orfebre y relojero convertido en arquitecto, ganó el concurso con su

La cúpula de Brunelleschi domina el perfil de Florencia y es aún el edificio más alto de la ciudad. Sus 114 metros se alzan sobre el resto de los tejados de teja.

osado plan de una cúpula de ladrillo de ocho lados, aunque muchos dudaron que fuera capaz de construirla. El mayor problema consistía en soportar la estructura de manera que no se desplomara por su propio peso. La solución de Brunelleschi consistió en construir dos cúpulas concéntricas: una interior, de apoyo, y otra exterior. Luego, ambas cúpulas se unirían mediante gigantescos arcos de ladrillo y un sistema de «cadenas» entrelazadas y hechas de anillos de piedra y vigas de madera unidas con abrazaderas de hierro que impedirían que la cúpula se expandiera hacia afuera. El resultado, completado en 1436, sigue siendo la mayor cúpula de ladrillo del mundo. Brunelleschi combinó el estilo de la Antigüedad con técnicas de ingeniería innovadoras y dio lugar a la mezcla de sabiduría antigua y conocimiento moderno que caracterizaría el Renacimiento.

El Renacimiento en Italia

El Renacimiento fue un movimiento que empezó en Italia y que, desde allí, se extendió por Europa a partir de mediados del siglo XIV. Hundía sus raíces en el redescubrimiento de la antigua cultura grecorromana e influyó sobre las artes, la ciencia y la erudición. Pintores, escultores y arquitectos se liberaron de las tradiciones del arte medieval: visitaron los monumentos de la antigua Roma, estudiaron las estatuas clásicas y los relieves de los edificios romanos y crearon obras de arte que seguían el estilo clásico. Este movimiento inspiró a arquitectos como Leon Battista Alberti y Brunelleschi, así como a una oleada de artistas magníficos, como Miguel Ángel y Leonardo da Vinci. La mayoría de ellos trabajaron muchos campos: Brunelleschi era escultor e ingeniero, además de arquitecto; Miguel Ángel pintaba, esculpía y escribía poesía; mientras que los logros de Da Vinci abarcaban tanto las artes como las ciencias.

Los pintores y escultores aspiraban a representar el mundo físico con mayor realismo que sus predecesores medievales: valoraban la precisión »

Las pinturas de Miguel Ángel en el techo de la Capilla Sixtina, en el Vaticano, combinan el interés del Renacimiento por la belleza física y el realismo con la temática religiosa.

anatómica y desarrollaron métodos científicos para plasmar la perspectiva. Como los artistas clásicos, prestaron más atención a la belleza humana y al desnudo.

También se dio una recuperación del interés por el estudio de los clásicos, influido por eruditos griegos del Imperio bizantino que se habían asentado en Italia tras la caída de Constantinopla (la capital del imperio), en 1453. Los emigrados trajeron consigo textos literarios, históricos y filosóficos originarios de la antigua Grecia y que Occidente había perdido. Además, enseñaron griego a los italianos, para que pudieran leer y traducir las obras. Esto llevó a la aparición en Italia del humanismo, centrado en el estudio de las huma-

nidades (gramática, retórica, historia, filosofía y poesía), y, más en general, a una mayor consideración por la dignidad y el potencial del ser humano.

En el Renacimiento, la vida, los negocios y la política en Italia estaban dominados por varias ciudades-estado poderosas, fundamentalmente Florencia, Milán, Ferrara y Venecia, además de Roma, desde donde el papa ejercía un gran poder

secular (o «temporal»), además de ser el líder espiritual de la Iglesia católica. Las ciudades-estado generaban mucha riqueza gracias al comercio y, como ocurría en Florencia, a la banca. Las familias que las gobernaban –los Gonzaga (en Mantua), los D'Este (en Ferrara), los Sforza (en Milán) y los Médicis (en Florencia)– gastaban grandes sumas de dinero en palacios, iglesias y obras de arte

El concepto del hombre del Renacimiento, cuyos conocimientos y curiosidad abarcan toda una diversidad de temas, refleja a los grandes pensadores y polímatas de la época, como Leonardo da Vinci, maestro de disciplinas tanto artísticas como científicas.

El humanismo colocaba al hombre en el centro del universo. Atribuía los logros de la humanidad a las personas en lugar de a Dios.

El redescubrimiento de los textos clásicos inspiró a los pensadores a emular e incluso superar la obra de filósofos como Aristóteles.

La ciencia y el conocimiento creciente sobre el funcionamiento del mundo contribuyeron a ámbitos tan diversos como la arquitectura y la medicina.

Los artistas del Renacimiento lograron varios hitos importantes, inspirados por el hallazgo de las esculturas realistas grecorromanas y ayudados por una nueva comprensión de la perspectiva.

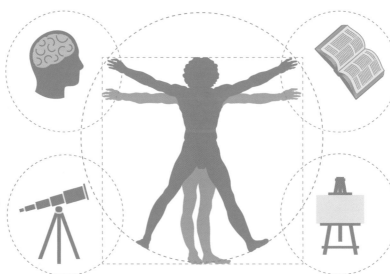

y se convirtieron en mecenas de muchos artistas del momento, además de alentar la recuperación del conocimiento clásico con la contratación de eruditos como tutores para sus hijos. Además, varios miembros de la familia Médicis se convirtieron en papas.

La difusión del Renacimiento

A partir de finales del siglo XV, el Renacimiento se extendió desde Italia a otras partes de Europa. En el norte de Europa, sobre todo en Flandes y Alemania, surgieron grandes artistas, como Alberto Durero (1471–1528) y Hans Holbein el Joven (1497–1543), dos virtuosos del realismo. El humanismo renacentista también salió fuera de Italia, pero los escritores y filósofos de otros países europeos, cuyo máximo exponente fue quizá Erasmo de Rotterdam (1466–1536), tendían a poner mayor énfasis en el cristianismo, la educación y la reforma que sus homólogos italianos.

Johannes Gutenberg inventó la imprenta con tipos móviles en Alemania en la década de 1430, lo que permitió que las ideas del Renacimiento se difundieran con mayor rapidez. Antes de Gutenberg, la única manera de producir texto impreso en Europa era tallar a mano íntegramente cada página en un bloque de madera, un proceso tan laborioso que los libros se escribían siempre a mano. El método de Gutenberg consistía en disponer letras individuales y signos de puntuación de metal (tipos) en líneas y páginas. Cuando ya se habían impreso las copias requeridas de una página, los tipos podían separarse y volver a ser utilizados para componer otras páginas. Al combinar esta técnica con los sistemas ya existentes de fabricación de papel y con el tipo de prensas que se usaban para la producción de vino, Gutenberg logró por primera vez imprimir múltiples ejemplares de un libro.

La innovación de Gutenberg tuvo un impacto colosal. Los libros, que antes eran muy costosos y tardaban meses en ser realizados, eran ahora fáciles de producir y mucho más asequibles, por lo que las ideas y la información podían circular con rapidez y llegar a más personas. Mientras que la Iglesia había usado fundamentalmente el latín como idioma universal, los escritores escribían ahora en sus lenguas vernáculas y, como resultado, la literatura en alemán, español, francés, inglés y otros idiomas floreció. Además, se produjeron múltiples copias de los clásicos antiguos, de modo que fue más fácil difundir las ideas que habían cimentado tanto el humanismo como el Renacimiento.

El impacto del Renacimiento

A mediados del siglo XVI, el impacto del Renacimiento empezaba a diluirse en el sur de Europa, aunque en el norte se prolongó algo más. De todos modos, muchas de las grandes obras del Renacimiento perduraron y siguieron inspirando a generaciones futuras de pintores, arquitectos y escritores. Efectivamente, la popularidad duradera de los óleos y del estilo de arquitectura clásico, así como el auge del humanismo, hubiera sido imposible sin el movimiento que empezó en Florencia con Brunelleschi en el siglo XV. ■

> No hay nada invisible para el hombre sabio.
> **Filippo Brunelleschi**

Filippo Brunelleschi

Nacido en Florencia, Filippo Brunelleschi (1377–1446) era hijo de un funcionario que lo educó con la esperanza de que siguiera sus pasos. Pero Filippo tenía un gran talento artístico y decidió formarse como orfebre y relojero antes de convertirse en arquitecto. Cuando tenía unos 25 años de edad, viajó a Roma con su amigo el escultor Donatello, donde estudió los restos de edificios antiguos de Roma y leyó el tratado *De architectura*, de Vitruvio. En 1419 logró su primer gran encargo: el diseño de un orfelinato, el Ospedale degli Innocenti, en Florencia, que, con su galería de arcos, es uno de los primeros grandes edificios renacentistas. Le siguieron varios proyectos, como capillas en iglesias y fortificaciones para Florencia, los cuales consolidaron su reputación, pero su gran obra maestra es la extraordinaria cúpula del Duomo (catedral) de Florencia. Además de sus edificios, desarrolló un trabajo importante sobre la teoría de la perspectiva lineal y diseñó maquinaria para producir efectos especiales en producciones teatrales.

LA GUERRA ES MUY DISTINTA AHORA

LA BATALLA DE CASTILLON (1453)

EN CONTEXTO

ENFOQUE
La revolución militar

ANTES
1044 Un compendio militar chino contiene la primera fórmula conocida de la pólvora.

1346 Eduardo III de Inglaterra usa cañones en Crécy.

1439 Jean Bureau es nombrado maestro artillero de la artillería francesa.

1445 Carlos VII de Francia instaura un ejército permanente.

1453 Constantinopla cae ante la artillería pesada otomana.

DESPUÉS
Década de 1520 Las guerras de Italia demuestran la eficacia de la infantería con armas de fuego.

1529 Miguel Ángel diseña un fuerte con forma de estrella para Florencia.

C. **1540** La infantería alemana adopta las pistolas con llave de rueda.

El **sistema feudal** europeo **declina** y el poder del rey **aumenta**.

Se inventan **armas de fuego más eficientes**.

El papel de la artillería en Castillon destaca las ventajas de contratar a profesionales en lugar de reclutar tropas entre los nobles.

El poder real se centraliza, y los **nobles pierden fuerza militar y política**.

La infantería, armada con **picas y pistolas**, sustituye gradualmente a los **caballeros** y a los **arqueros**.

En julio de 1453, John Talbot, conde de Shrewsbury, salió de Burdeos con 6000 hombres hasta Castillon, en manos inglesas y cuyo asedio estaban preparando los franceses. Estos habían construido un campo fortificado con capacidad para 10000 hombres y es-taban armados con 300 cañones bajo el mando del maestro artillero Jean Bureau. Talbot, que esperaba refuerzos, ordenó el ataque, pero, en cuanto los ingleses se acercaron, se vieron superados por el ejército francés. Disparó la artillería francesa y luego los arqueros: los ingleses cayeron en masa. Fue la primera batalla terrestre europea decidida por la pólvora.

El fin de la guerra

La batalla de Castillon fue el clímax de la guerra de los Cien Años, que enfrentaba desde 1337 a Francia y a Inglaterra, dos países muy unidos por las familias que los gobernaban. Llegados a Castillon, ya se habían producido grandes cambios en el tejido de la vida europea y que también habían alterado el tipo de ejército con que luchaban ambos monarcas.

La economía europea del siglo xv era, sobre todo, monetaria, y todos, incluidos los soldados, esperaban recibir un salario. Así, los reyes dependían cada vez más de mercenarios que luchaban a cambio de una paga. Esto era distinto al sistema feudal, en el que la nobleza proporcionaba hombres para el combate a cambio de tierras. Al final, los gobernantes empezaron a emplear mercenarios permanentemente: habían aparecido los ejércitos permanentes, lo que se convertiría en norma en el siglo xvii.

Cañones y pistolas

Los reyes enfrentados por el control de Francia dependían cada vez más de grandes ejércitos y de una costosa

> No hay muralla, por gruesa que sea, que la artillería no pueda destruir en unos pocos días.
> **Maquiavelo (1519)**

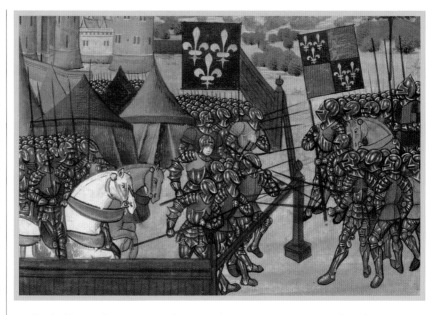

Soldados franceses (izda.) combaten contra los ingleses en esta ilustración del siglo xv que representa la batalla de Castillon, de una crónica francesa de la vida del rey Carlos VII.

artillería. Los cañones, como los que permitieron la victoria francesa en Castillon, transformaron las guerras. Las murallas de los castillos medievales apenas ofrecían protección ante una bala de cañón. A partir del siglo xvi, para resistir mejor los ataques de artillería, los gobernantes construyeron fortificaciones con forma de estrella, llamadas trazas italianas. Ante los muros de estas fortificaciones se disponían fosos (a veces con agua) para hacer más difícil el ataque directo, y también contaban con cañones para su defensa activa.

Al mismo tiempo, las armas de fuego de mano, que disparaban proyectiles que atravesaban las armaduras de los caballeros montados y para las que no eran necesarias habilidades especiales, empezaron a sustituir gradualmente a los arcos. Soldados de infantería bien instruidos, picas y pistolas en ristre, sustituyeron a las filas de arqueros y formaron el núcleo de una nueva línea de combate.

Para costear estos nuevos ejércitos, los monarcas empezaron a centralizar sus territorios e instaurar sistemas fiscales y burocráticos más eficientes, lo cual redujo el poder de una aristocracia cuya influencia ya se había visto mermada con el declive del sistema feudal.

La victoria en Castillon permitió la supervivencia de una Francia independiente que cada vez se parecía más a un Estado centralizado que a un país feudal. Como resultado del triunfo francés, Francia pudo consolidar el territorio bajo su control y el mapa de esa zona de Europa occidental empezó a adoptar su forma moderna. Inglaterra, desposeída de sus territorios europeos continentales, también se centralizó más, y sus gobernantes apartaron la mirada del continente para dedicar los recursos del país a iniciar la exploración marítima del Atlántico y Norteamérica. ▪

TAN DIFERENTES DE NOSOTROS COMO LA NOCHE DEL DIA

EL INTERCAMBIO COLOMBINO (a partir de 1492)

En la década de 1490, la llegada de los primeros europeos a Norteamérica y Centroamérica volvió a conectar ecosistemas que habían evolucionado aislados el uno del otro durante miles de años. En lo que se conoce como intercambio colombino, vidas y economías que durante siglos habían ido cambiando gradualmente se vieron transformadas de repente por el influjo de nuevos cultivos, animales, tecnología y agentes patógenos. Muchos de los efectos fueron imprevistos y mal interpretados en la época, tanto por los europeos como por los americanos nativos, pero, tras el primer desembarco, ya no hubo vuelta atrás.

Alimentos y agricultura

Cuando los europeos empezaron a asentarse en las Américas, llevaron consigo sus animales domésticos y sus alimentos, como cítricos, uvas, plátanos, café, azúcar de caña, arroz, cereales, avena, trigo, vacas, ovejas, cerdos y caballos. Para cultivar las cosechas y pastorear a los animales, los colonos talaron enormes zonas de bosque, destruyeron el hábitat de las especies salvajes y contaminaron involuntariamente los campos americanos con malas hierbas, como el diente de león y la cerraja. A Europa

[Las tierras son] muy adecuadas para plantar y cultivar y para criar toda suerte de rebaños de ganado.
Cristóbal Colón

llevaron de vuelta patatas, tomates, maíz, judías, calabazas, calabacines, tabaco, pavos y conejillos de indias.

La introducción de nuevos cultivos básicos transformó la vida a ambos lados del Atlántico. Las patatas y el maíz, ricos en carbohidratos y fáciles de cultivar, ayudaron a superar el déficit de alimentos crónico en Europa y, junto a la yuca y los boniatos, llegaron hasta África y Asia. En el Nuevo Mundo, el trigo, que prosperó en las latitudes templadas de Norteamérica y Sudamérica y en las tierras altas de México, acabó convirtiéndose en un cultivo fundamental para las decenas de millones

Véase también: Cristóbal Colón llega a América 142–147 ▪ El tratado de Tordesillas 148–151 ▪ El viaje del *Mayflower* 172–173 ▪ Leyes de abolición del comercio de esclavos 226–227

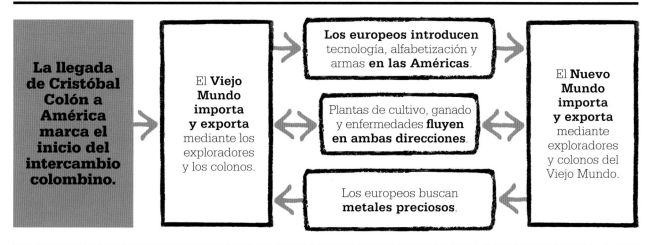

La llegada de Cristóbal Colón a América marca el inicio del intercambio colombino.

El **Viejo Mundo importa y exporta** mediante los exploradores y los colonos.

Los europeos introducen tecnología, alfabetización y armas **en las Américas**.

Plantas de cultivo, ganado y enfermedades **fluyen en ambas direcciones**.

Los europeos buscan **metales preciosos**.

El **Nuevo Mundo importa y exporta** mediante exploradores y colonos del Viejo Mundo.

---

de colonos. La llegada de caballos al Nuevo Mundo también supuso una revolución que permitió una caza más eficaz y selectiva, además de facilitar los viajes y los transportes.

Una catástrofe biológica

El impacto más devastador e inmediato del intercambio colombino llegó tras la introducción de enfermedades nuevas en las Américas. Los colonos, así como las aves de corral, el ganado, las ratas negras y los mosquitos que los acompañaban, trajeron enferme-dades contagiosas a una población que carecía de defensas biológicas contra ellas. Los sistemas inmunitarios de los nativos no estaban adaptados para combatir enfermedades extranjeras como la viruela, el sarampión, la varicela, la gripe, la malaria o la fiebre amarilla. Una vez que se vieron expuestos a ellas, empezaron a morir a centenares y a millares. La mitad de la nación cherokee falleció de una epidemia de viruela en 1738, y otras tribus desaparecieron por completo. Los exploradores europeos se encontraron con enfermedades americanas, como la de Chagas, y las llevaron a Europa; pero el efecto sobre la población europea no fue nada en comparación con las consecuencias que los agentes patógenos del Viejo Mundo tuvieron para el Nuevo Mundo.

Intercambio económico

Desde el principio, el intercambio colombino tuvo una potente motivación económica. Productos como el oro, la plata, el café, el tabaco y la caña de azúcar se transportaban a gran escala, para beneficio, fundamentalmente, de los europeos comerciantes y propietarios de plantaciones.

Muy pronto, el comercio de esclavos pasó a ser un elemento clave de esta red. El movimiento de personas de un continente a otro en grandes cantidades proporcionaba una afluencia continuada de mano de obra para las nuevas economías en expansión; los esclavos sufrieron una opresión atroz, miseria y muertes prematuras durante muchas generaciones. Los drásticos cambios que provocó el intercambio colombino a ambos lados del Atlántico siguieron modelando vidas durante siglos. ▪

Intercambio cultural

Cuando los europeos llegaron a América, los pueblos nativos usaban herramientas propias de la Edad de Piedra, desconocían la rueda y tenían pocos animales domésticos. Los europeos usaban armas de fuego y alfabetos, criaban ganado y explotaban los panales de abejas. Los cambios culturales se complicaron por las muy distintas actitudes con que ambas sociedades concebían la «propiedad» de la naturaleza y de los objetos, lo cual tuvo consecuencias para las futuras relaciones entre los nativos y los europeos. La llegada del caballo llevó a la aparición de una nueva tribu nómada norteamericana que llegó a dominar las Grandes Llanuras del sur. El cristianismo empezó a difundirse en América, y algunos de sus elementos se fusionaron con creencias nativas en los antiguos territorios azteca e inca. También llegaron creencias religiosas de África occidental, mientras que la introducción de la alfabetización, las herramientas de metal y las máquinas hicieron evolucionar la educación, la agricultura y hasta la guerra.

MI CONCIENCIA ES PRISIONERA DE LA PALABRA DE DIOS

LAS 95 TESIS DE MARTÍN LUTERO (1517)

En otoño de 1517, Martín Lutero, monje y profesor de teología en la Universidad de Wittenberg, inició una reacción en cadena que transformaría Europa. Estaba preocupado por lo que consideraba prácticas corruptas en la Iglesia católica, y escribió 95 tesis (argumentos) contra ellas, que luego hizo circular por la universidad. Se dice que también las clavó en la puerta de la iglesia de Todos los Santos de Wittenberg. Las tesis no tardaron en ser publicadas y difundidas, lo que llevó al papa León X a acusar a Lutero de herejía. Lutero respondió rompiendo con la fe católica e inició así la Reforma, o el levantamiento de iglesias basadas en unas prácticas reformadas y en la atención a las escrituras, en vez

Véase también: La querella de las investiduras 96–97 ▪ Inicio del Renacimiento italiano 152–155 ▪ La defenestración de Praga 164–169 ▪ La ejecución de Carlos I de Inglaterra 174–175 ▪ Enrique VIII rompe con Roma 198

> Se ofende a la palabra de Dios cuando, en un mismo sermón, se dedica tanto o más tiempo a las indulgencias que a ella.
> **Martín Lutero (1517)**

de en la autoridad sacerdotal. Como el origen de estas iglesias se hallaba en las protestas contra las prácticas católicas, se conocieron como iglesias protestantes.

La Reforma se extiende

Lutero no estaba solo en su búsqueda de la reforma de la Iglesia. Ulrico Zuinglio (1484–1531), un predicador suizo, lideraba una iglesia protestante con sede en Zúrich, y el francés Juan Calvino rompió con la Iglesia católica hacia 1530. Obligado a huir de Francia, acudió a Ginebra (Suiza), donde apoyó el movimiento reformista y acabaría ayudando a modelar la doctrina protestante.

No todas las creencias protestantes coincidían. Los calvinistas eran muy distintos a los luteranos, y los anabaptistas fueron perseguidos tanto por los católicos como por los

En la dieta de Worms, en 1521, Lutero se negó a retractarse: «A menos que esté convencido mediante el testimonio de las Escrituras […] no puedo ni quiero revocar nada […]. Aquí estoy. ¡Que Dios me ayude!».

protestantes, por lo radical de sus ideas. El propio Lutero apoyó la represión de la guerra de los Campesinos, liderada por anabaptistas, en 1524–1525. Lo que sí tenían en común todos los protestantes era que sus posturas planteaban un conflicto teológico respecto a la Iglesia católica.

Las ideas de la Reforma se difundieron con relativa rapidez gracias a la nueva tecnología de la palabra impresa. Antes de que los tipos móviles y las imprentas hicieran posible la impresión de libros en la década de 1450, estos se escribían siempre a mano y en latín, la lengua internacional de la Iglesia. La imprenta permitió reproducir la información rápida y económicamente, por lo que la demanda de libros escritos en lenguas vernáculas creció enseguida. Lutero escribió sus tesis en latín, pero pronto fueron traducidas al alemán, el francés, el inglés y otros idiomas. Pronto llegaron también libros y panfletos que describían los abusos de la Iglesia y que planteaban la teología protestante, obras de las que se imprimieron muchos ejemplares.

Importancia de la Palabra

Una de las ideas centrales de la teología protestante era que la autoridad no descansaba en los sacerdotes, sino en las propias Escrituras. Por eso resultaba clave el acceso a la Biblia. En el siglo XVI aparecieron las primeras Biblias escritas en las lenguas vernáculas europeas; la traducción al alemán del Nuevo Testamento por Lutero se publicó en 1522, y en 1534 le siguió una versión traducida de la Biblia que incluía los evangelios apócrifos. Un año después, Miles Coverdale (1488–1569), fraile, predicador y obispo de Exeter, produjo la primera Biblia completa en inglés. Entre 1528 y 1532, el teólogo Jacques Lefèvre d'Étaples la tradujo al francés.

A mediados del siglo XVI, las ideas reformistas se habían difundido ampliamente. El luteranismo se había extendido por Alemania y Escandinavia, y el calvinismo se afianzó en gran parte de Suiza e hizo incursiones en Escocia. También había calvinistas en Francia, donde recibían el nombre de hugonotes, aunque el país estaba dividido entre católicos »

y protestantes, que lucharon en las guerras de religión durante la segunda mitad del siglo XVI. España, Portugal e Italia siguieron siendo católicos.

En Inglaterra, las semillas de la Reforma se habían sembrado muy pronto. Muchos se oponían a abusos como el uso de fondos eclesiásticos para pagar la lujosa vida del papa y algunos obispos. Pero las ideas protestantes aún no se habían generalizado lo suficiente. La situación cambió cuando, en 1534, Enrique VIII de Inglaterra rompió con Roma, rechazó la autoridad del papa y se autoproclamó cabeza de la Iglesia de Inglaterra. En tanto que líder eclesiástico supremo, ejerció su derecho para autorizar la publicación de la Biblia Coverdale, en inglés, aunque la doctrina y las prácticas religiosas en Inglaterra siguieron siendo católicas. La hija de Enrique, Isabel I, instauraría más tarde una forma moderada de protestantismo en Inglaterra.

Los reformistas arriesgaban su vida al hablar en una época en que

Las caricaturas del papa como una monstruosidad bestial comunicaban a un público internacional, pudiera leer o no, la idea protestante de que el papado era la institución del demonio.

la herejía se castigaba con la muerte. El reformista checo Jan Hus había muerto en la hoguera en 1415; Ulrico Zuinglio murió en una batalla entre fuerzas protestantes y católicas en 1531; y William Tyndale, que también había traducido la Biblia al inglés, fue ejecutado en 1536. Lutero, a quien el papa León X había instado a retractarse en 1520, lanzó la solicitud escrita a una hoguera; por tanto, las autoridades eclesiásticas lo entregaron al elector palatino Federico III de Sajonia, que había fundado la Universidad de Wittenberg, para que le castigara. Federico convocó una investigación formal (o «dieta») en Worms, presidida por el emperador Carlos V del Sacro Imperio. Este rechazó los argumentos de Lutero y prohibió sus opiniones en el imperio, pero Lutero se negó a retractarse. Lo proscribieron y le excomulgaron, pero Federico le salvó de la ejecución fingiendo su secuestro y ocultándole en el castillo de Wartburg. Lutero siguió escribiendo y organizando su proyecto, y cada vez contaba con más apoyos.

Aliados poderosos

El apoyo por parte de personas en posiciones de poder contribuyó a la difusión de la Reforma. Como Enrique VIII de Inglaterra, los príncipes de Alemania estaban molestos por los privilegios de la Iglesia, y, además, querían reforzar su propio poder. Durante la Edad Media, los papas habían forjado alianzas con reyes y emperadores e intervenían en las cuestiones seculares. Muchos príncipes alemanes querían impedir esas alianzas cortando las ataduras con Roma y expulsando a los obispos de sus principados, por lo que su apoyo a los reformistas fue más una cuestión de necesidad política que religiosa.

En lo que se convertiría en el primero de una larga lista de conflictos de motivación religiosa entre católicos y protestantes, Carlos V invadió

No confío en el papa de Roma, ni en su Concilio [...], han errado continuamente y se han contradicho.
Martín Lutero (1517)

territorios luteranos en un esfuerzo por detener el movimiento. Los luteranos se unieron contra él y, pese a su triunfo en la batalla de Mühlberg, en 1547, no pudo frenarlos. En 1555, en Augsburgo, se alcanzó un compromiso temporal cuando el emperador aceptó que los príncipes del imperio pudieran elegir la confesión de sus propios territorios. Sin embargo, la paz no duró mucho. La Reforma provocó amargas divisiones en toda Europa, por lo que se volvieron a tomar las armas, y el continente se vio azotado por más de un siglo de conflictos de índole religiosa.

Una reforma desde el interior

Incluso antes de que Lutero escribiera sus 95 tesis, en la Iglesia ya había empezado un movimiento de reforma que, inspirado en parte por el humanismo renacentista, trajo consigo el resurgimiento de la erudición y la filosofía, y motivó a diversos religiosos, como al cardenal español Francisco Jiménez de Cisneros, que promovió la *Biblia políglota complutense*, con textos en hebreo, griego, latín y arameo.

Sin embargo, el desafío teológico que planteaba Lutero llevó al papa a preparar una respuesta más coordinada. En 1545, Pablo III convocó el concilio de Trento, en el que los obispos y los cardenales reafirmaron las doctrinas católicas, desde la importancia del sacerdocio y los sacramentos hasta la legitimidad de las indulgencias. Sin embargo, dicho concilio también introdujo reformas: prohibió abusos, como que un mismo sacerdote pudiera ostentar múltiples oficios; fundó seminarios de formación para sacerdotes; y, en un intento de ralentizar la difusión de la doctrina protestante, instauró una comisión cuya tarea era detallar qué libros estaba prohibido leer a los católicos. Además, varios papas posteriores a Pablo III vivieron austeramente, nombraron a obispos de ideas similares y revisaron las finanzas papales.

La Contrarreforma

El concilio de Trento, que se reunió periódicamente durante 18 años, provocó una renovación y un resurgimiento del catolicismo desde el interior en un movimiento que suele conocerse como la Contrarreforma. Como respuesta a la Reforma, el militar español Íñigo López de Loyola, tras sufrir una reconversión espiritual, fundó en 1534 la Compañía de Jesús (u orden jesuita), tras lo cual él y sus seguidores son ordenados sacerdotes. En 1540, el papa aprobó la nueva orden, que difundió un mensaje contrarreformista por toda Europa. El resurgimiento contemporáneo del arte cristiano, que coincidió con el florecimiento del barroco en Italia, añadió un énfasis vibrante.

Las iglesias barrocas eran imponentes y estaban ricamente orna-

Éxtasis de Santa Teresa es parte de un retablo de mármol blanco y una de las obras maestras del barroco romano. Es de Gian Lorenzo Bernini, el escultor más importante de su época.

mentadas con esculturas y cuadros emocionantes, con escenas bíblicas representadas de un modo extraordinario. Esta potente propaganda sirvió para subrayar la diferencia entre las iglesias católicas y sus equivalentes protestantes, que solían ser austeras y carecían de decoración. El arte barroco, junto al celo de los papas reformistas y los sacerdotes jesuitas, ayudó a garantizar que la Iglesia católica sobreviviera y floreciera en países como España e Italia, incluso cuando el movimiento protestante ganaba impulso en otras regiones. Europa, que antaño había estado unida bajo el papa y la Iglesia católica romana, ahora se había dividido en estados católicos y protestantes. Se habían sembrado las semillas para más de cien años de conflicto, a medida que los súbditos alzaban las armas contra sus gobernantes, los reyes y los príncipes se enfrentaban entre sí y unas naciones atacaban a otras en nombre de la religión. ∎

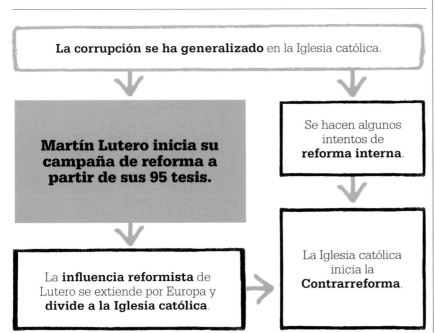

La corrupción se ha generalizado en la Iglesia católica.

Martín Lutero inicia su campaña de reforma a partir de sus 95 tesis.

Se hacen algunos intentos de **reforma interna**.

La **influencia reformista** de Lutero se extiende por Europa y **divide a la Iglesia católica**.

La Iglesia católica inicia la **Contrarreforma**.

EL INICIO LA GUERRA EN BOHEMIA, A LA QUE SUBYUGO Y OBLIGO A ACATAR SU RELIGION

LA DEFENESTRACIÓN DE PRAGA (1618)

Nobles protestantes arrojaron a los regentes imperiales por la ventana de la sala del consejo, lo que dio lugar al inicio de una revuelta contra el emperador Habsburgo y a una de las fases iniciales de la guerra de los Treinta Años.

jaron por la ventana a dos de ellos y a su alguacil, quienes aterrizaron unos 20 metros más abajo, sobre un montón de estiércol apilado. Este acontecimiento, conocido como la defenestración de Praga (de 1618), dio inicio a la guerra de los Treinta Años, una serie de conflictos que devastaron enormes áreas de Europa.

Dicha defenestración tuvo lugar en un contexto de disputas largamente mantenidas entre católicos y protestantes sobre si se debía permitir que la gente adoptara libremente un tipo u otro de culto o rito religiosos. Estas diferencias afectaban a gran parte de Europa, y antes de que la guerra estallara en Bohemia hubo violentos conflictos religiosos en otras partes del continente.

Las disputas implicaban también rivalidades por el poder entre familias aristocráticas y de la realeza, que apoyaban a un bando o al otro y usaban los conflictos para favorecer sus intereses. Los Países Bajos, por ejemplo, albergaban a muchos protestan-

tes, pero estaban bajo el dominio de la católica España, cuyo monarca Felipe II quería liquidar el protestantismo. Las siete provincias unidas de los Países Bajos septentrionales, en gran parte protestantes, se rebelaron contra el gobierno del rey. Los choques religiosos fueron aumentando de intensidad debido a lo que se percibía como una violenta represión por parte de la corona de los Austrias (Habsburgo españoles), lo que llevó a la formación de las Provincias Unidas de los Países Bajos como república independiente en el norte de la región.

Felipe II planeaba también conquistar Inglaterra, un país moderadamente protestante bajo el reinado de

Perdería todos mis estados, y cien vidas que tuviese, antes que ser señor de herejes.
Felipe II de España (1566)

E n mayo de 1618, un grupo de líderes protestantes de Praga se reunió con miembros del consejo en las estancias superiores del Castillo de Praga. Los consejeros eran católicos, y servían como regentes de Fernando II de Estiria (de la casa de Habsburgo), rey de Bohemia (hoy, parte de la República Checa) desde 1617; los protestantes querían estar seguros de que ni el rey ni los regentes revocarían las libertades religiosas que sus antiguos monarcas les habían otorgado. Cuando los regentes se negaron a proporcionarles tal seguridad, los protestantes arro-

Véase también: La caída de Granada 128–129 ■ Cristóbal Colón llega a América 142–147 ■ Las 95 tesis de Martín Lutero 160–163 ■ La apertura de la Bolsa de Ámsterdam 180–183

Isabel I, y deseaba colocar un monarca católico en el trono inglés. En 1588 envió su famosa Armada a invadir el país, pero la combinación de unas tácticas navales superiores de los ingleses y unas fuertes tormentas hizo fracasar la expedición, e Inglaterra conservó su independencia.

Estas diferencias religiosas fueron devastadoras en la Francia del siglo XVI, donde una numerosa minoría protestante, los hugonotes, fue perseguida sin descanso. A muchos protestantes, sobre todo pastores calvinistas, se les cortó la lengua o se les quemó en la hoguera. En la matanza de San Bartolomé (1572) se produjeron muchos asesinatos de protestantes especialmente elegidos, así como linchamientos masivos contra los hugonotes, masacre que duró varias semanas y dejó miles de muertos.

A todo esto le siguieron las llamadas guerras de religión, que duraron unos 36 años. Tras ocho periodos de enfrentamientos, salpicados de treguas inestables y acuerdos rotos, dichas guerras acabaron en 1598, cuando el rey francés Enrique IV, que había sido un líder protestante antes de acceder al trono, promulgó el edicto de Nantes. El acuerdo concedía a los hugonotes ciertos derechos, como libertad religiosa en ciertas áreas geográficas. También mantenía el catolicismo como religión oficial de Francia, y obligaba a los protestantes a observar las festividades católicas y a pagar impuestos a la Iglesia. No obstante, aún siguieron estallando disputas entre ambos bandos, y muchos hugonotes dejaron Francia y buscaron refugio en países como Inglaterra o los Países Bajos.

La guerra de los Treinta Años
Las guerras religiosas en Francia, los Países Bajos e Inglaterra conformaron

Los intereses protestantes predominan en Bohemia, las Provincias Unidas y Suecia.

En los estados alemanes y en Francia había **devotos de ambas religiones**.

Los intereses católicos prevalecían en España y el Imperio Habsburgo.

Las tensiones llegan a un punto crítico con la defenestración de Praga.

El conflicto se agrava conforme múltiples gobernantes van viéndose arrastrados a una guerra paneuropea.

La despiadada represión que ejercen los gobernantes sobre cualquier tipo de oposición **deja Europa continental devastada**.

el telón de fondo para la guerra de los Treinta Años en Europa. La mayor parte de la población de Bohemia era protestante, pero la zona quedaba dentro del Sacro Imperio Romano Germánico, que incluía también Alemania, Austria y Hungría, y que estaba gobernado por emperadores Habsburgo, católicos. Los emperadores actuaban como supervisores de los señores, príncipes y duques locales. Algunos de estos (en especial Matías, quien ocupaba el trono de Bohemia durante la defenestración de Praga de 1618) concedían a sus súbditos protestantes la libertad de culto. Matías lo había hecho al ratificar la Carta de Majestad, una cédula firmada por el emperador anterior, Rodolfo II, que

garantizaba libertad religiosa y otros derechos básicos a los protestantes. No obstante, el fervientemente católico Fernando II de Estiria, el sucesor de Matías, no se sentía obligado a cumplir la Carta de Majestad, así que suprimió las iglesias protestantes y nombró católicos para los altos cargos. Esto dio oxígeno a una disputa que venía ardiendo en Bohemia desde las primeras convulsiones de la Reforma protestante, en el siglo XV.

Tras la defenestración, ambos bandos comenzaron a prepararse para la guerra, pero el proceso se aceleró en 1619, cuando Matías murió. Fernando, que ya era rey de Bohemia, se convirtió en emperador del Sacro Imperio. Los líderes protestantes de »

Bohemia intentaron minimizar el poder local del emperador católico al deponerlo como rey de Bohemia e invitar a su propio candidato, el protestante Federico V, príncipe elector palatino, a ocupar su lugar. Las credenciales de Federico como protestante eran excelentes, no solo por su fe, sino por su matrimonio: su esposa era Isabel Estuardo, hija del protestante rey Jacobo I de Inglaterra. Sin embargo, para coronar a Federico, los bohemios debían derrocar a un rey que había sido legalmente coronado, un movimiento que les restaría el apoyo de bastantes de sus potenciales aliados.

En 1620, las fuerzas de Bohemia se concentraron para enfrentarse a las del Sacro Imperio en la Montaña Blanca, a las afueras de Praga. El enfrentamiento parecía equilibrado: los protestantes, al mando de Federico y Cristián de Anhalt, tenían un ejército mayor, pero los soldados del imperio eran experimentados y estaban liderados por el conde de Tilly, mariscal de campo y noble español-flamenco, y por el general Albrecht Wallenstein. En una hora, las fuer-

zas bohemias acabaron aplastadas —4000 hombres murieron o acabaron prisioneros, cifra que solo alcanzó los 700 entre las fuerzas imperiales—, y Tilly entró en Praga. Federico huyó, y se ejecutó a muchos líderes protestantes. Se ordenó a los ciudadanos protestantes exiliarse o convertirse al catolicismo, y Bohemia quedó devastada, despoblada y casi indefensa. La región sería abrumadoramente católica hasta entrado el siglo XX.

Una reforma desestabilizadora

Lo sucedido en Bohemia era un síntoma de la inestabilidad del Sacro Imperio. A lo largo de su historia había habido luchas de poder entre emperadores y gobernantes locales, pero se había dado en general un equilibrio de poder en el que el emperador respetaba los derechos de los estados individuales que componían el imperio. Este equilibrio se deshizo a causa de los cambios que trajo la Reforma, cuando las creencias protestantes se hicieron fuertes en algunos lugares (como Sajonia), mientras que el cato-

> La herida [protestante] ha degenerado hasta la gangrena. Exige fuego y espada.
> **Fernando Álvarez (*c.* década de 1560)**

licismo prevalecía en otras (como Baviera). La escalada de enfrentamientos condujo entonces al conflicto bélico. La mayoría de las batallas se dieron en tierras de Alemania y del centro de Europa. En pocos años, el ejército imperial de los Habsburgo, reunido por Fernando y al mando del líder Albrecht Wallenstein, había aplastado a sus rivales en Alemania y los había abrumado en Dinamarca. En torno a 1629, Fernando estaba en posición de reclamar las tierras que habían pasado a propiedad protestante.

Pero los protestantes tenían aún dos poderosos aliados: Suecia, con el rey Gustavo Adolfo, un capaz líder militar, y Francia, país católico, pero que deseaba recortar la influencia y el poder imperiales. En 1630, Gustavo llegó a Alemania con un gran ejército y obtuvo la victoria en Breitenfeld en 1631, con la ayuda final de Francia. A mediados de la década de 1630, los Habsburgo contraatacaron, con ayuda de España. El conflicto se había convertido en una guerra

Gustavo Adolfo obtuvo su victoria decisiva en Breitenfeld con un nuevo enfoque militar, en el que la artillería, la infantería y la caballería se combinaban y se apoyaban entre sí.

Conforme distintas potencias se implicaban en la guerra de los Treinta Años, el conflicto pasaba de ser una disputa por cuestiones religiosas a convertirse en un choque por la supremacía en Europa entre Francia y los Habsburgo.

Clave

Campañas

→ **Austria** invade Bohemia y los territorios de Federico V en Alemania.

→ **Dinamarca** interviene para ayudar a los luteranos en el norte de Alemania.

→ **Suecia** comienza una campaña contra fuerzas católicas en Alemania.

→ **Francia** declara la guerra a España, de los Habsburgo, y al Sacro Imperio.

Divisiones religiosas

▨ Mayoría protestante

▨ Mayoría católica

Suecia

Dinamarca · 1630

1625

Polonia

Austria 1619

1635 · 1625

Francia

Imperio otomano

España

Roma

---

generalizada que implicaba a todas las potencias europeas.

El emperador quería recuperar sus territorios en Alemania, mientras que los españoles deseaban ver a los Habsburgo, sus aliados, en el poder, para así poder cruzar Europa fácilmente de cara a su esperado ataque contra los Países Bajos. Francia, temiendo verse rodeada por los Habsburgo y sus aliados, siguió intentando minar el poder imperial.

El final y las consecuencias

En la década de 1640, las fuerzas antiimperiales estaban recuperando la iniciativa. Francia había derrotado a España en Rocroi, en 1643; mientras que, en 1645, Suecia se había enfrentado al ejército imperial en Jankov, al sudeste de Praga. Casi la mitad del ejército imperial murió en esta batalla, y parecía que los suecos podrían marchar sin oposición hasta Praga o Viena. Pero a esas alturas, ambos bandos estaban exhaustos, y no se avanzó sobre ninguna otra ciudad.

Las batallas de la guerra de los Treinta Años se realizaron a gran escala. Ejércitos de miles de soldados se enfrentaban en cargas de caballería respaldadas por armas de fuego, y se empleó a una enorme cantidad de mercenarios. Las batallas se libraron con velocidad profesional y total falta de piedad, pero lo que ocurría después era a veces incluso peor. Enormes ejércitos saquearon vastas áreas campesinas en busca de alimentos y retiraron lo que pudiera ser de utilidad a sus enemigos. Las áreas rurales sufrieron de un modo especial a manos de las tropas saqueadoras (Alemania perdió un 20 % de su población), pero el comercio y las manufacturas también se vieron afectados por los daños y la devastación resultantes. Europa central tardó décadas en recuperarse de la guerra, aunque los países con fuertes redes comerciales y poder naval, como los Países Bajos e Inglaterra, sufrieron menos.

Las batallas con artillería también desgastaron a los dos ejércitos. Exhaustos, ambos bandos se avinieron a firmar la paz. En 1648, representantes del imperio, de España, Francia, Suecia y las Provincias Unidas y gobernantes de los principados y de las ciudades alemanas, así como otras partes interesadas, se reunieron en Münster y Osnabrück (Alemania), para acordar la paz de Westfalia. Las reuniones no consiguieron solventar diferencias básicas entre intereses políticos y religiosos; sin embargo, crearon un acuerdo para finalizar la guerra, y el pacto estableció un equilibrio de poderes generalizado entre varias naciones independientes.

Aunque Europa estaba dividida permanentemente entre estados predominantemente católicos o protestantes, estos habían acordado aprender a coexistir. La paz de Westfalia creó un precedente para crear acuerdos entre naciones mediante reuniones de diplomáticos de alto rango, que han tenido un papel crucial en las relaciones internacionales desde entonces. ■

LA REALEZA ES UN REMEDIO CONTRA EL ESPIRITU DE REBELION

LAS CONQUISTAS DE AKBAR EL GRANDE (1556)

Desde su exilio en Persia, Humayun, padre de Akbar, crea fuertes vínculos con la **corte safaví**, que le ayuda a recuperar parte de sus **territorios en India**.

⬇

Akbar gana la segunda batalla de Panipat y la dinastía mogola se convierte en la potencia dominante del subcontinente indio.

⬇

Akbar refuerza los lazos culturales, comerciales y políticos **entre Persia e India**.

La brillantez de la corte mogola atrae a India a artistas y eruditos persas.

⬇

La cultura persa influye en las tradiciones literarias, artísticas y arquitectónicas indias: el resultado es el característico **estilo mogol**.

En febrero de 1556, Abu Akbar el Grande se convirtió en el nuevo rey de la dinastía musulmana mogola del norte de India, fundada 30 años antes por invasores turco-mongoles de Asia central. Las fuerzas del emperador se enfrentaron casi de inmediato con el ejército de Hemu, un rival aspirante al trono de Delhi, en la segunda batalla de Panipat. Los mogoles infligieron una aplastante derrota a Hemu y recuperaron territorios perdidos por el padre de Akbar, Humayun. Posteriormente, Akbar consolidó y expandió gradualmente su autoridad, anexionándose todo el norte y parte del centro de India. Los gobernantes eran derrocados y asesinados, y los ciudadanos, masacrados, a medida que reinos

Véase también: Mahoma recibe la revelación divina 78–81 ▪ La fundación de Bagdad 86–93 ▪ La caída de Granada 128–129 ▪ La caída de Constantinopla 138–141 ▪ Fundación de la dinastía safaví (Persia) 198

antaño independientes se convertían en provincias de su imperio.

Apoyo y supervivencia

Akbar mantuvo la unidad política de su creciente imperio construyendo una administración capaz de expandirse conforme incorporaba nuevos territorios. Creó una red de nobles muy bien pagados que servían como gobernadores provinciales o eran empleados como comandantes de batallones en campaña o militares del cuerpo central del ejército, la columna vertebral del imperio. También reclutó hombres de talento por toda India (y Persia), tanto musulmanes como hindúes, para su gobierno, pagándoles con dinero o con tierras.

Este sistema recompensaba los méritos individuales y la lealtad, pero evitaba una administración demasiado centralizada: una clara ventaja en un imperio difícil de mantener unido desde un único centro. El propio emperador se encontraba a menudo de viaje con su corte y su harén en tiendas bien provistas.

Otro factor unificador fue la expansión del islam, junto con su arte y su cultura; sin embargo, Akbar creía en la libertad religiosa, y permitió a los ciudadanos no musulmanes del imperio (entre ellos, una gran mayoría hindú) vivir según sus propias leyes, cultos y tradiciones.

Interacción con Persia

Baber, fundador de la dinastía mogola, y Humayun, el padre de Akbar, habían desarrollado vínculos diplomáticos, culturales y políticos con otro Imperio islámico de la región, la Persia safaví, lo que estimuló el interés mogol por las bellas artes persas, como las pinturas miniadas y el «arte del libro». Akbar fundó talleres para producir libros miniados en Fatehpur Sikri y Lahore (hoy, en Pakistán), y se llevaron arquitectos y artesanos persas a India para diseñar y construir palacios, fortalezas, mezquitas y edificios públicos, como la tumba de Humayun, en Delhi. Esta estructura con cúpulas inspiró una gigantesca innovación arquitectónica, y pronto se desarrolló por todo el subcontinente indio un singular estilo de construcción de inspiración persa.

El Imperio mogol siguió prosperando bajo el reinado de Yahangir, hijo de Akbar, pero en el siglo XVII entró en declive, envuelto en conflictos religiosos y problemas económicos. Invasores afganos vencieron a los emperadores, y el imperio cayó bajo los marathas, guerreros hindúes que dominaron la política india durante la segunda mitad del siglo XVIII y que serían derrocados por los británicos tras derrotarlos en 1818. ▪

Esta miniatura representa a los mogoles luchando contra los hindúes en Panipat. A medida que las conquistas sumaron armas, hombres y dinero, el ejército imperial se convirtió en una fuerza suprema.

Akbar

Akbar heredó el trono mogol con solo 13 años de edad, e inicialmente gobernó a través de un regente, Bairam Kan, que le ayudó a unificar por la fuerza los reinos regionales de India bajo un sistema político centralizado, con el emperador como fuente de autoridad suprema.

Bajo el reinado de Akbar, la dinastía se convirtió en una potencia militar y artística. La pintura y la literatura florecieron gracias al mecenazgo imperial: pese a que era analfabeto, Akbar adquirió una biblioteca de unos 24 000 volúmenes. Su capital, Fatehpur Sikri, se convirtió en un centro de debate religioso, y su corte, en un lugar de aprendizaje y cultura. Pese a que nunca renunció al islam, Akbar siempre estuvo abierto a otras religiones, e invitó a filósofos hindúes, cristianos y budistas a debatir con teólogos islámicos en su corte. Incluso concibió una nueva religión que combinaba elementos de todas esas fes, y cuya deidad era él mismo.

TENIAN GRANDES ESPERANZAS Y UN GRAN FERVOR INTERIOR

EL VIAJE DEL *MAYFLOWER* (1620)

EN CONTEXTO

ENFOQUE
**Colonización
de Norteamérica**

ANTES
1585 Colonos ingleses fundan
la colonia de la isla de Roanoke,
en Carolina del Norte, pero,
pasados cinco años, queda
abandonada.

1607 Primer asentamiento
inglés permanente en
Jamestown (Virginia).

1608 Colonos franceses fundan
Quebec, en Canadá.

DESPUÉS
1629 Colonos ingleses fundan
la colonia de la Bahía de
Massachusetts, en la costa
este de Norteamérica.

1681 El cuáquero inglés William
Penn funda Pensilvania para
albergar a otros cuáqueros.

1732 Colonos ingleses
fundan Georgia, última de
las 13 colonias originales
de la costa este.

En 1620, un grupo de protestantes puritanos ingleses, al ver cómo en Inglaterra se obstaculizaba legalmente el ejercicio de su fe, atravesó el Atlántico en busca de libertad religiosa. Este grupo, conocido después como «los padres peregrinos», zarpó en dos barcos, pero uno no era apto para la travesía, así que navegó en uno solo, el *Mayflower*. Las tormentas otoñales azotaron al barco durante los 66 días de navegación, partiendo el mástil principal. Los peregrinos redactaron a bordo el pacto del Mayflower, que reconocía su lealtad a la corona inglesa, pero afirmaba su derecho a crear sus propias leyes dentro del marco legal inglés. Se establecieron en Plymouth y, aunque muchos murieron ese invierno, la comunidad resistió.

En aquella época, Inglaterra competía por fundar colonias en Norteamérica. Jamestown se había fundado trece años antes de que los peregrinos se establecieran en Plymouth, pero no era una comunidad religiosa. La colonia de Virginia, que giraba en torno a Jamestown, había sido fundada por colonos ingleses en 1607 bajo licencia de la corona, y fue el primer asentamiento permanente en América. Ex-

Protestantes puritanos ingleses en busca de libertad religiosa zarpan hacia Norteamérica en el *Mayflower*. Tras llegar, fundan una colonia.

Más **separatistas puritanos** realizan el viaje, y nutren la **población de la colonia**.

Otras colonias inglesas son fundadas por **empresas** y colonos con **patentes de la corona**.

Los colonos desarrollan una **forma de gobierno** basado en la **libertad religiosa**, según el modelo **parlamentario inglés**.

Véase también: Cristóbal Colón llega a América 142–147 ▪ La apertura de la Bolsa de Ámsterdam 180–183 ▪ Firma de la Declaración de Independencia de EE UU 204–207 ▪ La apertura de la isla de Ellis 250–251

El *Mayflower* intentó zarpar de Inglaterra en tres ocasiones: desde Southampton y, luego, desde Dartmouth, en agosto de 1620, y finalmente desde Plymouth, el 6 de septiembre siguiente.

ploradores franceses habían fundado asentamientos para el comercio de pieles en los ríos de Canadá; colonos holandeses y suecos llegaron a Norteamérica a principios del siglo XVII, y, en 1613, los holandeses fundaron una colonia comercial en la costa occidental de la isla de Manhattan.

Gobierno y comercio

Plymouth y Jamestown desarrollaron instituciones políticas representativas, y los colonos escogían a funcionarios para gobernar sus asuntos. Estas instituciones, inspiradas en el modelo parlamentario inglés y basadas en la afirmación de derechos del pacto del Mayflower, establecieron un modelo de autogobierno que acabaría caracterizando la colonización inglesa de Norteamérica. Cada colonia tenía un gobernador, nombrado por el monarca británico, y un cuerpo legislativo escogido por los colonos. Solía haber tensiones entre ambos, porque el poder legislativo debía ejercer dentro del marco preexistente del derecho inglés. Pero el rey y el Gobier-

no, en Londres, trabajando con el gobernador, veían las colonias como un recurso, rico en materias primas, que podían explotar para su beneficio.

Con el objeto de asegurarse de que América fuese un mercado para la industria británica, las leyes de navegación, que exigían que toda transacción tuviese lugar en barcos británicos tripulados por marineros

británicos, restringían el comercio colonial. Los colonos acabarían viendo estas medidas como una deliberada cortapisa a su comercio y sus manufacturas. Surgieron tensiones a ambas orillas del Atlántico conforme los mercaderes británicos y los colonos buscaban proteger sus intereses.

Crecimiento colonial

Las relaciones entre los colonos y los pueblos indígenas de la costa este empezaban a deteriorarse. El aumento de la población colonial agotó la disponibilidad de tierras y recursos, lo que a su vez empujó a la gente a trasladarse al oeste y asentarse en tierras que pertenecían a los nativos.

Colonos y nativos trataban de coexistir en armonía. Pero era una paz salpicada por episodios de violencia. Y esta sería la tónica de las relaciones entre colonos e indígenas norteamericanos durante muchos años. ▪

Persecución religiosa

A principios del siglo XVII, los ingleses tenían que seguir la fe prescrita por la Iglesia de Inglaterra (o anglicana). Pese a que esta se había separado de la Iglesia católica, muchas personas consideraban que su jerárquico clero, sus ritos, himnos y plegarias eran rasgos católicos que había que purgar.

Los puritanos, así llamados por su deseo de pureza religiosa, querían reformar la Iglesia desde dentro y según pautas calvinistas. Otros grupos, conocidos como

«separatistas», fundaron sus propias «congregaciones separadas»; sin embargo, cuando encarcelaron (o ejecutaron) a sus líderes, optaron por huir a los más tolerantes Países Bajos. Allí podían adoptar las mínimas y austeras liturgias que preferían, aunque les era difícil ganarse la vida, ya que les estaba vetado pertenecer a los gremios profesionales del país. Esta es, en parte, la razón por la que los primeros peregrinos, y luego otros, decidieron buscar una nueva vida en América.

LE CORTAREMOS LA CABEZA CON LA CORONA PUESTA

LA EJECUCIÓN DE CARLOS I DE INGLATERRA (1649)

El rey Carlos I de Inglaterra reivindica su **derecho divino a gobernar**.

El rey necesita **aumentar los impuestos** para costear sus guerras.

El Parlamento intenta **limitar la autoridad real**. Se desata una **guerra civil** entre la corona y el Parlamento por el **derecho a gobernar**.

Las **fuerzas parlamentarias**, guiadas por Cromwell, **ganan la guerra**.

El rey es ejecutado, y se instaura una república inglesa.

En la década de 1640, en Inglaterra tuvieron lugar una serie de guerras conocidas como guerras civiles inglesas (o guerra de los Tres Reinos). De un lado, los realistas, sobre todo terratenientes y aristócratas que apoyaban al rey Carlos I y su derecho a gobernar, independientemente del Parlamento. Del otro lado estaban los parlamentaristas, sobre todo pequeños terratenientes y comerciantes, muchos de creencias puritanas, que sentían aversión por la postura autocrática de Carlos I. Hacia 1648, los parlamentaristas habían vencido a Carlos I en el campo de batalla, y Oliver Cromwell, su líder, expulsaba del Parlamento a aquellos dispuestos a negociar con el rey, dejando al resto –el *Rump Parliament*

Véase también: Firma de la Carta Magna 100–101 ▪ Las 95 tesis de Martín Lutero 160–163 ▪ La defenestración de Praga 164–169 ▪ La apertura de la Bolsa de Ámsterdam 180–183

(«Parlamento rabadilla»)– para que votaran a favor de acabar con la monarquía. Carlos I fue juzgado por traición contra Inglaterra y decapitado en 1649. Inglaterra comenzó entonces un periodo de 11 años como República.

Las causas de la guerra

Carlos I y el Parlamento eran enemigos naturales. El Parlamento era protestante, y Carlos I tenía simpatías por el catolicismo y defendía el derecho divino de los reyes. El enfrentamiento llegó a un punto crítico debido a los intentos del rey de recaudar dinero para una guerra en Francia. El Parlamento intentó frenar las competencias del rey para hacer tal cosa introduciendo la Petición de Derechos en 1628, legislación que hacía necesario que los parlamentarios aprobaran cualquier nuevo tributo. Pero Carlos I la evitó mediante la recaudación de impuestos a través de antiguas leyes medievales, vendiendo monopolios comerciales y gobernando sin el Parlamento. En 1640, el rey se vio obligado a convocar al Parlamento por primera vez en 11 años a fin de recaudar dinero para sofocar una re-

vuelta en Escocia. Una vez convocado, el Parlamento intentó aprobar medidas para limitar el poder real, como la de ilegalizar la disolución del Parlamento por el rey, pero el monarca respondió intentando arrestar a cinco parlamentarios. La disputa desembocó en la primera guerra civil, en 1642.

La guerra y sus efectos

Los realistas lograron las primeras victorias, pero, en 1644, los parlamentaristas reorganizaron el ejército y pusieron al mando a Oliver Cromwell. Con su enfoque disciplinado, el *New Model Army* («Nuevo Ejército Modelo») obligó a Carlos I a rendirse en 1646. Sin embargo, el rey reinició la guerra dos años después, y esta segunda guerra civil (que acabó con la derrota realista en la batalla de Preston, en 1648) dio inicio a la cadena de acontecimientos que culminaron con su ejecución, en 1649, y a la formación de una república con Cromwell al mando, la Commonwealth de Inglaterra (Mancomunidad de Inglaterra).

Cromwell también tuvo dificultades con el Parlamento, pero, aun así, intentó introducir reformas. Gobernó

con estricta autoridad puritana, imponiéndola a escoceses e irlandeses. Tras su muerte, el país dio la bienvenida al hijo exiliado de Carlos I para que gobernase. Carlos II se avino a las limitaciones sobre el poder real y mantuvo la fe protestante, pero su heredero (su hermano Jacobo II, católico) chocó con los obispos anglicanos y ofendió a los protestantes cuando ofreció prominentes posiciones a los católicos.

El temor a tener otro rey católico aumentó de intensidad hasta que, en 1688, en la llamada Revolución Gloriosa, se derrocó a Jacobo. El rey fue exiliado y sustituido por su hermana protestante María, quien reinó junto a su esposo, el holandés Guillermo de Orange. En 1689, Guillermo III y María II aceptaron una Carta de Derechos que otorgaba libertades civiles básicas (como el juicio por jurado) a sus súbditos y hacía que la monarquía quedara sujeta a las leyes del país. Gran Bretaña ha seguido siendo desde entonces una monarquía constitucional, y ningún rey ni reina ha podido desafiar al Parlamento como hiciera Carlos I. ▪

Carlos I de Inglaterra

Hijo del rey Jacobo I de Inglaterra (Jacobo VI de Escocia), un Estuardo, y de Ana de Dinamarca, Carlos I nació en 1600 y fue coronado rey en 1625. Ya desde el principio irritó tanto a los súbditos como al Parlamento con sus exigencias de impuestos (la mayoría dirigida a la financiación de guerras en Francia) y su reivindicación de su derecho divino a la corona. También colisionó con la Iglesia debido a sus simpatías por el catolicismo (estaba casado con una princesa francesa, Enriqueta María, que era católica). Además, era impopular en Escocia, donde

intentó sustituir el sistema eclesiástico presbiteriano (sin obispos) por el más jerárquico sistema episcopal (con obispos, como en el modelo anglicano), lo que llevó a conflictos políticos y militares en 1639 y 1640 (las «guerras de los obispos»). Durante la guerra civil inglesa tomó parte activa liderando los ejércitos realistas hasta que fue capturado. Al principio fue puesto bajo arresto domiciliario, pero, en 1649, antes de su ejecución, fue enviado a prisión. Siguió reclamando su derecho divino al trono durante su juicio.

LA EXISTENCIA MISMA DE LAS PLANTACIONES DEPENDE DEL SUMINISTRO DE SIERVOS NEGROS

LA CREACIÓN DE LA REAL COMPAÑÍA INGLESA DE ÁFRICA (1660)

EN CONTEXTO

ENFOQUE
Esclavos y colonias

ANTES
1532 Los portugueses fundan su primera colonia en Brasil.

1562 Comienza el tráfico británico de esclavos con el viaje de John Hawkins.

1625 Los británicos reclaman Barbados en nombre de Jacobo I.

1655 Los británicos toman Jamaica a los colonos españoles.

DESPUÉS
1672 Resurge la compañía esclavista británica, la Real Compañía Africana.

1698 Se abre legalmente el tráfico de esclavos a todos los mercaderes ingleses, siempre que paguen a la compañía un 10 % de todos los bienes exportados desde África.

En 1660 se fundó en Inglaterra la Real Compañía de Aventureros de Comercio con África. Su patente, respaldada y otorgada por el rey, daba a sus barcos el derecho en exclusiva de comerciar en la costa occidental africana, y permitía a sus miembros erigir fortines, a cambio de dar a la corona inglesa la mitad de las ganancias. Doce años después, la compañía se reorganizó bajo el nombre Real Compañía Africana y obtuvo poderes más amplios: construir fortines y «factorías» (donde se retenía a los esclavos antes de embarcarlos para cruzar el Atlántico) y emplear sus propios soldados. La importancia de dicha compañía reside en su papel a la hora de facilitar y desarrollar el tráfico de esclavos.

Véase también: Cristóbal Colón llega a América 142–147 ▪ El tratado de Tordesillas 148–151 ▪ El intercambio colombino 158–159 ▪ Leyes de abolición del comercio de esclavos 226–227

El tráfico atlántico de esclavos se prohibió en 1807, pero siguió durante décadas. Este grabado muestra esclavos en el navío estadounidense *Wildfire*, hacia Cuba, alrededor de 1860.

Transportó a muchos miles de africanos hacia una vida de esclavitud, y cooperó con los líderes de África occidental para construir un mercado que duró incluso hasta después de que la compañía se deshiciera, en 1752, y que causaría que millones de africanos fueran desplazados hacia una vida de sufrimiento en América.

Fundación de la compañía

Tras su fundación, la compañía se vio envuelta en la segunda guerra anglo-holandesa, un conflicto de origen comercial entre las Provincias Unidas de los Países Bajos e Inglaterra durante el cual los holandeses tomaron muchos fortines ingleses, excluyéndolos del tráfico de esclavos durante la guerra. Su implicación en el conflicto llevó a la Real Compañía de Aventureros a la bancarrota, pero, en 1672, con una nueva patente del rey, la compañía resurgió, rebautizada, reestructurada y con el derecho a vender esclavos en América. Prosperó y transportó a unos 100 000 esclavos hasta 1698, cuando, tras haberse restringido el poder real gracias a la Carta de Derechos, la compañía perdió su monopolio sobre el mercado. Tras 1698, otros mercaderes se sumaron al tráfico de esclavos, pero debían pagar a la compañía un impuesto del 10 % de todas sus exportaciones desde África. La presencia de otros comerciantes de esclavos fortaleció el mercado hasta el punto de convertirlo en parte del tejido mercantil británico, y continuó en el siglo XVIII.

Pero el tráfico de esclavos era más antiguo que la Real Compañía Africana, pues, a finales del siglo XIV, **»**

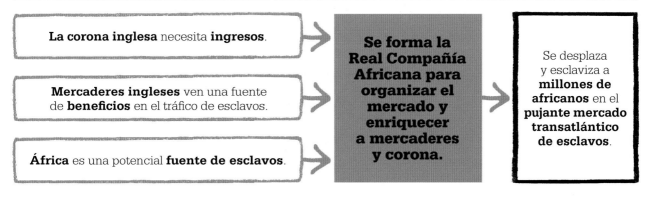

La corona inglesa necesita ingresos.		
Mercaderes ingleses ven una fuente de beneficios en el tráfico de esclavos.	**Se forma la Real Compañía Africana para organizar el mercado y enriquecer a mercaderes y corona.**	Se desplaza y esclaviza a **millones de africanos** en el **pujante mercado transatlántico de esclavos**.
África es una potencial fuente de esclavos.		

> Los llevé hacia las barcas como si hubieran sido ganado.
> **Diogo Gomes**
> **Explorador portugués (1458)**

algunos comerciantes portugueses fueron los primeros europeos en embarcar esclavos de África occidental. Hacia el siglo XVI los portugueses estaban llevando esclavos en grandes cantidades a Brasil para que trabajasen en las plantaciones de caña de azúcar. Brasil fue el principal destino de la exportación de esclavos africanos hasta la ilegalización del tráfico. Las primeras expediciones esclavistas inglesas se dieron en la década de 1560, y en ellas los mercaderes compraban esclavos capturados a gobernantes africanos. Durante el siglo XVII, con el auge del colonialismo inglés, el mercado de esclavos africanos creció, y la Real Compañía Africana lo aprovechó al máximo.

Tráfico triangular

El tráfico transatlántico de esclavos pronto se integró en una red comercial triangular: los barcos llevaban esclavos de África a América, recargaban sus bodegas con mercancías para Europa y, por último, tomaban bienes manufacturados en Europa para vender en África. Los barcos transportaban mercancías como azúcar, melaza y café del Caribe a Inglaterra; arroz, añil, algodón y tabaco de las colonias del sur de Norteamérica; y pieles, madera y ron del nordes-

te. En el tramo de Inglaterra a África transportaban mercancías como telas, armas, hierro y cerveza. Bienes como marfil y oro se transportaban directamente de África a Europa.

La red comercial conllevó grandes beneficios a los dueños de las plantaciones en América, a los fabricantes ingleses y a los mercaderes que trataban con esclavos y otras mercancías. Los operadores de puertos, los líderes de África occidental que vendían esclavos, los banqueros que concedían préstamos para las expediciones e incluso los trabajadores de las fábricas inglesas, cuyo trabajo dependía de las materias primas importadas del extranjero, se beneficiaron también.

El tráfico de esclavos facilitó el auge del capitalismo occidental en el siglo XVIII. Incluso las fábricas situadas a cierta distancia de los puertos comerciales ingleses se vieron implicadas. Un ejemplo fue el negocio de las armas en las Midlands inglesas, en poblaciones como Birmingham, convenientemente cercanas al suministro de hierro. Unas 150 000 armas, la mayoría procedentes de estas fábricas, se exportaban cada año a África; casi todas se intercambiaban por esclavos con mercaderes africanos. También se comerciaba con

> Los chillidos de las mujeres y los gemidos de los moribundos bañaban la escena con un terror casi inconcebible.
> **Olaudah Equiano**
> **Escritor y esclavo liberto africano (1789)**

El tabaco de Virginia gozaba de una gran demanda en Europa. Los plantadores enviaban el producto a sus países natales, y con los beneficios compraban mano de obra africana y bienes europeos.

cubertería fabricada en Birmingham y Sheffield. Había tanta gente con intereses en el triángulo comercial que a los políticos europeos les resultaba difícil criticar el sistema, y mucho menos abolirlo.

La cantidad de esclavos vendidos fue vasta. Se ha calculado que, para cuando este tráfico se ilegalizó en Gran Bretaña, en 1807, los mercaderes británicos habían forzado a tres millones de africanos a una vida de esclavitud en América. Una cantidad desconocida de personas jamás llegó a América, pues murió a bordo de los barcos. Es muy probable que los barcos portugueses con destino a Brasil transportaran incluso más; barcos de otras naciones transportaron cantidades más pequeñas. Algunos historiadores calculan el número total en unos diez millones; otros creen que la cifra es incluso más alta.

Las colonias europeas

Los colonos españoles, holandeses y franceses fueron los pioneros del

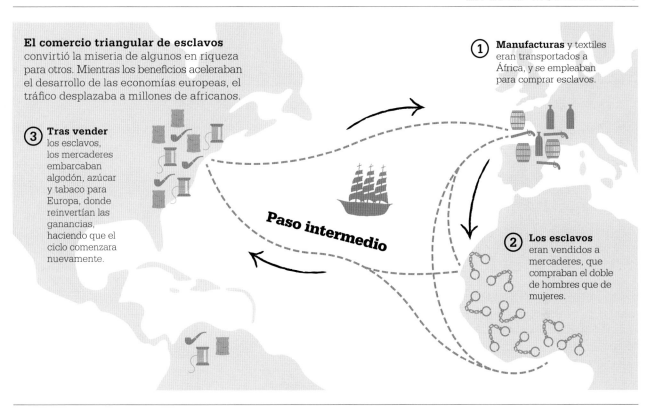

El comercio triangular de esclavos convirtió la miseria de algunos en riqueza para otros. Mientras los beneficios aceleraban el desarrollo de las economías europeas, el tráfico desplazaba a millones de africanos.

1 **Manufacturas** y textiles eran transportados a África, y se empleaban para comprar esclavos.

3 **Tras vender** los esclavos, los mercaderes embarcaban algodón, azúcar y tabaco para Europa, donde reinvertían las ganancias, haciendo que el ciclo comenzara nuevamente.

Paso intermedio

2 **Los esclavos** eran vendidos a mercaderes, que compraban el doble de hombres que de mujeres.

sistema de plantaciones en el Caribe, donde desarrollaron cultivos intensivos, como el de azúcar y café, en enormes granjas. Sus principales colonias en el Caribe comprendían Cuba (colonia española), Haití (francesa) y las Antillas Holandesas (Países Bajos). El empleo de esclavos en estas plantaciones generó grandes beneficios para sus propietarios. La presencia inglesa en la zona aumentó en el siglo XVII, cuando la colonia más exitosa de Inglaterra era Barbados, donde había 46 000 esclavos en la década de 1680. En el siglo XVIII hubo también un auge del azúcar en Jamaica.

La mayor parte de las poblaciones nativas fueron aniquiladas durante las conquistas europeas, y los trabajadores europeos no se amoldaban bien a las condiciones locales, de manera que los propietarios de las plantaciones se apoyaban cada vez más en la despiadada explotación de esclavos. La esclavitud prevalecía también en las colonias de Norteamérica, sobre todo en las zonas del sur, donde se explotaban grandes plantaciones, como las de tabaco o algodón. El trato a los esclavos era a menudo inhumano: se les obligaba a trabajar, se les sometía a crueldades, como golpes y latigazos, y se los marcaba a fuego.

Más allá del triángulo

Los colonizadores europeos practicaron la esclavitud más allá del comercio triangular de esclavos. Los holandeses fueron pioneros en el tráfico de esclavos del sudeste asiático, y comerciaron también por el Índico, con áreas como Madagascar y Mauricio. La mayor parte de este tráfico se realizaba bajo los auspicios de la Compañía Holandesa de las Indias Orientales, que tenía su cuartel en la isla de Yakarta (llamada Batavia por los holandeses), así como una base en Sri Lanka. Desde estos lugares enviaron esclavos a través del Índico, de Indonesia oriental a África meridional. Una vez que los portugueses e ingleses asentaron sus propias bases, hubo más tráfico de esclavos a lo largo de la costa del Índico. Los europeos no fueron los únicos implicados en el tráfico de esclavos. Mercaderes musulmanes también transportaron esclavos desde África oriental para su venta en el mundo musulmán.

Sin embargo, el comercio triangular fue clave en la creación de una economía mundial dominada por los europeos y sus colonos en beneficio propio. Permitió un crecimiento espectacular de la riqueza de los países que dominaban el tráfico. Así, en Gran Bretaña, el valor del comercio exterior pasó de 10 millones de libras, a principios del siglo XVIII, a 40 millones a finales del siglo. Pero el coste humano del tráfico de esclavos, que influiría en patrones de pensamiento y de conducta en los siglos venideros, sigue siendo incalculable hoy día. ∎

NO HAY ESQUINA EN LA QUE NO SE HABLE DE ACCIONES

LA APERTURA DE LA BOLSA DE ÁMSTERDAM (1602)

EN CONTEXTO

ENFOQUE
La edad de oro holandesa

ANTES
1585 Se fundan las Provincias Unidas de los Países Bajos; los protestantes del sur se trasladan al norte.

1595 Cornelis de Houtman lidera una expedición a Asia: nace el mercado holandés de especias.

DESPUÉS
1609 Se funda el Banco de Ámsterdam.

1610–1630 Las Provincias Unidas incrementan su superficie en un tercio y la producción agrícola aumenta.

1637 Un solo bulbo de tulipán se vende por el equivalente a diez veces los ingresos anuales de un artesano experto.

1650 Los Países Bajos, la región más urbanizada de Europa.

L a Bolsa de Ámsterdam (el primer mercado permanente del mundo para acciones y participaciones) abrió en 1602 bajo los auspicios de la Compañía Holandesa de las Indias Orientales (conocida en los Países Bajos como VOC). Era una empresa enorme (la primera gran corporación internacional), y se creó para facilitar las expediciones comerciales a Asia. De un modo poco usual, el Gobierno neerlandés había otorgado a la compañía la facultad no solo de comerciar; también de construir fortificaciones, fundar colonias, reunir ejércitos y firmar tratados con gobernantes extranjeros. Dado que la organización poseía una red de barcos, puertos y personal, exigía una

Véase también: Cristóbal Colón llega a América 142–147 ■ El tratado de Tordesillas 148–151 ■ La defenestración de Praga 164–169 ■ La locomotora *Rocket* de Stephenson entra en servicio 220–225 ■ La construcción del canal de Suez 230–235

La Compañía Holandesa de las Indias Orientales tenía sus propios astilleros. Los mayores estaban en Ámsterdam. La compañía, muy poderosa en el siglo XVII, se disolvió en 1800.

gran financiación y muchos inversores. La Bolsa de Ámsterdam se creó para permitir a los inversores vender sus participaciones en la Compañía Holandesa de las Indias Orientales, pero acabó convirtiéndose en un electrizante mercado de productos financieros y uno de los principales impulsores de la creciente economía capitalista de las Provincias Unidas.

Una economía en expansión

En el siglo XVII, los Países Bajos crecían pese a su larga guerra contra España. La parte septentrional de la región (las Provincias Unidas, que eran protestantes) se había separado de la parte meridional (Flandes, católico) a finales del siglo XVI. Las Provincias Unidas consistían en siete provincias del norte, con un alto grado de independencia, pero bajo el paraguas de un gobierno federal, los Estados Generales. Los mercaderes protestantes que vivían en ciudades católicas, como Amberes, se mudaron al norte para huir de las persecuciones, llevándose su capital y sus vínculos comerciales. Muchos artesanos flamencos expertos en la producción textil (como tejedores de

lana, seda y lino) emigraron a ciudades del norte como Harlem, Leiden y Ámsterdam, impulsando más aún la economía de las Provincias Unidas.

Conforme avanzaba el siglo XVII, las Provincias Unidas empezaron a prosperar. Varios factores se combinaron para que esta región tuviera éxito. La más importante fue que las Provincias Unidas tenían una fuerte tradición marinera, lo que les daba ventaja sobre muchos otros países. Además, sus ciudadanos tenían una

fuerte ética laboral (en gran parte por la creencia protestante de que el trabajo era un deber y una ruta hacia la salvación), por lo que la productividad era alta. Había también una población en crecimiento (sobre todo entre las clases medias urbanas), y una ciudad en expansión, Ámsterdam, que demostró ser un centro ideal para el comercio. Todos estos factores conllevaron que la economía holandesa se enfocase hacia el comercio marítimo y las finanzas.

Exploración y comercio

El comercio a larga distancia resultaba una consecuencia natural de la historia marítima del país. Además, los avances en ingeniería naval permitieron que la flota mercante holandesa creciera rápidamente; hacia 1670, los holandeses tenían más barcos mercantes que el resto de Europa junta. La creciente clase mercantil »

Revolución agrícola

La expansión demográfica de las Provincias Unidas en el siglo XVII impulsó una agricultura mucho más productiva. En gran parte, esto se logró ganándole terreno al mar y a las marismas, proceso que ya estaba en marcha desde la Edad Media. Los holandeses cambiaron también el modo en que usaban la tierra. En vez de cultivar cereales un año y dejar la tierra en barbecho al siguiente, los granjeros empezaron a plantar cosechas fijadoras de nitrógeno (como guisantes, tréboles y

nabos, que usaban como forraje para los animales) para mejorar el suelo de cara a la siguiente cosecha. Mayores cosechas de forraje hacían que los granjeros pudieran tener mayores rebaños y aumentar la producción de carne y leche, así como la de estiércol, usado como fertilizante. Esta mayor productividad ayudó a alimentar a una población creciente, aunque aún había que importar trigo. También dejó libre a un mayor segmento de la población para trabajar en el comercio y las finanzas en lugar de en la agricultura.

vio grandes beneficios potenciales en el comercio de especias con Asia, y, como en el caso de otras naciones con cultura marítima, como España y Portugal, los navegantes buscaron nuevas rutas hacia el este. Los holandeses navegaron por todo el globo terráqueo y fundaron colonias, incluida una en Norteamérica, Nueva Ámsterdam, que fundaron en 1624 y que fue rebautizada como Nueva York cuando los británicos la conquistaron. En 1596, Willem Barents, explorador holandés, intentó hallar un paso hacia Asia por el norte y descubrió Spitsbergen (en el archipiélago de Svalbard), que luego se convertiría en destino de balleneros holandeses.

Lo que resultó más importante para su prosperidad fue que, a partir de 1595, los holandeses empezaron a efectuar regularmente viajes al sudeste asiático para comerciar con especias, sobre todo con pimienta, nuez moscada, clavo y canela. Fundaron colonias en la región y en la ciudad

Batavia era el cuartel de la Compañía Holandesa de las Indias Orientales en Asia. Los holandeses fundaron la ciudad portuaria en 1619 tras arrasar totalmente la ciudad preexistente, Jayakarta.

de Batavia, posteriormente rebautizada Yakarta. Con esta base permanente los holandeses consiguieron comerciar a largo plazo, lo que dio un gigantesco impulso a su economía.

Necesidad de inversiones

Aunque la riqueza generada por la exploración y el comercio regresaba a la economía holandesa, se necesitaban inversiones para cubrir los costes de las expediciones transoceánicas. Un viaje comercial a Asia, en el siglo XVII, era una empresa arriesgada: las ganancias podían ser altas, pero las tormentas en alta mar, los piratas o las guerras podían comportar la pérdida del barco y de los beneficios. Por tanto, para muchos tenía sentido invertir en todos los viajes y distribuir los riesgos, en lugar de que una sola entidad asumiera todos los costes y responsabilidades. Se fundaron compañías mercantiles privadas, cada una de las cuales invertía una pequeña cantidad en una empresa mayor, y, si todo iba bien, obtenían una parte proporcional de los beneficios.

Nacimiento de la Bolsa

En 1602, estas compañías mercantiles se fusionaron para formar la Com-

> Si se llevara a un extranjero por las calles de Ámsterdam y se le preguntara dónde está, respondería «entre especuladores».
> **Joseph (Penso) de la Vega**
> *Confusión de confusiones* (1688)

pañía Holandesa de las Indias Orientales, y las acciones de la empresa se colocaron en la nueva Bolsa de Ámsterdam. Al principio se estableció que los dueños podían comprar y vender estas acciones, y muy pronto otras compañías comenzaron a cotizar sus acciones en la bolsa a fin de recaudar fondos. La facilidad para comprar y vender acciones hizo que la Bolsa de Ámsterdam tuviera mucho trabajo, impulsando así el crecimiento del capitalismo en esta parte de Europa; el incremento de inversiones dio como resultado más industria, que a su vez generó más inversiones y mayores riquezas.

Una historia del mercado

La Bolsa de Ámsterdam no surgió de un vacío previo. Comprar y vender títulos (activos financieros comprables y vendibles, como las acciones) tenía una larga historia en Europa. Desde el siglo XIV, o incluso antes, los mercaderes de ciudades comerciales como Venecia y Génova habían comerciado con títulos. Pero las condiciones imperantes en los Países Bajos del siglo XVII hicieron de este un mercado especialmente boyante. Desde el siglo XVI había habido un fuerte

mercado financiero en Ámsterdam, donde se comerciaba con mercancías y especulaba con todo, desde el aceite de ballena hasta los tulipanes. Por tanto, la idea de comprar y vender acciones resultaba atractiva en esta sociedad de emprendedores, sobre todo cuando había buenas perspectivas de sustanciosos beneficios procedentes del comercio con Asia. Además, la singular forma en que funcionaba el mercado, que solo abría durante unas horas limitadas, animó la compra y la venta rápidas, lo que dio como resultado un mercado fluido.

Impulso a la economía

A la apertura de la Bolsa de Ámsterdam le siguió, en 1609, la fundación del Banco de Ámsterdam, el antecedente de los modernos bancos nacionales. El banco era un lugar seguro en el que guardar el dinero y los lingotes, y aseguraba que la moneda local mantuviera su valor, y hacía que las Provincias Unidas fueran financieramente más estables, apuntalando la vigorosa (y a menudo arriesgada) actividad comercial que se daba en el floreciente mercado.

En 1623, este sufrió un impulso cuando la Compañía Holandesa de las Indias Orientales negoció unos nuevos estatutos, por los que pagaría a sus inversores un dividendo regular y permitiría a quienes quisieran abandonar la compañía vender sus acciones en la bolsa. Esto aumentó más el comercio en la bolsa, que estaba siendo pionera en otras lucrativas actividades, como el mercado de futuros.

El negocio de los seguros también prosperaba en Ámsterdam, en especial los seguros marítimos, que se habían creado en el siglo XVI para proteger a las navieras y a los inversores de los riesgos de los viajes transoceánicos. Y, cuando la bolsa empezó a operar, se creó una zona especial para la compra y venta de seguros.

Exploradores holandeses descubren **nuevas rutas marítimas** y la **flota mercante se expande**.

Los **viajes** a países productores de especias producen **altos beneficios**, pero entrañan un **riesgo elevado**.

Se funda la **Compañía Holandesa de las Indias Orientales** para compartir los **riesgos financieros** entre **muchos inversores**.

Se funda la Bolsa de Ámsterdam para negociar con acciones de la Compañía Holandesa de las Indias Orientales.

La rápida **compra y venta** crea un mercado fluido que anima a los especuladores a **asumir mayores riesgos**.

Una cultura floreciente

La actividad financiera que se dio en Ámsterdam en el siglo XVII animó a la pujante clase media a comprar bienes de consumo, como mobiliario y pinturas al óleo, impulsando más la economía de esta región. Surgió un potente mercado artístico, que permitió el florecimiento de grandes pintores como Vermeer, Rembrandt y sus numerosos seguidores. Muchos artistas se especializaban en satisfacer la creciente demanda de retratos, paisajes, marinas y naturalezas muertas, aunque los grandes artistas, como Rembrandt, sobresalían en todos los géneros y todas las formas artísticas, como la pintura, el dibujo y el grabado.

La creciente riqueza favoreció también la expansión de las ciudades: surgieron nuevos ayuntamientos, almacenes y palacetes de mercaderes. Hoy aún se conservan muchas viviendas de ladrillo, típicas de las clases medias, en ciudades como Ámsterdam y Delft, muchas de ellas a la orilla de canales construidos durante ese periodo: una época de despegue económico que combinó la elegancia y el buen gusto artístico con el éxito comercial. ∎

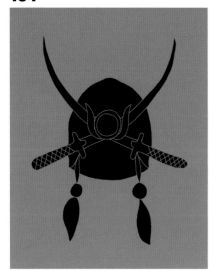

TRAS LA VICTORIA, AJUSTATE LOS CORDONES DEL CASCO

LA BATALLA DE SEKIGAHARA (1600)

EN CONTEXTO

ENFOQUE
Periodo Edo

ANTES
1467 Comienza el periodo de los Reinos Combatientes: el poder imperial mengua en favor de facciones en conflicto lideradas por daimios y sogunes.

1585 El emperador nombra regente a Toyotomi Hideyoshi.

DESPUÉS
1603 Tokugawa Ieyasu es nombrado sogún.

1610–1614 Se expulsa de Japón a los misioneros y se prohíbe toda actividad cristiana.

1616 Muere Tokugawa Ieyasu.

1854 Tras años de estar cerrado a Occidente, Japón abre sus puertos a los buques mercantes y al comercio estadounidenses.

1868 El sogunado de los Tokugawa llega a su fin con la restauración del poder imperial del emperador Meiji.

El **descontento se extiende** por Japón.

Los señores de la guerra establecen una **sociedad feudal**.

Ieyasu se convierte en un formidable **líder militar**.

Ieyasu se hace con la victoria al derrotar a Ishida Mitsunari en la batalla de Sekigahara.

Ieyasu se convierte en **sogún**, y el poder político se **unifica** bajo el **sogunado Tokugawa**.

El 21 de octubre de 1600 hubo una trascendental batalla en Sekigahara, en el centro de Japón, entre dos facciones combatientes (los ejércitos del Este y del Oeste) que luchaban por el control del país. El ejército del Este, bajo el liderazgo del señor feudal Tokugawa Ieyasu, obtuvo una victoria decisiva. Tres años más tarde, el emperador de Japón le otorgó el título de sogún, que le concedía el poder para gobernar el país en nombre del emperador. Ieyasu, que aportó estabilidad a Japón, transfirió la capital de la nación a Edo (la actual Tokio), creando un nuevo centro para la cultura japonesa y una base para el poder centralizado.

Luchas entre facciones
Los emperadores de Japón habían sido desde 1192 poco más que figuras emblemáticas, pues delegaban el poder en los sogunes, militares de alto rango que gobernaban con poder absoluto, y cuyo título era hereditario.

Véase también: Minamoto Yoritomo se autoproclama sogún 98–99 ▪ La apertura de la Bolsa de Ámsterdam 180–183 ▪ La Restauración Meiji 252–253 ▪ La segunda guerra del Opio 254–255

Tokugawa Ieyasu

El líder samurái Tokugawa Ieyasu (1542–1616) era hijo de un señor de la guerra menor procedente de Mikawa, en el Japón central. Recibió formación militar antes de convertirse en aliado de guerreros más poderosos, como Oda Nobunaga (1534–1582), uno de los líderes más brutales del turbulento periodo de los Reinos Combatientes, y de su sucesor, Toyotomi Hideyoshi (1536–1598). Con Nobunaga y Hideyoshi, Ieyasu acumuló propiedades en tierras y aprendió los cruciales valores de lealtad y poder militar que permitieron a Hideyoshi llevar un breve periodo de unidad a Japón. Cuando Hideyoshi falleció, Ieyasu dio un paso al frente. Como sogún logró imponer estabilidad en su país, pero abdicó formalmente tras solo dos años, a favor de su hijo, Hidetada, para asegurar una transición pacífica y establecer un patrón de sogunado hereditario, lo que permitió que el sogunado Tokugawa tuviese una larga duración. Aunque Hidetada se había convertido formalmente en sogún, Ieyasu siguió siendo el gobernante *de facto* de Japón hasta su muerte.

Pero hacia 1460, los señores feudales locales (daimios) eran tan poderosos que pocos sogunes podían controlarlos, mientras guerreaban entre sí, con sus guerreros samuráis, para hacerse con el derecho de nombrar al sucesor del sogún. La victoria de Ieyasu en la batalla puso fin al periodo de los Reinos Combatientes. Su firme gobierno, seguido por los de los sogunes Tokugawa que le sucedieron, propició una era de 250 años de estabilidad.

Los sogunes Tokugawa

Los sogunes Tokugawa imitaron a gobernantes previos, en especial a Toyotomi Hideyoshi. Pese a no proceder de una familia suficientemente aristocrática para convertirse en sogún, Hideyoshi (que gobernó con el título, inferior, de regente imperial) había logrado la unidad en Japón, en la década de 1580, gracias a su imposición de un estilo de gobierno militar y feudal en el cual él mismo ostentaba un gran poder a través de los daimios y de sus samuráis. Los sogunes Tokugawa decidieron gobernar del mismo modo, con los daimios manteniendo el orden en sus respectivas zonas. Para mayor precaución, Ieyasu hizo que los daimios pasaran años alternos en Edo a fin de asegurarse de que no pudiesen crear bases de poder en sus zonas; también eliminó de un modo implacable a sus rivales.

Los sogunes impulsaron una ética de la lealtad y crearon una élite de burócratas. Mejoraron la red viaria, impulsaron la educación y estandarizaron la moneda. El sogunado intentó reducir la influencia de otros países sobre Japón, expulsando a los extranjeros y limitando el contacto con el mundo exterior. Respecto al comercio, estrictamente controlado, se hicieron excepciones con los chinos, los coreanos y los holandeses (la Compañía Holandesa de las Indias Orientales), pero se desconfiaba del resto de Europa, pues los sogunes creían que tenían planes para convertir a los japoneses al cristianismo y obtener más poder político. Además, se prohibió a los japoneses viajar y construir barcos capaces de navegar en mar abierto. Esta política de aislacionismo desconectó Japón de cualquier tipo de influencia occidental hasta mediados del siglo XIX.

El «mundo flotante»

En el sogunato Tokugawa, la capital, Edo, se convirtió en el centro de una próspera cultura urbana. Florecieron varias formas literarias japonesas, como el *haiku* (un poema breve de tres líneas y 17 sílabas), así como las peculiares artes teatrales del *kabuki* (que combina dramaturgia y danza) y del *bunraku* (marionetas). Fue también una época de grandes logros en las artes visuales, especialmente en la pintura paisajística y la xilografía.

Las élites de la capital se volvieron cada vez más hedonistas, y a menudo se describió su estilo de vida como *ukiyo*, o «mundo flotante». Al principio, los budistas habían empleado el término *ukiyo* en el sentido de «mundo triste», lo cual reflejaba su opinión de que la vida en la tierra es transitoria y expresaba el deseo de llegar a un lugar más permanente, libre de sufrimiento y deseos terrenales. Sin embargo, durante el periodo Edo, el homónimo *ukiyo* («mundo flotante») se empleó para describir el aspecto alegre del efímero mundo material, reflejando así el ambiente de búsqueda de placeres de la época. ▪

USAD A LOS BARBAROS PARA CONTROLAR A LOS BARBAROS

LA REBELIÓN DE LOS TRES FEUDATARIOS (1673–1681)

EN CONTEXTO

ENFOQUE
Los Tres Emperadores de China

ANTES
1636 Los manchúes fundan la dinastía Qing en Manchuria.

1644 La dinastía Qing conquista el norte de China.

DESPUÉS
1683 Los Qing acaban con toda resistencia de los Ming, y dominan toda China.

1689 La paz del emperador Kangxi con Rusia (tratado de Nerchinsk) detiene la expansión rusa hacia el este.

1750 Se construye el Palacio de Verano, obra maestra del paisajismo chino.

1751 El Tíbet se convierte en un protectorado chino.

1755–1760 Qianlong rechaza las amenazas turca y mongola del nordeste de China.

1792 Invasión del Nepal por los Qing.

Qianlong empleó al jesuita italiano Giuseppe Castiglione como pintor de la corte, y sus retratos imperiales fundían elementos de los pergaminos chinos con el realismo y la perspectiva occidentales.

En 1644, los manchúes, pueblo seminómada que se había hecho con un vasto territorio al nordeste de la Gran Muralla china, tomaron Pekín al régimen de los Ming, y fundaron su propia dinastía, la de los Qing, como gobernantes del norte de China. Diecisiete años más tarde, tras fieros combates a una escala épica, los Qing habían superado la decidida resistencia de los leales a los Ming, extendiendo su dominio por toda la China continental. Sin embargo, su dinastía no estaba aún asegurada: en 1673, Kangxi, el segundo emperador Qing, tuvo que enfrentarse a una gran revuelta: la rebelión de los Tres Feudatarios.

Los Tres Feudatarios eran vastas zonas del sur de China que se les había concedido, en calidad de baronías semiindependientes, a tres generales renegados de los Ming que habían ayudado a los Qing en su conquista de China. Cuando Kangxi declaró que no serían hereditarias, los generales se rebelaron. La lucha supuso muchas pérdidas humanas y económicas, y durante un tiempo pareció que uno de los generales, Wu Sangui, derrocaría a los Qing. Sin embargo, al final fue derrotado por los partidarios de Kangxi, y, en 1683, los Qing eliminaron la última fortaleza que apoyaba a los Ming, en Taiwán, que procedieron a ocupar.

Con los Qing como amos absolutos de China, Kangxi se embarcó en campañas militares con las que logró anexionar partes de Siberia y Mongolia al imperio, y extendió su dominio hasta el Tíbet. Bajo su excepcional liderazgo, y el de sus dos sucesores inmediatos, China disfrutó de una edad de oro de paz, prosperi-

Véase también: Marco Polo llega a Xanadú 104–105 ▪ Hongwu funda la dinastía Ming 120–127 ▪ La segunda guerra del Opio 254–255 ▪ La Larga Marcha 304–305

Fracasa la rebelión de los Tres Feudatarios, lo cual marca el fin de la resistencia al poder manchú.

→

Los primeros tres emperadores Qing **legitiman su dominio** como extranjeros adoptando las costumbres chinas.

→

Con la estabilidad posterior, China **triplica su tamaño**, y su economía **crece a gran velocidad**.

↓

En el siglo XVIII, China se convierte en la **potencia manufacturera más grande** del mundo.

↓

A finales del siglo XIX, los Qing están en el poder solo nominalmente, conforme la **presión de la expansión imperialista europea** y las **crecientes disensiones internas** debilitan fatalmente el régimen.

La sociedad Qing

La era de los Tres Emperadores fue conservadora en numerosos aspectos: se exigió a los chinos que adoptaran el peinado manchú, en el que se afeitaba la parte frontal y los laterales de la cabeza y se recogía el resto del pelo en una trenza; la sociedad estaba rígidamente jerarquizada y existían convenciones estrictas con respecto a la conducta de las mujeres, leyes contra la homosexualidad y otras censuras. Aun así, la economía del país creció de manera notable en la primera parte del periodo Qing, gracias a una fuerte demanda occidental de productos de lujo tales como la seda, la porcelana y el té.

A principios del siglo XIX, sin embargo, el represivo trato del régimen a los chinos han, junto a la hambruna y a una extendida adicción al opio (que comerciantes europeos habían llevado a China) habían llevado al país al declive. Esos factores sembraron las semillas de rebeliones, disputas comerciales y guerras con socios comerciales europeos a mediados del siglo XIX. ▪

dad económica y estabilidad política que duró hasta finales del siglo XVIII.

Una superpotencia mundial

Durante los 61 años de su reinado, Kangxi obtuvo la cooperación y la lealtad de sus súbditos de la etnia han –que antaño habían considerado a los manchúes como bárbaros– gracias a que conservó y honró el legado cultural chino. También dio continuidad a la forma de gobierno precedente, y permitió que los funcionarios Ming mantuviesen sus puestos provinciales codo con codo con funcionarios designados por los Qing, aunque estos últimos supervisaran la mayor parte del trabajo.

La China de los Qing se convirtió en una nación muy poderosa durante los reinados de los dos siguientes emperadores: Yongzheng (r. 1722–1735), que también mantuvo un férreo control sobre el gobierno y la burocracia e incrementó los ingresos del Estado reformando el sistema impositivo, y Qianlong (r. 1735–1796), bajo cuyo

mandato el imperio alcanzó su máxima extensión y experimentó un auge demográfico. Qianlong era un gran mecenas de las artes, que escribió poesía y patrocinó proyectos literarios que mejoraron la reputación de su pueblo, aunque al mismo tiempo prohibiera o destruyera libros que fueran juzgados contrarios a los Qing.

Los jesuitas en China

En 1540, el español Ignacio de Loyola fundó la Compañía de Jesús (los jesuitas) para expandir la fe cristiana. La Iglesia católica envió misioneros a China durante los periodos Ming y principios del Qing, y al principio fueron bienvenidos. Kangxi tenía curiosidad por los conocimientos científicos de los jesuitas (especialmente en matemáticas y astronomía), y por su tecnología (sobre todo la fabricación de armas y bombas). Introdujo a jesuitas

en el departamento imperial de astronomía, y sería un jesuita quien realizaría el primer mapa preciso de Pekín. Kangxi además permitió a los católicos libertad de culto en China, y los jesuitas dejaron que los chinos conversos continuaran venerando a sus ancestros (lo veían como una celebración de los muertos, más que como un acto de adoración). Sin embargo, cuando un emisario del Vaticano visitó China y emitió un dictamen contra los ritos de los ancestros, Kangxi expulsó a los jesuitas que se opusieron a la práctica local.

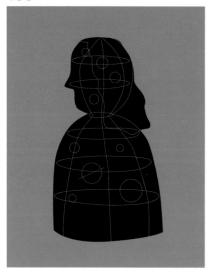

EN ESTE TRATADO HE CULTIVADO LA MATEMÁTICA EN TANTO QUE PERTENECE A LA FILOSOFÍA
NEWTON PUBLICA LOS *PRINCIPIA* (1687)

EN CONTEXTO

ENFOQUE
La revolución científica

ANTES
1543 Copérnico publica su versión heliocéntrica del universo.

1609 Johannes Kepler describe las órbitas elípticas y las velocidades de los planetas.

1620 Francis Bacon publica el *Novum Organum*.

1638 Los *Discursos* de Galileo Galilei sientan las bases de la ciencia de la mecánica.

1660 Se funda la Royal Society en Londres.

DESPUÉS
1690 El holandés Christiaan Huygens publica su teoría del movimiento de las ondas lumínicas, *Traité de la lumière*.

1905 La teoría de la relatividad especial de Einstein muestra que las leyes del movimiento newtonianas son correctas solo aproximadamente.

El científico inglés Isaac Newton publicó la primera edición de sus *Principios matemáticos de la filosofía natural* (los *Principia*) en 1687. En ellos examina el modo en que los objetos se comportan en movimiento, describe la gravedad y explica los movimientos de los planetas y satélites. Aunque se apoyaba en la obra de científicos previos como Galileo, Huygens y Kepler, la obra era revolucionaria. Al demostrar que una misma fuerza, la gravedad, era responsable de movimientos tanto en la Tierra como en los cielos, Newton unió dos ámbitos científicos que previamente habían sido considerados por separado.

Una influencia duradera
El uso que hizo Newton de una teoría con base matemática para explicar fenómenos era parte de una más amplia revolución científica. El ensayista Francis Bacon había insistido en que los científicos comprobaran sus observaciones con argumentos razonados, y René Descartes defendía el uso de las matemáticas y la lógica para enfocar cuestiones cien-

[Newton] extendió la luz de las matemáticas a una ciencia que [...] había permanecido en una oscuridad de conjeturas e hipótesis.
Alexis Clairaut
Matemático y astrónomo francés (1747)

tíficas. Al subrayar la importancia de la razón humana, tales filosofías se liberaban de la noción de que las explicaciones del mundo físico dependían de la fe cristiana y de la doctrina de la Iglesia. Esto allanó el camino para el movimiento intelectual denominado Ilustración, e incluso para el trabajo de científicos posteriores, como Einstein, que modificaron y refinaron las ideas de Newton. ∎

Véase también: La fundación de Bagdad 86–93 ▪ Inicio del Renacimiento italiano 152–155 ▪ Diderot publica la *Enciclopedia* 192–195 ▪ Darwin publica *El origen de las especies* 236–237

TAN LEJOS COMO CREO QUE EL HOMBRE PUEDE LLEGAR
LOS VIAJES DEL CAPITÁN COOK (1768–1779)

En 1768, el explorador británico James Cook zarpó hacia Tahití para realizar observaciones científicas del tránsito de Venus por delante del Sol, un raro acontecimiento que solo podía verse desde el hemisferio sur. Tras documentar el evento, Cook zarpó en busca de la tan rumoreada «tierra desconocida del sur». Cartografió la costa de Nueva Zelanda y viajó hacia el noroeste. Durante esta navegación descubrió la costa este de Australia. Reclamó la tierra para Gran Bretaña y la bautizó como Nueva Gales del Sur. Junto a los botánicos Joseph Banks y Daniel Solander, creó un registro de las personas, la flora y la fauna nativas.

Un vínculo duradero
Los viajes de Cook eran parte de una extendida tradición europea de exploración del Pacífico, por parte de navegantes como el holandés Abel Tasman, a quien debe su nombre Tasmania. Cook forjó la duradera conexión entre Australasia y Europa, dando inicio a un proceso que continuó con la colonización, la deportación de convictos británicos y la fundación de ciudades como Sídney y Melbourne.

En sus últimos viajes, Cook usó el cronómetro, recién creado por el inglés John Harrison. Este instrumento le facilitó una exacta medición del tiempo de navegación, y, por ende, un cálculo más preciso de la longitud, algo muy valioso para cartografiar sus descubrimientos. ∎

Nos maravillamos ante la visión de las montañas de Nueva Zelanda. Tras una ausencia de tierra firme de 17 semanas y 3 días…, ¡cómo cambiaba el escenario!
Richard Pickersgill
Tercero de abordo del *Resolution* (1773)

Véase también: Marco Polo llega a Xanadú 104–105 ∎ Cristóbal Colón llega a América 142–147 ∎ El tratado de Tordesillas 148–151 ∎ El viaje del *Mayflower* 172–173

EL ESTADO SOY YO

LUIS XIV INICIA SU REINADO PERSONAL EN FRANCIA (1661)

EN CONTEXTO

ENFOQUE
La Francia absolutista

ANTES
1624–1642 El cardenal Richelieu, primer ministro de Luis XIII, reforma y refuerza la administración central.

1643–1661 Ana de Austria, madre de Luis XIV y reina regente, consolida el poder real.

1648–1653 La aristocracia se rebela contra la autoridad real en un conflicto llamado la Fronda.

DESPUÉS
1685 Luis XIV revoca el edicto de Nantes, que había dado a los hugonotes derecho a practicar su religión.

1701–1714 La guerra de Sucesión española merma notablemente los recursos franceses.

1789 La Revolución francesa destrona a Luis XVI y acaba con el poder absolutista en Francia.

A la muerte de su primer ministro, el cardenal Mazarino, Luis XIV, de 23 años, declaró que en adelante gobernaría solo, como monarca absoluto. Durante su reinado (1643–1715), dominó a sus súbditos, cultivando la imagen de «Rey Sol». Luis veía su poder como una concesión divina, y a sí mismo como la encarnación del Estado, con la nobleza, las clases medias y los campesinos dependientes de él para obtener justicia y protección.

A fin de mantener esta posición, Luis XIV controló a la aristocracia, históricamente desobediente. Los obligó a asistir a la corte, donde dispensaba privilegios y posiciones a través de un sistema ceremonial de protocolo. Llenó las arcas estatales nombrando a miembros de las clases medias-altas para que recaudaran impuestos en las provincias. Los impuestos eran cuantiosos, y el peso recaía especialmente sobre el campesinado. El ministro de finanzas de Luis XIV, Jean-Baptiste Colbert, cuyo replanteamiento del comercio y de la industria de Francia ayudó a convertir el país en la potencia líder de Europa, incrementó también la eficacia del sistema impositivo.

Expansión de Francia

Los ingresos por impuestos costeaban la corte de Luis XIV en el palacio de Versalles, un antiguo palacete de caza que fue ampliado y convertido en inmenso palacio real y en lugar para extravagantes entretenimientos. A partir de 1682, Versalles se convirtió en residencia permanente de la corte real y en sede del gobierno.

Luis libró también varias costosas guerras dinásticas para obtener territorios en las fronteras francesas, lo que llevó a las demás naciones europeas a formar coaliciones contra él. La paz llegó al final con el tratado de Utrecht (1713), pero reportó pocas ganancias a Francia. El país estaba sumido en deudas, y la opinión pública se volvió contra el rey. Pese a esto, Luis XIV estableció una pauta absolutista que perduró, con tintes más ilustrados, durante la mayor parte del siglo XVIII, hasta que los intentos de reformar el sistema llevaron al derrocamiento de la monarquía, en 1792, durante la Revolución francesa. ■

Véase también: La ejecución de Carlos I de Inglaterra 174–175 ▪ Diderot publica la *Enciclopedia* 192–195 ▪ La toma de la Bastilla 208–213 ▪ La batalla de Waterloo 214–215

NO OLVIDEIS VUESTRAS GRANDES ARMAS, LOS ARGUMENTOS MAS RESPETABLES DE LOS DERECHOS DE LOS REYES

LA BATALLA DE QUEBEC (1759)

EN CONTEXTO

ENFOQUE
La guerra de los Siete Años

ANTES
1754 Comienza la lucha entre Francia y Gran Bretaña en Norteamérica, la llamada guerra de británicos contra franceses e indios.

1756 Federico II de Prusia comienza la guerra de los Siete Años al invadir Sajonia para evitar que Rusia cree allí una base.

1757 Prusia inflige una importante derrota a un ejército superior franco-austriaco en Rossbach.

1759 Rusia barre dos tercios del ejército prusiano en Kunersdorf.

DESPUÉS
1760 En Montreal, fuerzas francesas se rinden a los británicos.

1763 La guerra de los Siete Años finaliza con los tratados de París y de Hubertusburg.

El 13 de septiembre de 1759, 24 británicos escalaron los acantilados cercanos a Quebec y abrieron camino a las fuerzas británicas comandadas por el general James Wolfe para que tomasen la ciudad. La crucial batalla acabó con el dominio francés en Canadá y fue clave en la guerra de los Siete Años (1756–1763). La guerra implicó a la mayor parte de las grandes naciones europeas en una lucha por territorio y poder. Se centró en dos choques principales: uno marítimo y colonial, con batallas terrestres en Norteamérica e India entre Gran Bretaña y la Francia borbónica; el otro, una guerra terrestre europea que enfrentó, sobre todo, a Francia, Austria y Rusia contra Prusia. Las colonias transoceánicas también se vieron envueltas, con lo que se trató de la primera guerra auténticamente mundial.

Potencias en liza

Gran Bretaña obtuvo notables victorias contra Francia. Frustró un intento de invasión francesa sobre las islas y obtuvo también victorias sobre Francia en África occidental, el Cari-

Sin suministros no hay ejército valiente.
Federico II el Grande de Prusia (1747)

be y Norteamérica, donde consiguió grandes éxitos en Canadá. Gran Bretaña obligó a Francia a ceder sus territorios al este del Misisipi: Francia dejaba de ser una amenaza para las colonias británicas en Norteamérica.

Hubo victorias similares en India. Robert Clive, general británico, tomó ventaja sobre los franceses al vencer al nabab de Bengala en Plassey, en 1757, y ganar su territorio para Gran Bretaña, allanando así el camino a la dominación británica de India. El fin de la guerra de los Siete Años dejó a Gran Bretaña como primera potencia colonial. ∎

Véase también: Cristóbal Colón llega a América 142–147 ▪ La defenestración de Praga 164–169 ▪ El viaje del *Mayflower* 172–173 ▪ La batalla de Waterloo 214–215 ▪ La batalla de Passchendaele 270–275

REUNIR TODO EL CONOCIMIENTO DISPERSO POR EL PLANETA

DIDEROT PUBLICA LA *ENCICLOPEDIA* (1751)

EN CONTEXTO

ENFOQUE
La Ilustración

ANTES
1517 Comienza la Reforma, que desafía la autoridad de la Iglesia católica.

1610 Galileo Galilei publica *Sidereus Nuncius (Noticiero sideral)*, con sus observaciones de los cielos.

1687 En los *Principia*, Newton delinea un concepto del universo basado en leyes naturales comprensibles.

DESPUÉS
1767 El pensador y diplomático norteamericano Benjamin Franklin visita París y lleva las ideas ilustradas a EE UU.

1791 La escritora inglesa Mary Wollstonecraft añade el feminismo a las ideas de la Ilustración en el pionero *Vindicación de los derechos de la mujer*.

A mediados del siglo XVIII, el filósofo francés Denis Diderot, en colaboración con el matemático Jean le Rond d'Alembert, invitó a algunos de los mejores intelectuales de su país (literatos, científicos, eruditos y filósofos) a escribir artículos para un gigantesco «Diccionario razonado de las ciencias, las artes y los oficios», del que era a la vez redactor jefe y colaborador. Los primeros volúmenes de esta *Enciclopedia (Encyclopédie)* aparecieron en 1751, y la obra, completada 21 años después, consistió en 17 volúmenes de texto y otros 11 de ilustraciones.

La *Enciclopedia* no fue la primera gran obra enciclopédica publicada, pero sí fue la primera en añadir conte-

Véase también: Newton publica los *Principia* 188 ▪ La toma de la Bastilla 208–213 ▪ La locomotora *Rocket* de Stephenson entra en servicio 220–225 ▪ Leyes de abolición del comercio de esclavos 226–227

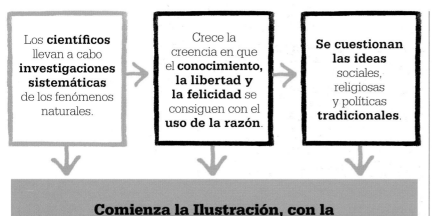

Los **científicos** llevan a cabo **investigaciones sistemáticas** de los fenómenos naturales.

Crece la creencia en que el **conocimiento, la libertad y la felicidad** se consiguen con el **uso de la razón**.

Se cuestionan las ideas sociales, religiosas y políticas **tradicionales**.

Comienza la Ilustración, con la *Enciclopedia* como punta de lanza.

nidos escritos por autores famosos y en prestar atención a las profesiones y oficios. No obstante, su rasgo más sorprendente fue su enfoque crítico sobre las ideas e instituciones contemporáneas: sus autores, defensores del pensamiento científico y los valores laicos, intentaban aplicar la razón y la lógica para explicar los fenómenos del mundo y de la existencia humana, en vez del dogma religioso o político. La obra, por tanto, desafiaba a la Iglesia católica y a la monarquía francesa, que basaba su autoridad en ideas tradicionales como un orden inmutable y de origen divino.

Una revolución del pensamiento

El objetivo de la *Enciclopedia* era catalogar el conocimiento colectivo del mundo occidental siguiendo el espíritu de la Ilustración, polifacético movimiento intelectual que arraigó alrededor de 1715, aunque sus orígenes radicaban en la obra de los pioneros del pensamiento científico y filosófico del siglo anterior. Los artículos multidisciplinares de la obra, unos 72 000, destilaban las ideas y teorías

de los pensadores clave de la Ilustración francesa, como Voltaire, Jean-Jacques Rousseau y Montesquieu.

Los artículos cubrían una amplia gama de temas, pero se centraban en tres áreas principales: la necesidad de basar la sociedad en el pensamiento racional, y no en la fe ni en las doctrinas de la Iglesia católica; la importancia de las observaciones y los experimentos científicos; y la búsqueda de un modo de organizar los estados y gobiernos basado en la ley natural y la justicia.

Diderot organizó los artículos de la *Enciclopedia* en tres categorías principales: memoria (temas relacionados con la historia), razón (filosofía) e imaginación (poesía). Algo controvertido resultó el hecho de que no había ninguna categoría especial para Dios ni lo divino: la religión, como la magia y la superstición, se trataba como parte de la filosofía. Este enfoque era rompedor y polémico. La religión había estado en el corazón mismo de la vida y del pensamiento europeos durante siglos, pero la *Enciclopedia*, y la Ilustración misma, le negaban esta posición clave.

Pese a los repetidos intentos por parte de las autoridades de censurar algunos de sus artículos y de intimidar y amenazar a sus editores, la *Enciclopedia* se convirtió en la obra más influyente y consultada de la época. Las ideas que transmitía inspiraron las revoluciones que estallaron en Francia y EE UU a finales del siglo XVIII.

Ciencia y razón

La Ilustración se caracterizaba por centrar su atención en el poder de la razón humana y en el escepticismo hacia el saber establecido. Esto marcó una ruptura con las generaciones precedentes, para las que las creencias acerca del mundo se basaban en las enseñanzas religiosas y las doctrinas de la Iglesia. Estas lo gobernaban todo, desde las leyes de matrimonio hasta el modo en que la gente entendía el movimiento de los planetas y la creación del universo. No obstante, para los pensadores ilustrados, las pruebas aportadas por los sentidos del ser humano y el empleo de la propia razón eran mucho más importantes que su ciega adhesión a una fe. Aseguraban que las »

¡Atréveos a saber! ¡Sed valientes y usad la razón!
Immanuel Kant
¿Qué es la Ilustración? (1784)

Voltaire

François-Marie Arouet, que escogió ser conocido por el seudónimo Voltaire, fue uno de los más grandes escritores y activistas sociales de la Ilustración, célebre por su ingenio e inteligencia. Nació en París en 1694, y pasó gran parte de su vida allí, aunque viajó mucho y hablaba varios idiomas. Fue un escritor muy prolífico, y escribió obras de diversos géneros literarios: novelas, obras de teatro, poemas, ensayos, estudios históricos y filosóficos, amén de incontables panfletos.

Voltaire era un defensor público de la reforma social, incluyendo la defensa de las libertades civiles, la libertad religiosa y la libertad de expresión. También denunció la hipocresía de las clases dominantes políticas y religiosas: esto hizo que se censuraran algunas de sus obras y que tuviera que pasar cortos periodos en prisión y épocas de exilio en Inglaterra (tras lo cual convirtió sus experiencias en un influyente libro, las *Cartas filosóficas*) y Ginebra (Suiza), donde escribió su obra más famosa, la novela filosófica *Cándido*.

En todas las épocas del mundo, los sacerdotes han sido enemigos de la libertad.
David Hume

«verdades» sobre el mundo tangible, sentadas ya en la Antigüedad por Aristóteles y otros, y defendidas por la Iglesia, deberían ponerse a prueba mediante la experimentación y la observación, así como ser comprobadas y debatidas de un modo racional.

Esta forma de pensar tenía su origen en la revolución científica del siglo XVII. Científicos y filósofos como Francis Bacon, Johannes Kepler, Isaac Newton y Galileo Galilei habían transformado el estudio de la naturaleza y del universo físico al basarlo más en la observación. Realizaron experimentos y sometieron sus resultados al análisis matemático, y lograron expandir y actualizar drásticamente los campos de la física, la química, la biología y la astronomía.

Los científicos de la Ilustración llevaron aún más lejos esta investigación, lo cual hizo posible, por ejemplo, que el botánico sueco Carlos Linneo desarrollara un sistema de clasificación biológica preciso y racional a principios del siglo XVIII. El enfoque basado en la razón y la investigación característico de la Ilustración también desencadenó radicales avances tecnológicos. En la década de 1760, el médico escocés Joseph Black halló el dióxido de carbono, mientras que, en 1769, el también escocés James Watt mejoró la máquina de vapor, incrementando su eficacia y permitiendo

la mejora de las fábricas. La *Enciclopedia* ayudó a publicitar estos y otros logros de los científicos del siglo XVIII, así como los de sus precursores.

La obra encontró también un público receptivo en las asociaciones ilustradas, academias y universidades que florecieron durante la Ilustración. Aunque muchos profesores y eruditos de las antiguas universidades europeas, dominadas por la Iglesia, hicieron oídos sordos al nuevo modo de pensamiento científico, los más progresistas contribuyeron a enseñarlo y promoverlo.

Igualdad y libertad

La revolución científica y la Ilustración también impulsaron la creencia de que la razón podía desvelar leyes naturales relativas a los asuntos humanos. En lugar de encontrar explicaciones en la fe, los pensadores de la Ilustración creían que la política debía quedar separada de la religión, que ninguna de ambas debía recortar los derechos del individuo y que la gente debería ser libre de expresar sus opiniones, profesar la fe que deseara y leer lo que quisiera. Esta doctrina política, que a menudo se llama liberalismo, tenía sus raíces en la obra de algunos filósofos del siglo XVII, como el inglés John Locke (el padre del liberalismo). Locke afirmaba que hay ciertos derechos hu-

El escepticismo es el primer paso hacia la verdad.
Denis Diderot
Pensamientos filosóficos (1746)

Renunciar a la libertad
es renunciar a la condición
de ser humano.
Jean-Jacques Rousseau
El contrato social **(1762)**

manos intrínsecos que no dependen ni de la ley ni de la costumbre, es decir, que existen independientemente de lo que ni la Iglesia ni el monarca decreten. Estos derechos se podían expresar de distintas maneras, pero comprendían el derecho a la vida, el derecho a la libertad y el derecho a poseer lo que uno había producido. Estas ideas eran fundamentales para los pensadores de la Ilustración, que seguían a Locke en su afirmación de que estos derechos naturales debían formar la base de cualquier sistema de gobierno.

Las ideas liberales también se expresaban en las obras de los escritores de la Ilustración. Voltaire, en obras como su *Diccionario filosófico*, señalaba las injusticias y abusos de la Iglesia católica, al mismo tiempo que alababa valores como la tolerancia y la libertad de prensa o ensalzaba la razón por encima de la doctrina y la revelación religiosas. En *El espíritu de las leyes,* Montesquieu defendía la separación de poderes (legislativo, ejecutivo y judicial) y presionaba a favor de la abolición de la esclavitud. En *El contrato social*, Jean-Jacques Rousseau rechazaba el poder del monarca en favor del pueblo; los ciudadanos, decía, debían compensar sus derechos con sus deberes, y tendrían que poder decidir qué leyes gobier-

nan sus vidas. Los colaboradores de la *Enciclopedia* también impulsaban los valores liberales en la economía. Criticaban las ferias, donde eran tratantes extranjeros quienes vendían los productos (a expensas de los comerciantes locales, que a menudo debían cerrar sus tiendas durante esos días), y estaban a favor de los mercados, que permitían a los comerciantes locales satisfacer las demandas de la población del lugar.

Ideas como estas se extendieron por Europa. Había conversaciones y debates sobre temas filosóficos, políticos y científicos en los cafés que habían surgido en las ciudades inglesas, francesas, alemanas y holandesas un siglo antes. Ahora estos cafés servían como cenáculos y focos donde compartir y propagar información, lugares en los que hombres de todos los ámbitos, como escritores, políticos, filósofos y científicos, podían reunirse e intercambiar ideas.

Hacia la luz

En Europa, la Ilustración, así como la propia *Enciclopedia*, que había ayudado a impulsar sus ideales, tuvieron un profundo impacto en la vida social, política e intelectual. Sus partidarios creían que estaban barriendo una opresiva mentalidad medieval y propiciando una nueva época que ellos esperaban que se caracterizaría por la libertad de pensamiento, la mentalidad abierta y la tolerancia.

El cuestionamiento, el enfoque racional y la urgente demanda de libertad de la Ilustración allanaron el camino a los nuevos derechos civiles. El movimiento influyó en las políticas de los monarcas, como ocurrió con la abolición de la servidumbre en el Sacro Imperio Romano Germánico, en la década de 1780. Los monarcas que aceptaron los valores de la Ilustración adoptaron el nombre del movimiento y se hicieron llamar «déspotas ilustrados». La Ilustración

aportó también el combustible intelectual para la Revolución francesa de 1787–1799, iniciada por ciudadanos inspirados por las nociones ilustradas de libertad individual y equidad, así como para la campaña por la abolición del tráfico transatlántico de esclavos en el siglo XIX.

El liberalismo y otros aspectos de la filosofía política de la Ilustración comenzaron a influir en líderes de muchas partes del mundo a medida que estos comenzaron a perfilar sistemas legales y a establecer derechos para sus ciudadanos. El caso más notable fue el de los nacientes EE UU, cuya Constitución (1789) adoptaba la idea de Montesquieu de la separación de poderes en ramas de gobierno.

De un modo más general, el movimiento impulsó la persecución del conocimiento por el conocimiento, y reconoció que la búsqueda del entendimiento llevada a cabo por una persona podía beneficiar a toda la raza humana. ■

En 1783, los hermanos Montgolfier ofrecieron la primera exhibición de su nuevo invento, el globo aerostático, y llevaron la ciencia al primer plano de la atención pública de un modo espectacular.

CONSTRUI SAN PETERSBURGO COMO UNA VENTANA PARA QUE ENTRARA LA LUZ DE EUROPA

LA FUNDACIÓN DE SAN PETERSBURGO (1703)

EN CONTEXTO

ENFOQUE
El auge de Rusia

ANTES
1584 Iván el Terrible muere.
Los siguientes monarcas darán
una mayor unidad a Rusia.

1696 Pedro I el Grande asume el
gobierno de Rusia en solitario.

DESPUÉS
1709 Rusia obtiene una
victoria decisiva sobre Suecia
en la batalla de Poltava.

1718 El zarévich Alekséi,
opuesto a las reformas de su
padre, Pedro I, muere
torturado.

1721 Rusia y Suecia firman el
tratado de Nystad, jurándose
defensa mutua.

1725 Pedro I el Grande
muere, y se abre una etapa de
emperadores menos capaces.

1762 Catalina II la Grande,
emperatriz: continúa las obras
de reforma y expansión de
Pedro I.

P edro I el Grande fundó San Petersburgo, en el estuario del río Neva, el 27 de mayo de 1703. Esta ciudad junto al mar Báltico fue también fortaleza y puerto, y dio al país un acceso marítimo directo a Europa, abriendo nuevas oportunidades para el comercio y la conquista militar. En 1712, Pedro I hizo de ella la capital de Rusia, quitándole ese título a la antigua sede de Moscú.

Admirador de los palacios occidentales, Pedro I empleó arquitectos europeos para diseñar los edificios gubernamentales, los palacios, la universidad y las casas siguiendo el estilo barroco de moda. También enroló a la fuerza a 30 000 campesinos al año en cuadrillas de construcción,

San Petersburgo ofrecía una nueva visión de futuro al país. Su estratégico emplazamiento facilitaba el comercio, sus valores impulsaban la educación, y su arquitectura exhibía los logros rusos.

junto a trabajadores forzados rusos y prisioneros de guerra suecos. El régimen era estricto, y las condiciones de vida, severas: murieron más de 100 000 trabajadores, pero quienes sobrevivieron obtuvieron la libertad.

El suntuoso diseño y la gigantesca escala de la arquitectura de Pedro I también demostraban su intención de convertirse en un gobernante absoluto, a la manera de déspotas europeos como Luis XIV. Pedro I empleó su poder para realizar notables

Véase también: Luis XIV inicia su reinado personal en Francia 190 ▪ Diderot publica la *Enciclopedia* 192–195 ▪ La toma de la Bastilla 208–213 ▪ Rusia emancipa a los siervos 243 ▪ La revolución de Octubre 276–279

cambios en Rusia. Fundó la armada rusa y reformó el ejército, que hasta entonces se había basado en bandas capitaneadas por respetables hombres mayores y mal adiestrados de las aldeas. Reorganizó su ejército siguiendo el estilo europeo y desarrolló nuevas industrias del hierro y de municiones para equiparlo. Hacia 1725, Rusia contaba ya con un ejército profesional de 130 000 hombres.

Una cultura nueva y moderna

Pedro I transformó su corte: obligó a sus cortesanos a adoptar vestimentas de estilo francés y les ordenó afeitarse la barba. Fundó colegios, obligó a los nobles a educar a sus hijos y promovió a personas a cargos de alto rango en virtud de sus méritos en vez de por su cuna.

El emperador fue también famoso por el duro trato que dispensó a los insurgentes, por su agresiva política exterior y por su exitosa guerra contra Suecia, que le otorgó el control del Báltico. Su estilo de gobierno fue continuado por otros monarcas más adelante, sobre todo por Catalina II, también apodada «la Grande», la cual

---

Pedro I visita **Europa occidental**, y absorbe **ideas e influencias**.

↓   ↓

Las teorías contemporáneas de gobierno ofrecen un **modelo de despotismo ilustrado**.

Palacios y **ciudades** de estilo barroco occidental **muestran el poder de los zares**.

↓   ↓

Pedro I funda San Petersburgo, como capital de un imperio ruso occidentalizado.

---

extendió la moda modernizadora que Pedro I había iniciado. Influida por las ideas de la Ilustración, impulsó la educación y las artes y patrocinó traducciones de obras literarias extranjeras, y hasta ella misma escribió libros. También incrementó la potencia imperial de Rusia, obteniendo victorias contra el Imperio otomano.

Estos monarcas estaban también influidos por el ejemplo de Prusia, un estado del norte de Alemania que se

había expandido durante el siglo XVIII gracias a una eficaz burocracia, un poderoso ejército y el fuerte liderazgo de reyes como Federico II. Entre Prusia y Rusia se extendía Polonia, cuyo territorio acabó siendo dividido y repartido entre las dos potencias y Austria en una sucesión de particiones. Esto dio a Rusia influencia sobre un área que se extendía desde el este de Europa a Siberia, y que aún hoy en día, en gran parte, mantiene. ▪

Pedro I el Grande

Pedro (1672–1725) se convirtió en monarca de Rusia en 1682, al principio junto a su medio hermano Iván, como zar mayor, y su madre, como regente, y después como monarca en solitario. Educado y siempre curioso, Pedro I viajó a los Países Bajos e Inglaterra para aprender el modo de vida occidental, su gobierno y su arquitectura. También estudió disciplinas como construcción de navíos y carpintería, y practicó algunas con notable aptitud. Su mandato estuvo muy influido por estos viajes y por sus asesores occidentales, que le llevaron a

acometer reformas militares y a adoptar un estilo de gobierno dictatorial. La ubicación y la grandiosidad arquitectónica de su nueva ciudad demostraban cómo se había fijado en la cultura y el poder de Europa occidental.

Pese a que forjó duraderos lazos diplomáticos con la Europa occidental, fracasó en su intento de formar una alianza europea contra los otomanos. Tuvo más éxito en su guerra contra Suecia, con sus reformas y como gobernante de un vasto imperio y una monarquía que duraron hasta la Revolución rusa de 1917.

OTROS ACONTECIMIENTOS

FUNDACIÓN DE LA DINASTÍA SAFAVÍ (PERSIA)
(1501)

La dinastía safaví llegó al poder con el sah Ismaíl I, un líder de la escuela imaní (o duodecimana) del islamismo chií, la cual cree en 12 imanes como sucesores del profeta Mahoma. En una serie de campañas militares que duraron hasta 1509, Ismaíl conquistó Persia (el actual Irán) y áreas de Irak, en el nombre del islamismo chií. Su hijo, el sah Tahmasp I (r. 1524–1576) defendió esas tierras contra el vecino Imperio otomano, cuyos gobernantes seguían la escuela rival del islam, la suní. La dinastía safaví estableció un férreo mandato chií en Persia, creó un gobierno y una burocracia eficaces y duró hasta 1736.

CARLOS V SE CONVIERTE EN SACRO EMPERADOR
(1519)

Carlos V, uno de los más poderosos monarcas europeos, como rey Habsburgo de España (Carlos I), Borgoña y los Países Bajos, fue elegido emperador del Sacro Imperio en 1519, lo que situó gran parte de Europa central y del norte de Italia bajo su dominio. Esto le otorgó un poder sin precedentes, pero también le generó desafíos por parte de los vecinos del imperio (Francia, a un lado, y los otomanos, al otro) y de los protestantes de sus propios territorios. Cuando abdicó, la corona española pasó a su hijo Felipe, y el título de emperador, a su hermano Fernando.

ENRIQUE VIII ROMPE CON ROMA
(1534)

El rey inglés Enrique VIII se enfrentaba a una crisis dinástica: necesitaba un heredero varón para asegurar la sucesión, pero no conseguía tenerlo con Catalina de Aragón. Enrique quería divorciarse de Catalina, pero el papa no se lo permitía. Así que el rey rompió lazos con Roma y se proclamó jefe de la Iglesia de Inglaterra. Aunque bajo su reinado la Iglesia de Inglaterra siguió siendo en gran parte católica en la doctrina y en la práctica, la acción del rey allanó el camino para la posterior aceptación, por parte de Inglaterra, del protestantismo. Además, Enrique disolvió los monasterios, que le supusieron nuevas tierras y riquezas, y eliminó así otro vínculo con la Iglesia católica de Roma.

CARTIER EXPLORA CANADÁ
(1534–1542)

El navegante francés Jacques Cartier exploró la costa norte de Canadá y Terranova, remontando el río San Lorenzo hasta lo que se convertiría en Montreal. Aunque no estableció una colonia allí, Cartier disparó el interés francés por Canadá, y sus exploraciones resultaron de gran importancia cuando viajeros franceses comenzaron a fundar colonias y reclamar territorios en el siglo XVII. Desde entonces, Canadá ha disfrutado de un notable legado francés.

COMIENZO DE LA REVUELTA DE LOS PAÍSES BAJOS
(1568)

En 1568, las provincias septentrionales de los Países Bajos, protestantes, se rebelaron contra su rey católico, Felipe II de España, y declararon su independencia. Empezaba un periodo de 80 años de guerra antes de que se reconociera la nueva república. Felipe había impuesto el catolicismo a sus súbditos holandeses, por lo que muchos protestantes de los Países Bajos del sur (que permanecieron leales a la corona) se fueron al norte. Este influjo ayudó a la república, que se convirtió en una nación financiera y culturalmente estable gracias al comercio marítimo, al progreso científico y a sus logros artísticos.

LA MATANZA DE SAN BARTOLOMÉ
(1572)

En la Francia del siglo XVI había violentos enfrentamientos (y, desde 1562, una guerra civil) entre católicos y protestantes. Uno de los peores episodios tuvo lugar en 1572, cuando el pretendiente protestante al trono, Enrique de Navarra, contrajo matrimonio en París, y miles de protestantes fueron masacrados. Una vez rey, Enrique promulgó el edicto de Nantes en 1598, que dictaba tolerancia religiosa. Sin embargo, en 1685, Luis XIV revocó el edicto y reprimió implacablemente a la población protestante de Francia; bajo su reinado se encarceló a muchos protestantes, y muchos otros huyeron del país.

LA ARMADA ESPAÑOLA
(1588)

En 1588, el rey católico Felipe II de España intentó conquistar la protestante Inglaterra enviando una flota de 130 barcos a invadirla. Tras la destrucción por los ingleses de parte de la flota con barcos incendiarios, una derrota en las Gravelinas forzó a lo que quedaba de ella a retirarse al norte, hacia Escocia, donde muchos barcos más naufragaron por las tormentas. Solo 86 naves consiguieron regresar a España. La derrota fue un gran golpe para España, acabó con el intento de conquistar Inglaterra para el catolicismo y confirmó el estatus de Inglaterra como nación protestante bajo Isabel I.

FRACASO DE LA INVASIÓN JAPONESA DE COREA
(1592–1598)

El líder samurái japonés Toyotomi Hideyoshi lanzó expediciones para conquistar Corea en 1592 y 1597, como parte de una campaña más amplia que debía culminar con la invasión de China. En ambas ocasiones, Japón consiguió importantes avances, pero los coreanos, apoyados por ejércitos chinos, contraatacaron. Nunca consiguieron expulsar del todo a los japoneses, y se dio un estancamiento en tierra firme. Sin embargo, el almirante coreano Yi infligió frecuentes derrotas navales a Japón. Vencidos en el mar y confinados en escasas fortalezas en tierra firme, los japoneses abandonaron sus planes de invasión. Corea fue independiente hasta el año 1910, cuando comenzó un periodo de 35 años de gobierno japonés.

EL ASEDIO DE DROGHEDA
(1649)

El líder parlamentarista inglés Oliver Cromwell inició su campaña para conquistar Irlanda en 1649, después de que católicos irlandeses recuperaran su país de manos de sus gobernantes ingleses, en 1641. Drogheda se convirtió en una base para los líderes católicos irlandeses. Cromwell asedió la ciudad y masacró a sus habitantes cuando se negaron a rendirse. La mayor parte de la guarnición, unos 2500 hombres, así como muchos civiles, fueron asesinados. Aunque estas muertes no violaban el código militar de la época, lo despiadado de ellas y la cantidad de víctimas carecían de precedentes, y envenenaron las futuras relaciones entre los ingleses y los católicos irlandeses.

LOS HOLANDESES FUNDAN UNA COLONIA EN CIUDAD DEL CABO
(1650)

A pesar de que fueron exploradores portugueses los primeros europeos en descubrir el cabo de Buena Esperanza, en el siglo XV, serían los holandeses los que fundaran Ciudad del Cabo. En 1652, un grupo de la Compañía Holandesa de las Indias Orientales, al mando de Jan van Riebeeck, fundó una colonia y creó un punto de abastecimiento para barcos holandeses de camino a Asia. La colonia se convirtió en el centro de una gran comunidad de personas de origen holandés, que dominó el comercio y la agricultura de la región, desarrolló su propia lengua (el afrikáans) y desempeñó un papel fundamental en la historia de Sudáfrica.

EL ASEDIO OTOMANO DE VIENA
(1683)

Hacia el año 1683, el Imperio otomano estaba en su máxima extensión e incluía grandes zonas del norte de África, de Oriente Medio y del este de Europa. Austria estaba en la frontera occidental del imperio, y los turcos ya habían intentado conquistar Viena. En 1683 asediaron la ciudad por última vez: las fuerzas del Sacro Imperio de los Habsburgo y de Polonia acudieron a defender Viena y derrotaron a los otomanos. Desde ese momento, el poder del Imperio otomano entró en declive. Poco a poco comenzó a perder sus territorios europeos, y dejó de ser una amenaza para la Europa cristiana.

LA BATALLA DE CULLODEN
(1746)

En la batalla de Culloden, en Escocia, un ejército liderado por el duque de Cumberland (príncipe Guillermo Augusto), hijo del rey Jorge II (Hanover) derrotó a un ejército jacobita menos numeroso (que incluía muchos de los clanes de las Highlands), comandado por el príncipe Carlos Eduardo (Estuardo). Este deseaba restablecer su linaje en el trono inglés, pero su derrota en Culloden le hizo desistir de ello de manera definitiva. También causó el desarme de los clanes escoceses de las Highlands, donde el apoyo al jacobismo era más intenso, así como el desmantelamiento del sistema de clanes y una implacable represión de la cultura de las Highlands, incluidas las prohibiciones de vestir a su manera tradicional y de hablar gaélico.

SOCIED
CAMBIA
1776—1914

Se firma la Declaración de Independencia de EE UU; que afirma **derechos humanos** básicos y crea una nueva nación: **Estados Unidos de América**.

Se aprueba en Gran Bretaña la **Ley de Abolición del Comercio de Esclavos**, que lo **ilegaliza**; la esclavitud, sin embargo, no se prohíbe hasta 1833.

Simón Bolívar funda la Gran Colombia, una nueva república en **Sudamérica**, e **independiente** de España; dura hasta 1830.

Revueltas en toda Europa cuando crecen las exigencias de **liberalismo, socialismo y autodeterminación** nacional; son reprimidas por la fuerza.

↑

1776   **1807**   **1819**   **1848**

1789   **1815**   **1830**   **1856**

↓

La toma de la Bastilla marca el estallido de la Revolución francesa, en la que se **derroca la monarquía** y **se funda una república**.

Napoleón es derrotado en la batalla de **Waterloo** por los ejércitos británico, holandés y prusiano, lo cual da fin a 23 años de guerra en Europa.

La **locomotora a vapor** *Rocket*, de George Stephenson, impulsa la primera **línea férrea comercial**, que une Liverpool con Manchester.

Estalla la segunda guerra del Opio cuando **potencias occidentales** obligan a China a dar acceso a sus **puertos para comerciar**.

A finales del siglo XVIII, la historia tomó un aire, quizá engañoso, de «progreso». Los cambios se aceleraron y parecían tener una dirección clara. La población mundial llegó en 1804 a los mil millones de personas, y hacia 1914 se acercaba a los dos mil millones. Este crecimiento fue posible gracias a un incremento en la producción agrícola. La agricultura se hizo más eficiente, y cada vez se emplearon mayores extensiones de tierras para usos productivos. La explotación de nuevas fuentes de energía (sobre todo el vapor), la aplicación de nuevas tecnologías y la producción industrial en fábricas revolucionaron la manufactura de bienes de consumo. Las vías férreas hicieron posible que por primera vez los humanos viajasen más rápido que un caballo, y las ciudades se expandieron: por ejemplo, Londres aumentó de un millón a siete millones de habitantes entre 1800 y 1910. Las mejoras en salud pública y medicina aumentaron la expectativa de vida en los países más avanzados.

Derechos humanos e igualdad

Pese a estos avances, es discutible que tal progreso fuese perceptible en la calidad de vida. Al inicio de este periodo, las revoluciones políticas en Norteamérica y Francia proclamaron principios sobre derechos humanos e igualdad ciudadana que desafiaban el orden social existente. A principios del siglo XX, liberales y demócratas en Europa y Norteamérica podían complacerse por éxitos como la amplia extensión del derecho al voto, la abolición de la esclavitud y la libertad de expresión. Pero se seguía excluyendo a las mujeres del voto, y no había igualdad económica. La riqueza y la pobreza extremas polarizaban las sociedades más ricas y avanzadas del mundo, y las condiciones de vida de los obreros de las industrias eran a menudo miserables. Artistas e intelectuales del Romanticismo criticaban el impacto de la industria mecanizada en las personas y el medio ambiente, mientras que los movimientos socialistas buscaban nuevas revoluciones que acabasen con la explotación del hombre por el hombre y crearan sociedades igualitarias.

Imperialismo occidental

Los perdedores más evidentes del nuevo orden mundial creado por el capitalismo industrial eran los países de la periferia de la economía global. Los países industrializados de Occidente, necesitados de lugares en los que invertir su exceso de capital,

Charles Darwin publica *El origen de las especies*, en el que presenta su controvertida **teoría de la evolución**.

Durante la **guerra de Secesión estadounidense**, el presidente Abraham Lincoln pronuncia el discurso de Gettysburg, uno de los **más importantes** de la historia.

Se abre el canal de Suez, que **une** los mares Rojo y Mediterráneo y **reduce** drásticamente el **tiempo de navegación** entre **Europa** y **Oriente**.

Una coalición de grupos reformistas, colectivamente llamados **Jóvenes Turcos**, derroca al **autoritario sultán otomano** e intenta gobernar.

1859

1863

1869

1908

1860

1868

1892

1913

Giuseppe **Garibaldi** lidera a unos mil voluntarios para **derrocar** a los borbones franceses del sur de **Italia** y **Sicilia**; un año después, Italia estaba unificada.

El sogunado Tokugawa es **derrocado**; el emperador Meiji **gobierna Japón**. La nación emerge como una gran **potencia imperial**.

Se abre la isla de Ellis, en Nueva York, para tramitar la **llegada de inmigrantes**; la mayoría de ellos se convierten en ciudadanos estadounidenses. La isla se cierra en 1954.

Emily Davison se interpone ante el caballo del rey Jorge V en el Derby y muere, dando visibilidad mundial al **movimiento sufragista**.

así como de materias primas para sus fábricas y de mercados para sus nuevos productos, hallaron esos lugares en Asia, África y Latinoamérica. También buscaban territorios para que su población en expansión se estableciese en zonas poco pobladas, como las llanuras de Norteamérica y de Australia. A los pueblos que se interpusieron en su camino los echaron a un lado. Los europeos comenzaron a expandir las zonas bajo su control directo. La conquista británica del subcontinente indio, completada a mediados del siglo XIX, fue el ejemplo más espectacular de imperialismo en acción, y las potencias europeas se partieron el África subsahariana como si la población local no existiera.

La respuesta del mundo al expansionismo occidental no fue unánime. Se extendió la resistencia en forma de guerras y levantamientos contra el dominio europeo. Por otra parte, la creciente superioridad occidental en tecnología, ciencia, poder militar y organización social llevó a varios gobiernos no europeos a intentar modernizarse basándose en el modelo occidental. Egipto, Turquía e Irán intentaron, con éxito parcial, aplicar una agenda de modernizaciones. Japón tuvo éxito al transformarse en un eficaz estado moderno, y se convirtió en una potencia imperialista por derecho propio. China, en cambio, experimentó disturbios e invasiones, y el gobierno imperial se derrumbó a principios del siglo XX.

Nacionalismo rampante
La mayor parte de los europeos y de las personas de ascendencia europea se vanagloriaban de cierta supuesta superioridad racial y cultural, pero Europa seguía siendo un continente profundamente dividido. El nacionalismo combativo, desatado por la Revolución francesa, era una amenaza a la estabilidad. Hacia 1815, las guerras napoleónicas habían provocado batallas de una escala sin precedentes. Tras las guerras de mediados del siglo XIX que crearon una Italia y una Alemania unificadas, las grandes potencias mantuvieron grandes ejércitos de reclutas y formaron diversas alianzas con otros países para mantener su mutua hostilidad. Estos ejércitos estaban equipados con obuses explosivos y armas de fuego rápido.

La potencia militar europea, apoyada por sistemas estatales y economías altamente organizadas, fue sin duda uno de los elementos clave en el dominio del mundo por los europeos. El desastre se daría cuando los estados europeos comenzaran a enfrentarse entre ellos. ∎

SOSTENEMOS COMO EVIDENTES ESTAS VERDADES: QUE TODOS LOS HOMBRES SON CREADOS IGUALES

FIRMA DE LA DECLARACIÓN DE INDEPENDENCIA DE EE UU (1776)

EN CONTEXTO

ENFOQUE
Guerra de la Independencia (EE UU)

ANTES
1773 Motín del Té de Boston contra los impuestos a las importaciones.

1775 Milicias norteamericanas y fuerzas británicas se enfrentan.

DESPUÉS
1777 La derrota británica en Saratoga anima a Francia a apoyar a los rebeldes.

1781 Los británicos se rinden en Yorktown (Virginia).

1783 Gran Bretaña reconoce la independencia norteamericana.

1787 Comienza a redactarse la Constitución de EE UU.

1789 George Washington, primer presidente de EE UU.

1790 Se ratifica la Constitución de EE UU.

No ha habido una autoafirmación del derecho al propio estado más osada que la proclamada en la Declaración de Independencia de EE UU, adoptada por el segundo Congreso Continental el 4 de julio de 1776, y firmada por los 56 delegados presentes. Lo que se convertiría en EE UU consistía en 13 colonias británicas, firmemente establecidas desde el siglo XVII, y dispersas por la costa este de Norteamérica. Estas estaban geográficamente alejadas de su madre patria y también entre sí. Sus economías eran frágiles y carecían de una identidad política común, al menos nada más allá de su cada vez más tirante lealtad a la corona británica. Sin embargo, las

Los **nuevos ideales** franceses y británicos de **libertad política** se expanden por las colonias americanas de Gran Bretaña.

Las **protestas** de los colonos **contra los impuestos llevan a conflictos** con el Imperio británico.

Se proclama la Declaración de Independencia de EE UU.

La **victoria norteamericana** en la guerra contra el dominio británico lleva al **reconocimiento de la independencia**.

posteriormente, muchos de ellos se establecieron en Canadá.

El conflicto se perfila

Gran Bretaña estaba decidida a defender lo que veía como su legítimo gobierno, mientras que las fuerzas rebeldes, reclutadas a toda prisa en los nacientes EE UU, estaban igualmente decididas a reivindicar lo que veían como su derecho a la independencia. Ambos ejércitos eran modestos (el británico, por las dificultades de enviar fuerzas en gran número a América, y el de los colonos, porque carecían de los medios para reclutar, equipar y adiestrar a un ejército numeroso), y se enfrentaron en una serie de escaramuzas durante seis años.

En su momento cumbre, el ejército norteamericano constaba de apenas 40 000 hombres, y casi no tenía marina. Gran Bretaña desplegó la misma cantidad de soldados, pero tenía además una cantidad muy superior de barcos. Sin embargo, en 1778, Francia declaró que apoyaría a los colonos, y envió 5000 soldados y una flota numerosa.

Enfrentados a una derrota segura, los británicos se rindieron en »

colonias eran al mismo tiempo muy conscientes de sí mismas y tenían presentes las nociones de libertad política de la Ilustración, por lo cual les preocupaba que su libertad se viese amenazada a consecuencia del dominio británico. Incapaces de reivindicar sus derechos naturales, y sujetos a lo que consideraban impuestos exorbitantes, los colonos se preguntaban por qué un Parlamento y un rey tan distantes debían imponerles su voluntad. Así que, en 1776, incitados por un puñado de excepcionales líderes, los colonos no solo rechazaron la autoridad británica, sino que se propusieron fundar un tipo de estado completamente nuevo y en el que el gobierno procedería del «consentimiento de los gobernados». Esta nueva y explosiva idea llevaría a la creación de un nuevo y duradero gobierno republicano.

Sin embargo, el apoyo a la reivindicación formal de la independencia distaba de ser unánime en las colonias norteamericanas. Cinco estados (Nueva York, Nueva Jersey, Maryland, Delaware y Pensilvania) temían que tal iniciativa pudiera perjudicar su comercio, y pensaban que, de no tener éxito, provocaría duras represalias por parte de Gran Bretaña. De una población de dos millones y medio, medio millón de norteamericanos prefirieron seguir siendo leales a la corona británica hasta el final del conflicto, por lo que,

Estas Colonias Unidas son, y por derecho deben ser, estados libres e independientes.
Richard Henry Lee
Propuesta de resolución en el segundo Congreso Continental (junio de 1776)

Yorktown (Virginia) en octubre de 1781. La guerra no acabaría formalmente hasta el año siguiente, pero, en todos los aspectos realmente importantes, los colonos (y sus aliados franceses) habían propinado un gran golpe a sus señores británicos.

La implicación de Francia en la creación de la nueva nación se debía al deseo de revertir las humillaciones sufridas en la guerra de los Siete Años. Pero la deuda económica en la que incurriría Francia se hallaría entre las muchas causas de la bancarrota de la corona que llevó a la Revolución francesa de 1789. Asimismo, resultaba irónico ver a una Francia absolutista ayudando a los norteamericanos a conquistar una libertad que le negaba a sus propios ciudadanos.

Ideales revolucionarios

En el corazón de la lucha por la independencia de EE UU latía la filosofía política contenida en la Declaración de Independencia. Era la obra de un virginiano aristócrata, un orgulloso y rico dueño de esclavos llamado Thomas Jefferson. Formaba parte de un comité de cinco personas encargadas de escribir la declaración, si bien los dos borradores por los que pasó durante junio de 1776 eran casi exclusivamente obra suya. Difícilmente se exagera al destacar la gran importancia de la Declaración de Independencia de EE UU. Para la época, emitía una sorprendente proclama: «[…] que todos los hombres son creados iguales». Y añadía que: «[…] para garantizar estos derechos, se instituyen entre los hombres los gobiernos, que derivan sus poderes legítimos del consentimiento de los gobernados».

En realidad, se trataba de ideas que expresaban sentimientos sediciosos por los que ni Jorge III de Inglaterra ni Luis XVI de Francia sentían simpatía. Sin embargo, eran los cimientos sobre los que se asentaba lo que serían los futuros EE UU y, en realidad, los sistemas políticos libera-

En *La Declaración de Independencia*, John Trumbull representa al comité redactor presentando su trabajo ante el Congreso. (Thomas Jefferson, de pie, viste chaleco rojo.)

les del mundo occidental. Este credo político, procedente de la obra de pensadores de la Ilustración británica y francesa, llevó a la creación del primer Estado moderno y, al hacerlo, cambió el mundo.

El destino de EE UU

Hoy, Jefferson sigue siendo un enigma. Aborrecía la monarquía, pero amaba la Francia prerrevolucionaria, en la que fue el primer embajador de EE UU, y le encantaba su civilizada elegancia. Aseguraba odiar los altos cargos, pero fue presidente de EE UU durante dos mandatos. Y, en 1803, como presidente, negoció la compra de Luisiana, por la que una zona al oeste del Misisipi fue adquirida a precio de ganga a Francia, su

> El Dios que nos dio
> la vida nos otorgó
> a la vez la libertad.
> **Thomas Jefferson**

dueña nominal, para pasar a formar parte de EE UU.

Jefferson comprendía que el destino de EE UU residía en la colonización de los extensos territorios del oeste; estaba de acuerdo con la expulsión de sus habitantes indígenas, y él mismo poseía esclavos. «Los negros», decía, «son inferiores a los blancos en cuanto a sus dotes tanto mentales como físicas». Mientras que George Washington liberó a sus esclavos, Jefferson optó por no hacerlo. Pero nada de todo esto mengua su importancia a la hora de articular nociones de libertad que hoy aún palpitan. Y, pese a sentir que la esclavitud era un error, su creencia personal era que la emancipación sería negativa para los esclavos y para los norteamericanos blancos, a menos que aquellos fueran retornados a África.

Una nueva constitución

Aunque se puede considerar a Jefferson como el espíritu rector de la Declaración de Independencia, no tuvo ningún papel formal en la redacción del siguiente gran documento que dio forma a la nación: su Constitución. EE UU logró reafirmar legalmente su independencia de Gran Bretaña en 1783. Pero, durante los siguientes cuatro años, el país permaneció en un vacío político cada vez más inestable, y con un Congreso confederal crecientemente dividido y que se reunía tanto en Pensilvania como en Nueva York y Nueva Jersey.

Había razones de peso para creer que la nueva nación fracasaría, desgajada por las tensiones entre quienes deseaban primar los derechos de los estados sobre los del gobierno central y aquellos que anhelaban un gobierno central fuerte o incuso la creación de una monarquía norteamericana. En la primavera de 1787, tuvo lugar en Filadelfia la Convención Constitucional. La constitución escrita no se ratificaría provisionalmente hasta junio del año siguiente, y solo tras largas discusiones. El resultado fue la propuesta de una nueva forma de gobierno. Era tanto una Carta de Derechos como el proyecto de un gobierno ideal, cuyas tres ramas (ejecutiva, legislativa y judicial) se equilibrarían entre sí. Tendría una gran influencia en la aprobada en la Francia revolucionaria, en 1791, y sigue constituyendo un modelo para las de hoy en día.

«Un asunto inacabado»

Los padres fundadores de EE UU tenían razones para ser optimistas sobre el potencial de su nación, pero no lograron resolver una cuestión clave. El primer borrador de la Declaración de Independencia de Jefferson decía que la esclavitud era «un comercio execrable» y «una cruel guerra contra la propia naturaleza humana». Sin embargo, a fin de aplacar a los estados esclavistas del sur y a los comerciantes de esclavos del norte, se eliminaron estas afirmaciones. Casi 90 años más tarde sería necesaria una guerra civil (la guerra de Secesión) para poner fin al esclavismo y completar lo que Abraham Lincoln veía como «un asunto inacabado» de la Declaración de Independencia y de la Constitución. ∎

George Washington

Nacido en el año 1732, George Washington sirvió con honores a la corona británica durante la guerra de los Siete Años (1754–1761) contra Francia. Representó a Virginia en la Cámara de los Ciudadanos y en los Congresos Continentales de 1774 y 1775. Con el estallido de la guerra de la Independencia de EE UU, fue elegido de manera unánime para dirigir el Ejército Continental, lo que hizo con imaginación y gran entereza, sobre todo durante los duros primeros años del conflicto: su «esqueleto de ejército», mal equipado y al borde de la inanición, soportó un duro invierno entre 1777 y 1778 en Valley Forge (Pensilvania). A partir de 1783, Washington intentó formar un gobierno constitucional para la nueva nación. Como primer presidente de EE UU tuvo dos mandatos, y se retiró en 1797 ante las cada vez mayores disputas entre los republicanos demócratas, de Jefferson, y los federalistas, liderados por el iracundo Alexander Hamilton. Murió en 1799 y fue enterrado en su plantación de Virginia, Mount Vernon, junto al río Potomac.

SEÑOR, ES UNA REVOLUCION

LA TOMA DE LA BASTILLA (1789)

EN CONTEXTO

ENFOQUE
La Revolución francesa

ANTES

Mayo de 1789 Luis XVI convoca los Estados Generales. En junio, el tercer estado (el pueblo) forma la Asamblea Nacional y toma el poder, al margen del clero y la nobleza.

DESPUÉS

Abril de 1792 La Asamblea Legislativa declara la guerra a Austria y Prusia. Primera República Francesa.

Enero de 1793 Luis XVI es ejecutado.

Marzo de 1794 El régimen del Terror está en su cénit. En julio se ejecuta a Robespierre, su máximo exponente.

Octubre de 1795 Napoleón restaura por la fuerza el orden en un tumultuoso París.

Noviembre de 1799 Napoleón, gobernante *de facto* de Francia.

El 14 de julio de 1789, una furiosa multitud de parisinos, buscando armas y munición para defenderse de un rumoreado ataque por parte de la realeza, asaltaron la fortaleza de la Bastilla, medio en ruinas, y mataron al alcaide y a sus guardias. Este violento desafío al poder real se ha convertido en el símbolo de la Revolución francesa, un movimiento que no solo afectó a Francia, sino que tuvo ecos en todo el mundo. Las ideas articuladas en la revolución marcaron el comienzo del fin de las monarquías absolutistas europeas e inspiraron su sustitución por gobiernos más democráticos.

En su origen, la Revolución francesa buscaba eliminar los privilegios de la aristocracia y establecer un nuevo estado basado en los principios ilustrados de *liberté*, *egalité* y *fraternité*. Pero, aunque empezó con una oleada de optimismo, pronto degeneró a un estado de violencia que duró varios años y que solo la dictadura de Napoleón Bonaparte lograría detener. Hoy sigue constituyendo un episodio de confusión y caos, un choque entre un viejo orden de privilegios, el *ancien régime*, y un nuevo mundo que luchaba por crear un nuevo orden coherente.

La Revolución francesa fue el paso adelante más importante de la historia de la humanidad desde la llegada de Jesucristo.
Victor Hugo
Los miserables (1862)

Un país sumido en el desorden

Luis XVI, bienintencionado pero indeciso, distaba de ser el hombre adecuado para enfrentarse a ninguna crisis, y menos a una tan grave como la que afrontaba Francia en 1789. El bisabuelo de su abuelo, Luis XIV, el Rey Sol, había establecido Francia como una monarquía absoluta, en la que todo el poder se concentraba en manos del rey; y su palacio de Versalles se convirtió en la corte más sofisticada de Europa y en bastión de los privilegios de los aristócratas. Así pues, Luis XVI había gobernado un

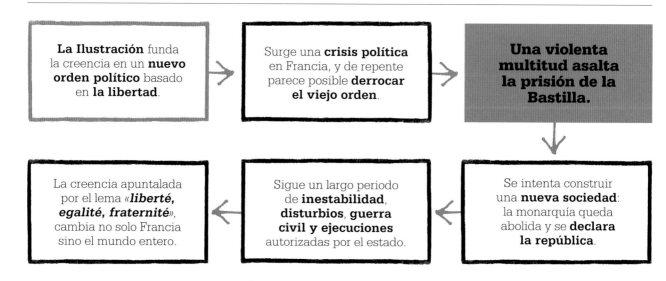

La Ilustración funda la creencia en un **nuevo orden político** basado en **la libertad**.

Surge una **crisis política** en Francia, y de repente parece posible **derrocar el viejo orden**.

Una violenta multitud asalta la prisión de la Bastilla.

La creencia apuntalada por el lema «*liberté, egalité, fraternité*», cambia no solo Francia sino el mundo entero.

Sigue un largo periodo de **inestabilidad**, **disturbios**, **guerra civil y ejecuciones** autorizadas por el estado.

Se intenta construir una **nueva sociedad**: la monarquía queda abolida y se **declara la república**.

Véase también: Luis XIV inicia su reinado personal en Francia 190 ▪ La batalla de Quebec 191 ▪ Diderot publica la *Enciclopedia* 192–195 ▪ Firma de la Declaración de Independencia de EE UU 204–207 ▪ La batalla de Waterloo 214–215 ▪ Las revoluciones de 1848 228–229

La toma de la Bastilla simbolizó el inicio de la Revolución francesa. En julio de 1789, dicha prisión solo albergaba siete presos, pero su caída tuvo una gran importancia.

a París, sin olvidar saquear antes el palacio. También mataron y decapitaron a los guardias, y desfilaron llevando sus cabezas empaladas en picas mientras escoltaban a Luis y a su familia hacia la capital.

Había sido relativamente fácil derrocar al gobierno de la monarquía, pero formar un gobierno nuevo resultaría más arduo. Se suponía que la solución más lógica sería algún tipo de monarquía constitucional; pero, en cualquier caso, Francia se vio dividida entre quienes se mostraban a favor de esta opción y quienes estaban a favor de una más radical alternativa republicana.

La Primera República

Aunque el reinado de Luis XVI parecía haber llegado a su fin, el rey no había abandonado del todo la esperanza de reafirmar su autoridad. Temerosos de la inseguridad que había traído la revolución, muchos »

país en el que los nobles se negaban a ceder privilegios, mientras que los impuestos los pagaban casi exclusivamente los oprimidos campesinos. Francia se hallaba en la bancarrota. A finales del siglo XVIII, la población francesa se encontraba en rápida expansión, pero, a diferencia de Inglaterra, Francia no había vivido una revolución agrícola y seguía siendo especialmente vulnerable a los fracasos de las cosechas, como los de 1787 y 1788. A los desesperados veranos de esos dos años les siguió el duro invierno de 1788–1789, todo lo cual llevó a una hambruna generalizada.

La respuesta del rey

Sumido en una crítica situación financiera, Luis XVI trató de recaudar más dinero y, a la vez, conservar su autoridad, así que convocó los llamados Estados Generales, un cuerpo semiparlamentario que se había reunido por última vez en 1614. Consistía en el clero (primer estado), la

nobleza (segundo estado) y el pueblo (el tercer estado, que era, en esencia, una especie de burguesía en la que predominaban los abogados). Los Estados Generales se reunieron en Versalles el 5 de mayo de 1789. Casi inmediatamente, el clero y la nobleza intentaron hacer que sus votos valiesen más que los del pueblo. Como respuesta, el 17 de junio, el tercer estado se autoproclamó como Asamblea Nacional, confiriéndose el poder en lugar de esperar recibirlo del rey. En agosto, con revueltas campesinas por toda la Francia rural, la Asamblea abolió los impuestos feudales y los privilegios de la aristocracia y emitió la que denominó *Declaración de los derechos del hombre y del ciudadano*, un documento que afirmaba libertades fundamentales.

En octubre de 1789, los acontecimientos se aceleraron cuando una multitud, encolerizada por la falta de pan en París, marchó hacia Versalles y obligó a la familia real a volver

El Terror no es otra cosa que justicia pronta, severa e inflexible; es, pues, una emanación de la virtud.
Maximilien Robespierre (1794)

aristócratas franceses ya habían huido de Francia. Intentaron poner en contra de la revolución a otros regímenes europeos (sobre todo a Austria, cuyo emperador era hermano de la reina francesa María Antonieta), suscitando así cierta adhesión contrarrevolucionaria, pero, en Francia, el efecto fue el de reforzar la determinación de que la revolución triunfase.

En junio de 1791, Luis XVI y su familia intentaron escapar, pero fueron detenidos cerca de la frontera con los Países Bajos; se les llevó a París, para alegría de un segmento del pueblo llano cada vez más violento, los llamados *sans culottes*, en referencia a que no vestían calzones cortos *(culottes)* como los ricos, sino pantalones anchos a rayas. En París había un enfrentamiento cada vez más hostil entre las facciones políticas como los girondinos y los más extremistas jacobinos; estos últimos se ganaron el respaldo de los *sans culottes* y del gobierno revolucionario francés.

Una amenaza externa

A pesar de la evidente inestabilidad, se hacían progresos hacia un nuevo orden social. En septiembre de 1791 se proclamó una monarquía constitucional. De igual manera se dio fin a la privilegiada posición de la Iglesia, aunque esto también provocaría disturbios y violencia durante tiempo. Se instauró también la libertad de prensa, algo igualmente importante.

Al mismo tiempo, la Francia revolucionaria se enfrentaba a la amenaza externa de Austria y Prusia, decididas a reafirmar la primacía de la monarquía hereditaria y a evitar tendencias revolucionarias en sus propios países. En abril de 1792, Francia declaró la guerra a ambas, una guerra que duraría, bajo diferentes formas, 23 años. En agosto, las fuerzas combinadas austriacas y prusianas estaban a 160 kilómetros de París.

La ciudad se vio presa de la histeria. Una multitud tomó por asalto el palacio de las Tullerías, donde estaba confinada la familia real, y asesinó a los guardias suizos. Al mes siguiente se desató una nueva oleada de asesinatos de sospechosos de tener simpatías por la realeza (las matanzas de septiembre de 1792). Ese mismo mes marcó también la fundación de la Convención Nacional, elegida por sufragio directo, y de la Primera República Francesa, una de cuyas primeras medidas fue juzgar por traición a

> ¡Legisladores, poned el Terror en el orden del día! [...]. Que el filo de la ley planee sobre todos los culpables.
> **Comité de Seguridad General (septiembre de 1793)**

Luis XVI, a quien se ejecutó en enero de 1793. Fue una de las primeras víctimas guillotinadas, un método defendido como una manera humanitaria e igualitaria de dar muerte.

La sensación de crisis seguía creciendo. En abril de 1793 se creó el Comité de Salvación Pública para salvaguardar la revolución. Durante poco más de un año y dirigido por un abogado de provincias llamado Maximilien Robespierre (el más influyente de los jacobinos), dicho comité se convertiría en el gobierno *de facto* de Francia. Aunque ese periodo, llamado «el Terror», duró poco, su impacto fue devastador. Se reprimió todo movimiento contrarrevolucionario en el país, y, de manera más obvia, en la región de la Vendée, en el sudoeste, donde murieron más de 300 000 personas. Las iglesias eran objetivos especialmente apetitosos. Las víctimas del Terror no eran tanto los aristócratas que aún quedaran como todo aquel del que Robespierre sospechase que albergaba pensamientos impuros, incluidos casi todos sus oponentes políticos.

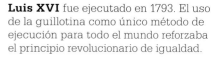

Luis XVI fue ejecutado en 1793. El uso de la guillotina como único método de ejecución para todo el mundo reforzaba el principio revolucionario de igualdad.

La Revolución francesa comenzó con la idea de construir un nuevo Estado que tuviese como base las ideas ilustradas de libertad, igualdad y fraternidad.

Libertad
Un nuevo concepto de libertad sugería que uno era libre de comportarse como deseara en tanto no perjudicase a los demás.

+

Igualdad
La idea afirmaba que todo el mundo era igual ante la ley y eliminaba los privilegios aristocráticos.

+

Fraternidad
Era la esperanza de que la revolución trajese un nuevo espíritu nacional de hermandad.

=

Maximilien Robespierre

Robespierre (1758–1794), abogado y miembro del tercer estado en 1789, fue el artífice supremo del periodo del Terror, que tuvo lugar en Francia entre septiembre de 1793 y julio de 1794. Era un gran defensor de los desposeídos y un notable orador, capaz de dar intensos discursos que electrizaban a partidarios y oponentes por igual. Se oponía a las guerras revolucionarias, ya que creía que un ejército reforzado podía convertirse en fuente de fervor contrarrevolucionario. Se opuso al principio a la pena de muerte, pero su total cambio de opinión fue sorprendente. Cuando se convenció de que el terror era el medio más eficaz de conservar la revolución, lo adoptó de manera implacable y aseguró que este era la evolución natural de la virtud que, según creía, debía guiar la revolución. Robespierre continúa siendo un genuino y escalofriante modelo para todos los que han defendido el empleo de la violencia estatal en interés de un supuesto bien común.

La obsesiva búsqueda de la pureza revolucionaria de Robespierre llegó a un inverosímil clímax, en 1794, con su creación de una nueva religión, el culto de la razón y del Ser supremo. Esta debía ser un núcleo y un estímulo de las virtudes patrióticas y revolucionarias. La superstición de la Iglesia católica debía sustituirse por una creencia de la razón y que celebrase las leyes del universo. La megalomanía que sugería tal culto contribuyó a la caída de Robespierre, quien, en julio de 1794, fue guillotinado.

Un orden restaurado

Con el fin de los asesinatos (y, sobre todo, con el establecimiento de un nuevo gobierno, el Directorio, a finales de 1795) se restauró un cierto orden. En alguna medida, esto se logró gracias a la predisposición del Directorio a usar la violencia contra la multitud de París, algo que ordenó Napoleón, por aquel entonces joven general del ejército revolucionario.

Además, los ejércitos franceses, nutridos gracias al reclutamiento en masa, estaban contrarrestando las primeras derrotas, en apariencia dispuestos a llevar la revolución a nuevos territorios. Envalentonada, Francia reforzó su reivindicación de lo que llamaba sus «fronteras naturales» en el Rin, lo que, en realidad, no significaba sino una audaz expansión del dominio francés sobre Alemania. Hacia 1797 había infligido aplastantes derrotas a Austria en los Países Bajos y el norte de Italia. Francia estaba ya lista para reclamar lo que veía como su natural primacía en Europa.

Significado histórico

La Revolución francesa sigue siendo objeto de debates históricos. Sus objetivos estaban claros: acabar con una monarquía opresiva y con arraigados privilegios, establecer un gobierno representativo y defender los derechos universales. Sin embargo, la realidad fue confusa y a menudo violenta. Además, en 1804, Napoleón había sustituido una forma de absolutismo por la suya propia, aunque fuese una mucho más eficaz que ninguna que Francia hubiese conocido desde Luis XIV. Aun así, las consecuencias de la Revolución francesa tienen ecos que han llegado incluso al siglo xx. Y sigue representando un episodio crucial para la doctrina que cree que la libertad debería ser el valor básico del mundo civilizado. ■

HE DE HACER DE TODOS LOS PUEBLOS DE EUROPA UN PUEBLO, Y DE PARIS, LA CAPITAL DEL MUNDO
LA BATALLA DE WATERLOO (1815)

EN CONTEXTO

ENFOQUE
Guerras revolucionarias y napoleónicas

ANTES
1792 Comienzan las guerras revolucionarias contra la Francia republicana.

1799 Napoleón toma el poder con un golpe de Estado.

1804 Napoleón se autoproclama emperador de Francia.

1805 Triunfo británico en la batalla de Trafalgar contra franceses y españoles.

1807 Francia invade Portugal.

1809 Austria es derrotada en la última gran victoria militar de Napoleón.

1814 Varias derrotas llevan a la abdicación de Napoleón.

DESPUÉS
1815 Napoleón es exiliado por última vez y se restaura la monarquía borbónica.

1830 La monarquía borbónica francesa es derrocada.

Francia instaura el **reclutamiento masivo** y crea ejércitos de tamaños nunca vistos.

Napoleón se nombra emperador, y jura **restaurar el papel dominante de Francia** en Europa.

La invasión de Rusia **estira en exceso** las líneas y agota la capacidad militar francesa.

Rápidas conquistas crean el **imperio europeo** más grande desde el de Carlomagno.

El ritmo de conquistas napoleónicas se hace **insostenible**.

Napoleón es derrotado finalmente en Waterloo.

La derrota de Napoleón en Waterloo el 18 de junio de 1815 marcó su derrocamiento como emperador y el fin de 23 años de guerra. En el enfrentamiento, librado en terreno embarrado, 118 000 británicos, holandeses y prusianos vencieron a un ejército de 73 000 hombres, reunidos a toda prisa por Napoleón.

Las guerras revolucionarias francesas, iniciadas en 1792, tuvieron como fin extender los principios revolucionarios a los estados vecinos y defender Francia de sus enemigos. Pero, con el gobierno de Napoleón, se convirtieron *de facto* en guerras de conquista, pese a librarse en nombre de la Revolución.

Napoleón Bonaparte

Nacido en Ajaccio, la capital de Córcega, en una familia que decía pertenecer a la baja nobleza italiana, Napoleón Bonaparte (1769–1821) se graduó en 1785 en el ejército francés y fue un ferviente partidario de la Revolución. En 1796, con 26 años de edad, se le dio el mando del ejército francés en Italia y logró una serie de impresionantes victorias. Dos años después lideró sin éxito una invasión francesa de Egipto.

Cada vez más convencido de su destino, hacia 1800, tras protagonizar un golpe de Estado, Napoleón dominó Francia de la misma manera en que acabaría dominando Europa. Era tan brillante e incansable como gobernante como lo fue como soldado. Su reforma más duradera fue la introducción, en 1804, del llamado Código Napoleónico, que es aún hoy día la base del derecho civil francés. Obligado a abdicar en 1814, Napoleón fue exiliado a la isla de Elba, en el Mediterráneo, de la que escapó antes de su derrota final en Waterloo. En 1815 fue confinado en la isla de Santa Elena, en el Atlántico sur, donde murió seis años después.

Un continente remodelado

Durante las guerras revolucionarias, Francia había fundado repúblicas hermanas en el norte de Italia y en los Países Bajos; bajo el gobierno de Napoleón, muchas de ellas fueron convertidas en reinos, cuyos monarcas procedían de la familia del emperador. Por toda Alemania, los estados fueron troceados, a expensas de Prusia, y convertidos en estados títere franceses, al tiempo que se abolió el Sacro Imperio Romano Germánico. A partir de 1807, los franceses controlaban gran parte de Polonia, con el nombre de Gran Ducado de Varsovia. Todos estos estados seguían el guion francés: se reducía el poder del clero, se abolía la servidumbre y se acababa con los privilegios de la aristocracia. Pero, inevitablemente, estas reformas causaban resentimiento.

Las conquistas de Napoleón eran consecuencia de su ingenio militar y de unos ejércitos muy aumentados en número. El reclutamiento forzoso, introducido en 1793, hizo que el ejército francés pasase de 160 000 hombres a 1,5 millones. Solo Gran Bretaña, protegida por el canal de la Mancha, se libró de la derrota, y la posición británica como primera potencia marítima quedó subrayada por la victoria en la batalla de Trafalgar en 1805. Pero las fuerzas marítimas no bastaban para vencer a Napoleón. El papel más relevante de Gran Bretaña fue financiar las alianzas, siempre cambiantes, a las que se enfrentaba Francia.

A modo de respuesta, Napoleón impuso el llamado «sistema continental», que prohibía el tráfico entre la Europa continental y Gran Bretaña. No obstante, Portugal y Rusia siguieron comerciando con Gran Bretaña, lo que propició las invasiones napoleónicas de 1807 y 1812.

La resistencia al régimen napoleónico iba en aumento: los españoles empezaron una inclemente guerra de guerrillas que agotaba los recursos franceses, y a la que el propio Napoleón llegó a llamar la «úlcera española».

La derrota final

Napoleón había creado una especie de sensación de invulnerabilidad en Francia, lo que hizo de su derrota final algo mucho más traumático para la nación. De los 450 000 hombres que llevó a Rusia en 1812, sobrevivieron 40 000. Napoleón se había extralimitado. En Leipzig (Alemania), en 1813, superado en número en una proporción de tres a uno por las fuerzas austriacas, prusianas, rusas y suecas, sufrió su primera derrota. Después, para la batalla de Waterloo, sus fuerzas se habían recuperado ligeramente, y la proporción era solo de dos a uno, pero el ingenio militar de Napoleón no logró darle la vuelta a este desequilibrio, y sus ambiciones imperiales acabaron en el barro de Waterloo. ▪

Todos los franceses están permanentemente sujetos a ser requeridos para servir en los ejércitos.
Declaración de conscripción (1793)

PONGAMOS SIN MIEDO LA PIEDRA ANGULAR DE LA LIBERTAD DE AMERICA. VACILAR ES PERECER

BOLÍVAR FUNDA LA GRAN COLOMBIA (1819)

EN CONTEXTO

ENFOQUE
La independencia latinoamericana

ANTES
1807–1808 La invasión napoleónica de la península Ibérica causa crisis gubernamentales en las colonias de Sudamérica.

1819 España es expulsada de su antigua provincia de Nueva Granada y se declara la república de la Gran Colombia.

DESPUÉS
1822 Portugal acepta que Brasil se convierta en una monarquía constitucional con Pedro I.

1824 Los españoles se rinden en Perú, con lo que acaba su imperio en el Nuevo Mundo.

1830 La Gran Colombia se divide. Ecuador, Colombia y Venezuela emergen como estados independientes.

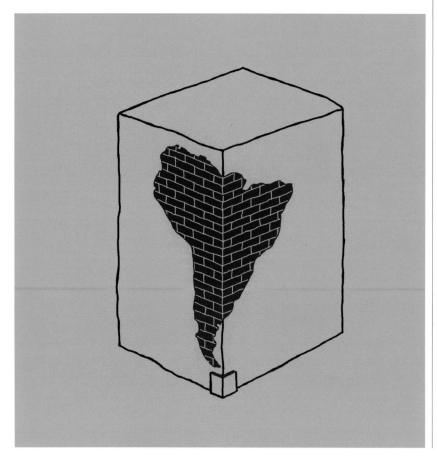

E n 1819, Simón Bolívar, conocido con el título de «Libertador», fundó la República de Colombia, llamada la Gran Colombia, lo cual marcó un momento crucial en el surgimiento de una Latinoamérica independiente.

Hacia 1825, el continente había acabado con casi 300 años de dominio español y portugués. En Brasil, que obtuvo su independencia en 1822, el proceso fue relativamente fácil y con pocos enfrentamientos, pero en los demás países fue complejo, largo y violento. Esto era el reflejo de unas sociedades compuestas por un amplio abanico de clases sociales y razas (élites y gobernantes europeos, nativos, negros y mestizos), lo

Véase también: Firma de la Declaración de Independencia de EE UU 204–207
■ La toma de la Bastilla 208–213 ■ Leyes de abolición del comercio de esclavos
226–227 ■ La Revolución mexicana 265

Las ideas de **liberación política** se extienden por los territorios colonizados por españoles y portugueses en **Sudamérica**.

↓

Estas ideas **desestabilizan el gobierno español** en el continente.

↓

Las cruentas guerras contra las potencias coloniales en Sudamérica llevan a la creación de la Gran Colombia independiente.

↓

El nuevo estado se enfrenta a **divisiones e inestabilidades**. Las luchas internas minan las esperanzas de unidad.

↓

Sudamérica, racial y socialmente **dividida, lucha** constantemente **por afirmarse** económica y políticamente.

Simón Bolívar

Nacido en Caracas (Venezuela), en 1783, Simón Bolívar procedía de una antigua y rica familia de la nobleza de la ciudad. Completó su educación en Europa, donde asimiló los ideales republicanos de las revoluciones estadounidense y francesa. La idea de una Hispanoamérica independiente arraigó en su imaginación.

Su carrera revolucionaria comenzó con un abortado levantamiento en Caracas en 1810. En 1813, tras algunas campañas militares, Bolívar entra en Caracas, proclamado Libertador, y es nombrado capitán general (presidente) de la nueva República de Venezuela. En 1817 llevó a cabo una audaz invasión de Colombia, y siguió con las conquistas de Ecuador y Perú en 1824. Su sueño era unificar Iberoamérica (excepto Brasil, Argentina y Chile) en una sola gran república. Sin embargo, sus tendencias autoritarias y la brutalidad de sus ejércitos acabaron creando disensiones y, en 1830, año de su muerte, la fractura de la Gran Colombia.

cual siempre fue un problema para la cohesión política y social. Minada por las disputas, la existencia de la Gran Colombia llegó a su fin en 1830.

La independencia de Brasil

Aunque parcialmente influida por las doctrinas liberales de las revoluciones estadounidense y francesa, la vía a la independencia en Latinoamérica fue a menudo guiada por el deseo de justicia social o de gobiernos en verdad representativos. Dejando de lado las dos revueltas insurgentes mexicanas (1810 y 1813), se trataba más bien de una lucha por la supremacía entre élites gobernantes, ninguna de las cuales tenía demasiado interés en el tipo de cambio social que subyacía bajo la Revolución francesa, es decir, el de refundar la sociedad sobre principios liberales. Dicho esto, las guerras napoleónicas también afectaron notablemente este proceso de independencia. La invasión de Portugal por Napoleón, en 1807, obligó al rey portugués Juan VI y a su corte a huir a su colonia brasileña. Juan se quedó allí incluso tras la caída de Napoleón, en 1815, y solo regresó a Portugal en 1821. Sin embargo, su hijo y sucesor, Pedro I, se quedó en Brasil.

Como en el caso de las colonias latinoamericanas de España, también Brasil estaba dominado por una élite de terratenientes, muchos de los cuales habían nacido en Sudamérica. A los terratenientes les irritaba que »

Pedro I de Brasil, cuya coronación ilustra este cuadro de Jean-Baptiste Debret, era el hijo del rey Juan VI de Portugal, y se había quedado en Brasil para actuar como regente.

la autoridad definitiva la ejerciera una monarquía distante, y no veían razón alguna para someterse a ella.

En el caso de Brasil, existen paralelismos con la lucha por la independencia norteamericana. Pero, si bien en esta eran las libertades de los ciudadanos libres las que se ponían en disputa, el tema era menos amplio en Brasil: era sencillamente una cuestión de quién debía gobernar.

En 1822, a fin de proteger los intereses de la élite nativa, Pedro I declaró a Brasil una monarquía constitucional independiente, y se proclamó emperador. Era una revolución tan solo en el sentido de que creó la independencia de Brasil en interés de quienes ya lo gobernaban. Una de las consecuencias más obvias fue que, en Brasil, al no haber cambios en el orden social ni económico, la esclavitud siguió siendo legal hasta 1888, una fecha mucho más tardía que en ningún otro lugar de Occidente.

Gobernar las colonias españolas

En las colonias españolas, el impulso independentista surgía en parte del deseo de la élite gobernante nativa (los criollos) de defender sus intereses, sobre todo teniendo en cuenta el restrictivo control español sobre el comercio sudamericano y las punitivas políticas impositivas, ambas cosas en contra de los intereses de las colonias. A corto plazo, sin embargo, fue una reacción contra la invasión de España por Napoleón en 1808, así como contra el derrocamiento del rey español Fernando VII a favor del hermano de Napoleón, José. En efecto, las colonias españolas carecían de un monarca legítimo, de modo que sentían que era su deber gobernarse ellas mismas, al menos hasta que la monarquía se restaurase.

Mientras los liberales sudamericanos veían a José como el heraldo de un nuevo orden social más justo que sustituiría el absolutismo de Fernando VII, los realistas de las colonias veían estas tendencias liberales como algo inherentemente desestabilizador. Las semillas del conflicto interno ya estaban sembradas.

La revolución social en México

Al mismo tiempo, México, llamado entonces Virreinato de Nueva España, abarcaba un enorme territorio que se extendía casi desde el actual Wyoming hasta Panamá y que incluía la mayor parte de Texas. Aquí, los acontecimientos tuvieron un desarrollo diferente. En 1810, el sacerdote Miguel Hidalgo, horrorizado ante las evidentes desigualdades de México, lideró una revolución popular que acabó al año siguiente con una brutal represión y la ejecución de Hidalgo. Un levantamiento popular posterior, liderado por otro sacerdote católico, José María Morelos, entre 1813 y 1815, fue igualmente sofocado. En 1821, México logró su independencia por la fuerza, pero haciendo frente solo a una resistencia española más bien simbólica; y la consiguió bajo el liderazgo de Agustín de Iturbide, general mexicano que se autoproclamó emperador de México al año siguiente. Su reinado duró menos de un año. Hacia 1838, México había perdido todos sus territorios centroamericanos, y hacia 1848 había perdido todos los situados más al norte, que pasaron a formar parte de EE UU.

Gran Colombia

Los acontecimientos de la Sudamérica española (que comprendía los tres virreinatos de Nueva Granada, Perú

Por mi sangre, mi honor, mi Dios, juro liberar Brasil.
Príncipe Pedro
Futuro emperador
Pedro I de Brasil (1822)

> Que la esclavitud se proscriba para siempre, y lo mismo la distinción de castas.
> **José María Morelos**
> **Miembro y líder de las fallidas revueltas mexicanas de 1813 y 1815**

y Río de la Plata) siguieron un curso diferente. La figura clave fue Simón Bolívar. Nacido en la actual Venezuela, pertenecía a una familia aristocrática criolla y recibió una elevada formación. Había visitado Europa varias veces y era partidario de la construcción nacional moderna sobre el modelo establecido por la Revolución francesa. Creía que los diversos pueblos e intereses de Sudamérica podían unirse con la toma de conciencia de una identidad sudamericana, expresada mediante la creación de un gran estado sudamericano. Este debía ser la Gran Colombia, que abarcaría una inmensa área del norte de Sudamérica, básicamente la que ocupan los actuales estados de Ecuador, Colombia, Venezuela y Panamá.

La visión de Bolívar de una Sudamérica independiente no encajaba con toda una serie de realidades políticas. Sus éxitos militares (por ejemplo, en 1824, la victoria sobre las fortalezas españolas que quedaban en Perú, cuando sus ejércitos atacaron desde el norte y el sur en un movimiento de pinza en el centro de los

Andes) no se pudieron trasladar a estados duraderos y estables.

Bolívar era un idealista, así como un ferviente crítico de la esclavitud. Creía que un territorio y un pueblo tan amplios solo podrían ser gobernados desde un fuerte gobierno centralizado y autoritario. Viéndose a sí mismo como un líder natural, se propuso como presidente vitalicio de la Gran Colombia. Esto, como era de esperar, provocó una amarga oposición.

La Gran Colombia se divide

Hacia 1830 (cuando Bolívar, con 47 años, murió de tuberculosis), la Gran Colombia se había fracturado. Esto quizá fuera consecuencia del tipo de nacionalismo que ya estaba surgiendo en Europa, con la independencia de Grecia y, al año siguiente, de Bélgica. Pero sobre todo se debió a un fracaso a la hora de acordar un futuro para la Gran Colombia. Había debates sobre si su gobierno debía ser liberal, conservador o autoritario. A lo largo del siglo XIX, Venezuela se vio sujeta a cruentas guerras que costaron la vida a cerca de un millón de personas. Esta falta de dirección dio como resultado una inestabilidad y una desigualdad social que durarían un siglo o incluso más. Esto habría

favorecido también el surgimiento de una serie de líderes militares autoritarios que actuarían en defensa de los intereses de los terratenientes. Y, como consecuencia, surgieron unas clases sociales permanentemente oprimidas, tanto urbanas como rurales, tanto blancas como negras. Las grandes haciendas (enormes áreas, ineficazmente explotadas por ejércitos de campesinos a las órdenes de una élite complaciente y cruel de terratenientes) dominaban la sociedad.

En 1910, México sufrió una nueva revolución. Esto se debió en parte al hecho de que el país se vio atrapado entre ineficaces regímenes liberales, que deseaban aliviar el evidente sufrimiento de los pobres, pero que hacían poco por solucionar las debilidades económicas esenciales, y regímenes egoístas y autoritarios, a los que les interesaba más la grandilocuencia que las verdaderas reformas.

La visión de Bolívar de una Sudamérica refundada e independiente nada pudo contra la realidad de una sociedad desigual que no compartía creencia alguna en su propio y común destino y que fue víctima de una competencia entre facciones (a menudo violenta) que solo buscaban defender sus propios intereses. ∎

La batalla de Ayacucho (1824) supuso la derrota del ejército español y marcó el fin del gobierno español sobre Perú y Sudamérica.

LA VIDA SIN INDUSTRIA ES UN ERROR

LA LOCOMOTORA *ROCKET* DE STEPHENSON ENTRA EN SERVICIO (1830)

EN CONTEXTO

ENFOQUE
La revolución industrial

ANTES

1776 Se publica *La riqueza de las naciones*, de Adam Smith.

1781 Watts inventa el primer motor de vapor rotatorio. Se construye el primer puente de hierro del mundo, en Coalbrookdale (Inglaterra).

1805 Se acaba el canal Grand Junction entre Birmingham y Londres.

1825 Se inaugura el primer ferrocarril de vapor comercial del mundo entre Stockton y Darlington (Inglaterra).

DESPUÉS

1855 Se presenta el horno convertidor Bessemer.

1869 Se acaba la primera vía férrea transcontinental en EE UU.

1885 Se instala en Alemania el primer motor práctico de combustión interna de gasolina.

Una **revolución científica** en Occidente extiende la sensación de que se puede **comprender** y **explotar mejor** el mundo.

El desarrollo de maquinaria de vapor impulsa el crecimiento de la **producción fabril en serie**.

La locomotora *Rocket* de Stephenson anuncia un nuevo medio de transporte más rápido y fiable.

Occidente se impone en el resto del mundo y crea **mercados mundiales interconectados**.

La **dependencia de combustibles fósiles** en las sociedades industriales pone en peligro el **medio ambiente**.

El 15 de septiembre de 1830 se abrió al público el primer servicio ferroviario comercial impulsado por una locomotora de vapor, la *Rocket* («cohete») de George Stephenson. Era la línea de la compañía ferroviaria Liverpool and Manchester Railway, de 56 km de longitud, y en la que se empleaban locomotoras, también diseñadas por Stephenson, capaces de llegar a velocidades de casi 48 km/h. La locomotora *Rocket* simbolizaba lo que sigue siendo el acontecimiento clave en la historia de los últimos 250 años: la transformación de una sociedad agrícola, que dependía de molinos de viento y caballos, en una industrial, en la que los motores de vapor podían generar potencia fiable y a una escala previamente inimaginable.

Trasfondo

El proceso de industrialización que comenzó en Gran Bretaña entre mediados y finales del siglo XVIII había empezado ya con la revolución científica que se dio en Europa a finales del siglo XVII. De importancia similar fueron los cambios financieros iniciados en los Países Bajos e importados a Gran Bretaña, ya que la mayor disponibilidad de crédito impulsó las actividades de los emprendedores. Para los miembros de las cada vez más ricas clases medias, nunca había sido más fácil buscar maneras de invertir su dinero y apoyar nuevas invenciones y tecnologías.

Un tercer factor fue la revolución agrícola, iniciada en los Países Bajos y Gran Bretaña, donde los granjeros vieron que la rotación de cosechas hacía innecesario dejar las tierras en barbecho cada tres años. En ambos países, la ganancia de tierras al mar aumentó el área cultivable. El rendimiento de las cosechas se incrementó, al tiempo que la domesticación selectiva generaba animales más grandes y que rendían más, tanto como fuente de alimento como de lana. Con las probabilidades de hambruna en clara recesión, la población de Gran Bretaña creció, entre 1750 y 1800, de 6,5 millones a 9 millones. Esto, a su vez, significó la apertura de nuevos mercados y la disponibilidad de una mayor fuerza laboral.

Por último, en Gran Bretaña una red de transporte mejorada permitió transportar más rápidamente y de un modo más eficaz mercancías producidas a gran escala. Entre 1760 y 1800 se construyeron en Inglaterra hasta 6840 kilómetros de canales.

Los intelectuales trataron de analizar las causas y consecuencias de estos cambios sociales. La publicación, en 1776, de *La riqueza de las naciones*, de Adam Smith, cimentó lo

que empezaba a conocerse como economía política, y esclareció el papel de la búsqueda de beneficios y de la competencia en el aumento de la eficacia y en la bajada de precios.

La transformación económica contribuyó también al surgimiento de mercados mundiales, como consecuencia de los boyantes imperios coloniales europeos, que ofrecían un mayor acceso a las materias primas y proporcionaban mercados para productos manufacturados. Las mejoras en cartografía, en la fabricación de barcos y en la medición durante la navegación facilitaron también el comercio.

La potencia del vapor

La fuerza decisiva que impulsó esta transformación económica fue el desarrollo del motor de vapor. En un tiempo sorprendentemente corto, esta

Hace cien años, los negocios se limitaban al ámbito local, y hoy son mundiales.
Frank McVey
***Modern Industrialism* (1903)**

tecnología revolucionaría Gran Bretaña, convirtiéndola en la primera potencia industrial del mundo, y transformaría, a continuación, el planeta entero. Incluso así, podría no haber tenido este impacto si Gran Bretaña no hubiera contado con enormes reservas del combustible necesario para hacer funcionar el nuevo motor: el carbón. La sustitución de la madera por el carbón como principal fuente de combustible fue vital para el desarrollo de la industria. Y del mismo modo, el desarrollo del coque (carbón procesado, que arde a temperaturas más altas que el carbón natural) en los inicios del siglo XVIII haría la producción de hierro (el material indispensable de las nuevas tecnologías) mucho más rápida y sencilla.

Había habido motores de vapor con varios grados de fiabilidad desde el año 1712, cuando Thomas Newcomen creó su «máquina atmosférica». Pero no fue sino con el primer motor de vapor rotatorio de James Watts, en 1781, que el increíble potencial »

La ***Rocket***, aquí frente a la Oficina de Patentes de Londres, era la locomotora a vapor del primer ferrocarril comercial del mundo, entre Liverpool y Manchester.

del poder de las máquinas quedó claro. Los primeros motores de vapor se habían usado sobre todo como bombas de extracción. El motor rotativo de Watts, sin embargo, podía impulsar maquinaria. La compañía de ingeniería que él y Matthew Boulton fundaron en Birmingham en 1775 produjo más de 500 motores de vapor.

En el año 1800, cuando expiraron las patentes de Watts, otros empezaron a producir sus propios motores de vapor. La industria textil del noroeste de Inglaterra se benefició especialmente de la cada vez mayor disponibilidad de potencia de vapor, y la producción fabril a gran escala y casi totalmente mecanizada sustituyó a la pequeña manufactura casera. Hacia 1835 había más de 120 000 telares mecánicos en molinos textiles. Al no depender ya de los ríos como fuentes de potencia, las fábricas podían construirse en cualquier lugar, y acabaron concentrándose en las ciudades del norte y de las Midlands inglesas, que, conforme avanzaba el siglo, fueron creciendo rápidamente hasta convertirse en grandes centros industriales.

Cambios sociales

Enormes cantidades de trabajadores se vieron arrastrados a las nuevas ciudades, que se convirtieron en sinónimo de pobres condiciones de vida y de trabajo para la mano de obra. Este influjo llevó a la aparición de una clase obrera urbana. Pasó mucho tiempo antes de que los trabajadores experimentaran alguna mejora en sus vidas, y la idea de que merecían participar de los beneficios de esta transformación social y económica, en lugar de ser sencillamente explotados como esclavos, caló en ellos muy poco a poco. Entre tanto, sin embargo, los propietarios de las fábricas, cada vez más ricos, se convirtieron en una voz política de peso.

Un mundo más amplio

Hasta 1860, Gran Bretaña fue la potencia industrial y mercantil líder; pero las demás naciones occidentales tardaron poco en averiguar cómo podían beneficiarse de los avances. En la Europa continental, la industrialización fue lenta al principio, inhibida por el tipo de inestabilidad que Gran Bretaña había logrado evitar, como las revoluciones de 1848. Posteriormente, la pujanza de su desarrollo rivalizaría con la de Gran Bretaña. En 1840, Alemania y Francia poseían 480 km de líneas férreas cada una; hacia 1870 eran 16 000 km. De igual

El procedimiento Bessemer, ideado por el ingeniero del mismo nombre para convertir hierro en acero, mejoró la eficacia de todas las industrias, desde la del transporte hasta la militar.

modo, en esos treinta años, la producción de arrabio de cada uno de los dos países pasó de unas 125 000 toneladas a un millón.

No obstante, los avances más sorprendentes se dieron en EE UU, donde, en 1840, había 5300 km de vías férreas, casi todas en el nordes-

---

Isambard Kingdom Brunel

Ninguna figura encarna mejor la determinación, ambición y visión que impulsaron la primera fase de la revolución industrial en Gran Bretaña que el industrioso Isambard Kingdom Brunel (1806–1859). Fue responsable del puente más largo del mundo (el puente colgante de Clifton, en Bristol), el túnel más largo (el de Box, en Wiltshire) y el barco más largo del mundo (el vapor *Great Eastern*). En 1827, con solo 21 años de edad, fue nombrado ingeniero jefe del túnel del Támesis. En 1833 se convirtió en ingeniero de la recién creada compañía ferroviaria Great Western Railway, que, hacia 1841, unió Londres con Bristol, ciudad esta última cuyos muelles había estado reconstruyendo el propio Brunel desde 1832. Creyendo posible viajar de Londres a Nueva York, Brunel diseñó también el *Great Western*, el primer vapor transatlántico. A este le siguió el *Great Britain*, primer trasatlántico con casco de hierro y propulsado con hélice. Pese a su gran visión, demoras y sobrecostes plagaron muchos de sus proyectos, pero entre sus obras hay algunos de los más grandes logros que había visto hasta entonces la ingeniería.

te, hacia 1860 habían 51 500 km, y hacia 1900 eran ya 310 000 km de vías. La producción de arrabio creció de un modo similar: en 1810 era de poco menos de 100 000 toneladas al año; hacia 1850 se acercaba a las 700 000 toneladas; y hacia 1900 pasaba de los 13 millones de toneladas.

El papel del acero

Hacia 1870, en Europa y EE UU empezó una segunda oleada de industrialización, en la que el petróleo, los productos químicos, la electricidad y el acero cobraron cada vez más relevancia. La producción de acero había cambiado a partir de 1855, cuando el ingeniero inglés Henry Bessemer inventó un modo de hacer dicho metal más ligero, fuerte y versátil. Desde ese momento, el acero demostraría ser el eje de la industria. En 1870, la producción mundial de acero era de 540 000 toneladas, pero en tan solo 25 años ascendió a 14 millones de toneladas, y las vías férreas, la producción armamentística y la industria naviera se beneficiaron de esta repentina disponibilidad.

Mientras Alemania comenzaba a amenazar la preeminencia industrial de Gran Bretaña en Europa, cuadruplicando su producción industrial entre 1870 y 1914, EE UU se iba convirtiendo rápidamente en la primera potencia industrial del planeta. En 1880, Gran Bretaña producía aún más acero que EE UU, pero, hacia 1900, EE UU ya producían más acero que Gran Bretaña y Alemania juntas.

Al mismo tiempo comenzaban a aparecer barcos a vapor. Los tiempos de navegación se hicieron más controlables y la duración de los viajes se acortó. También los barcos eran mucho más grandes. Mientras que los mayores barcos de madera raramente pasaban de los 60 metros de eslora, el *Great Eastern*, botado en 1858, tenía 210 metros. Si hacia

1870 el tonelaje mundial de buques de vapor era de 1,4 millones, hacia 1910 había alcanzado los 19 millones.

Ganadores y perdedores

Los beneficios de la industrialización se distribuyeron de modo desigual. Europa meridional tardó en reaccionar, y Rusia luchó por ponerse a la par. China e India, o fueron incapaces o no quisieron industrializarse; Latinoamérica lo hizo solo intermitentemente; y África estaba dominada por potencias tecnológicamente superiores. En contraste con todo esto, tras 1868, Japón realizó un esfuerzo en solitario para industrializarse que lo convirtió en una potencia mundial.

La industrialización hizo posible también un nuevo tipo de guerra, capaz de provocar muertes a una escala nunca antes presenciada. Una constante ironía de la industrialización es que las naciones que más se beneficiaron de ella se enfrentaron unas contra otras en dos guerras mundiales, desplegando armas de una enorme potencia destructiva.

La revolución industrial puso los cimientos del mundo moderno. Alimentada por una enorme sensación de nuevas posibilidades, en algunos lugares elevó la calidad de vida en todas las capas de la sociedad de modos inimaginables en épocas anteriores. Pero en el opulento Occidente produjo también la sensación de que la superioridad material equivalía también a algún tipo de superioridad moral, una superioridad que no solo le facilitaba a Occidente dominar el mundo, sino que le exigía hacerlo. ∎

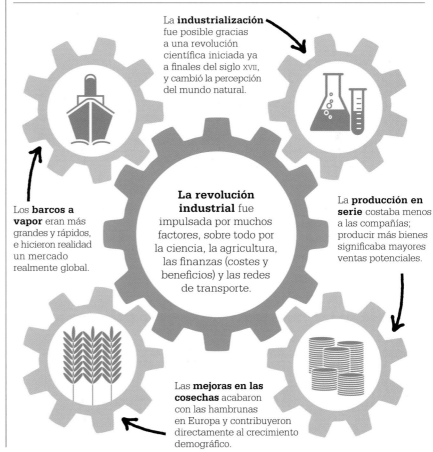

La **industrialización** fue posible gracias a una revolución científica iniciada ya a finales del siglo XVII, y cambió la percepción del mundo natural.

La **producción en serie** costaba menos a las compañías; producir más bienes significaba mayores ventas potenciales.

La revolución industrial fue impulsada por muchos factores, sobre todo por la ciencia, la agricultura, las finanzas (costes y beneficios) y las redes de transporte.

Los **barcos a vapor** eran más grandes y rápidos, e hicieron realidad un mercado realmente global.

Las **mejoras en las cosechas** acabaron con las hambrunas en Europa y contribuyeron directamente al crecimiento demográfico.

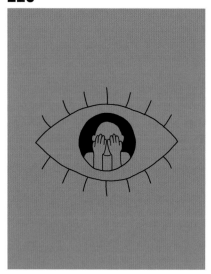

PUEDES MIRAR HACIA OTRO LADO, PERO YA NUNCA PODRAS DECIR QUE NO LO SABIAS

LEYES DE ABOLICIÓN DEL COMERCIO DE ESCLAVOS (1807)

En Gran Bretaña, **las ideas de libertad** se unen a la creencia religiosa de que la **esclavitud** es una **abominación**.

Comerciantes y **propietarios de plantaciones** se resisten a acabar con la esclavitud.

Tras varias derrotas parlamentarias, se aprueba la Ley de Abolición del Comercio de Esclavos británica por una abrumadora mayoría.

Gran Bretaña intenta convencer a otras naciones de **oponerse al comercio de esclavos**.

La esclavitud queda abolida en el Imperio británico en 1833. En EE UU acabará formalmente en 1865.

L a aprobación, en el año 1807, de la Ley de Prohibición de Importación de Esclavos, en EE UU, y de la Ley de Abolición del Comercio de Esclavos, en Gran Bretaña, marcaron un giro radical en el pensamiento occidental. En la década de 1780, el comercio de esclavos aún se veía como una actividad económica «natural». Tanto EE UU, «concebidos en libertad», como las colonias de los europeos en el Caribe dependían de la mano de obra esclava, que se podía obtener con relativa facilidad en África occidental. Brasil, gobernado por los portugueses, era incluso más dependiente de los esclavos. Además, Gran Bretaña, en

William Wilberforce, retratado por Karl Anton Hickel, era un ferviente cristiano, y fue el político británico que atacó con más vigor el comercio de esclavos.

particular, se hallaba en una posición incómodamente anómala. La esclavitud nunca había sido legal allí (lo cual quedó de relieve en 1772 en el llamado caso Somersett, en el que se dictó que todo esclavo era libre una vez que pisaba suelo británico), y los británicos se enorgullecían de su defensa de tales libertades fun-

damentales. Pero incluso así, Gran Bretaña era la nación líder en el comercio de esclavos.

Cambios globales

Para un buen número de altruistas y activos opositores a la esclavitud (como William Wilberforce y Thomas Clarkson), la abolición de la esclavitud se convirtió en un imperativo. Se lanzó una campaña que, pese a una tenaz oposición, ganó adhesiones en la opinión pública y en el Parlamento. Durante gran parte del siglo XIX, la Royal Navy británica estaría en primera línea de dicha campaña para interceptar aquellos buques que aún se dedicasen al tráfico de esclavos.

Mientras tanto, el movimiento antiesclavista se hacía con partidarios en el resto del mundo. La Convención Nacional Francesa, durante la Revolución, ilegalizaba la esclavitud en 1794 (aunque esto sería parcialmente revocado por Napoleón en 1802). Dejando a un lado Brasil, donde no se prohibiría la esclavitud hasta 1888, los nuevos Estados independientes surgidos en Latinoamérica tras 1818 prohibieron también la esclavitud.

La esclavitud es repugnante para los principios de la Constitución británica y los de la religión cristiana.
Thomas Foxwell Buxton
Político británico (1823)

No sería hasta 1833 que la esclavitud propiamente dicha (y no solo el comercio de esclavos) fuera ilegalizada en el Imperio británico. Pese a la importancia de la presión ejercida por una nueva hornada de antiesclavistas, en particular por Elizabeth Heyrick, el motivo de tal ilegalización no fue solo humanitario. La rebelión de los esclavos en Haití, que llevó a la independencia de dicho país en 1804, había dejado en Occidente la sensación de que este tipo de levantamientos eran difíciles de reprimir. Luego, una revuelta de esclavos en la británica Jamaica reforzó la idea de que, a largo plazo, liberar esclavos demostraba ser menos problemático que poseerlos. A este respecto, en EE UU la cuestión esclavista siguió siendo una gran y dolorosa llaga. Cuanto más denunciaban la esclavitud los abolicionistas de los estados del norte, más industrializados, en mayor medida se mostraban los estados sureños, agrícolas y dependientes de la mano de obra esclava, decididos a mantenerla. Sería necesaria una guerra civil de cuatro años de duración y 670 000 muertos para solventar esta cuestión. ▪

La revuelta haitiana

Pocos alzamientos ilustran las contradicciones de las revoluciones que barrieron Occidente durante el siglo XVIII mejor que el de Haití (1791–1804). Esta colonia francesa del Caribe, llamada Saint Domingue, debía su prosperidad a la explotación de los esclavos. La revuelta, liderada por un esclavo liberto, Toussaint Louverture, estaba inspirada en las revoluciones norteamericana y francesa, pero no contó con el apoyo de esos países: a EE UU le preocupaba

que inspirase revueltas en sus estados esclavistas; y Francia temía el daño que pudiera causar a su comercio. España, que dominaba la mitad oriental de la isla, se opuso a la rebelión, como Gran Bretaña, por temor a que se extendiera a sus colonias. Ni siquiera la apoyaron las colonias sudamericanas que querían emanciparse, temerosas del impacto que pudiera tener sobre su propia población esclava. A pesar de esto, fue la única revuelta de esclavos que acabó con la creación de un Estado independiente.

LA SOCIEDAD SE PARTIO EN DOS

LAS REVOLUCIONES DE 1848

EN CONTEXTO

ENFOQUE
Movimientos obreros, socialismo y revolución

ANTES
1814–1815 El Congreso de Viena restaura la monarquía francesa.

1830 Derrocado Carlos X de Francia. Grecia se independiza del Imperio otomano.

1834 Reprimida una revuelta de los tejedores de seda franceses.

DESPUÉS
1852 Se disuelve la Segunda República francesa, fundada en 1848. Luis Napoleón se corona como Napoleón III.

1861 Víctor Manuel II es declarado rey de una Italia unificada.

1870–1871 La guerra franco-prusiana acaba con la unificación de Alemania bajo Prusia. Se reprime la Comuna de París y se declara la Tercera República francesa.

El 24 de febrero de 1848, Luis Felipe I de Francia, llamado el «rey ciudadano», abdicaba al explotar París en protestas contra la negativa del Gobierno a iniciar unas reformas (exigidas por las clases medias y por las trabajadoras) destinadas a introducir medidas liberales y acabar con las desigualdades. Se declaró una Segunda República. En junio, temiendo haber sustituido un gobierno autoritario por otro, las clases trabajadoras de París se volvieron a levantar, pero la revuelta fue salvajemente reprimida. En diciembre, Luis Napoleón Bonaparte (sobrino de Napoleón, fallecido en 1821) fue elegido presidente. En 1851 dio un golpe

Horace Vernet representa aquí las barricadas de la parisina calle Soufflot en 1848. En junio estalló el conflicto entre el gobierno liberal republicano y los obreros parisinos que exigían reformas sociales.

de Estado, y al año siguiente se proclamó emperador como Napoleón III.

Francia se vio azotada durante todo el siglo XIX por la inestabilidad política. La revolución de 1848 se dio tras unas revueltas similares en 1830, y se vería seguida por una más violenta aún en 1871.

El detonante de la revolución de 1848 en Francia fueron las hambrunas sobrevenidas en los dos inviernos anteriores. Esto provocó disturbios generalizados protagonizados por los habitantes más pobres de las ciudades, así como demandas de reformas políticas liberales por parte de una burguesía floreciente. El ardor de esta revolución se contagió a otros lugares de Europa continental, sobre todo en la Confederación Germánica, en la multiétnica Austria y en Italia. Todas las revueltas fueron sofocadas, la mayor parte de las veces, por la fuerza.

El ascenso del socialismo

Antes y después de la derrota final de Napoleón (1815) y preocupados por los continuos levantamientos de los ciudadanos, los estadistas europeos se reunieron en Viena para intentar crear un orden político que conjurase esa amenaza. Su objetivo era conservar el poder en manos de las élites

Véase también: Firma de la Declaración de Independencia de EE UU 204–207 ▪ La toma de la Bastilla 208–213 ▪ La expedición de los Mil 238–241 ▪ Rusia emancipa a los siervos 243 ▪ El discurso de Gettysburg 244–247 ▪ Francia retoma un gobierno republicano 265

¡Proletarios de todos
los países, uníos!
¡No podéis perder más
que vuestras cadenas!
*Manifiesto del
Partido Comunista*

aristocráticas, apoyar al antiguo régimen y mantener las fronteras. Pero este objetivo se vería enfrentado a una nueva realidad política derivada de un conjunto de factores, incluido el deseo de conservar las libertades enarboladas por la Revolución francesa. Esta nueva realidad era también consecuencia de lo que acabaría llamándose nacionalismo: el derecho de los pueblos a decidir su propio futuro como naciones independientes. De igual importancia fue el surgimiento de un nuevo credo político, el socialismo, que deseaba acabar con las crecientes desigualdades generadas por la revolución industrial y que llevaban a la explotación de los trabajadores empobrecidos a manos de los ricos propietarios de las fábricas.

Se restaura el viejo orden

En la febril atmósfera de 1848, sin embargo, estos objetivos demostrarían ser irreconciliables. Amenazadas por el caos, las clases medias, de tendencia liberal, se alineaban más habitualmente al lado de las élites políticas existentes, proclives a restaurar el orden, que junto a los radicales que deseaban reconstruir sociedades y crear nuevas naciones. Los beneficiarios finales de las revoluciones de 1848 fueron las monarquías italiana y alemana, que explotarían un tipo de nacionalismo popular para unificar sus países. Pero, al mismo tiempo, a medida que los cambios económicos iban generando cambios sociales, el gradual surgimiento de los sindicatos (al menos en las democracias liberales de Europa occidental) supondría mejoras en la calidad de vida de los anteriormente desposeídos. ▪

El **Congreso de Viena** intenta **sofocar los nacionalismos** y las amenazas de **futuras revueltas**.

Resulta imposible extinguir las **promesas de expandir el liberalismo**. Crece la exigencia de **autodeterminación nacional**.

En Francia, especialmente, se producen **violentos alzamientos** tras la restauración monárquica.

La revolución de 1848 en Francia engendra rebeliones en Alemania, Italia y Austria. Se reprimen por la fuerza.

Las **élites conservadoras** explotan el **nacionalismo** para impulsar las **unificaciones** de Italia y Alemania.

El *Manifiesto del Partido Comunista*

En 1848, el mismo año en que las revoluciones se extendieron por Europa, se publicó en Londres el *Manifiesto del Partido Comunista*. Pese a que su impacto en esas revueltas fue mínimo, sus ecos en el pensamiento social serían abrumadores durante los años siguientes. Dicho libelo era obra de dos alemanes: Friedrich Engels, hijo de un fabricante textil, y Karl Marx, también de orígenes privilegiados. En 1847, ambos se habían unido a un grupo francés clandestino, la Liga de los Justos, que resurgiría más tarde en Londres como Liga de los Comunistas. Después, Engels financiaría *El capital,* la obra seminal de Marx, cuyo primer volumen se publicaría en Londres en 1867. Este era un intento de demostrar cómo lo que Marx llamaba capitalismo contenía las semillas de su propia perdición, así como de exponer la inevitabilidad de la revolución proletaria que crearía una sociedad sin clases, libre de explotación y miseria.

ESTE PROYECTO REPORTARA INMENSAS RECOMPENSAS

LA CONSTRUCCIÓN DEL CANAL DE SUEZ (1859–1869)

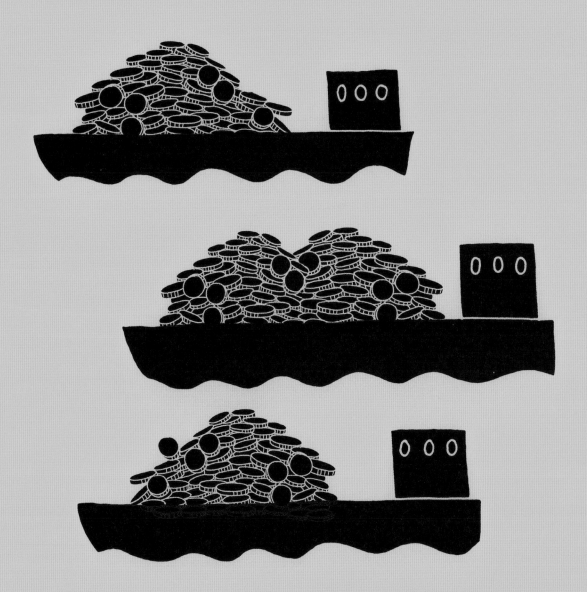

EN CONTEXTO

ENFOQUE
Economías imperialistas

ANTES
1838 Primer viaje transatlántico a vapor.

1858 Se despliega el primer cable telegráfico transatlántico.

DESPUÉS
1869 Se abre el canal de Suez, que reduce enormemente la duración de las travesías por mar entre Europa y Oriente.

1878 Europa adopta el patrón oro; EE UU lo hace en 1900.

1891 Comienza la construcción del ferrocarril Transiberiano. Se acaba en 1905.

1899–1902 Gran Bretaña consolida su dominio en Sudáfrica tras la segunda guerra de los Bóers.

1914 Se inaugura el canal de Panamá, que une el Atlántico con el Pacífico.

La **revolución industrial** permite el **rápido desarrollo** de las economías occidentales.

Las nuevas industrias requieren **más recursos**.

Las nuevas clases trabajadoras anhelan **bienes de consumo**.

Los países desarrollados **construyen imperios** y usan su **poder colonial** para alimentar sus industrias.

La tecnología y el transporte se desarrollan para apoyar esta nueva economía.

Se construye el canal de Suez para facilitar el comercio mundial y acortar notablemente las rutas marítimas.

E l 17 de noviembre de 1869, la ceremonia de inauguración del canal de Suez, que suponía conectar el mar Mediterráneo con el mar Rojo, constituyó toda una exhibición de medios tecnológicos y financieros europeos, y, más concretamente, franceses. Fue también un ejemplo ilustrativo de una economía mundial en rápido crecimiento y cada vez más interdependiente, en la que bienes de consumo procedentes de todo el mundo se intercambiaban a una escala cada vez mayor. Se trataba de un proceso dominado por las potencias coloniales europeas y por

EE UU, las naciones más beneficiadas por aquel. Y, a la vez, todo ello suponía un nuevo impulso a las ambiciones imperialistas europeas.

El canal de Suez redujo la distancia de la ruta marítima entre Londres y Bombay en un 41 %, y la de la ruta entre Londres y Hong Kong en un 26 %. Era fácil ver su impacto en el comercio. Al mismo tiempo, estas rutas de navegación más cortas facilitaban también la defensa de India y de sus cruciales mercados, el objetivo clave de la Gran Bretaña imperial. Hacia finales el siglo XIX, el comercio por el océano Índico, protegido por nada

menos que 21 bases de la Royal Navy, se había convertido casi en un monopolio británico, lo que se intensificó cuando Gran Bretaña se hizo con el control del canal de Suez en 1888, tras haber invadido y ocupado Egipto seis años antes. Esta «diplomacia de la cañonera» demostró ser una manera notablemente eficaz de proteger los intereses británicos.

El canal de Panamá
La construcción del canal de Suez era solo uno de los grandes proyectos de ingeniería realizados para colmar los intereses del comercio imperial. Una

El canal de Suez se inauguró en 1869 y acortó las rutas de navegación entre Europa y Asia. Esto dio un enorme impulso al comercio, lo que, a su vez, generó diversos avances tecnológicos.

iniciativa incluso más ambiciosa fue la construcción del canal de Panamá, en Centroamérica, comenzada en 1881 y que unió el Atlántico y el Pacífico. Se trataba también de un proyecto francés, pero este estuvo rodeado de controversias técnicas, y las obras costaron la vida de unos 22 000 trabajadores, por el adverso clima y por las enfermedades. Tomando el relevo a Francia, que había admiti-do su fracaso, EE UU finalizaría el canal de Panamá en 1914. Era la obra de ingeniería más grande y cara del mundo. Este canal redujo la duración de las travesías por mar, acortando la ruta entre Liverpool y San Francisco en un 42 %, y la de Nueva York a San Francisco, en un 60 %.

La implicación de EE UU

El hecho de que los estadounidenses se hicieran cargo de la finalización del canal de Panamá subraya un importante giro en la actitud de EE UU: no solo se dedicaba a expandir el comercio, sino a defender sus intereses en el extranjero. Este talante tomó cuerpo en 1898, cuando EE UU se convirtió en potencia colonial tras arrebatar Filipinas a España.

El proceso comenzó a acelerarse bajo Theodore Roosevelt (1901–1909), quien apostaba activamente por la implicación militar estadounidense, sobre todo en Latinoamérica, a fin de asegurar la estabilidad como medio de proteger los intereses de su país. Otra consecuencia de esto fue el refuerzo de la armada estadounidense,

la Gran Flota Blanca. El sucesor de Roosevelt, William Taft, aplicó una variante más legalista de la misma política (la llamada «diplomacia del dólar»), según la cual había que asegurar los intereses comerciales estadounidenses, sobre todo en Latinoamérica y Extremo Oriente, con el total respaldo e impulso del gobierno de EE UU a las grandes inversiones.

Trenes y telégrafos

Al mismo tiempo se estaban construyendo vías férreas a gran escala en EE UU y Europa. Las costas Este y Oeste de EE UU se unieron por primera vez por ferrocarril en 1869, con la inauguración de la línea ferroviaria Central Pacific, de 3070 km. Hacia 1905 había ocho líneas ferroviarias transcontinentales más en EE UU, y una en Canadá.

La construcción del ferrocarril Transiberiano en Rusia (1891–1905) »

Que el telégrafo transatlántico, con la bendición del Cielo, sea un lazo de eterna paz y amistad entre naciones hermanas.
James Buchanan
Presidente de EE UU, en un telegrama a la reina Victoria (1858)

La idea en cuestión es excavar un canal a través del istmo de Suez.
Ferdinand de Lesseps
Diplomático francés, en su propuesta del canal de Suez (1852)

se inició con el mismo propósito. Con 7400 km de longitud y abarcando siete husos horarios, el Transiberiano sigue siendo la vía férrea ininterrumpida más larga del mundo. Y no solo tuvo un papel crucial en la colonización de los vastos territorios siberianos de Rusia, sino también en la invasión rusa del norte de China.

El impacto del telégrafo fue igual de importante, dadas las ventajas de poder enviar y recibir mensajes a través de líneas eléctricas. Samuel Morse diseñó el sistema en la década de 1830, en EE UU; y la primera línea de telégrafo se inauguró en 1844. Una década después había 32 000 km de cable telegráfico tendido en dicho país norteamericano.

El primer cable telegráfico tendido a través del Atlántico (1858) solo funcionó dos semanas. Pero en 1866 se había instalado un nuevo cable, capaz de transmitir 120 palabras por minuto. Hacia 1870 se había establecido un enlace telegráfico entre Londres y Bombay, el cual se extendió hasta Australia, en 1872, y hasta Nueva Zelanda, en 1876. En 1902, EE UU estaba ya conectado con Hawái. Este fue el primer sistema cuasi instantáneo e internacional de comunicaciones.

El transatlántico *RMS Mauretania*, construido en Wallsend (RU), era el barco más grande y rápido del mundo. En 1909 estableció el récord de travesía del Atlántico en menos de cinco días.

El *Great Eastern*

El barco responsable de tender el cable transatlántico en 1866 fue el *Great Eastern*, diseñado por el ingeniero más visionario de la primera fase de la revolución industrial, Isambard Kingdom Brunel. Diseñado para transportar 4000 pasajeros desde Inglaterra hasta Australia sin escalas (y regresar a Inglaterra sin repostar), el navío era tremendamente ambicioso en su concepto, aunque resultó un fracaso comercial. No obstante, la tendencia a armar barcos cada vez más grandes, rápidos y seguros se mantuvo. A diferencia del *Great Eastern*, construido en hierro, los posteriores barcos construidos en acero e impulsados por hélices demostraron ser más versátiles. Su introducción coincidió con el desarrollo de motores de vapor más potentes y eficaces.

Los vapores y el comercio

El declive de la navegación a vela transformó aún más el comercio imperial británico. Una consecuencia destacada fue la introducción de diversos barcos de pasajeros cada vez más grandes. La ruta transatlántica experimentó el desarrollo más importante. En 1874, el vapor británico *Britannic*, capaz de generar una potencia de 5500 caballos de vapor, estableció el nuevo récord de la travesía del Atlántico (de este a oeste) en poco menos de ocho días. En 1909, el transatlántico británico *Mauretania*, con 70 000 caballos de vapor de potencia y capaz de transportar 2000 pasajeros, inscribió un nuevo récord de cuatro días y diez horas, a una velocidad media de 26 nudos (unos 48 km/h).

Por entonces se estaban construyendo nuevos tipos de barcos mercantes (en su mayoría, barcos frigorífico). Estos avances muestran cómo la tecnología impulsaba el comercio, ya que hacía accesibles los mercados de todo el globo. Las explotaciones de ganadería ovina y bovina de Sud-

> *Aunque el oro y la plata no son, por naturaleza, dinero, el dinero es, por naturaleza, oro y plata.*
> **Karl Marx**
> *El capital*

américa (sobre todo de Argentina), Australia y Nueva Zelanda crecían al ritmo que lo hacían su número de habitantes. Al mismo tiempo, la población también aumentaba en Europa (por ejemplo, Gran Bretaña pasó de 28 millones a 35 millones, entre 1850 y 1880). Alimentar y vestir a la población era una prioridad importante. La lana podía transportarse fácilmente, pero las carnes de cordero y ternera no podían embarcarse porque se pudrían durante el viaje, al menos hasta 1877, cuando se embarcaron 80 toneladas de ternera desde Argentina hasta Francia en el primer barco frigorífico. En 1881 ya había cargamentos de carne congelada navegando regularmente entre Australia y Gran Bretaña. El primer cargamento de cordero de Nueva Zelanda se hizo al año siguiente. Hubo un enorme incremento en la exportación de carne desde estos tres países; Nueva Zelanda, por ejemplo, exportó 2,3 millones de ovejas congeladas en 1895, cifra que creció hasta los 3,3 millones, en 1900, y los 5,8 millones, en 1910.

La demanda de algodón (sobre todo por parte de las fábricas textiles del noroeste de Inglaterra, que, hacia 1850, producían hasta el 50 % del tejido de algodón mundial) llevó a un gran crecimiento de las plantaciones. En los estados sureños de

El canal de Suez acortó enormemente los viajes (y los hizo más cómodos) en el ámbito del Imperio británico. Entre Inglaterra e India, la distancia de 10 800 millas náuticas se redujo en más del 40 %, hasta las 6200 millas náuticas.

Londres

Bombay

⊢ Canal de Suez

···· Ruta por el canal de Suez

··· Ruta previa

▓ Países gobernados por el Imperio británico

mundial. Al mismo tiempo, Londres se convertía en la capital financiera del mundo. A finales del siglo XIX, la libra esterlina británica, con un valor de 113 granos de oro, era la moneda de referencia para todas las demás.

El aumento de las inversiones occidentales en el extranjero fue vertiginoso. Hacia 1914, EE UU tenía activos en el extranjero por valor de 3500 millones de dólares; Alemania, de 6000 millones de dólares; y Francia, de 8000 millones de dólares. En 1860, los ingresos anuales conjuntos de Norteamérica y Europa central y del norte eran de 4300 millones de dólares: un 35 % del total mundial.

A lo largo del siglo XIX, los criterios del imperialismo variaron. Así, en el Imperio británico se estaban trazando distinciones claras, y cada vez mayores, entre aquellas colonias (sobre todo en África y Asia) cuyas poblaciones autóctonas eran gobernadas por europeos y aquellas a las que se juzgaba capaces de ejercer el autogobierno, como Canadá, Sudáfrica, Australia y Nueva Zelanda. En 1907, a estas cuatro últimas se les había concedido el estatus de «dominio», un privilegio que otorgaba más autonomía, y que jamás obtuvo India ni ninguna colonia británica africana. ∎

EE UU, la producción de algodón en bruto pasó de 100 000 balas, en 1800, a 4 millones de balas, en 1860. Durante la guerra de Secesión, los estados confederados del Sur restringieron las exportaciones de algodón en un intento de forzar una intervención europea en la guerra. El plan fracasó, ya que Gran Bretaña se limitó a aumentar sus importaciones de algodón en bruto de India. Tras tejer el algodón, lo exportaba nuevamente a India, y con sustanciosos beneficios.

Finanzas globales

Esta red comercial no podría haberse desarrollado sin la colaboración de una banca y unas finanzas también mejoradas. En las postrimerías del siglo XIX se fundaron nuevos bancos, los cuales apoyaron con capital a empresas que actuaban en el ámbito

Las condiciones laborales de las minas de oro sudafricanas eran duras, y la mano de obra (sobre todo jóvenes negros) estaba explotada.

La fiebre de los minerales

La búsqueda de nuevos yacimientos de minerales se hizo especialmente intensa a finales del siglo XIX. El hallazgo de oro y diamantes en EE UU, Canadá, Australia y, sobre todo, Sudáfrica provocó una explotación frenética. En Sudáfrica se hallaron diamantes en el Estado Libre de Orange en 1867, y oro en el Transvaal en 1886. Ambos territorios eran repúblicas independientes bóers, fundadas por descendientes de los primeros colonos holandeses que llegaron a lo que se había

convertido en la colonia británica de El Cabo. La gran importancia económica de esas repúblicas reforzó la decisión británica de anexionárselas, lo cual consiguió tras la guerra de los Bóers (1899–1902), que obligó a los británicos a estirar al máximo sus recursos militares. Antes y despés del conflicto, la explotación de los recursos minerales de lo que en 1910 llegaría a convertirse en la Unión Sudafricana se realizó con trabajadores negros explotados, y posteriormente sería crucial para la institucionalización del *apartheid*.

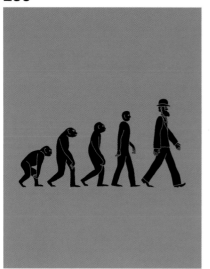

SE HAN DESARROLLADO Y SE ESTAN DESARROLLANDO INFINIDAD DE FORMAS BELLAS Y MARAVILLOSAS

DARWIN PUBLICA *EL ORIGEN DE LAS ESPECIES* (1859)

EN CONTEXTO

ENFOQUE
Avances científicos

ANTES
1831–1836 El joven naturalista Charles Darwin conoce el mundo en el viaje del *HMS Beagle.*

DESPUÉS
1860 Thomas Huxley defiende a Darwin de los ataques de la Iglesia anglicana.

1863 Gregor Mendel demuestra cómo la genética influye en toda la vida vegetal.

1871 En *El origen del hombre*, Darwin expone la idea de la selección sexual, por la que los miembros más exitosos de una especie se atraen mutuamente para perpetuar la especie.

1953 El descubrimiento del ADN demuestra cómo los rasgos se heredan genéticamente.

Los geólogos comienzan a comprender que **la Tierra ha existido durante eones**, algo previamente inimaginable.

Los científicos deducen que la Tierra ha sufrido una serie de **inmensos cambios y extinciones**.

Charles Darwin publica *El origen de las especies*.

Darwin explica la **diversidad de especies animales** y sostiene que toda la vida del planeta **procede de un ancestro** común.

La **ciencia moderna** corrobora las **pruebas y conclusiones** presentadas en la **pionera obra de Darwin**.

Charles Darwin, posiblemente el científico más importante del siglo XIX, quería en un principio seguir los pasos de su padre como médico, y fue enviado a Cambridge para formarse como clérigo anglicano. Su inagotable curiosidad le llevó a interesarse por casi todos los retos científicos.

La publicación de su libro *El origen de las especies* (1859) dio inicio a una nueva comprensión de lo que se acabaría conociendo como evolución. En dicho libro, Darwin se hace preguntas clave: si el mundo está lleno de vida animal y vegetal, ¿de dónde y de qué procede?, ¿cómo ha sido creada? Darwin no fue en absoluto

Véase también: Los viajes del capitán Cook 189 ▪ Diderot publica la *Enciclopedia* 192–195 ▪ La locomotora *Rocket* de Stephenson entra en servicio 220–225

el primero en proponer que un largo proceso de cambio que duró extensos periodos había producido esta diversidad, pero sí que fue el primero en sugerir un patrón explicativo, al cual denominó «selección natural».

La selección natural

En el núcleo de la idea de Darwin estaba su opinión de que toda la vida animal descendía de un solo ancestro común: que los ancestros de todos los mamíferos (los humanos incluidos) eran los peces. Además, apuntó que, en un mundo natural que siempre fue implacablemente violento, solo los más capacitados para la adaptación sobrevivían, y que, en el proceso, evolucionaban hasta convertirse en una nueva especie. Estas opiniones estaban en gran parte basadas en el viaje alrededor del mundo que hizo como naturalista a bordo del *HMS Beagle* entre 1831 y 1836, la mayor parte del cual pasó en Sudamérica. Tardaría diez años en resumir sus voluminosas notas y revisar las muestras obtenidas en su viaje.

La obra de Darwin generó controversia, pues era una ofensa a la creen-

Los pinzones de las islas Galápagos fueron cruciales para la obra de Darwin. Las 13 especies que halló tenían picos diferentes, adaptados al tipo de alimento disponible para cada una.

cia cristiana de que una deidad había creado el mundo tal cual se percibía. No obstante y pese al acalorado debate inicial, las propuestas de Darwin fueron aceptadas, y pronto se generó la opinión de que había efectuado una

contribución decisiva a la comprensión del mundo. Con ello el estatus de la ciencia cobró un gran impulso.

La primacía de la ciencia

Pese a todo, también las propuestas del darwinismo sufrieron interpretaciones torticeras. Lo que acabaría llamándose «la supervivencia del más apto» acabaría siendo una justificación del imperialismo, del racismo y de las políticas eugenésicas.

El origen de las especies se publicó en una época en la que la creciente comprensión del mundo natural, junto al rápido progreso tecnológico, hicieron que los estudios científicos tuvieran más valor práctico que nunca. Darwin fue uno de los últimos científicos «aficionados» en una disciplina que estaba profesionalizándose conforme la sociedad iba valorando más la ciencia. En parte como consecuencia de su obra, pero también de estos cambios en las actitudes sociales, la ciencia empezó a tener un papel central en la vida pública. Para cuando Darwin murió, las noticias de los continuos progresos científicos eran recibidas por la gente como algo normal. ▪

Charles Darwin

Charles Darwin (1809–1882) solo era el quinto candidato para el puesto de naturalista en el viaje del *HMS Beagle* en 1831. Fue escogido de forma fortuita, pero ese viaje transformaría su vida. Aunque solía marearse a bordo, Darwin demostró ser un constante observador del mundo que le rodeaba. Se deleitaría tanto en las junglas de Brasil como en la pampa de Argentina o en las áridas extensiones de las islas Galápagos. Cuando regresó a Inglaterra, se dedicó a una vida de intenso trabajo –Darwin era un ejemplo de científico victoriano, con bastante apoyo económico y una vida familiar particularmente estable y feliz, pese a la muerte de tres de sus diez hijos–. A pesar de que su salud se vio bastante mermada debido tal vez al tiempo que pasó a bordo del *Beagle*, su producción fue prodigiosa, como también lo fue su incesante curiosidad sobre casi cualquier tema del mundo natural. En ausencia de lo exótico, Darwin se asombraba tanto ante las palomas como ante los parásitos, y tanto ante los percebes como ante los gusanos de tierra.

ARMEMONOS. LUCHEMOS POR NUESTROS HERMANOS

LA EXPEDICIÓN DE LOS MIL (1860)

EN CONTEXTO

ENFOQUE
Nacionalismo

ANTES
1830 Grecia se independiza de los otomanos.

1848 Las revoluciones nacionalistas que se extienden por Europa central e Italia son aplastadas.

1859 Austria es expulsada de Lombardía, que se anexiona el Piamonte.

DESPUÉS
1861 Se restablece el reino de Italia.

1866 Austria es obligada a ceder Venecia, en el nordeste de Italia, al nuevo reino italiano.

1870 Los Estados Pontificios son incorporados a Italia.

1871 Alemania se unifica bajo control prusiano. Roma es declarada capital de Italia.

E l 11 de mayo de 1860, el guerrillero y patriota italiano Giuseppe Garibaldi desembarcó en Sicilia, entonces parte del borbónico reino de las Dos Sicilias, en la Italia meridional, al mando de una fuerza de voluntarios procedentes de toda Italia y de tan solo unos mil efectivos, de lo cual procede su nombre, *I Mille* («los Mil»). Su objetivo era derrocar a los Borbones, pero había mucha incertidumbre en cuanto a qué tipo de gobierno sustituiría a la familia reinante.

Al igual que el otro gran partidario de la libertad italiana del siglo XIX, Giuseppe Mazzini, que en 1849 había fundado una efímera república en Roma, Garibaldi estaba decidido a

Véase también: La toma de la Bastilla 208–213 ■ Las revoluciones de 1848 228–229 ■ Rusia emancipa a los siervos 243 ■ Inauguración de la torre Eiffel 256–257 ■ La revolución de los Jóvenes Turcos 260–261 ■ Francia retoma un gobierno republicano 265 ■ La revolución de Octubre 276–279 ■ El tratado de Versalles 280

acabar con los privilegios de la realeza, del clero y de la aristocracia. También le animaba el propósito de acabar con el dominio austriaco en el norte del país, así como la idea de una Italia unificada. El deseo de formar nuevas entidades políticas basadas en elementos nacionales comunes como la geografía y la historia acabaría denominándose nacionalismo.

Llegar a un compromiso

En 1859, gran parte de Italia ya había sido unificada en el reino de Cerdeña-Piamonte, en el noroeste del país, en un proceso dirigido por el astuto primer ministro Camillo Benso, conde de Cavour, con la crucial ayuda de Francia para expulsar a los austriacos. Para el conde de Cavour, la unificación no suponía la creación de una república italiana, sino de un Estado centralizado con una monarquía constitucional. Creía que esta era la

Giuseppe Garibaldi, con la camisa roja de su improvisado ejército, acabó con el dominio borbónico en el reino de las Dos Sicilias, pero tuvo que ceder respecto a la forma de gobierno ulterior.

Comienzan a proliferar en Europa ideas de **autodeterminación nacional**, inspiradas por la **Revolución francesa**.

La **guerra de independencia griega** es el ejemplo de la lucha de las naciones por librarse del **dominio extranjero**.

Las **fallidas revoluciones de 1848** ilustran la **reticencia** de las **élites gobernantes** a las aspiraciones de independencia nacional.

Garibaldi desembarca en Sicilia y derriba el reino de las Dos Sicilias, pero Italia seguirá siendo una monarquía constitucional.

La **unificación alemana** bajo Prusia refuerza el **nacionalismo conservador** a expensas de las **libertades republicanas**.

única manera de que Italia pudiese cobrar todo su potencial para, especialmente, proseguir con su industrialización y poder competir con las potencias que lideraban Europa.

Las fuerzas de los Camisas Rojas, aumentadas por lugareños partidarios suyos que se les unieron, superaron pronto a las ineptas tropas del reino de las Dos Sicilias.

Cuando tocó decidir qué tipo de gobierno tendría la Italia recién unificada (con excepción de Venecia y Roma, aunque ambas acabarían incorporadas en 1866 y 1870), Garibaldi reconoció que el predominio del Piamonte era inevitable. En noviembre

de 1860, con el respaldo de Garibaldi, Víctor Manuel II de Cerdeña entraba en Nápoles. En marzo de 1861 lo coronaban rey de Italia.

Objetivos dispares

La diferencia entre los objetivos de Garibaldi y del conde de Cavour ilustran las contradicciones que yacían en el corazón del nacionalismo en la Europa del siglo XIX. Impulsado por las nociones de libertad e igualdad de derechos emanadas de la Revolución francesa, el nacionalismo desarrolló una visión idealista de una sociedad más justa. Los grupos nacionales oprimidos por gobiernos » extranjeros creían que les asistía el derecho natural a declararse independientes. Es más, aquel nacionalismo estaba caracterizado por la visión romántica del derecho según la cual los pueblos pueden reclamar sus destinos históricos y autogobernarse, es decir, reclamar la independencia. En vez de la lealtad a una dinastía gobernante, se formularon nuevas lealtades a los grupos nacionales, definidos por el idioma, la cultura, la historia y la propia identidad. La idea de estado-nación se hizo cada vez más común, al igual que la creencia en la autodeterminación nacional.

El fracaso de las revoluciones de 1848 en Europa central e Italia, que pretendían avanzar en esas direcciones, dejó claro que las élites gobernantes de Europa se oponían a tales iniciativas y pretendían conservar la Europa creada por el Congreso de Viena en 1814–1815, tras la derrota de Napoleón: una Europa de monarcas, imperios multinacionales y fronteras previas a la Revolución francesa.

Los fracasos de Metternich

La nueva Europa era de todo menos estable, y el principal arquitecto del Congreso de Viena, el príncipe austriaco Klemens de Metternich, admitiría más tarde: «He malgastado mi

> Un pueblo destinado a conseguir grandes cosas para el bien de la humanidad tiene que constituirse, algún día, en nación.
> **Giuseppe Mazzini (1861)**

vida apuntalando edificios podridos». Hacia 1830, Bélgica se había rebelado contra el reino de los Países Bajos, del que era una mera provincia; al año siguiente lograron la independencia, con el apoyo militar británico. Similares levantamientos nacionalistas se dieron en Polonia (1831 y 1846), ambos salvajemente reprimidos por Rusia.

Nacionalismo alemán

Este auge del nacionalismo tuvo consecuencias inmediatas, sobre todo en los estados de Alemania. La unificación del país en 1871, bajo la cancillería del prusiano Otto von Bismarck y la declaración de un imperio alemán hicieron que Europa entrara de golpe en una nueva etapa. Para Bismarck, al igual que antes para el conde de Cavour, los beneficios de la unificación estaban claros: esta sería la expresión de una nacionalidad alemana común, y permitiría que el país saciase la necesidad de subrayar el carácter alemán común que el filósofo Georg W. F. Hegel había identificado. También acabaría con el dominio de los Habsburgo austriacos sobre los territorios de habla alemana, y, en especial, alejaría a los estados meridionales católicos, y sobre todo a Baviera, de la influencia austriaca.

A fin de construir este gran Estado alemán, Bismarck instrumentaría un tipo de nacionalismo conservador. El objetivo no era una reforma social o democrática para fundar un Estado más justo o más liberal, sino la creación de una nación que desafiara al mundo. Con Bismarck, el nacionalismo alemán se tradujo en un decidido apoyo a la industrialización y a la creación de fuerzas armadas incluso más grandes y eficaces.

Y fueron medios militares los que Bismarck desplegó para crear esta nueva Alemania. Lanzó tres grandes campañas. La primera, contra Dinamarca, en 1864, logró para Prusia los territorios daneses meridionales

La brutalidad del ejército otomano al reprimir las revueltas en Grecia (representada en *La matanza de Quíos*, de Eugène Delacroix) provocó un aumento del apoyo a la causa griega.

de Schleswig y Holstein, con apoyo austriaco. En 1866, las tropas prusianas arrasaron la propia Austria. Por último, entre 1870 y 1871, un ejército procedente de toda Alemania derrotó a Francia, derrocando al Gobierno de Napoleón III y sitiando París hasta lograr su rendición por falta de alimentos. Estas vitorias acentuaron un destino alemán aparentemente inevitable, cuya consecuencia lógica sería un imperio alemán unificado bajo el rey prusiano (ahora emperador, o káiser) Guillermo I.

Aspiraciones nacionalistas

En ningún lugar los contradictorios impulsos nacionalistas fueron tan intrincados como en el Imperio austriaco de los Habsburgo, un enorme tapiz de grupos étnicos asentados por toda Europa central bajo el gobierno nominal de Viena. En 1867, tras la derrota austriaca frente a Prusia del año anterior, Hungría logró establecer su casi total independencia de Austria. La «monarquía dual» que resultó de ello (el Imperio austriaco pasó a ser el Imperio austrohúngaro) no solo impulsó un sentido cada vez mayor de

La proclamación de Guillermo I como káiser de Alemania tuvo lugar en Versalles en 1871. La precedió una serie de campañas militares, una de ellas contra Francia.

identidad húngara, sino que favoreció a Hungría con concesiones territoriales por parte de Viena, sobre todo en Transilvania y Croacia. Sin embargo, y pese a las continuas tensiones entre Austria y Hungría, ambos Estados accedieron a permanecer unidos precisamente ante el temor a posteriores agitaciones nacionalistas de sus propios pueblos, étnicamente diversos. Los húngaros, por ejemplo, eran especialmente renuentes a conceder los mismos derechos que pedían para sí mismos a sus numerosas minorías eslovaca, rumana y serbia. Al mismo tiempo, la decadencia del dominio otomano sobre los Balcanes animaba aspiraciones nacionalistas: Serbia, por ejemplo, había surgido como Estado más o menos independiente en 1817. Valaquia y Moldavia (en esencia, la actual Rumanía) lograron proclamar su independencia en 1829. Los griegos, que se presentaban ante el mundo como herederos de la antigua civilización griega (un papel que les reportó el apoyo de los liberales

de toda Europa), habían conseguido su independencia en 1830, tras una guerra de nueve años.

Austria y Rusia competían por llenar el vacío de poder dejado por los otomanos. La provocadora ocupación austriaca de Bosnia en 1878, y su imperiosa anexión en 1908, crearía tensiones que acabarían llevando al estallido de la Primera Guerra Mundial en 1914. Las guerras de los Balcanes de 1912–1913 (en realidad solo una cruenta lucha por la supremacía entre Serbia, Bulgaria y Grecia) constituyeron una nueva prueba del efecto desestabilizador de la construcción de Estados basados en el nacionalismo.

Las consecuencias

La noción de que los pueblos podrían conseguir justicia social basándose en el derecho a la autodeterminación apenas se plasmaría en la realidad durante la década de 1800. Viena, por ejemplo, seguiría dominando su imperio multiétnico hasta su derrota al final de la Primera Guerra Mundial, en 1918. De igual modo, al pueblo polaco se le negaría toda posibilidad de ejercer sus derechos de autodeterminación nacional. Y a los judíos europeos se los seguiría oprimiendo, pese a las promesas del sionismo europeo de la década de 1890 de crear una nación judía en Tierra Santa. ∎

Otto von Bismarck

Otto von Bismarck, primer ministro de Prusia desde 1862 y canciller de Alemania (1871–1890), llamado también el Canciller de Hierro, dominó Europa continental tras diseñar la unificación alemana. Sus grandes objetivos eran lograr el liderazgo prusiano sobre el mundo germánico a expensas de Austria y contener la amenaza que representaban las nuevas hostilidades francesas. Gran oportunista, pese a provocar tres guerras (en 1864, 1866 y 1870), Bismarck trabajaría de modo incesante desde entonces para mantener el equilibrio de poderes en Europa, una tarea en la que, jugando con intereses contrapuestos, tuvo gran éxito. Puso Alemania en la senda de un gran plan de industrialización, supervisó el crecimiento de las fuerzas armadas alemanas y además lanzó un programa de colonización. A pesar de ser conservador en temas sociales, Bismarck también introdujo el primer sistema de seguridad social, aunque lo hizo más para flanquear y superar a sus rivales socialistas que para proteger los derechos de los trabajadores alemanes.

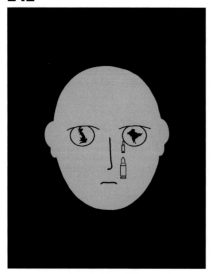

ESTAS TRISTES ESCENAS DE MUERTE Y MISERIA, ¿CUÁNDO ACABARÁN?

EL ASEDIO DE LUCKNOW (1857)

EN CONTEXTO

ENFOQUE
Dominio británico de India

ANTES
1824 Comienza la conquista británica de Birmania; hacia 1886 casi ha acabado.

1876 La reina Victoria es declarada emperatriz de India.

Mayo de 1857 Primera rebelión de los cipayos contra el dominio británico en Meerut (norte de India).

DESPUÉS
1858 Acaba el dominio de la Compañía Británica de las Indias Orientales. El control de India pasa a la corona británica.

1869 Se inaugura el canal de Suez, que reduce la duración de los viajes por mar entre Europa e India.

1885 Se funda el Congreso Nacional Indio, el primer movimiento panindio. Acabará siendo el núcleo de un movimiento nacionalista.

E l asedio de Lucknow (1857) provocó escenas que se repetirían en gran parte de India central y del norte durante el motín de India (o rebelión de los cipayos, en 1857–1858), durante el cual varios enclaves británicos sufrieron a manos de tropas locales antes leales. Al restaurar el orden, las represalias de los británicos no fueron menos severas. Tal violencia sorprendió a la opinión pública y generó inmediatas peticiones de reformas.

El motín comenzó cuando corrió la voz de que los cartuchos de los rifles de los cipayos (las tropas indias al servicio de la corona británica) se habían lubricado con grasa de vaca y cerdo, algo ofensivo para hindúes y musulmanes. Pero la verdadera raíz estaba en el agravio que muchos sentían en India hacia el dominio británico: el derrocamiento de sus gobernantes tradicionales, la amenaza a las religiones locales y la imposición de leyes y normas extranjeras.

La primera respuesta británica al motín pretendió tranquilizar a los indios convenciéndoles de las pacíficas intenciones de Gran Bretaña hacia el subcontinente, pero con ello se estaba subrayando el hecho de que India era súbdita de Gran Bretaña. Conforme crecían las élites indias formadas al estilo europeo, estas comenzaron a cuestionar los derechos de Gran Bretaña sobre el país. La metrópolis seguía reafirmando su destino imperial, pero, cada vez más, se enfrentaba a la imposibilidad de que así fuera. Si hubo algo indiscutible fue que el dominio británico sobre India nunca fue tan completo como parecía. ■

Nos sentimos ligados a los nativos de nuestro territorio indio por las mismas obligaciones y deberes que nos unen a nuestros demás súbditos.
La reina Victoria

Véase también: La batalla de Quebec 191 ■ La construcción del canal de Suez 230–235 ■ La segunda guerra del Opio 254–255 ■ La conferencia de Berlín 258–259 ■ Se crea un Estado sij 264

MEJOR ABOLIR LA SERVIDUMBRE DESDE ARRIBA QUE ESPERAR A QUE LO HAGA POR SI MISMA DESDE ABAJO
RUSIA EMANCIPA A LOS SIERVOS (1861)

EN CONTEXTO

ENFOQUE
La Rusia zarista

ANTES
1825 Se reprime la revuelta decembrista contra el poder de los zares.

1853–1855 La derrota rusa ante Gran Bretaña y Francia en Crimea evidencia sus debilidades militares.

DESPUÉS
1881 El zar Alejandro II es asesinado por el grupo terrorista Voluntad del Pueblo.

1891 Comienzan las obras del ferrocarril Transiberiano, que generan nuevos asentamientos en Siberia.

1894 El último zar, Nicolás II, permite al ministro de Finanzas, Serguéi Witte, lanzar un nuevo plan de industrialización.

1905 La expansión militar rusa hacia el este es detenida por la humillante derrota ante Japón.

L a emancipación de los 20 millones de siervos (trabajadores no libres) rusos, promovida por Alejandro II en 1861, no fue un acto humanitario, sino un intento de modernizar Rusia, que estaba quedándose atrás con respecto a las naciones industrializadas de Occidente. A fin de ocupar el que veía como su legítimo lugar en el mundo, Rusia adoptó grandes reformas en lo político, social, económico y militar.

Los efectos de estas reformas fueron diversos. La emancipación apenas logró mejorar las condiciones de vida de los exsiervos ni la productividad agrícola, y Alejandro II se negó a tener en cuenta ninguna verdadera reforma constitucional: siguió siendo un autócrata hasta la médula, convencido de su derecho divino a gobernar. Sin embargo, sus reformas alimentaron la esperanza de que a ellas les podía seguir un cierto grado de liberalización política.

Un estado policial
Su asesinato, en 1881, provocó una predecible reacción contra la liberalización política. Si bien su sucesor,

Debemos dar al país una perfección industrial como la alcanzada por EE UU de América.
Serguéi Witte
Ministro de Finanzas ruso

Alejandro III, mostró una mayor disposición a las reformas industriales, también creó un estado más autocrático y policial: impuso una estricta censura, reprimió las protestas e ilegalizó los sindicatos. No obstante, la Rusia zarista comenzaba a entrar en el mundo industrializado, y podía presumir de sus sustanciales (si bien no siempre eficaces) recursos militares. Políticamente, en cambio, su negativa a avanzar en las reformas acabaría causando su completa destrucción en una revolución de signo obrerista. ∎

Véase también: Fundación de San Petersburgo 196–197 ▪ Las revoluciones de 1848 228–229 ▪ La construcción del canal de Suez 230–235 ▪ La guerra de Crimea 265 ▪ La revolución de Octubre 276–279

QUE EL GOBIERNO DEL PUEBLO, POR EL PUEBLO Y PARA EL PUEBLO, JAMÁS PEREZCA SOBRE LA TIERRA

EL DISCURSO DE GETTYSBURG (1863)

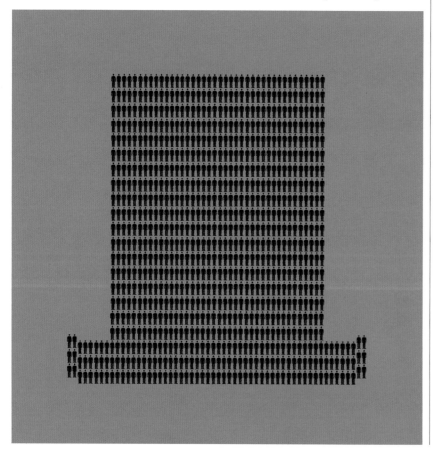

E l 19 de noviembre de 1863, transcurrida la mitad de la guerra de Secesión, el presidente Abraham Lincoln pronunció en Gettysburg (Pensilvania) el que se acabaría conociendo como Discurso de Gettysburg. En él trazaba la imagen de la guerra como una lucha tanto por la unidad nacional como para garantizar la igualdad de todos los ciudadanos. Tuvo lugar durante la consagración del Cementerio Nacional del Soldado, que conmemoraba a los 7058 soldados muertos en la batalla de Gettysburg, librada entre el 1 y el 3 de julio del mismo año, y que había dejado a otros 27 224 soldados heridos. Aquella había sido la batalla

Véase también: Firma de la Declaración de Independencia de EE UU 204–207 ▪ La toma de la Bastilla 208–213 ▪ Las revoluciones de 1848 228–229 ▪ La fiebre del oro en California 248–249 ▪ La apertura de la isla de Ellis 250–251

Batalla de Gettysburg (1863): tras tres días de combates y la muerte de más de 7000 soldados, el ejército confederado se vio obligado a retirarse.

más sangrienta de la guerra de Secesión, así como un punto de inflexión en el que las exitosas fuerzas sureñas lideradas por Robert E. Lee (el ejército de Virginia del Norte), superadas en número y armamento, sufrieron su primera gran derrota.

Las causas de la guerra

La guerra de Secesión de EE UU no fue solo una guerra civil entre abolicionistas y defensores de la esclavitud; fue una contienda para solventar si un tema capaz de causar tanta división podía partir en dos el país.

Según Lincoln, EE UU era una nación «concebida en libertad y dedicada a la idea de que todos los hombres son creados iguales», pero sus estados sureños albergaban una población de casi cuatro millones de esclavos. Según afirmaba la Constitución de EE UU, eran una propiedad legal. Para los abolicionistas de un Norte cada vez más industrializado (siempre una minoría, pero una minoría ruidosa), la esclavitud era un ultraje hacia sus sensibilidades cristianas.

En cambio, la esclavitud no solo era la columna vertebral de la prospe-

ridad agrícola de los estados del Sur: para los propietarios de esclavos, era un derecho.

Este desacuerdo ponía de relieve la cuestión de los «derechos de los estados», es decir, la de hasta qué punto los derechos de los distintos estados individuales debían prevalecer sobre la autoridad del gobierno federal o central, con sede en Washington. Esta pregunta resurgía una y otra vez conforme se colonizaban territorios en el oeste y pedían integrarse en la Unión: ¿serían estados esclavistas o «libres»?

El Compromiso de Misuri de 1820 especificaba que la esclavitud se permitiría solo en nuevos estados al sur de una línea que se extendía siguiendo la frontera meridional de Misuri. Luego se acordó que los colonizadores de los nuevos estados decidirían por sí mismos si los suyos serían estados libres o esclavistas, una decisión reforzada por la Ley »

Abraham Lincoln

Cuando Abraham Lincoln (1809–1865) llegó a Washington para su toma de posesión, en febrero de 1861, los círculos políticos lo consideraron un patán socialmente inoportuno. Cuatro años después, cuando fue asesinado, Lincoln había acabado por dominar EE UU. No solo había ganado la guerra de Secesión, sino que se había convertido en una especie de irresistible oráculo político.

Nacido en una cabaña de Kentucky, Lincoln se graduó como abogado con casi treinta años de edad. Se convirtió en un defensor cada vez más elocuente de lo que

acabaría siendo el antiesclavista Partido Republicano. Pese a carecer de experiencia militar, comprendió con astucia cómo debía librarse la contienda civil, y defendió activamente al general Grant. Además, nunca perdió de vista sus objetivos generales: el mantenimiento de las libertades estadounidenses y la dignidad esencial de la humanidad. Lincoln llevó la guerra hasta el final con una decisión imperturbable, pero comprendió perfectamente el enorme coste en vidas que eso implicaba.

de Kansas-Nebraska de 1854. Dado que tanto Kansas como Nebraska estaban al norte de la frontera meridional de Misuri, lo que se dio allí, y sobre todo en Kansas, fue una repentina afluencia de colonos, tanto esclavistas como antiesclavistas, todos desesperados por predominar. Ambos bandos chocaron a menudo, y lo hicieron violentamente.

El Sur se separa

Este conflicto causó la fundación de un nuevo partido antiesclavista, los Republicanos, cuyo candidato, Abraham Lincoln, casi sin apoyos en cada uno de los estados esclavistas, obtuvo la presidencia en noviembre de 1860. Su victoria fue el detonante para que Carolina del Sur optara por la secesión y por abandonar la Unión. En febrero, otros seis estados se habían separado, y los siete se declararon como una nueva nación: los Estados Confederados de América. Hacia mayo, cuando Richmond (Virginia) se había convertido en la capital del nuevo país, cuatro estados más se habían unido a ellos. Sin embargo, cinco estados esclavistas, los denominados «estados fronterizos», optaron por permanecer en la Unión.

Según la Confederación, la Constitución se había adoptado libremente, y, por tanto, todo estado podía se-

No puedo alzar mi mano contra mi patria, mi hogar, mis hijos.
Robert E. Lee
En su renuncia al ejército de la Unión (abril de 1861)

EE UU nace como un **faro de libertad** en el que, sin embargo, se permite la **esclavitud**.

Cada vez más, los **estados del Sur** ven la esclavitud como parte de su **sociedad agraria**.

El **Norte industrial se opone** a toda expansión de la esclavitud en los nuevos estados.

Estas diferencias hacen estallar la **guerra de Secesión**, que causa **destrucción a una escala nunca vista**: ni el Sur ni el Norte consiguen imponerse.

El discurso de Gettysburg es el intento más elocuente de Lincoln de justificar la guerra para unos EE UU más justos.

La **derrota del Sur** provoca una **parálisis política** y la **discriminación institucionalizada** contra la población negra que persistirá hasta bien entrado **el siguiente siglo**.

pararse legítimamente de la Unión si se sentía oprimido. Como hombres libres, los ciudadanos del Sur tenían un derecho «inalienable» a forjar su propio destino, como los fundadores habían hecho cuando rechazaron el dominio británico. En las mentes de muchos sureños, el Gobierno de EE UU era culpable precisamente del mismo tipo de tiranía por su intento de erosionar esas libertades.

Se trataba de una postura muy arraigada. Tal como afirmó Alexander Stephens, vicepresidente de la Confederación, la piedra angular de este nuevo Estado «descansaba sobre la gran verdad de que el negro no es igual al hombre blanco, de que la esclavitud [...] es su condición normal y natural [...]».

Lincoln era muy hábil y comprendía la necesidad de cautela. Al menos al inicio, su mensaje era que solo intentaba limitar la expansión de la esclavitud al tiempo que preservaba la Unión. Sobre el segundo punto, Lincoln se mostraba inflexible: creía que la autoridad del Gobierno federal estaba por encima de la de cada estado en particular. EE UU, la única nación plenamente democrática del mundo, se había creado como lo que Lincoln llamaba «una gran promesa al mundo», así que asegurar su supervivencia era un imperativo moral absoluto. Para enero de 1863, cuando lanzó su Proclamación de la Emancipación, Lincoln se sentía lo suficientemente seguro como para ordenar la liberación de todos los esclavos en los estados del Sur. A corto plazo, la guerra de Secesión se libró para mantener intacta esta «gran promesa».

La victoria final del Norte

El resultado de la guerra de Secesión lo decidieron las diferencias humanas y materiales entre Norte y Sur. Había 21 estados en la Unión, con una población de 20 millones de personas, y 11 estados Confederados, con 9 millones, de los que 4 millones eran esclavos y, por tanto, tenían prohibidas las armas. Pese a que en 1864 solo el 44 % de los hombres norteños de entre 18 y 60 años estaba en servicio activo (en comparación con el 90 % de hombres sureños), el Norte fue capaz de reclutar a 2,2 millones de hombres durante la guerra, mientras que el Sur reclutó a 800 000 hombres. Además, el Norte era tres veces más rico que el Sur. Tenía 3,8 km de vía férrea por cada 1, 6 km que tenía el Sur. Sus fábricas manufacturaban 10 veces más bienes. Producía 20 veces más hierro que el Sur, 38 veces más carbón y 32 veces más armas. La única área en la que el Sur superaba al Norte era en producción de algodón, en proporción de 24 a 1.

Pese a esta superioridad, el Sur resistió a las fuerzas de la Unión durante cuatro años e incluso se quedó a las puertas de la victoria en 1862 y 1863, lo que refleja la profunda convicción de los soldados confederados en su causa. Además, el Sur disponía de unos generales mejores, con el virginiano Robert E. Lee a la cabeza. En cambio, al menos hasta el ascenso de Ulysses S. Grant y William Sherman como máximos dirigentes de las fuerzas unionistas, el Norte tan solo había reunido a una sucesión de generales tímidos e ineptos que malgastaban las ventajas de que tan en abundancia disponían. Así, reforzado por Grant y Sherman, el Norte acabó prevaleciendo. Al «incendio de Atlanta», en septiembre de 1864, le siguió la «marcha hacia el mar» de Sherman en Savannah (Georgia). Esta campaña, completada en diciembre, dejó un surco de 96,5 km de destrucción, centrada deliberadamente en propieda-

Grant me ayudó cuando me volví loco, y yo le apoyé cuando él se emborrachó; y ahora nos apoyamos mutuamente.
General William Sherman

des civiles. «La guerra es crueldad», aseguraba Sherman. «Cuanto más cruel sea, antes acabará.»

Una nueva libertad

La guerra de Secesión fue la primera gran guerra industrial; la primera en usar de modo generalizado el ferrocarril y la primera sobre la que un nuevo tipo de prensa popular informó ampliamente. Concentró la muerte a una escala nunca antes vista: unos 670 000 muertos (50 000 civiles, entre ellos) en poco más de cuatro años.

Para Lincoln, la guerra representó lo que en el discurso de Gettysburg llamó «un asunto inacabado». La Constitución había dejado sin resolver la cuestión de cómo podía existir la esclavitud en una nación «concebida en libertad». Pese a la destrucción y a la matanza, la guerra dio la oportunidad para «un nuevo nacimiento en libertad». El fin de la esclavitud, confirmado por la decimotercera enmienda de la Constitución, en 1865, representaba una oportunidad para que se considerara EE UU como una auténtica tierra de libertad para todos sus ciudadanos, blancos o negros. ∎

Obra de Thomas Nast, esta ilustración representa la vida de los negros en EE UU antes y después de la emancipación, así como a Abraham Lincoln.

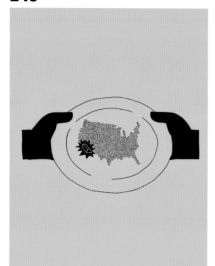

NUESTRO DESTINO MANIFIESTO ES ABARCAR EL CONTINENTE

LA FIEBRE DEL ORO EN CALIFORNIA (1848–1855)

EN CONTEXTO

ENFOQUE
La expansión de EE UU

ANTES
1845 EE UU se anexiona Texas, antes territorio mexicano.

1846 Gran Bretaña cede Oregón a EE UU.

1848 Tras la guerra entre EE UU y México, Nuevo México y California pasan a EE UU.

DESPUÉS
1861 Se finaliza la primera línea telegráfica transcontinental; dos días después cierra el servicio postal a caballo Pony Express.

1862 La Homestead Act (ley de cesión de tierras de EE UU) asigna 65 hectáreas de tierra a cada colono.

1869 Primera vía férrea transcontinental.

1890 La Oficina del Censo de EE UU considera ya inexistentes los límites interiores del oeste del país, pues no quedan ya grandes zonas sin colonizar.

La existencia de tierras en el **oeste de EE UU** genera el interés por **colonizarlas**.

⬇

En California, la fiebre del oro dispara el frenesí colectivo por las nuevas riquezas, lo que acelera la colonización de la costa Oeste.

⬇   ⬇

El telégrafo y el ferrocarril **mejoran las comunicaciones** entre las costas Este y Oeste.

Se expulsa a los **nativos americanos** de sus **tierras ancestrales**.

⬇

La mejora de las comunicaciones incentiva el desarrollo de **la industria** en EE UU.

La creencia, por parte del columnista John L. O'Sullivan, de que el «destino manifiesto» de EE UU residía en su expansión hacia el oeste se hizo muy popular con el descubrimiento de oro en un río del norte de California en enero de 1848. Pese a las dificultades que entrañaban los viajes y los transportes, el hallazgo provocó una reacción frenética de desplazamientos. En los siguientes cinco años, al menos unos 300 000 aventureros (llamados «fortyniners» en alusión al año en que la ola de desplazados fue ya masiva) se vieron atraídos a lo que, en 1850, se convertiría en el estado número 31 del país. Se generó así una situación de anarquía en la búsqueda de riquezas inmediatas, pero también se consolidó la imagen de la costa del Pacífico estadounidense como

Véase también: Firma de la Declaración de Independencia de EE UU 204–207 ▪ El discurso de Gettysburg 244–247 ▪ La apertura de la isla de Ellis 250–251 ▪ El Sendero de las Lágrimas 264

El progreso americano (1872), de John Gast, representa el «destino manifiesto»: la figura de Columbia, que representa a EE UU, tiende postes telegráficos y guía a los colonos al oeste.

una tierra prometida. La población de San Francisco, el principal punto de entrada, apenas llegaba a 200 personas en 1846. Hacia 1852 era de más de 30 000, y en 1870 era ya de 150 000.

Unos pocos (la mayoría de los primeros en llegar) hicieron fortuna, y algunos obtuvieron ganancias modestas, pero la mayoría no ganó nada en absoluto. En California, la fiebre del oro parecía una obsesión nacional. En realidad, aquello no era sino un ejemplo extremo de la determinación de colonizar Norteamérica por parte de EE UU, ambición que existía desde mucho antes del hallazgo de oro. En 1803, Vermont, Kentucky, Tennessee y Ohio se habían convertido en estados. Además de la anexión de Texas en 1845, otros 13 estados se habían añadido ya en 1848. Ese mismo año, México también perdió California y Nuevo México.

Nuevas tecnologías

Para llegar a California, los «forty-niners» soportaron viajes de extraordinaria dureza, atravesando en carretas las Grandes Llanuras o, en barco, rodeando el Cabo de Hornos, y a veces atravesando el istmo de Panamá. La expectativa mínima de duración de estos largos viajes era de seis meses.

Sin embargo se estaba forjando la extraordinaria decisión de unir estos enormes nuevos territorios, así como de emplear las nuevas tecnologías para construir una nación a una escala épica. En 1861 se tendió la primera línea telegráfica entre las costas Este y Oeste. En 1869 se completó la primera línea de ferrocarril transcontinental, lo cual redujo drásticamente la duración de los viajes: hacia 1876 ya era posible viajar de Nueva York a California en tres días y medio.

Colonos y víctimas

La inmigración era el combustible que alimentaba estas transformaciones: las nuevas tierras exigían una gigantesca afluencia de colonos. En 1803, la población de EE UU era de unos 4 millones de personas. En 1861 era ya de 31 millones, y hacia finales del siglo había llegado a 76 millones.

Un crecimiento tan rápido tuvo costes inevitables, y fueron los nativos norteamericanos los que pagaron el precio más alto. Expulsados de sus tierras, su población conjunta pasó de unos 4,5 millones a unos 500 000. Hacinados en reservas, y con su estilo de vida tradicional destruido, quedaron indefensos ante una expansión que parecía arrolladora. ▪

La batalla de Little Bighorn

Lo que estaba detrás del más famoso enfrentamiento entre los nuevos colonos y los nativos, la batalla de Little Bighorn, que tuvo lugar el 25 de junio de 1876, era el oro. El Gobierno había autorizado la colonización de las Black Hills (Colinas Negras), en Dakota del Sur, tras hallarse oro en ellas, rompiendo así un tratado con los sioux de las Grandes Llanuras. Entonces, muchos sioux y cheyenes se negaron a trasladarse a las reservas, y el Gobierno envió a la caballería federal para forzarlos a marchar. Era una unidad de 600 soldados al mando del teniente coronel George Armstrong Custer, quien, con un grupo de unos 200 de estos hombres, descubrió a los indios acampados en el valle de Little Bighorn. En solo una hora, el ejército combinado de nativos americanos, liderados por Toro Sentado, acabó con toda la tropa de Custer. Esta derrota reforzó la decisión del Gobierno de desplazar a los sioux y a los cheyenes a reservas a cualquier coste.

NORTEAMERICA ES EL CRISOL DE DIOS, LA FUSION DE TODAS LAS RAZAS

LA APERTURA DE LA ISLA DE ELLIS (1892)

EN CONTEXTO

ENFOQUE
Migraciones en masa y crecimiento demográfico

ANTES
Década de 1840 Una gran hambruna en Irlanda provoca la emigración en masa.

1848 El fracaso de las revoluciones liberales dispara la emigración de alemanes.

***C.* 1870** Gran emigración de judíos rusos que huyen de las persecuciones.

1882 Restricciones a la entrada de emigrantes chinos en EE UU.

Década de 1880 Comienza la emigración masiva de italianos.

DESPUÉS
1900 La población de Europa llega a los 408 millones; la de EE UU, a 76 millones.

1907 En EE UU entran más de un millón de inmigrantes, la mayor cantidad de personas llegadas en un solo año.

1954 Cierre de la isla de Ellis.

La industrialización, el crecimiento urbano y la menor mortalidad infantil disparan el **crecimiento demográfico en Europa**.

Las **libertades políticas y religiosas** y las **oportunidades económicas** en países jóvenes como EE UU atraen a **millones de inmigrantes**.

Los vapores hacen que los **viajes transatlánticos** sean más **seguros, rápidos y baratos**.

Se abre una oficina de inmigración en la isla de Ellis para tramitar las llegadas a EE UU.

A mediados del siglo XIX, el mundo experimentó un crecimiento demográfico sin precedentes, sobre todo en Europa. Este incremento, que seguiría en el siglo XX, se debía en parte a las mejoras en sanidad y a un mayor acceso a alimentos como consecuencia de los avances en las técnicas agrícolas.

También la industrialización y el crecimiento de las ciudades, así como el aumento de riqueza y las mejoras en las condiciones de vida, favorecieron este aumento. Asimismo, la estabilidad política tuvo un papel clave. Tras la derrota de Napoleón en 1815, Europa disfrutó de casi cien años de una paz prácticamente ininterrumpida.

La naturaleza también influyó en el aumento de las migraciones. En Irlanda, la plaga de la patata provocó pérdidas de cosechas de este alimento, lo cual generó una grave hambruna en la década de 1840. Quizá fuera la última gran hambruna europea, pero comportó la muerte de hasta un millón de personas. Esta hambruna provocó también una ola de emigraciones: más de un millón de personas se desplazaron fuera del país, casi todas a EE UU. En 1841, la población de Irlanda era de 6,5 millones; en 1871 había descendido a 4 millones.

La clase baja urbana

La industrialización produjo otra paradoja. Pese al sentimiento de orgullo de los ciudadanos y de la ampulosidad de los inmensos y renovados centros urbanos que trajo la revolución industrial, sobre todo en Gran Bretaña, también crecía una nueva clase urbana de personas que vivían en condiciones de extrema miseria.

Para los ciudadanos de la Europa continental, el atractivo de nuevas tierras en las que ser libres y prosperar sería irresistible. Una gran canti-

> Siempre esperé que este país podría convertirse en una tierra de acogida segura y grata para los virtuosos y los perseguidos de la humanidad, fuera cual fuese su nacionalidad.
> **George Washington**

dad de alemanes, checos y húngaros dejaron Europa central tras la represión de las revueltas nacionalistas de 1848. A partir de 1870, también emigraron muchos judíos rusos y polacos (1,5 millones entre 1901 y 1910) que huían de los pogromos antisemitas.

Las cifras relativas a estos trasvases de población son destacables. Entre mediados del siglo XIX y 1924, 18 millones de personas emigraron de Gran Bretaña; 9,5 millones, de Italia (la mayor parte, desde el sur); 8 millones, de Rusia; 5 millones, de Austria-Hungría; y 4,5 millones, de Alemania. Entre 1820 y 1920, EE UU acogió a 33,6 millones de inmigrantes, muchos de los cuales vivieron en unas pobres condiciones en ciudades en rápida expansión, como Chicago y Nueva York, y contribuyeron al crecimiento de la industria estadounidense como mano de obra barata. Durante el mismo periodo, 3,6 millones de europeos se establecieron en Sudamérica, y 2 millones más lo hicieron en Australia y Nueva Zelanda.

Invitados no deseados

Este proceso de reubicación no fue solo europeo. Hubo indios que se fueron a Sudáfrica, emigrantes chinos a las Indias Orientales (sudeste y sur de Asia) y japoneses a California. Muchos no se sintieron bienvenidos.

Hubo también víctimas de la emigración forzosa: muchos esclavos africanos eran todavía transportados a diferentes puntos del planeta.

Hacia 1910, uno de cada siete ciudadanos de EE UU había nacido fuera del país. ■

En sus primeros 30 años, la isla de Ellis tramitó el 80 % de la inmigración en EE UU, casi 12 millones de personas.

La isla de Ellis

La isla de Ellis, inaugurada el 1 de enero de 1892, se convirtió, junto a la Estatua de la Libertad, en un símbolo del enorme flujo de emigrantes hacia EE UU. Este centro gestionó la entrada al país de unos 12 millones de personas, y se cree que al menos un 40 % de la población inmigrante de EE UU tiene al menos un pariente que pasó por esta inmensa maquinaria burocrática. Construida sobre una insignificante isla arenosa frente a la costa de Nueva Jersey, en el puerto de Nueva York, el edificio central de la isla de Ellis se articulaba en torno a una enorme y ruidosa sala de recepción, por la que avanzaban en fila los inmigrantes recién llegados, que hablaban en una gran variedad de lenguas, para realizar los trámites. Pasaban un examen médico antes de serles realizadas unas sencillas preguntas para establecer su idoneidad. A la mayor parte se los aceptaría como ciudadanos de EE UU; apenas un 2 % serían devueltos. La isla de Ellis cerró sus puertas como oficina de inmigración el 12 de noviembre de 1954.

ENRIQUECED EL PAIS, REFORZAD EL EJERCITO
LA RESTAURACIÓN MEIJI (1868)

Las enérgicas peticiones occidentales de apertura mercantil a Japón revelan la **debilidad de sus gobernantes**.

Los grandes daimios respaldan al joven emperador Meiji y derrocan el sogunado.

Los daimios ven en la adopción de los métodos políticos y sociales occidentales el mejor modo de **reforzar Japón**.

El **poderío militar** se ve como un modo crucial de satisfacer las ambiciones niponas.

El periodo Meiji se resume en **modernización y occidentalización**. Japón se convierte en **potencia imperial**.

El derrocamiento del sogunado Tokugawa (1868), que gobernó Japón durante 250 años, estuvo liderado por los daimios (aristócratas feudales) de las provincias meridionales de Choshu y Satsuma, y fue consecuencia de su debilidad ante las exigencias de EE UU, Gran Bretaña, Rusia y los Países Bajos de establecer vínculos comerciales. El maleable emperador Meiji, de 14 años de edad, tendría a su cargo el «ejercicio de la autoridad suprema». El objetivo de los daimios no era tomar el poder y mantener Japón como había sido bajo el sogunado (jerárquicamente rígido y deliberadamente aislado del mundo exterior). En realidad,

Véase también: La batalla de Sekigahara 184–185 ▪ La construcción del canal de Suez 230–235 ▪ La segunda guerra del Opio 254–255 ▪ La invasión nazi de Polonia 286–293 ▪ La Larga Marcha 304–305

Esta recreación de Yokohama, en 1874, muestra la modernidad del Japón de la era Meiji en forma de trenes y barcos de vapor, que también abrieron el país al comercio.

creían que el evidente destino de Japón solo podía cumplirse mediante la adopción de los medios tecnológicos occidentales y de sus sistemas políticos y financieros.

Un Japón transformado

Lo que siguió fue una transformación a una escala que ninguna sociedad había experimentado antes y que no ha vuelto a producirse. Tomando Occidente como modelo, en 30 años Japón se convirtió en una de las potencias industriales más dinámicas, así como en la potencia militar más importante del sudeste asiático.

No hubo casi ningún aspecto de la sociedad que quedara excluido de este torbellino de cambios. En 1871, se abolió el feudalismo y se estableció el yen como moneda. En 1872, el primer ferrocarril estaba ya construyéndose; en 15 años había 1600 km de vías férreas. En 1873, se introdujo el reclutamiento, así como armas y uniformes occidentales. Ese año se replanteó el sistema educativo, y en 1877 se fundó la primera universidad de Japón, en Tokio. Se introdujo un nuevo código legal en 1882 y una nueva Constitución siete años después. Conforme la industria crecía, también se disparaban las exportaciones. Las ciudades se expandieron, y la población pasó de 39,5 millones de personas, en 1888, a 55 millones, en 1918. El estímulo que animó esta modernización había sido en gran parte el temor a que Japón se convirtiese en otro peón del colonialismo occidental, como había ocurrido con China. En realidad, sucedió lo contrario.

Expansión militar nipona

En la década de 1890, Japón era una potencia colonialista. Cuando China y Japón intentaron tomar Corea, los japoneses barrieron a los chinos y exigieron (y recibieron) la posesión de Taiwán y derechos sobre Manchuria. Allí entraron en conflicto con Rusia. En 1905, en la batalla del estrecho de Tsushima, la victoria japonesa sobre una desorganizada flota rusa supuso la primera vez en la historia en que una potencia europea era derrotada por una potencia asiática. Japón había atraído la atención del mundo. ▪

El emperador Meiji

La importancia del emperador Meiji (1852–1912), cuyo verdadero nombre era Matsuhito, no alude tanto a su papel de gobernante de Japón, pues en realidad no ejerció como tal, sino en su valor como símbolo del Japón renacido. Hasta el inicio de la Restauración Meiji, en enero de 1868, los emperadores de Japón eran poco más que un símbolo. Bajo el sogunado, estaban obligados a permanecer ocultos en el palacio de Kioto más o menos de manera permanente. Para ser estrictos, la «Restauración» nunca tuvo lugar: Meiji se había convertido en emperador en febrero de 1867, tras la repentina muerte de su padre, el emperador Komei.

Para aquellos ambiciosos daimios (o aristócratas feudales), decididos a introducir a Japón en la modernidad, otorgar un perfil más activo al emperador confería legitimidad a lo que, de otro modo, no habría sido sino un acto de usurpación. Es sintomático que una de sus primeras decisiones fuera la de obligar al emperador a trasladarse a Edo, rebautizada como Tokio en el año 1868: era la antigua residencia del sogún. Meiji sería una figura hermética hasta el final.

EN MI MANO EMPUÑO EL UNIVERSO Y EL PODER DE ATACAR Y MATAR
LA SEGUNDA GUERRA DEL OPIO (1856–1860)

Pese a su **enorme riqueza, China restringe** mucho el acceso a sus puertos a las potencias occidentales.

Los **comerciantes occidentales pagan con opio**, lo que perjudica la economía china.

Los intentos chinos de **detener el comercio de opio** disparan la primera guerra del Opio.

La segunda guerra del Opio lleva a concesiones territoriales y comerciales desastrosas para China.

Incapaz de resistir el empuje de Occidente, **China pierde estatus** externo e interno.

El 6 de octubre de 1860, tras años de conflictos aislados conocidos en conjunto como segunda guerra del Opio, un ejército anglo-francés tomó la capital imperial de Pekín para obligar a los chinos a aceptar concesiones comerciales. Esto quedó de relieve cuando los europeos quemaron el suntuoso Palacio de Verano del emperador. Los chinos aceptaron negociar, y la subsiguiente convención de Pekín no solo incrementó el número de «puertos del tratado» abiertos al comercio con Occidente, sino que también extendió las zonas de influencia de Gran Bretaña y Francia en el sur y a lo largo del fértil río Yangtsé.

Véase también: La locomotora *Rocket* de Stephenson entra en servicio 220–225 ▪ La construcción del canal de Suez 230–235 ▪ El asedio de Lucknow 242 ▪ La Restauración Meiji 252–253 ▪ Rebelión de los Taiping 265 ▪ La Larga Marcha 304–305

El puerto de Cantón, en el sur de China, fue el primer puerto comercial abierto a comerciantes occidentales. Tras las dos guerras del Opio, Europa tuvo acceso exclusivo a muchos más.

Unos 70 años antes, Gran Bretaña había enviado una representación a China para abrir negociaciones comerciales, pero había sido rechazada. La China Qing de finales del siglo XVII era el país más rico, poblado y poderoso del mundo, y podía permitirse esta actitud. Pero a mediados del siglo XIX la nación estaba en bancarrota, asediada por hambrunas y revueltas, y cada vez más explotada y humillada por Occidente.

Alzamientos y revueltas

Los problemas de China eran tanto internos como externos. Una población en crecimiento (100 millones en 1650, 300 millones en 1800 y 450 millones en 1850) provocaba hambrunas recurrentes. Entre 1787 y 1813 hubo tres grandes revueltas. Las provincias fronterizas, conquistadas en los siglos XVII y XVIII con grandes sacrificios, se hallaban en un estado casi permanente de insurgencia. En 1850 estalló la rebelión de los Taiping por toda China central, causando la muerte de 20 millones de personas. Cuando fue sofocada, en 1864, fue solo gracias a la intervención occidental. La dinastía Qing, con una administración cada vez más ineficaz, había perdido el control de China.

La intrusión occidental

Fue esta creciente confusión la que Occidente explotó, y, al hacerlo, debilitó aún más a China. Las primeras y modestas concesiones comerciales a las que China había accedido estipulaban que todos los bienes chinos se pagarían en plata. Pero, desde principios del siglo XIX, los comerciantes europeos, sobre todo gracias a su soborno de los funcionarios, pagaban los bienes con opio, que cultivaban a muy buen precio en India. En la década de 1820, unos 5000 baúles de opio entraban cada año en China.

Los intentos chinos de acabar con el comercio de opio y sus debilitadores efectos provocaron su derrota en la primera guerra del Opio (1839–1842). Las potencias europeas, sobre todo Gran Bretaña, obtuvieron sustanciosas concesiones. Fue por insistencia occidental que, en 1856, estas concesiones se extendieran, lo que llevó a la segunda guerra del Opio, que acabaría en 1860 con la convención de Pekín. Hacia 1900 había toda una serie de puertos comerciales occidentales repartidos a lo largo de la costa china. Gran Bretaña, Francia, Japón y Rusia controlaban lo que habían sido Estados tributarios fronterizos con China, país que, sumido en la confusión, se estaba desintegrando. ▪

La rebelión de los Bóxers

En la convulsionada China de finales del siglo XIX, los intentos de acabar con el dominio occidental fueron inevitables. El Gobierno de Pekín hizo un intento desesperado de abordar reformas al estilo occidental, pero en 1899 la agitación llegó a un punto crítico con la rebelión de los Bóxers, organizada por la Milicia Unida en la Rectitud, una sociedad semiclandestina compuesta en su mayoría por jóvenes. Su objetivo, cumplido solo en parte debido a su creencia de ser invulnerables a las armas occidentales, era acabar con todos los intereses europeos. La rebelión, que obtuvo diversos apoyos, se ganó la oposición de la corte imperial, dudosa de si sería una vía de salvación o solo provocaría más represalias occidentales. Y fue esto último lo que ocurrió. Una alianza militar de ocho naciones, entre ellas Japón, entró en China con el objetivo de luchar contra los bóxers. Hacia septiembre de 1901, entre escenas de violencia indiscriminada, la revuelta había sido aplastada.

DEBERIA ESTAR CELOSO DE LA TORRE EIFFEL. ES MAS FAMOSA QUE YO

INAUGURACIÓN DE LA TORRE EIFFEL (1889)

EN CONTEXTO

ENFOQUE
Cultura urbana

ANTES
1858 El llamado «gran hedor», en Londres, propicia la construcción de un amplio sistema de cloacas, aún en uso en el siglo XXI.

1863 Entra en funcionamiento el primer tren subterráneo en Londres.

1868 Inauguración de la primera vía férrea elevada en Nueva York.

1876 En Los Ángeles se instalan las primeras farolas eléctricas; en París y Londres, dos años después.

DESPUÉS
1895 Un teatro de variedades de Berlín, el Wintergarten, se convierte en el primer cine del mundo.

1902 Primer servicio de autobús a motor en Londres.

La inauguración de la torre Eiffel, el 31 de marzo de 1889, fue una deslumbrante demostración de la rimbombancia del París de los años transcurridos entre la guerra franco-prusiana (1870–1871) y el inicio de la Primera Guerra Mundial (1914). Era la llamada *belle époque*, un periodo en el que París fue bautizada como la Ciudad de la Luz, una urbe cosmopolita, capital del arte y epicentro de la vida civilizada. París era entonces la ciudad renacida, y en ella se alzaba una torre diseñada por

La torre Eiffel se erigió para la Exposición Universal de 1889. En la época, esta estructura era la más alta del mundo, y ha devenido un símbolo de París para el mundo entero.

Gustave Eiffel y que, con sus 300 metros de altura, era la estructura más alta del mundo y un monumento al progreso tecnológico.

La ciudad ideal

El París moderno era creación de Napoleón III, quien, desde 1853, había demolido los antiguos barrios y sustituido construcciones medievales y entramados de estrechas callejas por bulevares espaciosos. Nunca antes se había visto una replanificación urbana a semejante escala. Se construyeron estaciones de tren, se mejoró el suministro de agua, se construyeron cloacas y se crearon parques y lugares con magníficas vistas. El objetivo era crear una ciudad modelo que reflejase la gloria de Francia y su dominio de la era moderna.

Este proceso se reprodujo en otras urbes industriales de Occidente. En 1850 había tres ciudades en Europa con poblaciones de más de 500 000 habitantes: París, Londres y Constantinopla. Cincuenta años después había nueve ciudades con poblaciones de más de un millón de personas, siendo Londres la más grande del mundo en 1900, con 6,5 millones de habitantes. El mismo vertiginoso crecimiento se dio en EE UU: entre 1850 y 1900, la población de Chicago,

Véase también: La locomotora *Rocket* de Stephenson entra en servicio 220–225
■ La construcción del canal de Suez 230–235 ■ La apertura de la isla de Ellis
250–251 ■ Francia retoma un gobierno republicano 265

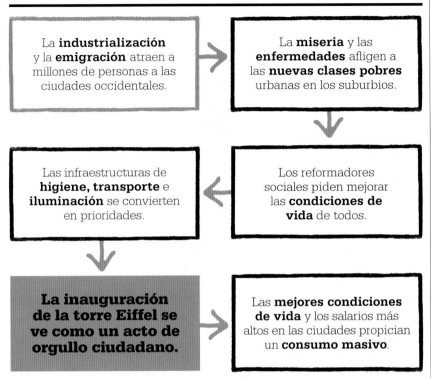

La **industrialización** y la **emigración** atraen a millones de personas a las ciudades occidentales.

La **miseria** y las **enfermedades** afligen a las **nuevas clases pobres** urbanas en los suburbios.

Las infraestructuras de **higiene, transporte** e **iluminación** se convierten en prioridades.

Los reformadores sociales piden mejorar las **condiciones de vida** de todos.

La **inauguración de la torre Eiffel** se ve como un acto de orgullo ciudadano.

Las **mejores condiciones de vida** y los salarios más altos en las ciudades propician un **consumo masivo**.

por ejemplo, se triplicó, pasando de 560 000 a 1,7 millones de habitantes.

Dificultades e invenciones

Como primera consecuencia de esta explosión demográfica, las ciudades vivieron una gran reducción de sus niveles de salubridad. Enfermedades como el cólera y el tifus eran comunes. Se hizo evidente que las infraestructuras necesarias en toda ciudad moderna debían incluir grandes mejoras en salud pública, sobre todo en higiene y asistencia sanitaria.

En estas metrópolis, el cambio en la calidad de vida fue extraordinario y corrió paralelo al desarrollo del primer consumismo masivo, consecuencia de la mejora de las condiciones de vida, de los horarios laborales más cortos y de la educación obligatoria, en la que la alfabetización y la enseñanza de matemáticas básicas se ge-

neralizaron. Fue una época de espectáculos de cabaré, de teatro popular y, posteriormente, de cine; y también de fonógrafos, diarios de gran tirada y un creciente interés por el deporte.

Para esta época de abundancia y tiempo libre (al menos para algunos), los primeros grandes almacenes supusieron un elemento clave. Fueron la parte más llamativa de una revolución del comercio minorista que se vio acompañada, desde la década de 1870, por una explosión de la publicidad, que por primera vez generó una producción masiva de carteles de anuncios a todo color. Y, a partir de la década de 1890, en EE UU, las ciudades empezaron a cambiar aún más por la aparición de un nuevo tipo de edificio: el rascacielos. Como pasara con la torre Eiffel, los rascacielos se convirtieron pronto en símbolos de la transformación de la vida urbana. ■

Trenes subterráneos

Entre 1800 y 1900, la población de Nueva York pasó de unas 24 300 personas por kilómetro cuadrado a unas 56 000, y la congestión empeoraba a medida que los transportes públicos iban ocupando el espacio urbano. En EE UU se optó por el tren elevado: una vía férrea tendida por encima de las calles, sobre vigas de acero. La primera se abrió en Nueva York en 1868.

En Reino Unido, este mismo problema llevó al nacimiento del tren subterráneo. El primero de ellos, que funcionaba con motores convencionales de vapor, fue el Metropolitan Railway; fue inaugurado en 1863 y unió las estaciones de Paddington y King's Cross con la City de Londres. Pronto se extendió y se unió con la línea District, y en 1871 rodeaba casi todo el centro. El primer tren subterráneo eléctrico (más rápido, silencioso y menos contaminante) de la ciudad apareció en 1890. En 1900, París siguió su ejemplo con la apertura del *Métro* (bautizado así en honor a la primera línea londinense), y el primer metro en EE UU comenzó a dar servicio en Boston en 1897.

En 1890, Londres inauguró el primer ferrocarril eléctrico subterráneo, un transporte urbano rápido y fiable.

SI PUDIERA, ME ANEXIONARIA OTROS PLANETAS

LA CONFERENCIA DE BERLÍN (1884)

Exploradores europeos revelan **el interior de África**.
Sus **posibilidades comerciales** son tentadoras.

La implacable competencia
entre las **potencias coloniales**
europeas dispara una «carrera
por el reparto de África».

Europa aprovecha su
**superioridad financiera
y militar** para imponerse
en África.

**En la conferencia de Berlín se crean nuevas
posesiones coloniales, supuestamente en
interés del cristianismo y de la «civilización».**

Hacia 1913, solo **Liberia y Etiopía** son plenamente independientes.

L a conferencia de Berlín no fue
tanto el detonante de la súbita
ocupación de África por países europeos después de 1880, sino
más bien la ratificación del derecho
que Europa se había concedido a sí
misma para imponerse en un continente al que consideraba atrasado,
ignorante y salvaje. Convocada por
Otto von Bismarck, el canciller de
Alemania, la conferencia se celebró
durante el invierno de 1884–1885, y
a ella acudieron representantes de
14 países. Estaba pensada en parte
para legitimar el sometimiento más
o menos forzoso de África, así como
para acordar unas reglas de colonización que evitaran conflictos entre las

Véase también: La construcción del canal de Suez 230–235 ▪ El asedio de Lucknow 242 ▪ La segunda guerra del Opio 254–255 ▪ Auge y caída del reino zulú 264 ▪ Se crea un Estado islámico mahdista en Sudán 265 ▪ La segunda guerra Bóer 265 ▪ Independencia y división de India 298–301 ▪ Nkrumah obtiene la independencia de Ghana 306–307

potencias coloniales europeas, sobre todo entre Francia y Gran Bretaña.

La conferencia también fue vista como una vía para acabar con el comercio de esclavos, algo particularmente defendido por los misioneros cristianos. Y al mismo tiempo allanaba el camino para que Alemania y Bélgica, naciones sin precedentes coloniales, se convirtieran en potencias imperiales. Para Alemania no se trataba sino del lógico siguiente paso en su desafío a Francia y Gran Bretaña. Si estas últimas podían presumir de vastas posesiones coloniales, Alemania creía que también podía hacerlo.

Europa toma África

Antes de la colonización, en África existían varios estados bien establecidos y otros territorios tribales y sin forma definida: había un gran contraste entre el sofisticado Egipto, por ejemplo, y el Congo, en el África tropical. Al mismo tiempo, gran parte del norte era musulmán. Las primeras posesiones europeas en África fueron emplazamientos comerciales costeros basados en el comercio de oro y esclavos. El interior aún era impenetrable, pero, ya desde principios del siglo XIX, el dominio europeo de África fue ganando impulso; y el ulterior incremento de las tensiones condujo a que casi toda África acabara siendo una colonia europea. En esencia, las colonias africanas eran creaciones artificiales, territorios delimitados sobre el mapa a gusto de las potencias europeas, desinteresadas en la historia o las culturas locales, y que aplastaron cualquier resistencia a la colonización empleando medios militares.

Los dominios alemán y belga

En 1885, Leopoldo II de Bélgica proclamó la fundación del Estado Libre del Congo, un área 76 veces más vasta que Bélgica. Presentada como una colonia modelo, dedicada a fines humanitarios y al libre comercio, en realidad el Congo fue tratado por Leopoldo II como su posesión personal, escenario de atrocidades que rayaron el genocidio. Puede que nunca se conozcan las cifras exactas, pero se cree que entre 2 y 10 millones de congoleños murieron por dichas causas. En el sudoeste alemán de África, ocupado repentinamente tras

Cecil Rhodes, representado en esta caricatura victoriana como un gigante que abarca África, creía en la colonización para beneficio del Imperio británico.

1884, y hoy parte de Namibia, los procedimientos coloniales fueron también brutales. El verdadero precio de las riquezas producidas por África para sus amos europeos (marfil, caucho, oro y diamantes) fue un extraordinario sufrimiento. ▪

Cecil Rhodes

No hubo defensor más ferviente del dominio imperial británico en el continente africano que Cecil Rhodes (1853–1902), financiero, estadista y acérrimo defensor del imperialismo. Imaginó una serie de colonias británicas que discurrirían del norte al sur de África, uniendo sus dos importantes extremos: El Cairo y Ciudad del Cabo. Tras hacer fortuna con la minería y la venta de diamantes en Sudáfrica, dedicó el resto de su vida a esta audaz visión. Consiguió arrancar nuevos territorios para Gran Bretaña en Rodesia del Norte (hoy en día parte de Zambia) y Rodesia del Sur (la actual Zimbabue), ambas bautizadas en su honor. Como primer ministro de la británica Colonia del Cabo desde 1890, intrigó continuamente para derrocar a los bóers, pero un sonado fracaso llevó a su dimisión en 1895. Rhodes es, quizá, el ejemplo más llamativo de imperialista desinhibido, no solo siempre dispuesto a aumentar los dominios británicos, sino convencido de que era su deber hacerlo en aras de lo que veía como una evidente capacidad europea para dominar.

260

MI PUEBLO APRENDERA LOS PRINCIPIOS DE LA DEMOCRACIA, EL DICTADO DE LA VERDAD Y LAS ENSEÑANZAS DE LA CIENCIA

LA REVOLUCIÓN DE LOS JÓVENES TURCOS (1908)

EN CONTEXTO

ENFOQUE
Modernización de Turquía

ANTES
1798 Invasión francesa de Egipto, que causa la pérdida del país por los otomanos en 1805.

1830 La independencia griega es la primera pérdida otomana en los Balcanes. Francia empieza su conquista de Argelia.

DESPUÉS
1912–1913 Los otomanos sufren humillantes derrotas en las guerras de los Balcanes.

1914 Turquía entra en la Primera Guerra Mundial en el bando alemán.

1920 Mustafá Kemal lidera una rebelión contra el tratado de Sèvres, impuesto al Gobierno otomano tras su derrota en la Primera Guerra Mundial.

1923 El tratado de Lausana confirma las fronteras de la actual Turquía; Kemal inicia un programa modernizador.

La Turquía otomana es cada vez más **incapaz de controlar** su imperio e igualar a las **potencias occidentales**.

El sultanato otomano intenta adoptar **reformas modernizadoras**, pero con pobres resultados.

El reinado de **Abdulhamid II** se muestra **represivo, corrupto** y a merced de los intereses financieros occidentales.

La revolución de los Jóvenes Turcos promueve reformas modernizadoras. Pero es incapaz de ofrecer soluciones duraderas al declive turco.

La **derrota en la Primera Guerra Mundial** deshace el Imperio otomano y causa la **formación de una república laica**.

La revolución de los Jóvenes Turcos de julio de 1908, instigada por militares nacionalistas dolidos por las pérdidas territoriales del Imperio otomano, forzó al sultán Abdulhamid II (ineficaz y represivo gobernante otomano) a volver a aceptar la monarquía constitucional que él mismo había dejado en suspenso en 1878, tras solo dos años de vigencia, para poder ejercer su gobierno personalista. En 1909 fue obligado a abdicar en favor de su hermano Mehmet V, que era, en realidad, un títere político.

Poco hizo la revolución que pudiera atajar el declive otomano, y tan solo puso de relieve las tensiones

Véase también: La locomotora *Rocket* de Stephenson entra en servicio 220–225 ∎ Las revoluciones de 1848 228–229 ∎ La construcción del canal de Suez 230–235 ∎ La expedición de los Mil 238–241

entre quienes defendían los valores islámicos y aquellos liberales que creían que solo unas reformas al estilo occidental podrían salvar Turquía.

Pérdida de territorios

En 1800, y pese a las repetidas derrotas a manos de los rusos, la Turquía otomana dominaba aún un vasto imperio transnacional que abarcaba los Balcanes, Oriente Próximo y el norte de África. A partir de 1805 perdió el control de Egipto, que se independizó y fue gobernado por un general del sultanato otomano, Mehmet Alí.

En 1830, el año en que Francia comenzó su conquista de Argelia (completada en 1857), Grecia se independizó, y en 1878 lo hicieron, ya formalmente, Serbia, Montenegro, Bulgaria y Rumanía. En 1881, también Túnez le fue arrebatada, por Francia.

Tras la revolución de los Jóvenes Turcos, el incesante declive del Imperio otomano continuó. En 1911 Italia se quedó con Libia, mientras que en las guerras de los Balcanes, en 1912–1913, Turquía acabó entregando todos sus demás territorios europeos.

El Imperio otomano comenzó a ser llamado «el enfermo de Europa» a finales del siglo XIX, debido a su incapacidad para mantener sus territorios. La derrota en la Primera Guerra Mundial causó aún más pérdidas territoriales.

Una alianza fatídica

Tras las guerras de los Balcanes, el Gobierno militar otomano impulsó una modernización del país al estilo occidental. En octubre de 1914, Turquía entró en la Primera Guerra Mundial como aliado de las Potencias Centrales (Alemania y Austria-Hungría), convencida de que la ayuda militar alemana le permitiría recuperar parte de su poderío. Se trató de un error calamitoso, y la derrota, en 1918, dejó Turquía reducida a sus feudos de Anatolia, tras perder los territorios que le quedaban en Oriente Próximo, que pasaron en gran parte a manos de Gran Bretaña y Francia.

El trauma de la derrota turca en la Primera Guerra Mundial quedó subrayado en 1920 en el tratado de Sèvres, marcado en gran medida por las imposiciones franco-británicas. El tratado confirmaba las pérdidas de territorios y otorgaba gran parte de Turquía occidental a Grecia, lo que provocó una inmediata reacción nacionalista, liderada por Mustafá Kemal, y el derrocamiento del último sultán, Mehmet VI.

La Turquía que surgió bajo el Gobierno de Kemal, al que se apellidó de manera oficial Ataturk («padre de los turcos»), era un Estado de corte occidental, centralizado y, lo que es más importante, laico, tal y como habían exigido los Jóvenes Turcos. ∎

Kemal Ataturk

Mustafá Kemal (1881–1938), al que se le dio oficialmente el apellido Ataturk en 1934, fue el fundador y primer presidente de la República de Turquía. Nacido en 1881, tomó parte, como oficial del ejército, en la revolución de los Jóvenes Turcos. Sirvió con distinción en la campaña de Gallípoli de 1915–1916, que rechazó una ofensiva conjunta franco-británica sobre Turquía occidental.

Después de la derrota turca en la Primera Guerra Mundial, Ataturk estableció un Gobierno provisional. Como líder de los nacionalistas turcos, desempeñó un papel crucial en la expulsión de los griegos de la Turquía continental occidental. Con las fronteras del país confirmadas en el tratado de Lausana, en 1923, y Occidente aceptando la fundación de la nueva república, Ataturk se abocó a un radical programa de reformas políticas y sociales para transformar la nación en una república moderna de corte occidental. A pesar de lo doloroso del proceso, el país se convirtió en una entidad política coherente y laica gracias a Ataturk.

HECHOS, NO PALABRAS

LA MUERTE DE EMILY DAVISON (1913)

Cada vez más mujeres acceden a la educación y a puestos de trabajo, lo que **eleva sus expectativas** de poder votar.

Se fundan sociedades para **exigir el sufragio femenino**, especialmente en Gran Bretaña y EE UU.

Se **arresta y encarcela** a miembros de la Unión Social y Política de las Mujeres en Gran Bretaña.

La muerte de Emily Davison pone de relieve el sufragismo femenino en el mundo.

El trabajo de la mujer en la guerra **muestra sus capacidades**. Las británicas **obtienen el voto** en 1918; las estadounidenses, en 1920.

El 4 de junio de 1913, Emily Davison entró en la pista durante el Derby de Epsom, la principal carrera de caballos de Inglaterra, y fue arrollada por un caballo, propiedad de Jorge V. Murió cuatro días más tarde. No está claro si fue un acto de protesta que acabó mal o de una voluntaria inmolación reivin- dicativa. Sea como fuere, ese tipo de acciones era típica de la Unión Social y Política de las Mujeres (Women's Social and Political Union, WSPU) a la que Davison se había unido en 1906.

Gran Bretaña

Las mujeres occidentales habían empezado a sentir que ni la mujer ni, por

Véase también: Firma de la Declaración de Independencia de EE UU 204–207 ■ La batalla de Passchendaele 270–275 ■ La Marcha sobre Washington 311 ■ Las protestas de mayo de 1968 324 ■ La liberación de Nelson Mandela 325

Emily Davison, el caballo *Anmer* (del rey Jorge V) y el yóquey Herbert Jones yacen en la pista de Epsom tras la acción de Davison para reivindicar el sufragismo. Solo ella murió.

extensión, nadie, debía ser considerado un ciudadano de segunda clase.

La extensión del derecho a voto a cada vez más hombres en países como Gran Bretaña y EE UU les había hecho preguntarse por qué no se les permitía a ellas también. En 1903, Emmeline Pankhurst fundó la WSPU con el objetivo de usar tácticas agresivas para difundir su causa. Su lema era «hechos, no palabras», y las tácticas de las *suffragettes*, como se

comenzó a llamar despectivamente a las partidarias del voto femenino, se volvieron cada vez más violentas. Pasaron de encadenarse a edificios o interrumpir reuniones a provocar incendios y poner bombas.

Se arrestó y encarceló repetidas veces a las miembros más activas de la WSPU: Pankhurst fue condenada siete veces a ingresar en la cárcel; Davison, nueve. En 1909, la WSPU inició una campaña de huelgas de hambre en las prisiones; a modo de respuesta se las alimentó a la fuerza, un procedimiento doloroso y degradante.

EE UU

La experiencia de las mujeres conocidas en EE UU como «sufragistas» tenía evidentes paralelismos. La Unión Cristiana de Mujeres por la Templanza defendía pacíficamente los derechos de la mujer, y denunciaba que, sin el derecho al voto, las mujeres no podían influir en las decisiones políticas (como la de su petición de establecer la llamada «ley seca», de prohibición de venta de bebidas alcohólicas). Sin embargo, el Partido Nacional de la Mujer (Natio-

nal Women's Party, NWP), fundado en 1916, imitaba las tácticas agresivas de la WSPU británica. Algo nada raro si se tiene en cuenta que su fundadora, Alice Paul, había sido miembro de la WSPU entre 1907 y 1910, y que fue encarcelada tres veces. Algunas de las «centinelas silenciosas» del NWP, que protestaban frente a la Casa Blanca desde enero de 1917, también fueron encarceladas y alimentas a la fuerza.

Éxito final

Con el estallido de la Primera Guerra Mundial, la WSPU abandonó las protestas, y pasó a dedicar sus energías a apoyar el esfuerzo bélico. La contribución de las mujeres durante la guerra demostró que su papel podía ser mucho más amplio que el tradicional de esposas y madres. En 1918, las británicas de 30 años de edad o más obtuvieron el derecho al voto.

Entre tanto, en EE UU, el NWP siguió con sus protestas hasta 1919, cuando el Congreso aprobó la decimonovena enmienda de la Constitución, ratificada al año siguiente, que otorgaba a las mujeres los mismos derechos de voto que a los hombres. ■

Emmeline Pankhurst

La más famosa de las *suffragettes*, Emmeline Pankhurst (1858–1928) era el ejemplo de una nueva raza de mujeres políticamente activas de principios del siglo XX. Nació en el seno de una respetable y progresista familia de la clase media del norte de Inglaterra, ámbito en el que permaneció también tras su matrimonio, lo cual cimentó su deseo de luchar por la causa de los derechos de la mujer. Esta decisión resultaría explosiva. Era una persona muy resuelta, activa y totalmente inquebrantable en su compromiso. Su liderazgo de la WSPU mostró

su decisión de llevar la lucha por el sufragio femenino al corazón de lo que ella veía como territorio enemigo. Su creciente disposición a emplear métodos violentos para conseguir los objetivos de las *suffragettes* irritó a muchos que, de otro modo, habrían sido sus partidarios, tanto hombres como mujeres. Sin embargo, su total rechazo a ceder y el fervor que inspiraba en sus seguidoras y seguidores introdujo un nuevo tipo de militancia feminista en un mundo político masculino y autocomplaciente.

OTROS ACONTECIMIENTOS

LAS PARTICIONES DE POLONIA
(1772–1795)

Entre 1569 y el siglo XVIII, Polonia y Lituania estuvieron unidas en una gran mancomunidad federada que ocupaba una extensa área del norte de Europa. En 1772, los poderosos Estados vecinos de la mancomunidad (Austria, Prusia y Rusia) fueron anexionándose gran parte de su territorio en una serie de invasiones, haciéndola disminuir hasta ser totalmente absorbida en 1795. Rusia se hizo con la mitad oriental del país; Prusia, con el norte y Austria, con las partes sur y central. La eliminación del Estado polaco reforzó a estas tres grandes potencias europeas, contra las que los patriotas polacos lucharon hasta lograr su independencia, en 1918.

SE CREA UN ESTADO SIJ
(1799)

El marajá Ranjit Singh unió las diferentes facciones sij de la región del Punyab y sus alrededores, al norte de India, con el fin de crear un poderoso Estado sij en 1799. Para su creación y defensa se apoyó en el Khalsa, un potente ejército multiétnico punyabí cuyo germen fue el ejército sij creado en la década de 1730 por el líder Nawab Kapur Singh. Dicho Estado sij duró unos 50 años antes de caer ante los británicos. Aunque no fue duradero, ayudó a reforzar la unidad sij y confirmó la íntima unión entre los sijes y la región del Punyab.

LA GUERRA DE 1812
(1812–1815)

En 1812, EE UU declaró la guerra a Gran Bretaña debido a diversos conflictos, como las restricciones comerciales, el reclutamiento forzoso de marineros estadounidenses por los británicos y el apoyo británico a los pueblos nativos americanos que se oponían a la expansión de EE UU a sus tierras del oeste. La guerra tuvo lugar en diversos frentes en lo que entonces eran EE UU y las colonias canadienses británicas, e incluyó un fracasado intento de invasión estadounidense de Canadá, el incendio de Washington por los británicos en 1814 y una gran victoria estadounidense en Nueva Orleans, en 1815. Tras más de dos años de combates, todo quedó casi como antes. Sin embargo, la guerra dio a EE UU un sentimiento más fuerte de nación y confirmó que Canadá seguiría formando parte del Imperio británico.

AUGE Y CAÍDA DEL REINO ZULÚ
(c. 1816–1887)

Shaka, dinámico gobernante de un pequeño reino zulú, fundó un reino a partir de 1816 tras conquistar y unificar numerosas tribus del pueblo nguni, en el sudeste de África. El reino zulú tuvo que vérselas con dos grupos de invasores: los bóers (descendientes de los colonos holandeses de El Cabo) y los británicos. Estos últimos invadieron el territorio zulú en 1879, y, tras una derrota inicial en Isandlwana, acabaron arrollándolos con su potencia de fuego. Los británicos partieron en dos su territorio y añadieron Zululandia a su imperio.

EL SENDERO DE LAS LÁGRIMAS
(1830)

En 1830, el Congreso de EE UU aprobó la Ley de Desplazamiento de los Indios, por la que cedía a los nativos norteamericanos tierras al oeste del Misisipi a cambio de las tierras que poseían dentro de las fronteras estatales del este. Aunque en teoría el traslado era voluntario, significó el desahucio forzoso de decenas de miles de personas de sus tierras y un éxodo hacia el oeste por una ruta que acabó conociéndose como el Sendero de las Lágrimas. Los pueblos desplazados fueron sobre todo los cherokees, chickasaws, choctaws, creeks y semínolas. Solo entre los cherokees, unos cuatro mil murieron durante la marcha.

LA HAMBRUNA IRLANDESA
(1845–1849)

En la década de 1840, la creciente población rural de Irlanda (entonces parte de Reino Unido) sufrió varias cosechas desastrosas de su alimento básico, la patata, provocadas por plagas del hongo tizón tardío (que se extendió muy rápido por la humedad). La hambruna causó la muerte por inanición de un millón de personas y la emigración de otro millón, principalmente a EE UU y a Gran Bretaña. Acabada la hambruna, la emigración continuó (sobre todo hacia EE UU) conforme los terratenientes desahuciaban a los arrendatarios como parte de la «reconversión» de fincas. La hambruna fue un acontecimiento terrible y crucial en la historia de Irlanda, que nunca recobró sus niveles de población previos, y hoy aún persiste el resentimiento por la pobre respuesta dada entonces por el Gobierno de Reino Unido.

REBELIÓN DE LOS TAIPING
(1850–1864)

A mediados del siglo xix, en China, el gobierno Qing se había vuelto corrupto, y muchos ansiaban un cambio. Entre los grupos antigubernamentales había uno dirigido por un líder religioso, Hong Xiuquan. Sus seguidores atacaron Nankín y la tomaron en 1853. La rebelión creció y se extendió por casi toda China, hasta convertirse en una guerra con cientos de miles de combatientes. Con ayuda militar europea, los Qing vencieron a los rebeldes y mataron a millones de soldados y civiles. Pese a su fracaso, la rebelión de los Taiping debilitó al régimen Qing, que solo sobrevivió otro medio siglo, cada vez más preso de las potencias extranjeras.

LA GUERRA DE CRIMEA
(1853–1856)

Cuando estalló la guerra entre Rusia y Turquía en 1853, Francia y Gran Bretaña intervinieron en apoyo de Turquía, enviando una fuerza conjunta para invadir Crimea y asediar el puerto ruso de Sebastopol. Hubo una enorme cantidad de bajas, sobre todo en el bando ruso, antes de que este accediera a negociar la paz. Fiascos como la tristemente famosa «carga de la Brigada Ligera» británica hicieron célebre esta guerra por

el inútil derroche de vidas humanas. La guerra de Crimea también acabó asociándose con los esfuerzos de reformadores sanitarios como Florence Nightingale, que trabajó para mejorar el servicio de enfermería a los heridos y para perfeccionar la formación de las enfermeras tanto en hospitales militares como civiles.

FRANCIA RETOMA UN GOBIERNO REPUBLICANO
(1870)

En 1870, Napoleón III de Francia se rindió en la batalla de Sedán y fue hecho prisionero. El Parlamento francés declaró una República de transición, a fin de formar un gobierno interino hasta escoger un nuevo monarca. Pero resultó imposible ponerse de acuerdo en cuanto al marco constitucional de la nueva monarquía o en quién debía sentarse en el trono. Tras las elecciones de 1871, esta Tercera República se volvió permanente, con un presidente como jefe de Estado y una Asamblea Nacional (cámara baja) elegidos por sufragio universal masculino, para legislar. La Tercera República duró hasta 1940, y estableció el patrón para el Gobierno francés tras la Segunda Guerra Mundial.

SE CREA UN ESTADO ISLÁMICO MAHDISTA EN SUDÁN
(1885)

En 1881, el líder sudanés Mohamed Ahmed bin Abd Alá se proclamó Mahdi (figura mesiánica de algunas tradiciones islámicas) y se levantó contra el Gobierno de Egipto, que gobernaba Sudán pese a que era Gran Bretaña la que gobernaba *de facto* ambos países. Ahmad asedió Jartum, que cayó a principios de 1885,

pese a la defensa de Charles George Gordon, el gobernador general británico. Los mahdistas fueron derrotados por lord Horatio Kitchener en 1898. Tras ello, Egipto y Gran Bretaña gobernaron conjuntamente Sudán.

LA SEGUNDA GUERRA BÓER
(1899–1902)

La guerra de 1899–1902 fue el segundo conflicto entre los bóers (sudafricanos de origen holandés) y los británicos. Tras las victorias iniciales de los bóers, los británicos derrotaron a sus enemigos con una política de tierra quemada en las zonas en las que los bóers habían tenido éxito con su guerra de guerrillas, así como capturando a mujeres y niños. Unas 20 000 personas murieron en campos de concentración, y los bóers perdieron su independencia. La guerra redujo a la miseria a muchos de los bóers supervivientes, pero también encendió su nacionalismo y condujo indirectamente al dominio afrikáner (de raigambre bóer) en el gobierno de Sudáfrica en el siglo xx.

LA REVOLUCIÓN MEXICANA
(1910)

La Revolución mexicana, que comenzó en 1910, dirigida por Francisco Madero, depuso al dictador Porfirio Díaz, que había gobernado durante 35 años. La nueva república no pudo evitar las luchas internas, y la subsiguiente guerra civil se prolongó hasta que se redactó una nueva Constitución, en 1917, y se eligió un nuevo Gobierno, en 1920. En las siguientes cuatro décadas se efectuaron reformas cruciales, como la redistribución de tierras entre los campesinos y las comunidades indias, y, en 1938, la nacionalización del petróleo.

EL MUND

CONTEMP

1914–PRESEN

O
ORANEO
TE

Los levantamientos en Rusia llevan a la abdicación del zar. **Lenin** proclama la **revolución** y los **bolcheviques** se hacen con el poder en noviembre.

Caen en picado las **acciones** de la Bolsa de Nueva York. Se pierden miles de millones de dólares, y el **desastre financiero** sume al mundo en la Gran Depresión.

Hitler **invade Polonia**, y Gran Bretaña y Francia declaran la **guerra a Alemania**. La guerra dura seis años, y es la más mortífera de la historia.

La India británica se divide en dos **estados-nación independientes: India**, de mayoría hindú, y **Pakistán**, de mayoría musulmana.

1917   **1929**   **1939**   **1947**

1919   **1934–1935**   **1942**   **1948**

Acabada la Primera Guerra Mundial (1918), se firma el tratado de Versalles (junio de 1919). **Alemania pierde territorios**, reduce el tamaño de su **ejército** y se ve obligada a pagar **reparaciones de guerra**.

En su huida de los nacionalistas de China meridional, 80 000 **comunistas** liderados por **Mao Zedong** se dirigen al norte en la peligrosa **Larga Marcha**.

Los nazis se reúnen en Wannsee para planear la aniquilación de los **judíos**. Más de seis millones de judíos **son asesinados** en el Holocausto.

En Palestina, que había sido gobernada por los británicos durante tres décadas, se funda el **Estado judío de Israel**.

La perspectiva histórica sobre los acontecimientos recientes es variable y cambiante. Un historiador que escribiera a mediados del siglo XX habría caracterizado la era contemporánea como un periodo de catástrofes, en el que todo lo ganado en los terrenos económico y político se estuviese perdiendo. Sin embargo, a principios del siglo XXI era tentador ver una continuidad con el mundo previo a 1914, en el que una economía capitalista global se combinaba con una enorme innovación tecnológica y unos rápidos aumentos demográficos y de productividad.

Las dos guerras mundiales

Las convulsiones del periodo transcurrido entre 1914 y 1950 fueron de grandes dimensiones. Las dos guerras mundiales causaron la muerte de entre 70 y 100 millones de personas, siendo los conflictos más destructivos de la historia. La civilización y la ciencia europeas (los pilares de la idea de «progreso» del siglo XIX) quedaron manchados por su vínculo con estas masacres. Se usó la ciencia para crear armas de destrucción masiva, como los gases venenosos o la bomba atómica. El capitalismo global ni siquiera pudo funcionar durante el interludio de relativa paz entre ambas guerras, y la miseria causada por la Gran Depresión hizo que los gobiernos democráticos y los mercados libres se retrajeran.

Los revolucionarios inspirados por Marx vieron estos disturbios como los últimos estertores del capitalismo. Pero la construcción de sociedades comunistas, basadas en un modelo de partido único y una economía controlada por el Estado, demostró ser un experimento costoso. En Rusia, y luego en China, el comunismo tuvo éxito transformando países relativamente atrasados en grandes potencias industriales y militares, pero millones de personas murieron víctimas del Estado, y a sus ciudadanos se les negaron libertades fundamentales.

Una batalla ideológica

A la Segunda Guerra Mundial le siguió la guerra fría, una confrontación entre el «mundo libre», liderado por EE UU, y el bloque comunista. En vez del desarme, se dio una carrera armamentística potencialmente desastrosa. Entre tanto, las principales potencias europeas, debilitadas y desmoralizadas, se vieron incapaces de mantener sus imperios y contener a las poblaciones colonizadas, ansiosas de libertad. Las naciones recién independizadas se convirtieron en un campo de guerra ideológico (y, en

El líder egipcio Nasser nacionaliza el **canal de Suez**. Gran Bretaña, Francia e Israel **invaden Egipto**. EE UU imponen el alto el fuego, y los aliados se **retiran**.

El mundo vive 13 días al borde de la **guerra nuclear** entre Cuba y EE UU durante la crisis de los misiles. La disputa se resuelve por la vía **diplomática**.

El Gobierno de Alemania Oriental levanta las restricciones para viajar y miles de personas **derriban el Muro de Berlín**. El comunismo se derrumba.

El 11 de septiembre, **extremistas islamistas atentan** contra EE UU. Mueren casi tres mil personas.

1956   **1962**   **1989**   **2001**

1957   **1965**   **1991**   **2011**

Kwame Nkrumah obtiene la **independencia de Ghana** respecto a Gran Bretaña por medios **pacíficos**. En la década de 1970, la mayoría de las naciones africanas son independientes.

EE UU envía tropas a **Vietnam del Sur** para evitar la propagación del **comunismo**, y se ven envueltos en una guerra de nueve años.

Entra en funcionamiento la **primera página web** *(world wide web)*, construida por el informático británico Tim Berners-Lee para **compartir información** académica.

La población mundial pasa de los **7000 millones**; el desafío mundial es mejorar la **calidad de vida** sin destruir el **medio ambiente**.

---

ocasiones, militar) entre los sistemas capitalista y comunista.

Al final, el asunto se resolvió a través de la economía. El capitalismo demostró su capacidad para generar crecimiento económico a gran escala, creando una pujante sociedad consumista en los países más avanzados. Por su parte, en la década de 1980, los países comunistas se enfrentaban al estancamiento económico y al descontento popular. Con gran celeridad, los regímenes comunistas se fueron derrumbando, y la China comunista acabaría convirtiéndose en un centro clave del capitalismo. Ante el eclipse del comunismo, el politólogo Francis Fukuyama habló de «el fin de la historia», y aseguró que la democracia liberal occidental era «la única alternativa». Ciertamente, hacia finales del siglo XX, el liberalismo estaba en la cresta de la ola.

Progreso y pesimismo

A partir de la década de 1960, intensas y controvertidas campañas por los derechos civiles habían hecho avanzar los ideales progresistas en áreas como la igualdad racial y las políticas de género. La creciente prosperidad era también impresionante. En Latinoamérica y gran parte de Asia, los estándares de vida se habían elevado radicalmente a principios del siglo XXI. Pese a que la población mundial había aumentado a una escala gigantesca (pasando de menos de 2000 millones, en 1914, a más de 7000 millones, un siglo más tarde), el suministro de alimentos no se había agotado, contradiciendo lo predicho por muchos. Además, se reconoció el gran desafío que suponía limitar los daños medioambientales futuros generados por el crecimiento y el éxito de la humanidad.

En efecto, el progreso de la humanidad en el siglo XX era notable, desde el incremento de la alfabetización y la esperanza de vida, pasando por el impulso de los viajes aéreos y espaciales, hasta el desarrollo de la informática. Sin embargo, esto no se tradujo en optimismo. Dejando de lado los temas medioambientales, era evidente que el futuro deparaba peligros potenciales: los temas sin resolver en Oriente Próximo, que arrastraban a grandes potencias a la guerra; los atentados terroristas; la desigualdad económica, que generaba migraciones masivas; la inestabilidad financiera y el colapso de los mercados; las epidemias propagadas debido a los viajes a escala mundial… La historia no ofrecía bases sólidas para hacer predicciones fiables de ningún tipo, y tan solo sugería que había que esperar lo inesperado. ∎

A MENUDO DESEABAS HABER MUERTO

LA BATALLA DE PASSCHENDAELE (1917)

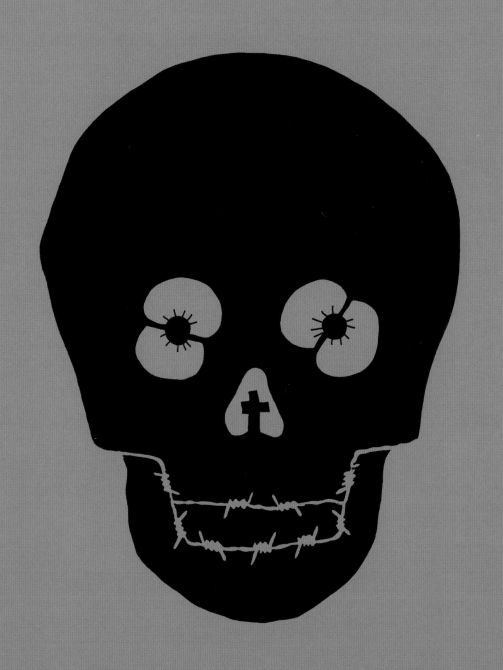

EN CONTEXTO

ENFOQUE
La Primera Guerra Mundial

ANTES
1870–1871 La derrota francesa contra Prusia lleva a la creación de un poderoso Imperio alemán.

1887 Alemania encarga grandes construcciones navales.

1912 Estallan las guerras de los Balcanes, que endurecen la actitud austro-húngara hacia Serbia.

1916 La reuniones secretas entre Gran Bretaña y Francia dan como resultado el acuerdo de Sykes-Picot, que divide el Imperio otomano.

DESPUÉS
9 de noviembre de 1918 El káiser Guillermo abdica; su gobierno imperial se derrumba.

1919 En la conferencia de paz de París, los vencedores imponen a Alemania estrictas condiciones para firmar el tratado de Versalles.

Passchendaele, llamada oficialmente tercera batalla de Ypres, fue un ataque a gran escala contra las líneas alemanas en el frente de Ypres (Bélgica) durante la Primera Guerra Mundial. El objetivo aliado era avanzar por Bélgica y liberar los puertos de la costa en manos de Alemania, que los había usado para atacar convoyes de barcos británicos. El mayor desafío era atravesar las posiciones defensivas de los alemanes en las colinas de Flandes Occidental. La clave era hacerse con la ciudad de Passchendaele.

Los preparativos para la batalla empezaron el 7 de junio de 1917 con un bombardeo a las posiciones alemanas que duró dos semanas. La ofensiva de la infantería comenzó el 31 de julio de 1917. A los pocos días, las fuerzas aliadas quedaron inmersas en el lodo conforme la lluvia convertía la zona en un cenagal. Para cuando los aliados (tropas británicas, francesas, canadienses y australianas) tomaron Passchendaele, el 6 de noviembre, la ciudad estaba en ruinas. El enfrentamiento costó la vida de 300 000 aliados, para un avance de solo 8 km, mientras que los alemanes perdieron 260 000 soldados. Gran Bretaña ensalzó aquello como una victoria, pero acabó convirtiéndose en sinónimo de la inutilidad de la guerra.

En Passchendaele, los soldados lucharon en atroces condiciones. Estos operadores de ametralladora, en ausencia de nada mejor, usan cráteres de bombas como refugio improvisado.

Diplomacia secreta

Dos disputas principales llevaron a la Primera Guerra Mundial: una entre Alemania y Francia, y otra entre Rusia y Austria-Hungría. La historia de antipatía mutua entre Alemania y Francia llegó a su cénit con la derrota francesa a manos alemanas en la guerra franco-prusiana, que causó la anexión alemana de la mayor parte de las provincias de Alsacia y Lorena.

La vida en las trincheras

Al comienzo de la Primera Guerra Mundial, ambos bandos esperaban batallas rápidas que cubrirían cientos de kilómetros. Nadie esperaba un combate estático con los ejércitos apostados en trincheras defensivas. Al principio eran surcos pequeños, pero cada vez se hicieron más profundas y elaboradas, fortificadas con estructuras de madera y sacos de arena. Las trincheras alemanas eran más sofisticadas y disponían de electricidad y letrinas. Los soldados pasaban los días evitando el fuego enemigo y soportaban periodos de aburrimiento y trabajos rutinarios, salpicados por breves temporadas en la reserva y cortos descansos. A veces, las trincheras estaban infestadas de ratas y piojos o inundadas de agua. La vida resultaba agotadora para los soldados, que tenían una dieta de comida enlatada y muy pocas comodidades. Los francotiradores disparaban sobre cualquier cabeza que se asomara, y los ataques con granadas eran constantes. Se bombardeaba con obuses, balas y gases tóxicos. Era una implacable guerra de desgaste: maloliente, sucia y llena de enfermedades.

Véase también: La expedición de los Mil 238–241 ▪ Rusia emancipa a los siervos 243 ▪ La revolución de Octubre 276–279 ▪ El tratado de Versalles 280 ▪ La invasión nazi de Polonia 286–293

> Las lámparas van a apagarse en toda Europa. No las volveremos a ver brillar en nuestras vidas.
> **Sir Edward Grey**
> **Ministro de Exteriores británico (1914)**

En Europa del Este, los imperios austrohúngaro y ruso mantenían una disputa desde hacía mucho sobre el predominio en los Balcanes. Ambas potencias dependían de la zona para acceder al Mediterráneo, y ambas se vigilaban mutuamente, recelosas.

Los dos Estados necesitaban aliados, y, en 1882, Austria-Hungría, Alemania e Italia firmaron una Triple Alianza para apoyarse militarmente en caso de guerra. En la década de 1890, Rusia y Francia firmaron un acuerdo de protección mutua en caso de guerra contra Alemania. A finales de siglo, los provocadores discursos nacionalistas del káiser Guillermo II y su expansionismo naval empujaron a Gran Bretaña a estrechar lazos con Francia. En 1904, Gran Bretaña y Francia acordaron una entente (la *Entente Cordiale*) que se amplió a Triple Entente en 1907, cuando acogió a Rusia. Más tarde, tras la incorporación de otros Estados, la Triple Entente derivaría en las Potencias Aliadas. La atmósfera generada por este forcejeo llevó a un incremento del gasto militar por parte de los gobiernos europeos, así como a la expansión de los ejércitos y las armadas.

Estalla la guerra

El 28 de junio de 1914, un serbobosnio asesinó al archiduque Francisco Fernando de Austria, heredero al trono de los Habsburgo, en Sarajevo. Los austriacos sospechaban de Serbia, su principal enemigo en los Balcanes, como autora del atentado. Tras asegurarse el apoyo de su aliado alemán, Austria-Hungría dio a Serbia un ultimátum el 23 de julio, exigiendo que los serbios detuvieran sus actividades contra Austria-Hungría. Serbia aceptó la mayor parte de las demandas, pero Austria-Hungría le declaró la guerra el 28 de julio. Gran Bretaña exigió la mediación internacional, pero la crisis pronto alcanzó escala europea. Cuando Rusia se movilizó contra Austria-Hungría, Alemania declaró la guerra a Rusia, el 1 de agosto, y a Francia, dos días después. Gran Bretaña entró en la guerra el 4 de agosto, una vez que Alemania invadió la neutral Bélgica. La Fuerza Expedicionaria Británica, pequeña tropa profesional liderada por sir Douglas Haig, había llegado a Francia el 22 de agosto, y se desplegó cerca de la frontera franco-belga, de acuerdo con los planes acordados antes de la guerra con el Gobierno francés.

Alemania libró una guerra en dos frentes. En el Frente Occidental, en »

Las potencias europeas están unidas en una serie de **complejas alianzas**.

La carrera armamentística europea genera **ejércitos más grandes** y **armas más destructivas**.

La guerra estalla, arrastrando a las grandes potencias y causando **muerte a una escala previamente inimaginable**.

La **igualdad relativa entre los ejércitos** hace que ningún bando obtenga una victoria decisiva.

La lucha en el Frente Occidental se convierte en un terrible punto muerto pese al enorme coste de batallas como Passchendaele.

Con ambos bandos agotados, **la entrada de EE UU en la guerra** del lado del bando aliado facilita un **avance en el conflicto**.

La artillería pesada, como los obuses, se transportaba con caballos y tractores. La munición explosiva, disparada en cantidades masivas, fue clave en la elevada mortalidad de la guerra.

las primeras semanas del conflicto, Alemania invadió Bélgica y Francia, pero franceses y belgas detuvieron su avance en la batalla del Marne. A finales de otoño, ambos bandos se habían estancado. Mientras, en el Frente Oriental, los combates eran fluidos. Alemania dominaba, anotándose una gran victoria contra los rusos en Tannenberg, pero sus aliados austriacos sufrieron varias derrotas. No obstante, en el Frente Occidental, una trinchera de 645 km se extendía desde la costa belga, al norte, hasta la frontera suiza, pasando por Francia oriental. Ambos bandos se observaban a través del campo abierto entre ambas líneas. Esta zona, tierra de nadie, estaba plagada de alambre de espino frente a cada trinchera para ralentizar el avance del enemigo. La lucha desde las trincheras, salpicada por batallas tremendamente sangrientas, resultó ineficaz para romper el bloqueo. Más de 600 000 soldados aliados murieron o fueron heridos solo en la batalla del Somme.

Guerra total

Al inicio del conflicto, ambos bandos pensaban que este consistiría en una batalla rápida y decisiva. Nadie había previsto una guerra de desgaste. Las nuevas armas mecanizadas añadían más capacidad mortífera. Se usaron tanques por vez primera, y ametralladoras como la alemana MG 08 Maxim, que podían disparar hasta 600 balas por minuto. Los aviones, inicialmente utilizados para reconocimiento, se emplearon después para el bombardeo. Ambos bandos usaron gas venenoso. Los caballos eran la columna vertebral de las operaciones logísticas, pero, conforme progresaba la guerra, se emplearon cada vez más los trenes y los camiones para transportar bienes y materiales al frente.

Los bombardeos de Londres y París por parte de aeronaves y aviones de bombardeo llevaron la guerra a la población civil. En 1917, los submarinos alemanes hundían uno de cada cuatro barcos mercantes que se dirigían a Gran Bretaña, en un intento de forzar la sumisión de los británicos por la vía de generarles privaciones. El bloqueo naval británico a Alemania llevó también a terribles carestías de alimentos. Fue la primera «guerra total», lo cual significaba que no solo se vieron implicados los soldados, sino también las poblaciones civiles.

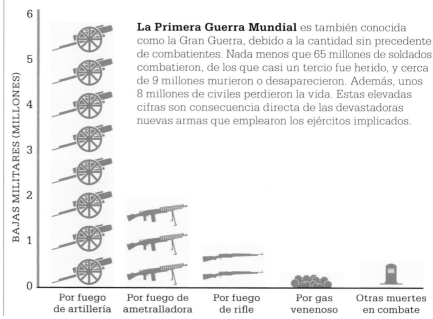

La Primera Guerra Mundial es también conocida como la Gran Guerra, debido a la cantidad sin precedente de combatientes. Nada menos que 65 millones de soldados combatieron, de los que casi un tercio fue herido, y cerca de 9 millones murieron o desaparecieron. Además, unos 8 millones de civiles perdieron la vida. Estas elevadas cifras son consecuencia directa de las devastadoras nuevas armas que emplearon los ejércitos implicados.

No había signos de vida
de ningún tipo […]. Ni un
pájaro, ni una rata, siquiera
una brizna de hierba.
Soldado raso R. A. Colwell
Passchendaele (1919)

Gran Bretaña tuvo que introducir el reclutamiento forzoso por primera vez. A partir de enero de 1916, los hombres solteros de entre 18 y 41 años podían ser llamados a filas. Gran Bretaña y Francia formaron también ejércitos en sus colonias, como India o África, y en los dominios británicos de Australia, Nueva Zelanda y Canadá. Se produjeron cambios sociales, sobre todo para las mujeres, que ocuparon puestos en fábricas y oficinas. Las mujeres trabajaban cada vez más en la industria de la munición conforme los gobiernos pasaban a precisar de producciones a gran escala.

Un conflicto mundial

Los principales Estados beligerantes llevaron sus vastos imperios a la guerra con ellos, y pronto el conflicto se convirtió en una guerra mundial. Japón, que entró en la guerra en el bando de los aliados, invadió las colonias alemanas en China y el Pacífico. Las colonias de Alemania en África fueron arrasadas por ejércitos británicos, franceses y sudafricanos. En mayo de 1915, Italia se unió a los alia-

Uno de los cambios sociales de la Primera Guerra Mundial tuvo que ver con el papel de la mujer. La población femenina se sumó al esfuerzo bélico en lugares como las fábricas de munición.

dos, luchando contra Austria-Hungría y Alemania en los Alpes.

El Imperio otomano, una potencia islámica, abandonó su neutralidad a principios de noviembre de 1914 y declaró una yihad (guerra santa) contra Francia, Rusia y Gran Bretaña. Los ataques de submarinos alemanes a barcos mercantes en alta mar (como el que hundió el vapor *Lusitania*, en 1915, con 128 estadounidenses a bordo) provocaron la entrada de EE UU en la guerra. Tras descubrir un complot alemán para convencer a México de crear una alianza contra EE UU, el Congreso declaró la guerra en abril de 1917.

Cuando los bolcheviques rusos iniciaron negociaciones de paz con Alemania en Brest-Litovsk el 22 de diciembre de 1917, Alemania parecía haber obtenido una importante victoria. También obtuvo avances en el Frente Occidental en 1918, pero, justo entonces, entre julio y agosto, los aliados contraatacaron y comenzaron un avance que continuaría hasta noviembre. Cuatro millones de soldados estadounidenses de refresco ayudaron a derrotar a las Potencias Cen-

trales y obligaron a los alemanes a sentarse a la mesa de negociaciones.

Cuando la conflagración terminó, a las 11.00 h del 11 de noviembre de 1918, la alianza liderada por Francia y Gran Bretaña había obtenido la victoria. Más de 65 millones de soldados habían participado en la guerra, de los que al menos la mitad murieron, desaparecieron o fueron heridos. Los imperios ruso, austriaco y alemán se habían derrumbado. Tras la guerra, el tratado de Versalles redibujó el mapa de Europa, dejando un poso amargo en sus naciones, sobre todo en Alemania. Se fundó una asamblea pública de países, la Sociedad de Naciones, para mantener la paz. Sin embargo, dicho organismo fue ineficaz frente a los países que optaron por ignorarla. Cuando Benito Mussolini llegó al poder en Italia, en 1922, denunció el tratado. En Alemania, donde la respuesta al tratado fue de un gran resentimiento, el Partido Nazi comenzó a ganar impulso. Lejos de ser la «guerra que acabaría con todas las guerras», la Primera Guerra Mundial tan solo había sembrado la semilla de un conflicto futuro. ■

LA HISTORIA NO NOS PERDONARA SI NO TOMAMOS EL PODER AHORA

LA REVOLUCIÓN DE OCTUBRE (1917)

EN CONTEXTO

ENFOQUE
La Revolución rusa de 1917

ANTES
1898 Se funda el Partido Obrero Socialdemócrata Ruso.

1905 Rusia es derrotada en la guerra contra Japón, lo que provoca una revolución.

1914 Rusia entra en la Primera Guerra Mundial y sufre muchas bajas contra Alemania en el Frente Oriental.

DESPUÉS
1918 El zar Nicolás II y su familia son ejecutados.

1922 Lenin crea la Unión de Repúblicas Socialistas Soviéticas (URSS) controlada por el Partido Comunista.

1929 Stalin se convierte en líder de la URSS y establece una dictadura.

En octubre de 1917, la situación en Rusia era convulsa por las pérdidas sufridas en la Primera Guerra Mundial. Había escasez de alimentos, y, en las ciudades, los obreros cobraban salarios bajos y vivían en condiciones miserables. La revolución de Febrero de ese año había derrocado al zar, pero el Gobierno provisional que lo sustituyó se enfrentaba a un colapso inminente.

Vladímir Lenin, miembro de la sección revolucionaria bolchevique del Partido Obrero Socialdemócrata Ruso (POSDR), aprovechó las circunstancias. Comprometido con una revolución de los trabajadores («proletaria»), lanzó un conjunto de protestas para derrocar al Gobierno en lo que se conocería como sus «tesis de Abril». Su sencillo lema era «paz, tierra y pan», y se convirtió en un grito de guerra revolucionario.

El 24 de octubre (6 de noviembre del calendario gregoriano, o CG), el Gobierno intentó limitar las actividades de los bolcheviques para evitar un golpe de Estado. Se emitieron órdenes de arresto contra los dirigentes del partido y se clausuró su diario *Pravda* («La verdad»). Lenin, que intentaba pasar desapercibido en su apartamento, escribía: «¡No podemos esperar! ¡Podemos perderlo todo! El Gobierno se tambalea: demorar la acción es lo mismo que la muerte».

El 25 de octubre (7 de noviembre del CG) el Gobierno intentaba hallar apoyo armado. El Sóviet de Petrogrado de los Representantes de los Trabajadores y los Soldados, del que los bolcheviques eran una facción, podía confiar en el apoyo de los soldados de Petrogrado (San Petersburgo). La pa-

ramilitar Guardia Roja bolchevique ocupó las principales oficinas postales, telegráficas y energéticas. Tan solo quedaba el Palacio de Invierno, sede del Gobierno. La pequeña unidad de cadetes militares que lo guardaba se rindió voluntariamente a los soldados revolucionarios. El régimen había caído, y el poder había pasado a Lenin y los bolcheviques.

Sentando las bases

La revolución de Octubre fue la culminación del malestar que había ido creciendo desde hacía meses. El 23 de febrero de 1917 (8 de marzo del CG) habían estallado disturbios en Petrogrado liderados por mujeres frustradas por la espera de horas para conseguir pan. Marcharon por la ciudad y, conforme avanzaban, obtenían apoyos. Pronto el movimiento se convirtió en una huelga general, y »

Vladímir Ílich Lenin

Nacido el 10 de abril de 1870 (22 de abril del CG), Vladímir Ílich Uliánov (que adoptó el nombre de Lenin) fue el fundador de los bolcheviques y primer líder de la Rusia soviética. Atrevido teórico e incansable organizador, Lenin se convirtió en un revolucionario marxista tras la ejecución de su hermano Aleksandr, en 1887, por conspirar para asesinar al zar Alejandro III, un acontecimiento que le hizo perder la fe en Dios y la religión. En 1895 fue detenido y deportado tres años a Siberia.

Su objetivo fue organizar la oposición al zar en un solo movimiento coherente. Tras la revolución de Febrero de 1917, Lenin volvió a Rusia de su exilio convencido de que su momento había llegado. En octubre lideró a los bolcheviques contra el Gobierno, eliminó toda oposición y se convirtió en dictador del primer Estado comunista.

Su principal desafío fue la guerra civil rusa (1918–1920). Los comunistas ganaron, pero Rusia quedó devastada. El estrés del liderazgo también acabó con su salud. En 1922 sufrió dos infartos cerebrales, o ictus, uno de los cuales lo dejó sin habla durante semanas; un último ictus masivo acabó con su vida el 21 de enero de 1924.

La Revolución rusa de 1905 obliga al autocrático zar Nicolás II a una **serie de reformas**.

↓

Persiste el descontento entre el pueblo.

→ **Rusia sufre derrotas** en la Primera Guerra Mundial.

→ La escasez económica provoca **disturbios por falta de alimentos**.

↓

En febrero de 1917 **se derroca la monarquía**, que es sustituida por un Gobierno provisional. **El zar abdica** en marzo.

↓

Lenin y los bolcheviques exigen todo el poder para el proletariado y lanzan la revolución de Octubre.

las manifestaciones adquirieron una naturaleza más política. Empezaron a aparecer banderas rojas y a derribarse estatuas del zar Nicolás II. Los soldados se negaron a obedecer órdenes de disparar a la multitud, pero la policía disparó y mató a 50 personas.

Los partidos revolucionarios

Con la violencia estallando en las calles, el zar abdicó en marzo, tras ceder el poder al Gobierno provisional (con el príncipe Georgui Y. Lvov como presidente) en febrero. El Gobierno todavía representaba tan solo a las clases medias, y seguía apoyando la participación de Rusia en la Primera Guerra Mundial. Grupos como el Sóviet de Petrogrado de Representantes de los Trabajadores y los Soldados, un consejo formado por soldados y campesinos que se dedicaba a la agitación política para conseguir el cambio, se hacían más fuertes y obtenían más poder dentro del Gobierno provisional. Lenin, en el exilio debido a sus actividades revolucionarias, estaba ansioso por regresar a Petrogrado, convencido de que el derrumbe del capitalismo mundial era inminente. Recibió ayuda del Gobierno alemán (que esperaba que desestabilizara la situación política en Rusia y le beneficiase así en su esfuerzo bélico), el cual le puso un tren sellado para trasladarlo en secreto. Henchido de celo revolucionario, Lenin estaba decidido a modelar un nuevo Gobierno ruso de acuerdo a sus ideas, y acusó a sus socios de no estar haciendo lo necesario para derrocar al régimen en el poder.

Tras la desastrosa ofensiva de julio en el Frente Occidental, el presidente del Gobierno, Lvov, dimitió. Su sucesor, Aleksandr Kerenski, formó un nuevo Gobierno socialista con el Sóviet de Petrogrado, pero también él insistió en mantener a Rusia en la Primera Guerra Mundial. Tras unas manifestaciones masivas en Petrogrado, impulsadas por los bolcheviques, Kerenski prohibió el partido y arrestó a muchos de sus líderes. Lenin huyó a Finlandia.

La revolución es inminente

En agosto, Kerenski se enfrentaba a una nueva amenaza. Lavr Kornilov, comandante en jefe del ejército ruso, ordenó a sus soldados entrar en Petrogrado. Kerenski creía que Kornilov estaba conspirando para conseguir el poder. Desesperado, dejó en libertad a los bolcheviques, quienes armaron a todo aquel que deseara evitar una contrarrevolución. Se trató de un gran impulso a su causa. Lograron presentarse ante el pueblo como los defensores de Petrogrado. Hacia septiembre, los bolcheviques se habían hecho con el control del Sóviet de Petrogrado. Lenin aprovechó el momento, volvió a Rusia y renovó su llamada a la revolución. Puso la responsabilidad de las tácticas militares en manos de León Trotski, un camarada marxista. Campesinos y granjeros se estaban rebelando en las zonas rurales; y los obreros, en las ciudades. Lenin decidió que había llegado el momento de que los bolcheviques se hicieran con el poder: tomaron los edificios gubernamentales y el Palacio de Invierno, donde se había refugiado el gabinete de Kerenski.

El 25 de octubre (7 de noviembre del CG), Lenin se dirigió así al pueblo ruso: «El Gobierno provisional ha sido derrocado. ¡Larga vida a la revolución de los trabajadores, soldados y campesinos!». Tras este triunfo inicial, a Lenin se le exigieron unas elecciones democráticas, pero los bolcheviques recibieron solo una cuarta parte de los votos. Lenin disolvió el Gobierno electo y envió guardias para evitar que se volviera a reunir. En febrero de 1918 firmó un tratado de paz con Alemania, pero los términos eran muy duros. Rusia cedía los Estados bálticos a Alemania, mientras que Ucrania, Finlandia y Estonia se convertían en estados independientes. Rusia tuvo también que pagar seis mil millones de marcos alemanes en reparaciones. Este movimiento liberaba a los bolcheviques de la amenaza alemana, pero los términos del tratado fueron muy impopulares.

Guerra civil

Los bolcheviques se habían hecho con el poder, pero ahora debían man-

Este cuadro representa la toma del Palacio de Invierno por parte de los bolcheviques durante la revolución de Octubre.

Lenin se dirige a las tropas en la plaza Roja de Moscú en 1918, durante la guerra civil que siguió a la Revolución rusa.

tenerlo. Lenin estableció un sistema de gobierno muy centralizado, prohibió toda oposición e inició el Terror Rojo, una campaña de intimidaciones, ejecuciones y arrestos contra todo aquel que fuera considerado una amenaza por los bolcheviques.

Los bolcheviques eran minoría en Rusia, y sus oponentes concentraron sus fuerzas contra ellos, comenzando por los Blancos, un grupo formado por antiguos zaristas, oficiales del ejército y demócratas. Se conoció a los bolcheviques como los Rojos.

Conforme varias facciones luchaban por el futuro del país, una guerra civil caracterizada por una violencia extrema estalló en Rusia en 1918, extendiéndose hasta 1921. Los Blancos recibieron ayuda de los anteriores aliados de Rusia –Gran Bretaña, Francia, EE UU y Japón–, que temían la difusión del comunismo. Al principio, los Blancos hicieron importantes avances, pero estaban mal coordinados, mientras que Trotski demostró ser un gran táctico militar.

En 1920, Lenin ordenó una guerra contra Polonia para liberar a los trabajadores de Europa central y oriental,

pero, en la batalla de Varsovia, después de un magnífico contraataque polaco, el Ejército Rojo fue rechazado.

Un país en ruinas

En 1921, los Blancos ya habían sido derrotados, y Lenin podía centrarse en la reconstrucción de la economía del país, que estaba al borde del colapso. En el campo, unos 6 millones de campesinos habían muerto de hambre, y abundaban los disturbios en las ciudades. La revuelta de Kronstadt, en marzo de 1921, socavó aún más al régimen. Kronstadt era (y aún es) una ciudad y fortaleza naval en la isla de Kotlin, frente a San Petersburgo (Petrogrado). En 1921, 16 000 soldados y obreros firmaron una petición que exigía «sóviets sin bolcheviques»: sóviets libremente elegidos y libertad de expresión y de prensa. Los Rojos reaccionaron ejecutando a cientos de líderes y expulsaron a más de 15 000 marineros de la flota.

En mayo de 1922, Lenin sufrió un infarto cerebral. En diciembre, el Gobierno proclamó la fundación de la Unión de Repúblicas Socialistas Soviéticas (URSS), una unión federal

que consistía en la Rusia soviética y áreas vecinas gobernadas por las ramas locales del movimiento comunista. Desde su creación, la URSS se basó en la premisa del Gobierno unipartidista, prohibiendo todas las demás organizaciones políticas.

A Lenin le desanimaban las luchas internas, y le preocupaba cómo se gobernaría la URSS tras su muerte. Entre finales de 1922 y principios de 1923, Lenin dictó lo que acabaría llamándose su «testamento», en el que se arrepentía de la dirección que había tomado el Gobierno soviético. Era muy crítico con Iósiv Stalin, entonces secretario general del Partido Comunista, cuyo agresivo talante le había hecho entrar en conflicto con Lenin. Este murió en 1924, pero su legado sobrevive. La fundación, por parte de los bolcheviques, del primer Estado comunista en la nación más grande del mundo afectó a todos los países del globo. La revolución socialista inspiró a los trabajadores con una alternativa al capitalismo y a los viejos regímenes imperialistas. ■

La ejecución del zar y de su familia no solo fue necesaria para [...] desanimar al enemigo, sino para mostrar que en adelante solo quedaba la victoria total o la completa destrucción.
León Trotski

ESTO NO ES UNA PAZ, ES UN ARMISTICIO PARA VEINTE AÑOS

EL TRATADO DE VERSALLES (1919)

EN CONTEXTO

ENFOQUE
Paz tras la Gran Guerra

ANTES
1914 Austria-Hungría, Alemania, Turquía y Rusia dominan amplios territorios.

1916 Diplomáticos franceses y británicos se reúnen en secreto para decidir el destino del mundo musulmán postotomano.

1919 La conferencia de paz de París impone los términos y condiciones de la paz.

DESPUÉS
1920 El tratado de Sèvres propone un reparto del Imperio otomano para rediseñar Oriente Próximo.

3 de septiembre de 1939 Ataque alemán a Polonia: inicio de la Segunda Guerra Mundial.

24 de octubre de 1945 La Sociedad de Naciones se disuelve, y se reforma como Organización de las Naciones Unidas.

En enero de 1919, los vencedores de la Primera Guerra Mundial se reunieron para debatir los términos de la paz. El presidente de EE UU, Woodrow Wilson, había ideado un plan que, según creía, llevaría un nuevo orden basado en la democracia a Europa. Wilson impulsó la creación de la Sociedad de Naciones para que actuara como árbitro e impusiera la paz en disputas entre naciones.

Gran Bretaña y Francia querían asegurarse de que Alemania nunca fuera capaz de amenazar la paz europea. El ejército alemán iba a ser limitado, y la zona del Rin, desmilitarizada. Se exigió a Alemania que cediera territorios a Francia, en el oeste, y a Polonia, en el norte y el este. Además, el Imperio austrohúngaro se partiría formando nuevas naciones, como Checoslovaquia y Yugoslavia, y el Imperio otomano sería recortado, favoreciendo a franceses y británicos.

Reconocimiento de culpa

De un modo crucial, en una «cláusula de culpabilidad», los alemanes (y sus aliados) tuvieron que reconocer haber

Habéis pedido la paz. Estamos listos para daros la paz.
Georges Clemenceau
Primer ministro de Francia

iniciado la guerra y obligarse a pagar 6600 millones de libras esterlinas en concepto de reparaciones de guerra. El tratado de Versalles se firmó el 28 de junio de 1919, pero Alemania no pudo hacer frente a las compensaciones, así que Francia ocupó el valle del Ruhr, la zona industrial alemana. No obstante, y a lo largo de los años siguientes, ninguna de las naciones ganadoras hizo nada por detener las agresiones de la Alemania nazi. En 1940, cuando Alemania ocupó Francia, Adolf Hitler ordenó quemar su documento original del tratado. ∎

Véase también: La revolución de los Jóvenes Turcos 260–261 ▪ La batalla de Passchendaele 270–275 ▪ El incendio del Reichstag 284–285 ▪ La invasión nazi de Polonia 286–293 ▪ La Organización de las Naciones Unidas 340

LA MUERTE SOLUCIONA TODOS LOS PROBLEMAS: SI NO HAY HOMBRE, NO HAY PROBLEMA

STALIN SE HACE CON EL PODER (1929)

EN CONTEXTO

ENFOQUE
La Rusia soviética

ANTES
1917 Lenin inicia el movimiento de Rusia hacia el comunismo.

1922 Tratado de creación de la URSS: Rusia, Ucrania, Bielorrusia y Transcaucasia quedan unidas en la Unión Soviética.

1928 La URSS adopta el primer plan quinquenal, en el que se adoptan ambiciosos objetivos para la economía.

DESPUÉS
1945 La URSS derrota a la Alemania nazi y controla Europa central.

1989 Europa central y oriental rechaza el comunismo; cae el Muro de Berlín.

1991 El Congreso de los Diputados del Pueblo (creado en 1989) vota a favor de la disolución de la Unión Soviética.

Tras la revolución de Octubre de 1917, Lenin creó un Estado unipartidista, y en 1922 nombró a Iósiv Stalin secretario general. Este usó su posición para reforzar su poder y se convirtió en dictador en 1929, cinco años después de la muerte de Lenin.

Stalin impulsó un periodo de rápida industrialización del país. Confiscó tierras a agricultores para convertirlas en granjas colectivizadas a fin de obtener alimentos para la nueva mano de obra. Entre 1931 y 1932, la expropiación masiva de tierras y cereales a los campesinos, unida a unas malas cosechas, generó una trágica hambruna en Ucrania, con el resultado de varios millones de muertes.

Se encargó al Comisariado del Pueblo para Asuntos Internos (la policía secreta) cazar a los oponentes políticos de Stalin. Decenas de miles de ciudadanos murieron por las purgas de la década de 1930, conocidas como Gran Terror, y millones de no rusos de la Unión Soviética fueron deportados a campos de trabajos forzados. Pese a ello, Stalin proyectaba una imagen de su país de paz y pro-

Solo creo en una cosa: el poder de la voluntad humana.
Iósiv Stalin

greso. El dictador buscaba modos de expandir el comunismo más allá de las fronteras soviéticas, y, tras la Segunda Guerra Mundial, se extendió a Polonia, Hungría, Checoslovaquia, Alemania Oriental y otros países, en lo que se conoció como Bloque del Este. Los Partidos comunistas llegaron al poder en Corea del Norte (1948), China (1949), Cuba (1959) y Vietnam (1975). Stalin se había convertido en uno de los hombres más poderosos del mundo. Al poco de morir, en 1953, su país era una potencia capaz de desafiar a EE UU. ∎

Véase también: La revolución de Octubre 276–279 ∎ La invasión nazi de Polonia 286–293 ∎ La caída del Muro de Berlín 322–323

TODA FALTA DE CONFIANZA EN EL FUTURO ECONOMICO DE EE UU ES UNA ESTUPIDEZ

EL CRAC DE WALL STREET (1929)

EN CONTEXTO

ENFOQUE
La Gran Depresión

ANTES
1918 La economía mundial lucha por recuperarse tras la Primera Guerra Mundial.

1922 La economía de EE UU crece conforme las fábricas producen bienes en masa.

1923 Los precios en Alemania se disparan: la hiperinflación destruye los ahorros de la gente.

DESPUÉS
1930 El desempleo masivo golpea EE UU, Gran Bretaña, Alemania y otros países.

1939 El estallido de la Segunda Guerra Mundial aumenta el empleo y el gasto gubernamental en EE UU, lo cual acelera la recuperación.

1944 Los líderes mundiales crean el Fondo Monetario Internacional (FMI) y el Banco Mundial para financiar el desarrollo económico.

L a caída de la Bolsa de Nueva York empezó el 23 de octubre de 1929, cuando las acciones de General Motors, fabricante de automóviles, se vendieron con amplias pérdidas y el mercado empezó a derrumbarse. El pánico se adueñó de la escena, y el día siguiente el mercado cayó en picado. El 29 de octubre, que se acabaría conociendo como «martes negro», los precios de las acciones se hundieron más aún. Se perdieron unos 25 000 millones de dólares (unos 319 000 millones actuales) de valor de capital total. Era la mayor catástrofe financiera de la historia, y sumió al mundo en la Gran Depresión.

Los locos años veinte

EE UU se había recuperado deprisa tras la Primera Guerra Mundial, y las fábricas que habían creado suministros para la guerra pasaron a producir bienes de consumo. El crecimiento de las nuevas tecnologías y de la producción en masa hizo aumentar la productividad un 50 %. La era de prosperidad y consumo resultante se acabó llamando los «locos años veinte» (*roaring twenties*, literalmente, «rugientes años veinte»).

Diarios y revistas publicaban historias de personas que se enriquecían de la noche a la mañana gracias

a la bolsa, y miles de estadounidenses comunes compraron acciones, lo que incrementó su demanda e infló su valor. Entre 1920 y 1929, la cantidad de accionistas pasó de 4 millones a 20 millones.

A finales de 1929 hubo ya señales de problemas en la economía estadounidense: el desempleo aumentaba, la producción de acero entraba en declive y las ventas de coches cayeron. Confiados aún en poder hacer fortuna, muchas personas continuaron invirtiendo en bolsa. Sin embargo, cuando los precios de las acciones comenzaron a caer, en octubre

Los especuladores se agolpan a la entrada principal de la Bolsa de Nueva York, preocupados por sus inversiones en los días siguientes al crac de Wall Street.

Véase también: La fiebre del oro en California 248–249 ▪ El tratado de Versalles 280 ▪ El incendio del Reichstag 284–285 ▪ La crisis financiera mundial 330–333

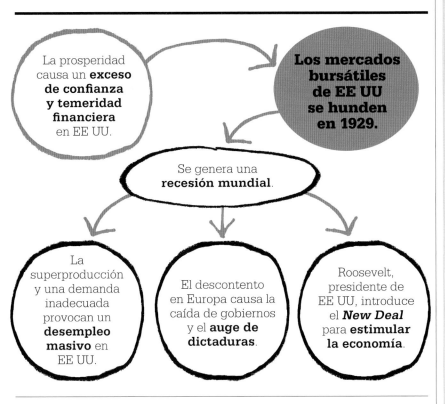

La prosperidad causa un **exceso de confianza y temeridad financiera** en EE UU.

Los mercados bursátiles de EE UU se hunden en 1929.

Se genera una **recesión mundial**.

La **superproducción** y una demanda inadecuada provocan un **desempleo masivo** en EE UU.

El descontento en Europa causa la caída de gobiernos y el **auge de dictaduras**.

Roosevelt, presidente de EE UU, introduce el *New Deal* para **estimular la economía**.

Franklin D. Roosevelt

Roosevelt (1882–1945) fue el único presidente de EE UU que fue elegido cuatro veces. Lo logró pese a sufrir poliomielitis desde 1921, lo cual le privó del uso de ambas piernas y casi le llevó a dejar su carrera política.

En 1929 ganó la elección a gobernador de Nueva York, y en 1932 fue nombrado candidato del Partido Demócrata a la presidencia. Prometió un «nuevo pacto» *(new deal)* con el pueblo americano y obtuvo una victoria arrasadora. En sus primeros cien días de gobierno presentó un programa de reformas sociales y económicas para combatir la Gran Depresión. Estas medidas, muy populares, le dieron una segunda victoria abrumadora en 1936.

En 1941, tras el ataque japonés a Pearl Harbor, EE UU se vio arrastrado a la Segunda Guerra Mundial, y Roosevelt se unió a los países aliados. Fue uno de los impulsores de la nueva Organización de las Naciones Unidas (ONU), pero murió en marzo de 1945, justo antes de que se convocara la primera reunión de la ONU en San Francisco.

de 1929, el pánico se adueñó de todo el mundo. El crac subsiguiente causó una recesión a escala mundial conocida como la Gran Depresión.

La Gran Depresión

En EE UU se cerraron fábricas y se despidió a los obreros. En primavera de 1933, el sector agrícola se encontraba al borde del desastre: el 25 % de los granjeros estaban sin trabajo, y muchos incluso perdieron sus casas. El desempleo pasó de 1,5 millones, en 1929, a 12,8 millones (casi el 25 % de la mano de obra), en 1933, un patrón que se reprodujo en todo el mundo.

En Gran Bretaña, el desempleo llegó a afectar a 2,5 millones de personas (el 25 % de la población activa), y resultó especialmente dañada la industria pesada, como los astilleros. Alemania sufrió mucho, dado que su economía de posguerra se apoyaba en enormes préstamos estadounidenses que era incapaz de pagar.

El *New Deal*

El crac ayudó a que Franklin Delano Roosevelt accediera a la Casa Blanca en 1932. Su política económica, el *New Deal* («nuevo pacto»), introdujo un programa de bienestar social para los pobres y de gasto público en grandes proyectos que crearon nuevos puestos de trabajo.

La Gran Depresión marcó el fin del auge estadounidense de posguerra. En Europa, muchos viraron hacia partidos de ultraderecha, como el Partido Nacionalsocialista Obrero Alemán (partido nazi) de Adolf Hitler, por su promesa de restaurar la economía. En muchos países, la recuperación solo llegó a través del incremento de empleo que trajo la Segunda Guerra Mundial. ▪

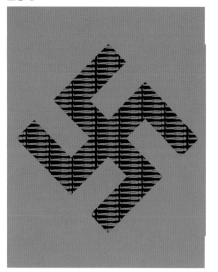

LA VERDAD ES QUE LOS HOMBRES ESTAN HARTOS DE LIBERTAD

EL INCENDIO DEL REICHSTAG (1933)

EN CONTEXTO

ENFOQUE
El ascenso del fascismo

ANTES
1918 La Primera Guerra Mundial deja Europa política y económicamente inestable.

1920 Se funda el partido nacionalsocialista (nazi) en Alemania, con el racismo como doctrina central.

1922 El rey italiano Víctor Manuel III nombra primer ministro a Benito Mussolini.

DESPUÉS
1935 Mussolini invade Abisinia (Etiopía) como parte de su ambiciosa política exterior.

1936–1939 Guerra Civil española.

1938 Hitler invade Austria. La conferencia de Múnich le otorga el dominio de los Sudetes (Checoslovaquia).

1939 Hitler ordena la invasión de Polonia, que provoca la Segunda Guerra Mundial.

La **ralentización de las economías europeas** agrava las condiciones de vida.

El **resentimiento alemán** se alimenta de los términos del **tratado de Versalles**.

Ideologías extremistas, fascistas y comunistas ofrecen soluciones fáciles a los **problemas nacionales**.

Se culpa del incendio del Reichstag a los comunistas y se usa como pretexto para reducir las libertades y encarcelar disidentes.

La **desintegración de las estructuras** del Gobierno allana el camino a **Adolf Hitler** para convertirse en dictador.

Cuando el fuego prendió en el Reichstag (Parlamento alemán) a las 9 de la noche del 27 de febrero de 1933, el canciller Adolf Hitler proclamó que se trataba de un complot comunista para derrocar al Gobierno: se trataba de una estratagema para diezmar a sus rivales. El momento era clave: había elecciones programadas para marzo de 1933. Si bien el Partido Nacionalsocialista Obrero Alemán (el partido nazi) era el mayor en el Reichstag, carecía de mayoría para gobernar porque los dos siguientes partidos en tamaño, los socialdemócratas y los comunistas, eran de izquierdas, y Hitler temía perder las elecciones.

Véase también: La expedición de los Mil 238–241 ▪ La batalla de Passchendaele 270–275 ▪ El tratado de Versalles 280 ▪ El crac de Wall Street 282–283 ▪ La invasión nazi de Polonia 286–293 ▪ La conferencia de Wannsee 294–295

> La nuestra es una lucha hasta el final, hasta extirpar completamente el comunismo de Alemania.
> **Hermann Göring**
> **Miembro de la élite nazi**

Hitler se apresuró a culpar del incendio a un comunista holandés, lo que despertó las sospechas de que los nazis estaban tras el incendio, pues tenían algo que ganar al desacreditar a los comunistas.

Al día siguiente, el Decreto del incendio del Reichstag ilegalizó el Partido Comunista. Esta respuesta de Hitler aprovechó el miedo a un golpe de Estado comunista, y muchos alemanes creyeron que tal acción había salvado la nación. En abril, y bajo una gran presión por parte de los nazis, el Reichstag aprobó la Ley Habilitante, que otorgaba a Hitler el derecho a legislar sin el Reichstag y apuntalaba su puesto de dictador fascista con un dominio absoluto sobre Alemania.

Los dictadores toman el poder

El fascismo emergió en Europa en las décadas de 1920 y 1930. Conforme los gobiernos se debatían con las estrecheces económicas de posguerra y el temor a revoluciones comunistas, movimientos de extrema derecha (como el fascismo, en Italia, y el nazismo, en Alemania) se autodefinían como protectores contra el comunismo. Empleaban grupos paramilitares para intimidar a sus oponentes, y diseminaban propaganda para obtener popularidad. En Italia se veía a Benito Mussolini como la única persona capaz de restaurar el orden. Una vez nombrado primer ministro, en 1922, fue asumiendo gradualmente poderes dictatoriales, hasta convertirse en *Il Duce* («el caudillo»). Hacia 1928, Italia era ya un Estado totalitario.

En Alemania, Hitler trabajaba para transformar a los nazis en una fuerza política de primer orden. Apoyándose en una mezcla de retórica nacionalista, anticomunismo, antisemitismo y una incesante campaña para romper con el tratado de Versalles, Hitler se situó en la cúspide de la popularidad. En 1933 se convirtió en canciller y luego en dictador, haciéndose llamar *Führer* («líder»).

Fascistas unidos

En 1936, Hitler y Mussolini empezaron a enviar apoyo militar al general Franco en la Guerra Civil española, que enfrentaba a nacionalistas de ultraderecha contra republicanos de izquierdas. La victoria de Franco animó a los

El incendio del Reichstag fue al parecer tan fiero que las llamas se veían a kilómetros de distancia. Hitler culpó a los comunistas a fin de conseguir apoyos para su partido nazi.

dictadores y subrayó la debilidad de las democracias occidentales.

El incendio del Reichstag fue un momento clave en la historia de los nazis. Llevó a la dictadura absoluta de Hitler y al crecimiento del fascismo, poniendo a Europa en la senda de la Segunda Guerra Mundial. ▪

El fascismo en Europa

El fascismo europeo floreció en medio del clima de desorden económico de las décadas de 1920 y 1930. Las democracias habían perdido legitimidad a ojos de sus pueblos, y los partidos fascistas, que ofrecían un nacionalismo de extrema derecha, afirmaban poder proporcionar fuerza allá donde había habido debilidad.

En la década de 1930, ningún país europeo, excepto la URSS, carecía de partidos fascistas. En Gran Bretaña estaba la Unión Británica de Fascistas (BUF), de sir Oswald Mosley; en Irlanda, los «camisas azules»; en Francia, Le Faisceau; y en Dinamarca y Noruega había varios partidos de ultraderecha. En Austria, el Frente Patriótico, de Engelbert Dollfuss, se instaló en el poder en 1934, y Grecia estuvo bajo el general Ioannis Metaxas entre 1936 y 1941. También España, Portugal, Bulgaria y Rumanía cayeron bajo dictaduras de derechas.

A finales de la década de 1930, los gobiernos autoritarios estaban en el poder en casi toda Europa central, oriental y meridional, y la democracia entraba en declive.

PARA INICIAR Y LIBRAR UNA GUERRA, NO ES EL DERECHO LO QUE IMPORTA, SINO LA VICTORIA

LA INVASIÓN NAZI DE POLONIA (1939–1945)

En agosto de 1939, la Alemania nazi y la Unión Soviética firmaron un pacto de no agresión, y acordaron también, en secreto, invadir y dividirse Polonia entre ellas. El líder ruso Iósiv Stalin había decidido que, en caso de guerra, Alemania ofrecía las mayores garantías de seguridad para los soviéticos. Una semana más tarde, el 1 de septiembre de 1939, más de un millón de soldados alemanes invadía Polonia desde el oeste. Poco después, el 17 de septiembre, tropas rusas atacaban Polonia desde el este. El pretexto para este ataque sin provocación alguna, según declaró Hitler, era la búsqueda de *Lebensraum*, o «espacio vital», que juzgaba necesario para la expansión del pueblo alemán, que veía como una «raza aria superior» con el derecho a desplazar a las razas inferiores.

La invasión duró poco más de un mes. Atrapada entre dos potencias, el ejército y la fuerza aérea polaca lucharon valientemente, pero carecían de aviones y tanques modernos. La Luftwaffe alemana pronto se hizo con el dominio de los cielos. Al final, los soldados y aviadores polacos, que luchaban en dos frentes, se vieron abrumados. La invasión acabó con la victoria alemana, y reforzó la convic-

ción personal de Hitler de que era un genio militar. Algunas zonas de Polonia occidental fueron absorbidas por Alemania, mientras que las tierras al este del río Bug Occidental fueron anexionadas a la Unión Soviética.

El régimen nazi en Polonia
Los nazis impusieron un brutal régimen en la parte alemana de Polonia. Hitler estaba decidido a eliminar a todo aquel que se interpusiera en sus planes de dominación alemana.

Como parte del programa de Hitler de limpieza étnica, se arrestó a casi 5 millones de judíos y se los internó en guetos. La invasión de Polonia fue un aviso de la violencia que pronto sufrirían muchos países e incontables personas por todo el mundo.

Auge del partido nazi
Aunque la Segunda Guerra Mundial comenzó debido a la invasión de Polonia por parte de Hitler, se pueden rastrear sus orígenes en la derrota alemana de la Primera Guerra Mundial y la exigencia de compensaciones por reparaciones de guerra. Las naciones derrotadas perdieron tierras y prestigio, lo que causó un gran resentimiento.

Gran Bretaña y Francia quieren asegurarse de que Alemania **no pueda comenzar otra guerra**.

El Gobierno de Hitler reconstruye el **Ejército** y promueve un **nacionalismo extremo**.

Tropas alemanas invaden Polonia.

El **tratado de Versalles** pone estrictos límites a los **ejércitos y al armamento alemanes**.

Con la **depresión económica** paralizando Alemania, **Hitler** gana popularidad.

Gran Bretaña y Francia declaran la guerra a Alemania y estalla la **Segunda Guerra Mundial**, el **conflicto más destructivo** de la historia.

Véase también: La batalla de Passchendaele 270–275 ■ El tratado de Versalles 280 ■ El crac de Wall Street 282–283
■ El incendio del Reichstag 284–285 ■ La conferencia de Wannsee 294–295 ■ El puente aéreo sobre Berlín 296–297 ■
La Segunda Guerra Mundial en el Pacífico 340 ■ La Organización de las Naciones Unidas 340

Adolf Hitler contempla un desfile de la victoria en Varsovia tras la invasión de Polonia. Él y Stalin acordaron la invasión y repartición del país.

El fascismo en Europa

El dictador fascista italiano Benito Mussolini también aspiraba a la gloria en el exterior. En octubre de 1935 invadió Abisinia (Etiopía) en represalia por la derrota que Italia había sufrido allí en 1896. Hacia mayo de 1936, Mussolini había conquistado el país, sin oposición alguna de las potencias occidentales.

Ese mismo año hubo una prueba más de la debilidad de las democracias occidentales ante el desafío planteado por el fascismo, cuando tanto Mussolini como Hitler enviaron «voluntarios» a luchar en la Guerra Civil española del lado del nacionalista general Franco en su campaña contra los partidarios izquierdistas de la República española. Gran Bretaña y Francia se inhibieron, y la victoria de Franco, en 1939, envalentonó aún más a los fascistas. **»**

Se obligó a Alemania a devolver Alsacia y Lorena a Francia, y los aliados se anexionaron partes de sus colonias en el extranjero.

La Alemania de la República de Weimar comenzó su recuperación económica en la década de 1920, pero no logró sobrevivir al golpe infligido por el crac económico de EE UU de 1929. Esta crisis financiera aupó al Partido Nacionalsocialista Obrero Alemán (partido nazi), liderado por Hitler, que prometía a los alemanes que haría su país grande otra vez.

Hitler había combatido en la Primera Guerra Mundial, y la experiencia de la guerra en las trincheras, el trauma de la derrota y los términos del tratado de Versalles le influirían durante el resto de su vida. Desarrolló una visión extremista basada en el nacionalismo de ultraderecha, y cuando se convirtió en canciller del gobierno de coalición de Alemania, en 1933, y dictador del país, un año después, se dedicó a implementar su política nacionalista, antisemita y anticomunista.

El *Lebensraum* de Hitler

Con este credo, Hitler se embarcó en un ambicioso programa de política exterior. En 1935, y actuando abiertamente en contra del tratado de Versalles, comenzó un masivo programa de rearme. En 1936 ocupó la zona desmilitarizada del Rin, pero ninguna de las grandes potencias intervino. En marzo de 1938 anexionó Austria a Alemania, antes de centrar sus miras en la región de habla alemana de Checoslovaquia, los Sudetes. Los políticos británicos y franceses querían evitar una repetición de los horrores de la Primera Guerra Mundial, y creían que los Sudetes no valían arriesgarse a una guerra. En los acuerdos de Múnich, del 29 de septiembre de 1938, se cedieron los Sudetes a Hitler a cambio de su promesa de detener sus invasiones. El primer ministro británico Neville Chamberlain declaró que había conseguido «la paz para nuestro tiempo», tan solo para ver cómo los nazis invadían el resto de Checoslovaquia en marzo de 1939.

Tropas alemanas han cruzado la frontera polaca al amanecer y, según los informes, están bombardeando ciudades indefensas. En estas circunstancias, tan solo nos queda una opción.
Neville Chamberlain

Occidente interviene

La invasión de Polonia, que comenzó el 1 de septiembre de 1939, acabó abocando a Francia y Gran Bretaña a una guerra que habían estado intentando evitar a toda costa. Al darse cuenta de que debían adoptar una postura más firme contra Hitler tras su toma de Checoslovaquia, las dos naciones habían garantizado apoyar a Polonia ante una posible invasión alemana. Haciendo honor a su promesa, declararon la guerra a Alemania el 3 de septiembre, lo que implicaba que también las colonias británicas y francesas entraban en el conflicto: los dominios británicos de Australia y Nueva Zelanda declararon de inmediato la guerra; la Unión Sudafricana hizo lo propio el 6 de septiembre, y Canadá, el 10 de ese mismo mes.

Alemania no tardó en arrasar Polonia con su táctica de *Blitzkrieg* («guerra relámpago») que usaba divisiones de tanques apoyadas por la Luftwaffe, la fuerza aérea. Gran Bretaña envió la Fuerza Expedicionaria Británica (BEF) a Francia, pero ni británicos ni franceses efectuaron ninguna ofensiva contra Alemania. No estaban listas para realizar un ataque a gran escala, y algunos políticos aún creían que se podían negociar términos de paz.

A este periodo se le acabó llamando «guerra falsa» o «guerra de broma». Gran Bretaña comenzó a evacuar a los niños de sus grandes ciudades. Se construyeron refugios antiaéreos y se distribuyeron máscaras de gas. La guerra falsa acabó en abril de 1940, cuando Alemania atacó y conquistó Dinamarca y Noruega. Un mes más tarde se dirigió hacia Bélgica y Francia y los Países Bajos. El ejército francés estaba mal pertrechado y peor dirigido. Francia había confiado en la línea Maginot, una serie de fortalezas a lo largo de la frontera con Alemania, para detener cualquier ataque. Pero la fortificación no llegaba a la frontera franco-belga, y los alemanes la evitaron por su extremo septentrional. En seis semanas Francia había sucumbido a la embestida alemana.

La batalla de Inglaterra

Solo un titubeo por parte de Hitler, que tal vez quiso dar descanso a sus soldados y evitarles un posible contraataque, evitó la destrucción de las tropas británicas antes de que pudie-

ran ser evacuadas por mar desde Dunkerque. Se trasladó a miles de soldados aliados a través del canal de la Mancha en la Operación Dinamo. Winston Churchill, primer lord del Almirantazgo y, más tarde, primer ministro de Gran Bretaña durante esta guerra, afirmó ante el Parlamento: «La batalla por Francia ha acabado. Es de esperar que la batalla por Inglaterra esté a punto de comenzar».

Sin embargo, los intentos de Hitler por invadir Gran Bretaña con la Operación León Marino se tuvieron que abandonar cuando la Luftwaffe fracasó en la batalla por los cielos. Con su gran fuerza aérea, triunfal en Polonia y en Francia, Alemania había esperado que Gran Bretaña cayera también con ataques exclusivamente aéreos. Pero las tripulaciones alemanas estaban exhaustas, sus servicios de inteligencia eran poco fiables y el uso del radar por parte de Gran Bretaña permitió a la Royal Air Force (RAF) detectar aviones y despegar a tiempo para interceptar los ataques. Así,

La Operación Dinamo, en junio de 1940, se centró en la evacuación de soldados aliados desde Dunkerque, en Francia, tras quedar rodeados por las fuerzas alemanas.

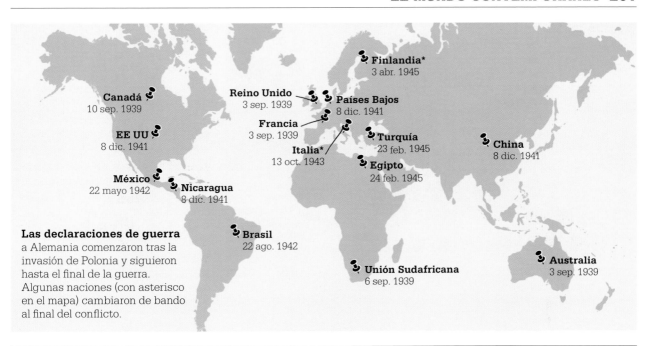

Finlandia*
3 abr. 1945

Reino Unido
3 sep. 1939

Países Bajos
8 dic. 1941

Canadá
10 sep. 1939

Francia
3 sep. 1939

Turquía
23 feb. 1945

EE UU
8 dic. 1941

Italia*
13 oct. 1943

China
8 dic. 1941

Egipto
24 feb. 1945

México
22 mayo 1942

Nicaragua
8 dic. 1941

Las declaraciones de guerra
a Alemania comenzaron tras la
invasión de Polonia y siguieron
hasta el final de la guerra.
Algunas naciones (con asterisco
en el mapa) cambiaron de bando
al final del conflicto.

Brasil
22 ago. 1942

Unión Sudafricana
6 sep. 1939

Australia
3 sep. 1939

la batalla de Inglaterra, en verano de 1940, fue el primer contratiempo en la expansión de Hitler; pero, sola, Gran Bretaña no podría combatir contra una potencia que tenía ahora casi todo un continente bajo su control.

El mundo en guerra

Lo que empezó como una guerra europea se fue convirtiendo en una guerra mundial. En junio de 1940, Italia declaró la guerra a Gran Bretaña y Francia, cumpliendo con los términos del acuerdo del Eje entre Mussolini y Hitler del 22 de mayo de 1939. Pero los fracasos italianos en Grecia y el norte de África obligaron a Hitler a enviar fuerzas a esas áreas y a Yugoslavia.

El 7 de septiembre de 1940, Alemania comenzó su primer gran ataque sobre Londres. El *Blitz*, como se acabó llamando dicho bombardeo, metió a los civiles de pleno en la guerra y ejerció una implacable presión sobre la industria, los puertos y la moral de los ingleses. Con los hombres uniéndose al ejército, se necesitó a las mujeres en las fábricas y las granjas. Se introdujo el racionamiento de alimentos en enero de 1940, y se instó a la gente a cultivar su propia comida. La Europa ocupada por los nazis también experimentaba escasez de alimentos, que afectaba sobre todo a las poblaciones conquistadas.

Colaboración o exilio

En algunos lugares, Alemania trabajaba con la administración preexistente y apoyaba gobiernos títere, como el de Vidkun Quisling en Noruega, o el régimen de Vichy en la Francia meridional. Liderada por el mariscal Philippe Pétain, la Francia de Vichy era oficialmente neutral, pero colaboraba con Alemania, luchando contra la Resistencia e implementando una legislación antisemita.

Alemania tenía el control de Polonia y, más tarde, de los Estados del Báltico. Monarcas y políticos de numerosos países ocupados huyeron a Gran Bretaña. Los ministros polacos establecieron su cuartel en Londres, y se transfirieron allí las operaciones del Gobierno de Bélgica. La familia real holandesa, encabezada por la reina Guillermina, se refugió también en Londres. Cuando Francia cayó, Charles de Gaulle, que se oponía al recién fundado gobierno de Vichy, se convirtió en la voz de la oposición francesa a la ocupación nazi,

En 1940, la mayor amenaza contra Gran Bretaña procedía de los *U-boot* (submarinos) alemanes. Al ser una isla, Gran Bretaña dependía de su flota de barcos mercantes para importar los vitales suministros, pero también para exportar equipamiento a sus ejércitos en el extranjero, y los *U-boot* alemanes estaban hundiendo docenas de barcos cada mes. Los navíos mercantes viajaban en convoyes para incrementar las posibilidades de que en cada viaje llegasen suministros, pero las bajas eran numerosas.

Alemania ataca la URSS

En junio de 1941, Gran Bretaña obtuvo un nuevo aliado cuando Alemania invadió la URSS en la Operación Barbarroja. Hitler había puesto su mirada en la Unión Soviética en busca de nuevos territorios para el pueblo alemán. Su conquista también acabaría con cualquier futura amenaza »

La Operación Barbarroja, iniciada en junio de 1941, fue la invasión de la Unión Soviética por Alemania, rompiendo el pacto de no agresión firmado por ambos países dos años antes.

desde el este, pero, sobre todo, formaba parte del plan de Hitler para acabar con el comunismo.

Al principio pareció como si Alemania y sus aliados fuesen a tener el mismo éxito que habían tenido contra los franceses. Para cuando llegó el invierno, Alemania había avanzado hasta quedar a 1,5 km de Moscú, y Leningrado, la segunda ciudad de la URSS, se encontraba asediada.

Otra razón para la guerra en el este estaba basada en la ideología racista de Hitler y su odio por eslavos y judíos. Conforme los alemanes penetraban en la URSS, se dedicaban a una terrible campaña genocida contra comunistas y judíos. Los soldados

La historia no ha visto mayor muestra de coraje que la del pueblo de la Unión Soviética.
Henry L. Stimson
Secretario de guerra de EE UU

rusos tuvieron que soportar terribles adversidades. Los tanques alemanes arrasaban las defensas del Ejército Rojo. Se disparaba a los prisioneros de guerra o se los dejaba morir de inanición. A los civiles que huían se los masacraba sin dudar un segundo. La dureza del invierno ruso ralentizó a los alemanes, y los contraataques rusos los hicieron retroceder cientos de kilómetros. En la batalla de Moscú, desde principios de octubre de 1941 hasta enero de 1942, murieron unos 650 000 soldados rusos. En primavera de 1942, los alemanes retomaron su ofensiva en la URSS, haciendo retroceder al Ejército Rojo y acercándose a los pozos petrolíferos rusos.

El Pacífico y África

En diciembre de 1941, Japón entró en guerra al atacar a la flota estadounidense atracada en Pearl Harbor (Hawái) como parte de su plan para expulsar a EE UU del Pacífico. En septiembre de 1940, Alemania había firmado el pacto Tripartito con Japón e Italia (el Eje) para proporcionarse ayuda militar mutua en caso de ser atacados por una nación aún externa al conflicto (pacto al que se adhirieron poco después la mayoría de los países balcánicos europeos). Así que Alemania declaró de inmediato la guerra a EE UU. Ahora, Gran Bretaña

tenía dos poderosos aliados, la URSS y EE UU. La industria de EE UU y su potente producción en tiempos de guerra proporcionaron a los estadounidenses que combatían en Europa y Asia las herramientas que necesitaban para combatir al Eje.

Japón obtuvo rápidas victorias en el Pacífico. Tomó con éxito Filipinas, Malasia, Birmania, Indonesia y Singapur, la principal base naval británica en Extremo Oriente.

En el norte de África, una renovada ofensiva del Eje liderada por el general Erwin Rommel llevó a italianos y alemanes cerca de El Cairo y del canal de Suez. La primera gran victoria aliada llegó en Egipto. En julio de 1942 se detuvo a Rommel en El Alamein; en octubre, el 8.º Ejército británico, liderado por el mariscal de campo Montgomery, le hizo retirarse.

Ese mismo invierno, el Ejército Rojo derrotó a los alemanes en Stalingrado. Los soviéticos rodearon a los alemanes y les obligaron a rendirse en febrero de 1943.

El general Dwight D. Eisenhower lideró las fuerzas aliadas en el desembarco en Normandía de junio de 1944. Fue un paso clave hacia la liberación de Europa del dominio alemán.

Hiroshima y Nagasaki

Aviones estadounidenses lanzaron bombas atómicas sobre Hiroshima y Nagasaki para obligar a Japón a rendirse y poner fin a la guerra mundial. El 6 de agosto de 1945 dejaron caer la bomba bautizada como «Little Boy» («Niño pequeño») sobre Hiroshima. Sus habitantes ni se imaginaban lo que iba a suceder. El brutal calor incineró a personas, animales y edificios. Unas 70 000 personas murieron en el acto. Pese a esto, Japón se negaba a rendirse.

Japón debió reconsiderar su postura cuando la URSS entró en guerra contra ellos, penetrando en Manchuria el 9 de agosto. Esa mañana, cuando EE UU lanzó la «Fat Man» («Hombre gordo») sobre Nagasaki, matando en el acto a 50 000 personas, un Japón postrado accedió a los términos de rendición de los aliados. Estos ataques sin precedentes evitaron una sangrienta batalla terrestre sobre Japón, pero, además de los que murieron en el acto, otros muchos miles de personas perdieron la vida como resultado de los efectos a largo plazo de la radiación.

La marea cambia

En la conferencia de Teherán, en noviembre de 1943, los líderes aliados pactaron una estrategia para liberar Europa: mientras los rusos hacían retroceder a los alemanes desde el este, y británicos y estadounidenses avanzaban desde Italia, una enorme fuerza invasora aliada desembarcaría en Normandía. Once meses después del desembarco del día D (6 de junio de 1944), los estadounidenses y otras fuerzas aliadas habían llegado al río Elba, en el norte de Alemania, mientras soldados rusos avanzaban por Berlín. Alemania estaba sufriendo bombardeos constantes de aviones Lancaster del Comando de Bombardeo británico y de la Octava Fuerza Aérea estadounidense. Ante la inminente derrota, Hitler se suicidó el 30 de abril, y Alemania se rindió una semana más tarde.

El último acto de la guerra tuvo lugar el 6 de agosto de 1945, cuando EE UU, tras luchar isla a isla por el Pa-

La batalla de Iwo Jima enfrentó a EE UU con el ejército imperial de Japón por la posesión de una diminuta isla en el Pacífico. Murieron 100 000 japoneses.

cífico, puso fin a la resistencia japonesa dejando caer bombas atómicas en Hiroshima y Nagasaki. Los efectos de las bombas fueron devastadores, y el horror que se vivió en las dos ciudades japonesas no tuvo precedentes.

Las naciones se unen

La invasión de Polonia por Hitler señaló el inicio de la Segunda Guerra Mundial, conflicto en el que murieron unos 60 millones de personas. Como sus predecesores en 1918, los aliados decidieron que sería la última guerra de este tipo.

Representantes de 50 naciones se reunieron en 1945 para fundar la Organización de las Naciones Unidas (ONU). Esperaban que esto marcara el inicio de una nueva era de entendimiento internacional. ■

LA SOLUCION FINAL DE LA CUESTION JUDIA

LA CONFERENCIA DE WANNSEE (1942)

EN CONTEXTO

ENFOQUE
El Holocausto

ANTES
1933 Se construye en Dachau, cerca de Múnich, el primer campo de concentración. Sus primeros prisioneros son comunistas, socialistas y sindicalistas.

Septiembre de 1935 Leyes de Núremberg: los judíos pierden sus derechos civiles.

1938 Durante la *Kristallnacht* (Noche de los Cristales Rotos) los nazis aterrorizan a los judíos de Alemania y Austria.

Junio de 1941 A la invasión alemana de la URSS le sigue el asesinato en masa de judíos.

DESPUÉS
Mayo de 1942 Comienzan los asesinatos por gas en Auschwitz (Polonia).

1945–1946 Juicios de Núremberg: 24 líderes nazis son procesados; 12 son condenados a muerte.

Hitler se convierte en líder de Alemania e **instaura leyes** que discriminan a los judíos.

→

La toma de Austria por Hitler va seguida de **ataques generalizados** contra los **judíos**.

↓

Los nazis buscan métodos eficaces para matar a millones de judíos tras la **invasión de Rusia**.

←

Alemania invade Polonia y traslada a los judíos polacos a **guetos**, donde viven hacinados.

↓

La conferencia de Wannsee organiza la «solución final».

→

Más de **6 millones de judíos** son asesinados en el **Holocausto**.

E l 20 de enero del año 1942, 15 miembros del partido nazi y funcionarios alemanes se reunieron en el suburbio berlinés de Wannsee para debatir la implementación de la «solución final a la cuestión judía», nombre en clave para la aniquilación sistemática de los judíos europeos. Se presentó un censo de los judíos de Europa, país por país, así como el número que debía alcanzar el exterminio: 11 millones. La reunión, que duró dos horas, fue pragmática y desapasionada. Tras aprobar la «solución final», los hombres pidieron coñac y cigarros.

La conferencia de Wannsee no era en absoluto el inicio de la brutali-

Véase también: El tratado de Versalles 280 ■ El crac de Wall Street 282–283 ■ El incendio del Reichstag 284–285
■ La invasión nazi de Polonia 286–293 ■ La fundación de Israel 302–303 ■ El sitio de Sarajevo 326

Auschwitz (sur de Polonia) es el símbolo del Holocausto. Se ejecutaba sumariamente a los trabajadores forzados cuando estaban demasiado débiles para trabajar.

dad nazi contra los judíos. Adolf Hitler había accedido al poder en 1933, y había difundido su creencia de que los alemanes eran la raza aria, superior a las demás, y de que su sangre no debía contaminarse. Identificaba a los judíos como a una raza, no como a una comunidad religiosa. Se prohibió a los judíos alemanes casarse con no judíos, y los sometió a una creciente discriminación. A partir de la anexión de Austria, en 1938, la brutalidad nazi creció. Aquellos judíos que huían del régimen alemán hallaban poca predisposición por parte de otros países para acogerlos.

Tomando impulso

Tras la invasión de Polonia de 1939, la campaña nazi contra los judíos alcanzó un nuevo nivel. Hacinados en guetos, los judíos polacos empezaron a morir en grandes cantidades por el hambre y los maltratos. Cuando Alemania invadió Rusia, en 1941, escuadrones de la muerte paramilitares realizaban ejecuciones masivas de ju-

díos y comunistas en las áreas conquistadas. Al principio se disparaba a las víctimas, hasta 30 000 cada vez, pero las SS (*Schutzstaffel*) comenzaron a gasear a los judíos en cajas de furgonetas. Y comprobaron que el gas venenoso era una manera más eficaz de perpetrar asesinatos en masa.

Hasta 1941, los líderes nazis concebían la idea de solucionar la «cuestión judía» deportando a los judíos a una localización remota. Sin embargo, en el momento de la conferencia de Wannsee ya estaban determinados a asesinar a la población judía europea. A tal efecto se construyeron seis campos de concentración en Polonia. Adolf Eichmann, de las SS, dispuso el transporte de judíos hacia los campos de concentración desde todas partes de Europa. También se llevó a los judíos de los guetos polacos para ser exterminados. Los prisioneros llegaban a estas inmensas fábricas de muerte y se los gaseaba en las duchas, para luego incinerar sus cuerpos en crematorios. En el campo de Belzec, medio millón de judíos fueron aniquilados: solo se conoce a siete supervivientes. El campo de

exterminio de Auschwitz, sin embargo, tenía un campo de trabajos forzados anexo, donde se hacía trabajar a quienes no se exterminaba a su llegada. Los alemanes necesitaban mano de obra esclava para su esfuerzo bélico, y esto ofrecía a los judíos su mejor oportunidad de supervivencia. Junto a otros prisioneros (como socialistas, homosexuales, gitanos y prisioneros de guerra) se envió a muchos judíos a campos de concentración. Se les afeitaba la cabeza y se les daba un uniforme a rayas para despojarlos de su identidad. Cuando los aliados liberaron los campos, en 1945, presenciaron imágenes infernales. Los supervivientes estaban en estado esquelético y muy traumatizados.

Genocidio estatal

El protocolo de Wannsee (las actas de la conferencia) representa lo inimaginable: por primera vez, un Estado moderno se había comprometido a aniquilar a un pueblo entero. Unos 6 millones de judíos y al menos otros 5,5 millones (entre eslavos, homosexuales, comunistas, etc.) perdieron la vida en el genocidio. ■

Los juicios de Núremberg

Tras la Segunda Guerra Mundial, los aliados intentaron llevar a los nazis ante la justicia. Se creó un tribunal internacional en Núremberg (Alemania), que comenzó a funcionar en 1945. Películas capturadas a los nazis revelaban las cámaras de gas, las masacres y el maltrato a los prisioneros. Los juicios, que fueron televisados, mostraron al mundo (y sobre todo al pueblo alemán) los horrores que habían tenido lugar en los campos de concentración. Adolf Hitler,

Heinrich Himmler (jefe de las SS) y Joseph Goebbels (ministro de Propaganda) se habían suicidado, dejando 24 acusados de cuatro cargos: crímenes contra la paz, planear y ejecutar guerras de agresión, crímenes de guerra y crímenes contra la humanidad. La mayoría declaró que solo «obedecía órdenes». Albert Speer, ministro de Armamento y Guerra, fue encarcelado durante veinte años, mientras que otros doce fueron sentenciados a muerte; los juicios llevaron a la creación del Tribunal Penal Internacional, en La Haya (Países Bajos).

LO UNICO QUE HACIAMOS ERA VOLAR Y DORMIR

EL PUENTE AÉREO SOBRE BERLÍN (1948)

EN CONTEXTO

ENFOQUE
La guerra fría

ANTES
1918–1920 Tropas de EE UU luchan contra los bolcheviques en la guerra civil rusa.

1922 El revolucionario ruso Vladímir Lenin crea la Internacional Comunista (Komintern) para impulsar la revolución internacional.

1947 La «doctrina Truman» promete ayudas a los países dispuestos a frenar el comunismo.

DESPUÉS
1961 Los soviéticos erigen el Muro de Berlín entre las zonas oriental y occidental. Se convierte en un amenazante símbolo de la guerra fría.

1985 Mijaíl Gorbachov impulsa reformas económicas y políticas: la *glasnost* y la *perestroika*.

1990 Alemania se unifica tras la caída del Muro de Berlín.

En las conferencias de Yalta y de Potsdam (1945), los aliados en tiempos de guerra acordaron dividir Alemania en cuatro zonas, cada una administrada por separado por Francia, Gran Bretaña, la URSS y EE UU. Berlín quedaba dentro de la zona oriental, controlada por los soviéticos. Esta también estaba dividida en cuatro zonas. El 24 de junio de 1948, la URSS impuso un bloqueo sobre Berlín Occidental, cortando todas sus conexiones ferroviarias, por carretera y por canal, para evitar que vitales suministros llegaran a la población. En total 2,5 millones de personas se enfrentaban

Decenas de niños esperan en Berlín Occidental las golosinas lanzadas como gesto simbólico desde un avión de la Fuerza Aérea de EE UU en vuelo rasante durante el puente aéreo de 1948.

a la elección entre morir de inanición y aceptar un régimen comunista. Un choque entre el Bloque del Este y Occidente tenía el potencial de causar una nueva guerra mundial, pero las naciones occidentales idearon un plan que contemplaba usar aviones para transportar suministros a Berlín. Durante los siguientes 14 meses se realizaron 278 288 vuelos en misión humanitaria a la ciudad.

La guerra fría

La era de cooperación entre los vencedores de la Segunda Guerra Mundial duró poco; los países occidentales chocaron con la URSS debido al tipo de gobiernos que se establecían en Europa. En los países de la Europa del Este, los rusos prohibieron todo partido que no fuese el comunista, y crearon un bloque de Estados satélite subordinados al liderazgo soviético. Las potencias occidentales buscaban establecer democracias que excluyeran a los comunistas del poder. Alemania quedó dividida entre el Este, comunista, y el Oeste, democrático, convirtiéndose en símbolo de una Europa polarizada. En 1946, el ex primer ministro británico Winston Churchill afirmó que «un telón de acero ha descendido sobre el continente». Esta división entre el Este y

Véase también: Rusia emancipa a los siervos 243 ▪ La revolución de Octubre 276–279 ▪ Stalin se hace con el poder 281 ▪ La invasión nazi de Polonia 286–293

Tras la Segunda Guerra Mundial, **el Este comunista y el Oeste democrático** chocan por el **futuro de Alemania**.

↓

Los aliados occidentales quieren convertir sus **zonas ocupadas** en un **Estado alemán separado**.

↓

Los soviéticos bloquean carreteras y vías férreas hacia Berlín Occidental para aislar la ciudad.

↓

Occidente está **decidido a mantener una presencia en Berlín**, pero no puede arriesgarse a **otra guerra mundial**.

↓

El puente aéreo de Berlín es la perfecta solución pacífica.

Iósiv Stalin

Stalin (1878–1953), dictador de la URSS desde 1927 hasta su muerte, era famoso por su implacable represión de la disidencia. Su ascenso al poder empezó en 1903, cuando se hizo amigo de Lenin, el primer líder de la Rusia soviética. Durante y tras la Revolución rusa (1917), Stalin desempeñó un papel prominente en el ascenso al poder del Partido Comunista, y en 1922 se convirtió en su secretario general.

En 1927 ya era líder supremo de la URSS, y buscó convertir el país en una gran potencia industrial. En 1928 puso en marcha un programa de industrialización e introdujo la agricultura colectiva. Millones de personas murieron de inanición, en campos de trabajos forzados o en una oleada de purgas dirigidas hacia sus supuestos rivales.

En los años de posguerra llevó el Partido Comunista a un periodo de enfrentamiento con sus antiguos aliados de la Segunda Guerra Mundial. Tras su muerte fue condenado por sus sucesores debido a sus campañas de terror y asesinatos.

Occidente se llamó al final guerra fría, pues nunca llegó a materializarse como conflicto abierto. La lucha por el futuro de Berlín se convirtió en la primera gran crisis de la guerra fría.

Sitio y hambre para Berlín

En junio de 1948, los aliados occidentales con presencia en Alemania y Berlín (EE UU, Gran Bretaña y Francia) anunciaron planes para unir sus zonas e introducir una nueva moneda. La respuesta de Stalin fue rápida: su bloqueo buscaba que Berlín se rindiese por inanición para ganarle la mano a Occidente. Las potencias occidentales no deseaban dejar en manos soviéticas el control del sector occidental, y se mostraron decididas a quedarse.

El puente aéreo sobre Berlín fue un éxito, y Stalin acabó levantando el bloqueo en mayo de 1949. Las potencias occidentales formaron entonces una alianza defensiva: la Organización del Tratado del Atlántico Norte (OTAN). Los estados comunistas de Europa del Este formaron una alianza rival en 1955: el Pacto de Varsovia.

La crisis de Berlín exacerbó la animosidad entre EE UU y la URSS. Tras la guerra, también Corea había quedado dividida en una zona norte, comunista, y una zona sur, ocupada por EE UU. El norte, apoyado por la URSS, invadió el sur en junio de 1950. EE UU proporcionó soldados para un ejército de la ONU, que apoyó a los surcoreanos. La guerra de Corea finalizó en 1953, pero, junto al conflicto de Berlín y a las pruebas soviéticas de su primera bomba atómica, en 1949, creó un clima de miedo en Occidente por la expansión comunista. ▪

CUANDO EL RELOJ TOQUE LA MEDIANOCHE, CUÁNDO EL MUNDO DUERMA, INDIA DESPERTARÁ A LA VIDA Y A LA LIBERTAD

INDEPENDENCIA Y DIVISIÓN DE INDIA (1947)

EN CONTEXTO

ENFOQUE
Fin de los imperios

ANTES
1885 Se funda el Congreso Nacional Indio (CNI) que lucha por los derechos indios.

1901 Las colonias australianas se unen en la Mancomunidad de Australia.

1921 El Estado Libre Irlandés (cuatro quintas partes del país) se independiza de Gran Bretaña.

1922 Gran Bretaña da una independencia limitada a Egipto. Tropas británicas permanecen para defender intereses imperiales.

DESPUÉS
1947 Nace la Commonwealth (Comunidad de Naciones): todas las excolonias británicas pueden formar parte.

1960 La Declaración de Descolonización de la ONU garantiza el derecho de autodeterminación para todos los pueblos.

Durante más de un siglo, India había sido la joya de la corona del Imperio británico, pero el 15 de agosto de 1947 se convirtió en una nación independiente. En una reunión extraordinaria de la Asamblea Constituyente en Delhi, Jawaharlal Nehru, el primer ministro del nuevo Estado, se puso de pie para declarar la independencia de India. Sin embargo, con ella se abrió también una herida geográfica y social que aún debe cerrarse.

El nuevo Estado indio se dividió en dos estados-nación independientes: Pakistán, de mayoría musulma-

Véase también: La creación de la Real Compañía Inglesa de África 176–179 ▪
El asedio de Lucknow 242 ▪ Nkrumah obtiene la independencia de Ghana 306–307

Los nacionalistas indios piden la
independencia de Gran Bretaña.

⬇

Gran Bretaña hace **algunas concesiones**, pero no las suficientes.

⬇   ⬇   ⬇

**Gandhi atrae
a millones** con
su llamada a la
desobediencia
no violenta.

La **población
musulmana**
exige un Estado
independiente
propio.

Gran Bretaña,
**económicamente
debilitada** por la
Segunda Guerra
Mundial, es **incapaz
de defender** su
imperio.

⬇   ⬇   ⬇

**Se logra la independencia de
India, y el país se divide en dos.**

Mohandas Gandhi

El líder nacionalista indio
Mohandas Karamchand Gandhi
(1869–1948), llamado Mahatma
(«alma grande») Gandhi, lideró
la independencia de su país
con respecto a Gran Bretaña.
Procedía de una privilegiada
familia hindú, estudió derecho
en Inglaterra y pasó 20 años en
Sudáfrica defendiendo los
derechos de los trabajadores
indios.

Su implicación en la política
de India comenzó en 1919, y
pronto se convirtió en líder del
movimiento independentista.
Predicó y actuó según su
doctrina, llamada *satyagraha*
(«fuerza del alma» o «fuerza
de la verdad»), de resistencia
pasiva, que aplicó contra los
británicos con grandes
resultados. Adoptó un estilo
de vida sencillo, creía en las
virtudes de las comunidades
pequeñas y protestaba contra
la industrialización de India.

Su tarea obtuvo su premio
en 1947, cuando India al fin
consiguió su independencia,
pero las concesiones que hizo
a los musulmanes llevaron a
su asesinato al año siguiente,
a manos de un fanático hindú,
que le culpaba de la partición
de India, pese a que Gandhi
se opuso amargamente a ella.

na, e India, de mayoría hindú. A su
vez, Pakistán quedó escindido geográficamente entre el Pakistán Occidental y el Oriental (al noroeste y
al nordeste de India, respectivamente), ya que ambos territorios poseían
mayoría musulmana. De inmediato,
millones de musulmanes de India se
dirigieron al Pakistán Occidental y
al Pakistán Oriental (este último, la
parte musulmana de Bengala, y el
posterior Bangladesh), mientras que
millones de hindúes y sijs de Pakistán marcharon a la recién independizada India. Por toda India hubo es-
tallidos de violencia religiosa. Hacia
1948, conforme la gran migración
iba acabando, más de 15 millones de
personas habían sido desplazadas, y

entre 1 y 2 millones habían muerto.
India era independiente, y los musulmanes indios tenían su propio Estado
independiente (Pakistán), pero todo
ello tuvo un coste elevadísimo.

Hacia la independencia

El sentimiento nacionalista arraigó
en India a mediados del siglo XIX, y
se reforzó en 1885 con la creación del
Congreso Nacional Indio (CNI). Durante la Primera Guerra Mundial aumentaron las expectativas de mayor
autogobierno cuando Gran Bretaña
prometió concederlo a cambio de la
contribución al esfuerzo bélico. Pero
Gran Bretaña había ideado un proceso gradual hacia este autogobierno, que comenzaría con la Ley del »

Gobierno de India (1919), que creaba un Parlamento indio en el que el poder lo compartían funcionarios indios y británicos. Esto no satisfizo a los nacionalistas indios, y los británicos respondieron a sus protestas con una represión a veces brutal.

Fue la obra de Mohandas Karamchand Gandhi la que galvanizó la lucha por la independencia de la década de 1920 a la de 1940. Gandhi no solo puso en marcha su plataforma de *satyagraha*, que animaba a la protesta no violenta; también se convirtió en una figura influyente para millones de seguidores. En 1942 lideró la campaña «Abandonad India», impulsando la desobediencia civil pacífica a fin de perjudicar al esfuerzo bélico británico durante la Segunda Guerra Mundial. Los británicos encarcelaron de inmediato a Gandhi y a otros líderes nacionalistas.

Hacia el final de la Segunda Guerra Mundial estaba ya claro que Gran Bretaña carecía de medios para vencer el impulso nacionalista. Los funcionarios británicos en India estaban agotados, y la propia Gran Bretaña, al borde de la bancarrota, así que

aceptó una India totalmente independiente. Mientras Gandhi y Nehru abogaban por una India unida, la Liga Musulmana Panindia, fundada en 1906 para proteger los derechos de los musulmanes, exigía un Estado musulmán separado. Su líder, Mohamed Alí Jinnah, temía que los musulmanes no pudieran defender sus derechos como minoría bajo un gobierno hindú. El Congreso rechazó la propuesta, y la violencia entre hindúes y musulmanes se multiplicó.

Nace Pakistán
En 1947, lord Louis Mountbatten viajó hacia Delhi como último virrey británico de India. Enfrentado a las diferencias en cuanto a la exigencia de un Estado separado para los musulmanes indios, convenció a todas las partes para dividir el país en dos.

Desde su nacimiento, Pakistán se enfrentó a muchos desafíos. Sus recursos eran limitados y contaba con un enorme problema de refugiados. Había muchas diferentes tradiciones, culturas y lenguajes, y su primer gobernador general, Jinnah, murió al año siguiente. En 1948, India y Pakis-

Nuestra campaña no es por el poder, sino puramente una lucha no violenta por la independencia de India.
Mohandas Gandhi

tán se enfrentaron por Cachemira, la única zona de mayoría musulmana que había permanecido en India.

Las colonias se independizan
Tras la Segunda Guerra Mundial, las potencias coloniales europeas (sobre todo Gran Bretaña, Francia, los Países Bajos y Portugal) vieron que el cambio era inevitable. Algunas colonias obtuvieron su independencia por medios pacíficos, como Birmania (Myanmar) y Ceilán (Sri Lanka), en 1948, pero no siempre fue así.

Durante la Segunda Guerra Mundial, Japón, una notable potencia colonial por derecho propio, expulsó a las potencias europeas de Asia. Tras la rendición japonesa, en 1945, los movimientos nacionalistas de las antiguas colonias asiáticas deseaban la independencia antes que volver a ser dominios europeos. Ahmed Sukarno, líder del movimiento separatista indonesio, declaró la República de Indonesia en 1945. Los holandeses enviaron soldados para restaurar su autoridad, y en las dos campañas que siguieron murieron unos 150 000 soldados indonesios y unos 5000 ho-

El 15 de agosto de 1947, Jawaharlal Nehru y lord Louis Mountbatten declararon la independencia de India en la Asamblea Constituyente de Delhi.

landeses. Finalmente, la presión internacional obligó a los Países Bajos a conceder la independencia en 1949.

La ocupación japonesa de Malasia durante la guerra había unificado al pueblo malayo e incrementado los sentimientos nacionalistas. Gran Bretaña reprimió las protestas, lo que llevó al ala militante del Partido Comunista de Malasia a declarar la guerra al Imperio británico en 1948. Gran Bretaña declaró el estado de emergencia y llevó a cabo una amarga campaña contra «terroristas comunistas» chinos. Malasia no lograría la independencia hasta 1957.

Malestar en África

En Kenia, la imposición del estado de emergencia en 1952, como respuesta al levantamiento Mau Mau (rebelde) alimentó la insurgencia y las detenciones de decenas de miles de sospechosos de pertenecer al Mau Mau, que fueron internados en campos de detención. Hacia 1956, la rebelión había sido aplastada, pero los métodos usados por Gran Bretaña para recuperar el control le supusieron condenas a escala internacional. También en África central la descolonización nació con violencia. En Rodesia estalló un conflicto entre la

Estamos orgullosos de esta lucha, de las lágrimas, del fuego y de la sangre, hasta lo más profundo de nuestro ser.
Patrice Lumumba
Primer primer ministro del Congo (Zaire, 1960)

mayoría negra y la élite blanca, que había declarado unilateralmente la independencia en 1965. El proceso de descolonización coincidió con la nueva guerra fría entre la URSS y EE UU. A EE UU le preocupaba que, si las potencias europeas perdían sus colonias, partidos comunistas apoyados por los soviéticos llegasen al poder en los nuevos estados. Así, EE UU destinó fondos de ayuda para animar a los nuevos estados a adoptar gobiernos que se alineasen con Occidente. La URSS hizo lo propio para que las nuevas naciones se unieran al bloque comunista. Como consecuencia, en 1955, en una conferencia que 29 países africanos y asiáticos mantuvieron en Bandung (Indonesia), nació el Movimiento de Países No Alineados, compuesto por países que no querían verse arrastrados a la guerra fría y que habían decidido centrarse en su desarrollo interno.

Terrorismo en Francia

Francia estaba decidida a mantener su estatus político en Argelia. Tras la Segunda Guerra Mundial, al no haber visos de iniciarse un proceso de independencia, la violencia estalló entre los nacionalistas argelinos y los colonos franceses. En 1958, el Frente de Liberación Nacional (FLN), el principal grupo nacionalista, lideró varios atentados terroristas, en Argelia y en París. La crisis propició el regreso al poder de Charles de Gaulle, que había sido líder de la Francia Libre en el exilio durante la Segunda Guerra Mundial. En 1960, De Gaulle, para horror de los colonos franceses, acordó emancipar Argelia. Tras un largo conflicto en el que murieron unas 150 000 personas, Argelia obtuvo la independencia en 1962.

La independencia ganada

Durante las décadas de 1960 y 1970, muchos de los países que habían sido colonias británicas se convirtieron en

Sospechosos de pertenecer al Mau Mau capturados en el Rift Valley (Kenia), en 1952, son dirigidos para ser interrogados e internados en campos de detención.

Estados independientes y se unieron a la Commonwealth. La Commonwealth Británica, formada en 1931, se convirtió así en la heredera del antiguo Imperio británico, y conservó la influencia económica y política británicas en el mundo. En 1931, Gran Bretaña extendió el estatus de dominio a colonias como Canadá, Australia, Nueva Zelanda y Terranova, que habían obtenido el autogobierno en 1867, 1901 y 1907 (las dos últimas), respectivamente. Gran Bretaña y sus dominios compartían un estatus similar, y aceptaban al monarca británico como jefe de la Commonwealth. En 1949 la Commonwealth Británica abandonó el apelativo «británica» y se pasó a llamar solo Commonwealth (Comunidad de Naciones), una asociación libre e igualitaria de Estados independientes, pero el final del imperio se acercaba. Gran Bretaña libró una guerra para mantener las islas Malvinas en 1982, y Hong Kong siguió siendo dependiente de Gran Bretaña hasta 1997.

Gandhi tuvo una gran influencia en la política mundial. Otros líderes de la resistencia (Martin Luther King o el Dalai Lama) emularon sus métodos. Por todo el mundo la lucha de países y territorios por independizarse de otras naciones continúa, como en Escocia (de Reino Unido), Quebec (de Canadá) y Palestina. ■

EL NOMBRE DE NUESTRO ESTADO SERA ISRAEL

LA FUNDACIÓN DE ISRAEL (1948)

EN CONTEXTO

ENFOQUE
La creación de Israel

ANTES
1897 El sionismo se convierte en un movimiento organizado y pide un Estado judío en Palestina.

1917 En la Declaración Balfour, Gran Bretaña promete ayudar a los judíos.

1946 Como parte de su campaña de terrorismo contra Palestina y Gran Bretaña, el ejército clandestino judío bombardea el hotel Rey David. Mueren 91 personas.

DESPUÉS
1967 Guerra de los Seis Días: los árabes se unen contra Israel, pero este obtiene la victoria y captura franjas de territorio.

1993 Los acuerdos de paz de Oslo buscan establecer una paz entre los palestinos e Israel.

2014 Suecia es el 135.º país en reconocer el Estado de Palestina.

Los teóricos del sionismo conciben la posibilidad de un **Estado judío**.

Comienzan a llegar judíos a Palestina, **colonizándola y desarrollándola**.

Judíos que huyen de los nazis llegan a **Palestina**.

La Organización de las Naciones Unidas otorga la tierra de Israel al pueblo judío.

Muchos palestinos, **desplazados a la fuerza**, se convierten en refugiados.

Estallan guerras periódicamente entre Estados árabes e Israel.

Conforme el sol descendía, el 14 de mayo de 1948, la bandera británica se arriaba del mástil de la Casa de Gobierno, en la colina del Mal Consejo, acabando así 26 años de mandato británico sobre Palestina. David Ben Gurión, líder desde hacía mucho tiempo de los colonos judíos, o sionistas, que había huido a Palestina desde Europa, proclamó la noticia de la fundación de un Estado judío en Palestina. Los vecinos musulmanes de Israel, unidos en la Liga Árabe, rechazaron la creación de dicho Estado y reaccionaron con un ataque. Entraron soldados desde Transjordania, Egipto, Líbano y Siria. Endurecidos tras años luchando por

Véase también: La revolución de los Jóvenes Turcos 260–261 ▪ El tratado de Versalles 280 ▪ La crisis de Suez 318–321 ▪ Los atentados del 11-S 327 ▪ La Organización de las Naciones Unidas 340

> Por fin viviremos
> como hombres libres
> en nuestra tierra.
> **Theodor Herzl**
> **Escritor sionista**

proteger sus asentamientos en Palestina, los judíos vencieron a los árabes.

Una tierra problemática

Los judíos habían legado a Palestina huyendo de las persecuciones desde la década de 1880, creyéndola la tierra prometida por Dios. En 1917, con la Declaración Balfour, el Gobierno británico había apoyado la creación de una patria para los judíos. La población palestina, mayoritariamente árabe, protestó contra la reclamación del territorio por parte de los nuevos colonos. Los judíos, enfrentándose a numerosos ataques, se organizaron en grupos paramilitares de autodefensa que operaban bajo el término común de Haganá.

Escalada de violencia

En 1939, el auge del antisemitismo en Europa obligó a los judíos a huir a Jerusalén. Los británicos, ante una afluencia mayor de la esperada, propusieron restringir los asentamientos de judíos en Palestina.

Tras la Segunda Guerra Mundial, la violencia siguió incrementándose en Palestina, y, en 1947, el Gobierno británico dijo que dejaría el «problema palestino» en manos de la Organización de las Naciones Unidas (ONU). El Holocausto convenció a la ONU de que los judíos necesitaban una patria propia, así que decidieron partir Palestina en un área para los árabes (un 44 %) y otra para un nuevo Estado judío. Los judíos se mostraron de acuerdo, pero los árabes lo rechazaron. Pese a ello, el 14 de mayo de 1948 nacía el Estado de Israel.

La primera prioridad de Israel fue formar una fuerza defensiva creíble

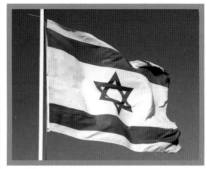

La bandera de Israel se adoptó en 1948, poco después del nacimiento del Estado. La diseñó en 1891 el movimiento sionista, y exhibe la estrella de David.

a partir de la Haganá. Tras la guerra de los Seis Días (1967), Israel controlaba ya el Sinaí, Gaza, Cisjordania, los altos del Golán y Jerusalén. Se enfrentó a muchos ataques árabes, además de a las amenazas de la paramilitar Organización para la Liberación de Palestina (OLP), creada en 1964.

Los palestinos árabes han pedido repetidamente la creación de un Estado independiente en Gaza y Cisjordania. En las zonas ocupadas sufren malas condiciones de vida, redadas y restricción de movimientos. ▪

David Ben Gurión

Fundador y primer primer ministro del Estado de Israel (1948–1963), David Ben Gurión nació en 1886, en una familia sionista de Polonia. En 1906 emigró a Palestina, donde se convirtió en un activo partidario de la lucha por un Estado judío independiente. Lideró la campaña judía contra los británicos en Palestina, y autorizó actos de sabotaje.

Al convertirse en líder de la nación, fundó las Fuerzas de Defensa de Israel (asimilando la Haganá) y guio el desarrollo y modernización del nuevo Estado. Promovió el empleo del hebreo como lengua del país. Su Ley de Retorno (1950) otorgaba permiso a judíos de todo el mundo para establecerse en Israel.

Se retiró brevemente en 1953, y en sus últimos años en el poder emprendió negociaciones secretas con líderes árabes en un intento de conseguir la paz para Oriente Próximo.

En 1970, se retiró de la Knéset (el Parlamento israelí) y se dedicó a escribir sus memorias en Sde Boker, un kibutz (colonia comunal) en el desierto del Néguev, al sur de Israel. Murió en 1973, y aún es una figura reverenciada.

LA LARGA MARCHA ES UN MANIFIESTO, UNA FUERZA DE PROPAGANDA, UNA MAQUINA DE SEMBRAR

LA LARGA MARCHA (1934–1935)

EN CONTEXTO

ENFOQUE
La China comunista

ANTES
1911–1912 Abdica el último emperador Qing. Nace la República de China liderada por el nacionalista Sun Yat-sen.

1919 El Movimiento del Cuatro de Mayo, una protesta estudiantil, promulga ideas nacionalistas y comunistas.

1921 Se funda en Shanghái el Partido Comunista de China, que busca la revolución marxista.

DESPUÉS
1958 Mao Zedong presenta el Gran Salto Adelante, un plan económico quinquenal.

1978 Deng Xiaoping anuncia un programa para hacer de China una potencia financiera.

1989 Soldados matan a cientos de manifestantes por la democracia en la plaza de Tiananmen (Pekín).

China está gobernada por **señores de la guerra** regionales, **sin gobierno central**.

Los partidos **nacionalista y comunista** se unen contra los **señores de la guerra**.

Al tener ideologías incompatibles, estos partidos **luchan entre sí**.

Los nacionalistas toman ventaja, y **los comunistas se retiran**.

El triunfo de la Larga Marcha cimienta el liderazgo de Mao; se convierte en legendario.

Los **comunistas** se reagrupan y sobreviven para luchar hasta fundar la **República Popular de China**.

En otoño de 1933, el Partido Comunista de China (PCC) estaba al borde de la aniquilación. Los nacionalistas controlaban el país y habían iniciado un gran ataque contra su base en Jiangxi, una provincia del sudeste. En octubre de 1934, los comunistas tuvieron que abandonar su plaza fuerte y atravesar el bloqueo nacionalista. Unas 80 000 personas se lanzaron a un viaje de 6000 km que duró 368 días. Se conoció como la Larga Marcha. Guiados por Mao Zedong, su futuro líder, los comunistas hicieron frente a los bombardeos y ametrallamientos desde el aire y los constantes ataques de soldados nacionalistas.

Véase también: La segunda guerra del Opio 254–255 ▪ El tratado de Versalles 280 ▪ La Revolución Cultural china 316–317 ▪ La crisis financiera mundial 330–333

Viajaban sobre todo de noche, dividiéndose en varias columnas para ser menos fáciles de discernir.

Las montañas del Tíbet, el desierto del Gobi y millas y millas de terreno agreste se interponían entre ellos y su objetivo: llegar a la seguridad del norte de China y fundar allí una base comunista. Cientos de personas murieron de hambre: solo sobrevivieron 8000 de los 80 000 viajeros originales. Sin embargo, lejos de considerarse un fracaso, su gesta se percibió como un triunfo de la perseverancia, y aseguró la supervivencia del PCC.

Unificar la nación
En 1895, China había sufrido una tremenda derrota militar contra Japón. Los sentimientos antijaponeses se inflamaron tras la siguiente agresión de Japón contra China, durante la Primera Guerra Mundial. Grandes protestas estallaron tras la firma del tratado de Versalles, que otorgaba antiguas colonias chinas a Japón. A la estela de estas protestas, los ideales comunistas comenzaron a ganar apoyos, y, en 1921, se fundó el PCC. También el partido nacionalista, el

Mao Zedong cabalga su caballo blanco junto a miembros del Partido Comunista de China durante la Larga Marcha de 1934–1935. Su papel en la marcha le colocaría como líder de la nación.

Kuomintang, ganó partidarios, y a mediados de la década de 1920 había comenzado a unificar el país.

Masacre en Shanghái
En 1926, los nacionalistas al mando de Chiang Kai-shek (o Jiang Jieshi) unieron fuerzas con los comunistas en la Expedición del Norte para recuperar territorios controlados por señores de la guerra regionales. Durante la expedición, conforme el PCC ganaba fuerza, una amarga rivalidad llevó a un ataque por parte de nacionalis-

tas contra el PCC de Shanghái, en abril de 1927. Cientos de comunistas fueron encarcelados y torturados. La masacre dio inicio a años de violencia anticomunista, y estos se retiraron a la montañosa provincia de Jiangxi.

Luchar por la supervivencia
Tras la Larga Marcha, el PCC se reagrupó en el norte. Nacionalistas y comunistas se vieron obligados a una incómoda alianza en 1937, cuando Japón invadió China. Hacia 1939 se habían conquistado grandes áreas en el norte y el este. Tras la derrota japonesa en la Segunda Guerra Mundial, las tensiones entre nacionalistas y comunistas se reemprendieron, y, en 1946, llevaron a una guerra civil. Tras gigantescas batallas, con más de medio millón de hombres por cada bando, los comunistas ganaron. El 1 de octubre de 1949, Mao Zedong creó la República Popular de China.

La Larga Marcha fue una hazaña de notable resistencia. Proporcionó a sus supervivientes un profundo sentido de la misión por realizar y contribuyó a la percepción de Mao como un líder de la lucha revolucionaria. ▪

Chiang Kai-shek

Chiang Kai-shek (1887–1975), el principal líder chino no comunista del siglo xx, fue un soldado que, en 1925, se convirtió en líder del Kuomintang, el partido nacionalista fundado por Sun Yat-sen.

Durante sus varios periodos como gobernante de China presidió un país convulso. Intentó ciertas tímidas reformas, pero las tremendas disensiones internas y los conflictos armados contra los invasores japoneses plagaron su mandato.

A pesar de haber intentado aplastar a sus principales rivales, los comunistas chinos, cuando el

país fue invadido por Japón sus seguidores le obligaron a aliarse con los comunistas contra el invasor. La alianza no sobrevivió al final de la Segunda Guerra Mundial, y, en 1949, Chiang y su partido fueron expulsados de la China continental a la isla de Formosa, que para entonces ya era conocida por los occidentales como Taiwán. Mientras estuvo allí, Chiang fundó un Gobierno en el exilio, que lideró hasta su muerte, en 1975. Ese gobierno fue reconocido por muchos Estados como el legítimo gobierno de China.

GHANA, VUESTRO AMADO PAÍS, ES LIBRE PARA SIEMPRE

NKRUMAH OBTIENE LA INDEPENDENCIA DE GHANA (1957)

El nacionalismo africano gana ritmo a principios del siglo xx.

La ideología **panafricanista** gana adeptos en todo el mundo.

Las experiencias de los africanos en la **Segunda Guerra Mundial** impulsan su exigencia de **igualdad racial**.

Nkrumah obtiene la independencia de Ghana.

Nkrumah fracasa en su intento de **unificación política** de África.

Hacia mediados de la década de 1970, la mayor parte de África ha obtenido la **independencia**, aunque no la paz.

En febrero de 1948, en una época en que la Costa de Oro, colonia británica en África occidental, había estado exigiendo la independencia durante años, un grupo de exsoldados africanos desarmados se manifestó contra el gobernador británico. Les ordenaron detener la marcha, pero estos se negaron y la policía abrió fuego. El nacionalista Kwame Nkrumah respondió fundando en 1949 el Partido de la Convención del Pueblo (PCP) para luchar por el autogobierno. Nkrumah inició una campaña de acciones positivas inspiradas por la filosofía no violenta de no cooperación de Gandhi en India contra los británicos. Las huel-

Véase también: La creación de la Real Compañía Inglesa de África 176–179 ■ Leyes de abolición del comercio de esclavos 226–227 ■ La conferencia de Berlín 258–259 ■ Independencia y división de India 298–301 ■ La liberación de Nelson Mandela 325

gas y protestas que impulsó fueron pacíficas, pero paralizaron el país, y Gran Bretaña acabó accediendo a celebrar elecciones a principios de 1951. El PCP obtuvo 35 de 38 escaños, y la Costa de Oro se encaminó hacia su independencia, que se proclamó el 6 de marzo de 1957, con Nkrumah como primer ministro de la nación de Ghana.

Las potencias europeas que habían dominado el continente habían quedado empobrecidas tras la Segunda Guerra Mundial, y la actitud hacia el colonialismo estaba cambiando. A las naciones que habían luchado contra el fascismo les resultaba difícil justificar el imperialismo.

Un efecto dominó

El caso de Ghana tuvo un gran impacto en África occidental. En 1958, Guinea votó por independizarse de Francia. Nigeria celebró la independencia de Gran Bretaña el 1 de octubre de 1960. Hacia 1964, también Kenia, Rodesia del Norte (parte de Zambia), Nyasalandia (Malawi) y Uganda se habían independizado. Francia libró una guerra de ocho años

Kwame Nkrumah, Kojo Botsio, Krobo Edusei y otros políticos ghaneses celebran la independencia de su país por métodos pacíficos y democráticos.

en Argelia, pero esta al fin logró la independencia en 1962. Portugal, primera potencia colonial europea en llegar a África, libró una larga guerra para mantener sus colonias de Angola, Mozambique y Guinea entre 1961 y 1974. El colapso de la autoridad belga en el Congo, en 1960, llevó a una ola de violencia y al asesinato de su primer primer ministro, Patrice Lumumba, en 1961. Muchos países africanos obtuvieron su independencia durante la guerra fría. Usados como peones por las superpotencias

capitalista y comunista, aceptaron préstamos y ayuda militar: durante la década de 1970, a Etiopía se le entregó equipamiento militar soviético por valor de miles de millones de dólares. También hubo guerras civiles, como los conflictos étnicos en Ruanda y Zaire (actual República Democrática del Congo), así como choques entre señores de la guerra por los suministros de alimentos en Somalia.

Dictadores

Una vez conseguida la independencia, los líderes nacionalistas africanos intentaban consolidar su poder reprimiendo a sus rivales políticos. Predominaron los golpes de Estado y los gobiernos militares, como el de Idi Amin en Uganda. Para principios de la década de 1970, solo Zimbabue y Sudáfrica estaban aún gobernadas por su élite política blanca. La corrupción, sin embargo, se daba en la mayoría de los países africanos. Nkrumah quería que Ghana fuese un faro hacia el éxito, pero su panafricanismo fracasó, y la suerte de Ghana comenzó a empeorar conforme se volvía cada vez más dictatorial. ■

Kwame Nkrumah

Ambicioso y bien formado, Kwame Nkrumah tenía grandes planes para Ghana y para África entera. Estudió en EE UU, donde formó parte del Sindicato de Estudiantes de África Occidental. En 1948 comenzó a viajar por la Costa de Oro como líder de un movimiento juvenil que exigía «autogobierno ya». Sus llamamientos a la desobediencia civil, como líder del Partido de la Convención del Pueblo, llevaron a su detención, y fue sentenciado a tres años de prisión. Desde la cárcel ganó las

elecciones generales, y, cinco años más tarde, en 1957, se convirtió en primer ministro de la recién independizada Ghana. Su popularidad se disparó con la construcción de escuelas, carreteras e infraestructuras sanitarias, pero, en torno a 1964, Ghana era ya un Estado unipartidista, y Nkrumah, su «presidente vitalicio». Tras sufrir dos intentos de asesinato, y en un contexto de crecientes abusos de los derechos humanos, Nkrumah fue depuesto en un golpe de Estado, en 1966, y se exilió en Guinea. Murió de cáncer en 1972.

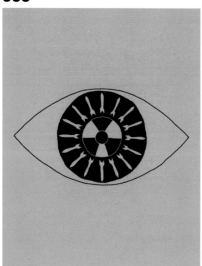

NOS MIRABAMOS FIJAMENTE A LOS OJOS, Y CREO QUE EL OTRO PARPADEO

LA CRISIS DE LOS MISILES DE CUBA (1962)

EN CONTEXTO

ENFOQUE
Carrera armamentística nuclear

ANTES
1942–1945 EE UU inicia el Proyecto Manhattan para crear la primera arma atómica.

1945 EE UU lanza bombas atómicas sobre Japón.

1952–1953 EE UU y la URSS desarrollan la bomba de hidrógeno, mil veces más potente que la bomba atómica.

DESPUÉS
1963 EE UU y la URSS acuerdan un tratado de fin de pruebas nucleares.

1969–1972 Conversaciones sobre Limitación de Armas Estratégicas (SALT I) entre las dos superpotencias acerca del despliegue de misiles.

1991 El Tratado sobre Reducción de Armas Estratégicas (START I) limita los misiles de largo alcance de EE UU y la URSS.

La URSS y EE UU comienzan a acumular **armas nucleares**.

La **estrategia MAD** tiene un efecto disuasorio sobre una guerra nuclear.

Se **establece una lucha** por el control de Estados satélite, incluida Cuba.

La tensión llega a su cénit con la crisis de los misiles de Cuba; se evita *in extremis* la guerra nuclear.

El **grado de amenaza** que supone una guerra nuclear se hace evidente.

Los líderes mundiales **fuerzan medidas diplomáticas** y reducen su arsenal; la **tensión baja**.

Del lunes 15 al domingo 28 de octubre de 1962, el mundo estuvo al borde de la destrucción nuclear. El líder soviético Nikita Jruschov había desplegado armas nucleares en Cuba, y el presidente de EE UU, John F. Kennedy, le exigió que las retirase. Ambas partes amenazaban con la guerra nuclear.

No era una amenaza vacía: desde la década de 1950, ambas superpotencias habían ido acumulando arsenales nucleares. Los estrategas habían expresado la doctrina de la «destrucción mutua asegurada» (*mutual assured destruction*, MAD), según la cual, si Rusia atacaba a Occidente, este contraatacaría como represalia.

Véase también: La revolución de Octubre 276–279 ▪ Stalin se hace con el poder 281 ▪ El puente aéreo sobre Berlín 296–297 ▪ El lanzamiento del Sputnik 310 ▪ El desembarco de la bahía de Cochinos 314–315 ▪ La caída del Muro de Berlín 322–323

Al convertirse en presidente, en 1961, Kennedy heredó unas deterioradas relaciones con Cuba. EE UU y Cuba tenían una historia de cooperación mutua, pero esto había cambiado tras la Revolución cubana.

Embargo comercial

Pese a la tendencia comunista de Castro, EE UU lo aceptó como dirigente y mantuvo una fuerte presencia económica en Cuba. Pero Castro empezó a desmontar el dominio de EE UU sobre la economía al nacionalizar la industria. EE UU impuso un rápido embargo comercial, que obligó a Castro a recurrir a la URSS en busca de apoyo. Temerosos de la expansión comunista, EE UU intentó derrocar el Gobierno cubano con la incursión tras el desembarco de la bahía de Cochinos, en abril de 1961, mediante exiliados cubanos apoyados por la CIA. También en 1961, EE UU desplegó 15 misiles Júpiter con cabeza nuclear en Turquía, listos para atacar Rusia en caso necesario. Turquía tenía una frontera con la URSS, de modo que esto se percibió como una amenaza directa sobre el territorio soviético.

Ultimátum

Jrushchov se encontró presionado por el ala dura del Gobierno, que le exigía una postura firme. Esto, y su deseo de defender a Castro de agresiones estadounidenses, le llevaron a instalar misiles en Cuba, capaces de transportar cabezas nucleares. El 14 de octubre de 1962, unas fotografías tomadas por un avión espía U-2 mostraron que los soviéticos estaban construyendo silos para misiles nucleares en Cuba. Los asesores militares de Kennedy querían un ataque inmediato sobre los silos de misiles, pero Kennedy prefirió un bloqueo naval de Cuba para evitar la instalación de más misiles. Transmitió un ultimátum a Jrushchov para que se retirase, e informó al mundo de que había una posibilidad inminente de guerra nuclear. Entre tanto, Jrushchov ordenaba a los capitanes de los barcos soviéticos que se mantuvieran rumbo a los puertos cubanos.

El presidente cubano Fidel Castro y el líder soviético Nikita Jruschov enlazan sus manos como muestra de unidad en una visita oficial de Castro a Moscú en mayo de 1963.

Rompiendo el bloqueo

Una diplomacia frenética entre bastidores llevó a un acuerdo que rompió la situación de bloqueo: Kennedy accedía en secreto a retirar los misiles de Turquía si Jrushchov desmantelaba sus armas nucleares en Cuba. Este se mostró de acuerdo, siempre que EE UU abandonase sus planes de invadir Cuba.

El 28 de octubre, Jrushchov ordenaba que sus barcos diesen media vuelta, en lo que fue un momento definitorio de la guerra fría. Las superpotencias se volvieron más cautas, y el riesgo de guerra nuclear disminuyó. ▪

John Fitzgerald Kennedy

Kennedy (1917–1963) fue el 35.º presidente de EE UU y el primero católico. Con 43 años de edad, fue también el más joven hasta ese momento en EE UU. Aportó un estilo nuevo a la política, llamando a su programa la «Nueva Frontera». Este incluía el reto de aventurarse en el espacio y el de eliminar la pobreza. Su administración se hizo pronto muy popular.

Los años de Kennedy en el poder estuvieron marcados por asuntos exteriores, como las tensiones de la guerra fría. Su mayor desafío fue la crisis de los misiles de Cuba, en 1962, en la que su firme postura ante Rusia le granjeó incluso más popularidad. Sin embargo, sus ambiciosas reformas en temas como los derechos civiles y el Estado de bienestar fueron bloqueadas por el Congreso cada vez más frecuentemente.

Kennedy fue asesinado por Lee Harvey Oswald el 22 de noviembre de 1963 durante su campaña para la reelección, en Dallas (Texas). Su asesinato fue una tragedia para el pueblo estadounidense, en una época en que las tensiones entre EE UU y la URSS empezaban a disminuir.

GENTE DE TODO EL MUNDO ESTA SEÑALANDO EL SATELITE
EL LANZAMIENTO DEL SPUTNIK (1957)

EN CONTEXTO

ENFOQUE
La carrera espacial

ANTES
1926 Robert Goddard lanza el primer cohete de combustible líquido del mundo.

1942 Alemania lanza con éxito el primer misil balístico, el A4 (o V-2).

DESPUÉS
1961 Alan Shepard, en la cápsula *Freedom 7* (primera misión tripulada del proyecto Mercury), es el primer estadounidense en el espacio.

20 de julio de 1969 El estadounidense Neil Armstrong, el primer humano en pisar la Luna.

1971 Se lanza la *Salyut 1* rusa, la primera estación espacial.

1997 El vehículo Sojourner explora la superficie de Marte.

2015 La sonda (orbitador) Mars Reconnaissance detecta agua en Marte.

E l día 4 de octubre de 1957, la URSS lanzó el primer satélite artificial, el Sputnik 1, cuyo sencillo emisor de radio transmitía información sobre las condiciones en el espacio. Estuvo en órbita hasta el 4 de enero de 1958, cuando reentró en la atmósfera terrestre y ardió.

El Sputnik era más que un avance científico. Fue un golpe maestro soviético durante la guerra fría, y las ramificaciones militares y políticas del acontecimiento fueron inmensas. EE UU se sentía mucho más vulnerable ante un ataque nuclear. La URSS era ahora una superpotencia: había avanzado a EE UU, y daba así inicio a la «carrera espacial», una competición por la superioridad tecnológica.

EE UU alcanza a la URSS
El Sputnik fue un acontecimiento mediático que inauguró la era espacial. Hubo una avalancha de libros, películas y series de televisión de ciencia ficción ambientados en el espacio. En julio de 1958, EE UU había creado la NASA (National Aeronautics and Space Administration), pero miró con envidia cómo los soviéticos

Es un pequeño paso para el hombre, pero un gigantesco salto para la humanidad.
Neil Armstrong

ponían a Yuri Gagarin en órbita (a 315 km de altitud) el 12 de abril de 1961: era el primer ser humano en salir al espacio. EE UU envió su primer vuelo tripulado el 5 de mayo siguiente, en el que Alan Shepard voló durante 15 minutos a una altitud de unos 188 km, pero no en órbita, cosa que sí logró con John Glenn en 1962. En 1967, EE UU acabó de construir su cohete *Saturno V*, lo bastante potente como para llegar a la Luna. En 1969, 12 años después del Sputnik 1, Neil Armstrong se convertía en el primer ser humano en poner pie en la Luna. ∎

Véase también: El puente aéreo sobre Berlín 296–297 ▪ La crisis de los misiles de Cuba 308–309 ▪ La caída del Muro de Berlín 322–323 ▪ Lanzamiento de la primera página web 328–329

TENGO UN SUEÑO

LA MARCHA SOBRE WASHINGTON (1963)

El 28 de agosto de 1963, la Marcha sobre Washington congregó a 250 000 personas, la mayoría afroamericanos. Exigían igualdad, el fin de la segregación racial, el acceso a una buena educación para todos, viviendas dignas y trabajos con sueldos que permitieran vivir. Uno de los oradores era el reverendo Martin Luther King, quien había sido arrestado en abril de ese año durante unas protestas contra la segregación racial en Alabama. «Tengo un sueño», exclamó King al iniciar su famoso discurso.

Exigencias de igualdad

La abolición de la esclavitud tras la guerra de Secesión (1861–1865) llevó a que los esclavos emancipados pidieran la ciudadanía. Pero, pese a no ser ya esclavos, no eran iguales a los blancos, y sufrían discriminación, segregación y ataques racistas. En la década de 1950, varios grupos de afroamericanos contraatacaron contra la discriminación mediante una política de no violencia. En la década de 1960 hubo marchas por los derechos civiles en Birmingham (Alabama),

que King lideró como parte central de su campaña. Algunos extremistas, sobre todo en el Sur, reaccionaron con actos de extrema violencia.

Tras la Marcha sobre Washington, el Congreso aprobó la Ley de Derechos Civiles de 1964, que ilegalizó la discriminación, así como la Ley de Derecho al Voto de 1965. Sin embargo, más de medio siglo después, los estadounidenses negros no han alcanzado muchos de los objetivos que se marcaron aquel 28 de agosto. ∎

EN CONTEXTO

ENFOQUE
Movimiento por los derechos civiles

ANTES
1909 Se funda la Asociación Nacional por el Avance de las Personas de Color (NAACP).

1955 Rosa Parks se niega a ceder su asiento en el autobús a un hombre blanco.

1960 Un restaurante «solo para blancos» se niega a servir a cuatro estudiantes negros. Hay sentadas de protesta por todo EE UU.

DESPUÉS
1965 Malcolm X, fundador de la Organización de la Unidad Afroamericana, es asesinado.

1966 Stokely Carmichael introduce la idea de *Black Power* («poder negro») y abandona la no violencia en sus protestas.

1968 Luther King muere asesinado, lo cual genera disturbios por todo EE UU.

Algunos dicen que vamos demasiado deprisa con el tema de los derechos civiles, y yo digo que llevamos 172 años de retraso.
Hubert Humphrey
Alcalde de Minneapolis (1948)

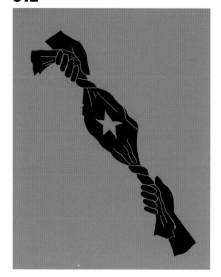

NO VOY A PERDER VIETNAM

EL INCIDENTE DEL GOLFO DE TONKÍN (1964)

Las naciones del sudeste asiático piden la **independencia de sus metrópolis**.

EE UU teme que el **comunismo se extienda** por el sudeste asiático.

Tras una guerra contra Francia, **Vietnam se divide** entre un Norte comunista y un Sur apoyado por EE UU.

EE UU aumenta su **presencia militar** como respuesta a los **éxitos comunistas** en la región.

Un barco de EE UU es atacado en el golfo de Tonkín durante operaciones clandestinas.

El presidente de EE UU Johnson usa el incidente para **justificar la intervención militar en Vietnam**, lo cual expande la guerra fría.

EN CONTEXTO

ENFOQUE
Intervención en el sudeste asiático

ANTES
1947 La doctrina Truman de EE UU, que apoya a los Estados que defiendan la democracia, guía la política de EE UU en el sudeste asiático.

1953 Camboya se independiza de Francia.

1963 El presidente de Vietnam del Sur, Ngo Dinh Diem, muere en un golpe de Estado auspiciado por EE UU.

DESPUÉS
1967 Se funda la Asociación de Naciones del Sudeste Asiático (ASEAN) para impulsar la estabilidad en la región.

1973 Los acuerdos de paz de París ponen fin a la intervención de EE UU en Vietnam, pero no al conflicto entre Norte y Sur.

1976 Se proclama la República Socialista de Vietnam. Saigón se convierte en Ciudad Ho Chi Minh.

Tras la Segunda Guerra Mundial, los estados del sudeste asiático lucharon por crear sistemas políticos estables, y la región se vio envuelta en la guerra fría. En 1954, tras el fin del dominio colonial francés, la conferencia de Ginebra dividió Vietnam en dos: Vietnam del Norte, régimen comunista liderado por Ho Chi Minh; y Vietnam del Sur, apoyado por EE UU. En 1960, Ho Chi Minh, respaldado por Rusia y China, formó el Frente Nacional de Liberación (FNL) para reunir a los opositores al gobierno anticomunista de Ngo Dinh Diem en Vietnam del Sur. El brazo armado del FNL, llamado Vietcong, inició una guerra de

Véase también: La construcción de Angkor Wat 108–109 ▪ Stalin se hace con el poder 281 ▪ La invasión nazi de Polonia 286–293 ▪ El puente aéreo sobre Berlín 296–297 ▪ La Larga Marcha 304–305

El destructor estadounidense
Maddox patrullaba frente a las costas de Vietnam del Norte cuando fue atacado. Fue la chispa que llevó a la guerra de Vietnam.

guerrillas para unificar el país bajo control comunista.

Las tensiones se fueron acumulando hasta 1964. En agosto de ese año, el destructor estadounidense *Maddox* estaba operando frente a la costa de Vietnam del Norte, en el golfo de Tonkín, vigilando las emisiones de radio y radar de instalaciones costeras norvietnamitas, para prestar apoyo a los ataques de la marina de Vietnam del Sur. Los norvietnamitas, creyendo que el *Maddox* estaba vinculado a los ataques contra sus costas, le lanzaron un torpedo. Dos días más tarde, el *Maddox* informó que se hallaba otra vez bajo fuego enemigo. Este segundo ataque ha sido tema de debate desde entonces, pero el presidente Lyndon B. Johnson, advirtiendo que Vietnam del Sur no ganaría por sí solo contra un movimiento guerrillero comunista que ya controlaba gran parte del país, empleó esa supuesta segunda agresión para aprobar en el Congreso la resolución del golfo de Tonkín, que permitía a Johnson (sin pasar por el Congreso) usar la fuerza militar para enfrentarse a amenazas en todo el sudeste asiático.

Intervención de EE UU

EE UU temía que si todo Vietnam se volvía comunista, otros países de la región le seguirían. Johnson envió más tropas al Sur y bombardeó Vietnam del Norte desde el aire. Pero, pese a su superioridad tecnológica, los estadounidenses no lograron derrotar a los guerrilleros vietnamitas del Vietcong. EE UU sufrió muchas bajas y se fue desmoralizando.

El espectro del comunismo

La guerra de Vietnam fue el primer conflicto televisado de la historia de EE UU. Conforme el público era espectador del desarrollo de la guerra, cada vez más estadounidenses se oponían a ella. Por todo el mundo, los grupos pacifistas organizaban manifestaciones en contra del conflicto.

En 1968, la ofensiva comunista del Tet (ataques en más de cien ciudades y pueblos de Vietnam del Sur) acabó con la esperanza de EE UU de un fin inminente de la guerra; y en 1969 se iniciaron las conversaciones de paz. En marzo de 1973 ya se habían retirado todos los soldados de EE UU; y Vietnam del Sur cayó ante Vietnam del Norte en abril de 1975.

Los estrategas de EE UU cometieron una y otra vez el error de interpretar los movimientos de nacionalismo asiático como comunismo inspirado por los soviéticos. Al final, sin embargo, el gran temor de EE UU nunca llegó a materializarse, y, con las excepciones de Vietnam, Laos y, temporalmente, Camboya, la región nunca cayó bajo dominio comunista. ▪

El régimen de Pol Pot

Durante la guerra de Vietnam, el Gobierno del Norte pasaba soldados y suministros al Sur por la llamada «ruta Ho Chi Minh», a través de Camboya. En 1970, una fuerza conjunta estadounidense-survietnamita invadió Camboya para expulsar al Vietcong, y EE UU bombardeó intensamente Camboya. Esta intervención militar provocó un mayor apoyo popular a Pol Pot, líder del Partido Comunista de Camboya (o de Kampuchea, los llamados Jemeres Rojos), grupo guerrillero que se hizo con el poder en 1975. El brutal régimen de Pol Pot quería convertir el país en una sociedad agraria sin clases inspirada en la Revolución Cultural de Mao Zedong en China. Se trasladó a toda la población al campo y se la obligó a trabajar en los campos de arroz. Durante los siguientes 44 meses, 2 millones de camboyanos (una cuarta parte de la población) murieron de inanición o asesinados. Se acabó llamando a los arrozales «los campos de la muerte». Tras tres años de terror, una invasión vietnamita depuso a Pol Pot en 1979.

UNA REVOLUCION NO ES UN LECHO DE ROSAS

EL DESEMBARCO DE LA BAHÍA DE COCHINOS (1961)

EN CONTEXTO

ENFOQUE
Revolución y reacción en Latinoamérica

ANTES
1910 La Revolución mexicana es la primera gran revolución social del siglo xx.

1952 El Movimiento Nacionalista Revolucionario se hace con el poder en Bolivia.

1954 Un golpe de Estado organizado por la CIA instala una junta militar en Guatemala.

DESPUÉS
11 de septiembre de 1973 Salvador Allende, presidente de Chile, muere en el golpe de Estado del general Augusto Pinochet.

1981 EE UU suspende la ayuda a Nicaragua y apoya al grupo paramilitar la Contra en un intento de derrocar a los sandinistas, de izquierda.

EE UU está decidido a mantener América alejada del **comunismo**.

El presidente Kennedy hereda un **plan de la CIA** para eliminar a Fidel Castro.

El desembarco de la bahía de Cochinos es un desastre, y Castro surge triunfal.

EE UU apoya **regímenes anticomunistas** en Latinoamérica, mientras la URSS apoya a los revolucionarios **procomunistas**.

La **guerra fría** sigue dominando la **geopolítica**.

El 15 de abril de 1961, una brigada de exiliados cubanos dio inicio a una invasión de Cuba para derrocar el régimen de Fidel Castro y sustituirlo por uno afín a los intereses de EE UU. Ocho bombarderos B-26 estadounidenses volaron desde Nicaragua para destruir la fuerza aérea de Castro en tierra. El bombardeo pareció tener éxito, pero al menos seis de los cazas de Castro sobrevivieron. Al día siguiente, la Fuerza Aérea de Castro hundió dos barcos cargados con suministros. El 17 de abril, una tropa de 1400 exiliados cubanos, con el nombre en clave de Brigada 2506, lanzó un ataque anfibio sobre la costa meridional de Cuba, en la bahía de Cochinos. El ejército de Castro los hizo retroceder, y se quedaron sin munición. En solo tres días, la invasión había fracasado.

Tras el fracaso estadounidense en el desembarco en la bahía de Cochinos, muchos anticastristas fueron capturados.

Intento de derrocar a Castro

Tras la Segunda Guerra Mundial, Latinoamérica se convirtió en un campo de batalla para los dos sistemas ideológicos en liza, el comunismo y el capitalismo. EE UU quería erradicar el comunismo, y apoyó dictaduras de ultraderecha con regímenes contrarios a toda reforma en países como Cuba, Honduras y Guatemala.

La corrupción y brutalidad del Gobierno cubano de Batista durante la década de 1950 hicieron que EE UU le fuera retirando su apoyo desde 1958. Cuando Castro derrocó a Batista en 1959, EE UU receló de sus tendencias comunistas. Para 1960, Castro había nacionalizado los intereses de EE UU en Cuba, sin ninguna compensación, y había roto los lazos diplomáticos. Para proteger sus activos económicos y derrotar el comunismo, EE UU decidió que Castro debía caer.

Un año después de la toma del poder por Castro, cubanos exiliados en Miami formaron varios grupos contrarrevolucionarios. La Agencia Central de Inteligencia (CIA) de EE UU se interesó en estos grupos, y les proporcionó entrenamiento y equipamiento para derrocar a Castro.

El fracaso del desembarco de la bahía de Cochinos se debió en gran parte a una mala planificación y a la renuencia del presidente Kennedy a implicarse demasiado.

A favor de Cuba

Castro forjó una alianza más estrecha con la URSS, su aliada contra EE UU, lo que le permitió exportar sus ideales por Latinoamérica. El intento de invasión provocó manifestaciones a favor de Cuba y en contra de EE UU desde Chile hasta México. Castro apoyó activamente las guerras de guerrillas, y miles de guerrilleros latinoamericanos acudieron a Cuba para recibir entrenamiento. La Revolución cubana sirvió de inspiración para revueltas similares durante las décadas de 1960 y 1970 en Nicaragua, Brasil, Uruguay y Venezuela, donde el descontento se sumaba al analfabetismo, la desigualdad y la pobreza.

Latinoamérica siguió preocupando a los estrategas estadounidenses. EE UU intervino varias veces intentando contener el comunismo: apoyó los golpes de Estado militares en Chile, en 1973, y Argentina, en 1976; temiendo una revolución comunista, financió al ejército de El Salvador a finales de la década de 1970 para defender su régimen; e invadió Granada, en 1983, y Panamá, en 1989. ▪

No debemos abandonar Cuba ante los comunistas.
John F. Kennedy

Fidel Castro

Para sus partidarios, Fidel Castro (1926–2016) fue un héroe revolucionario que plantó cara a EE UU. Para sus detractores era un dictador cuyo estrecho vínculo con la URSS llevó al mundo al borde de la destrucción nuclear.

Encarcelado en 1953 (mientras era estudiante) por sus actividades revolucionarias, fue liberado dos años después y se exilió en México y EE UU. Volvió a Cuba en 1956 con un pequeño grupo de guerrilleros (entre ellos estaba el argentino Ernesto «Che» Guevara), y se propusieron acabar con el régimen del dictador Batista. El 1 de enero de 1959 asumió el poder absoluto.

Fidel Castro mejoró la alfabetización, ofreció asistencia sanitaria gratuita e instituyó reformas agrarias. Se veía a sí mismo como el líder de los oprimidos del mundo, y ayudó a entrenar a los guerrilleros antiapartheid de Sudáfrica. En la década de 1970 envió soldados en apoyo de las tropas comunistas de Angola, Etiopía y Yemen.

En 2008, con una salud delicada, dimitió y dejó el poder en manos de su hermano Raúl. Falleció a los 90 años de edad.

DISOLVER EL VIEJO MUNDO, CONSTRUIR EL NUEVO

LA REVOLUCIÓN CULTURAL CHINA (1966)

EN CONTEXTO

ENFOQUE
Del maoísmo al capitalismo

ANTES
1943 Mao se convierte en presidente del Partido Comunista de China; proyecta una imagen de «líder fuerte».

1945–1949 La guerra civil entre comunistas y nacionalistas acaba con la victoria de Mao.

1958–1961 Millones de personas mueren en el Gran Salto Adelante de Mao, un intento de modernizar China.

DESPUÉS
1972 El viaje a China del presidente de EE UU Richard Nixon establece relaciones diplomáticas entre ambos países.

1978 Deng Xiaoping se convierte en el nuevo líder chino e inicia reformas económicas.

2015 El Fondo Monetario Internacional clasifica a China como la mayor economía del mundo, superando a EE UU.

Mao Zedong se fija ambiciosos planes para **industrializar China**.

Toda la población china es **enfocada en la dirección** marcada por el **Gran Salto Adelante**.

Mao lanza la Revolución Cultural.

La hambruna golpea. Decenas de millones **mueren**.

La muerte de Mao es un punto crucial en la historia de posguerra de China.

La adopción de **ideas capitalistas** por Deng Xiaoping permite a China adquirir el **estatus de superpotencia**.

La Revolución Cultural fue uno de los más oscuros periodos de la historia de China. Desde su toma del poder, en 1949, el líder del Partido Comunista Mao Zedong no había logrado crear su China ideal ni asentar su poder. Mao decidió entonces purgar toda oposición y transformar a capitalistas e intelectuales en proletarios. Ordenó una Revolución Cultural que debía atacar a los «cuatro viejos»: las viejas ideas, los viejos hábitos, las viejas costumbres y la vieja cultura. Escuadrones de jóvenes comunistas, incitados por Mao y conocidos como la Guardia Roja, aterrorizaron a intelectuales, burócratas y profesores. Unos 36 mi-

Véase también: La segunda guerra del Opio 254–255 ■ Stalin se hace con el poder 281 ■ La Larga Marcha 304–305 ■ La crisis financiera mundial 330–333 ■ La población mundial supera los 7000 millones 334–339

En este cartel de propaganda, de la época de la Revolución Cultural, se muestra a miembros de la Guardia Roja blandiendo el *Pequeño libro rojo,* de Mao.

llones de personas fueron acusadas, de las que un millón murió durante el caos, que duró hasta 1976.

El Gran Salto Adelante

Tras crear la República Popular de China, en 1949, Mao impulsó reformas para convertir la sociedad china, semifeudal, en un Estado socialista más industrializado. A finales de la década de 1950, en un intento de mejorar la economía, Mao ordenó el Gran Salto Adelante. La productividad industrial creció gracias a la produc-

ción de acero y carbón; los kilómetros de vía férrea se doblaron, y, hacia 1961, más de la mitad de los terrenos de cultivo chinos estaban irrigados.

No obstante, este desarrollo se logró a un coste terrible. Mao transformó la China rural en una serie de granjas comunales en las que los aldeanos compartían tierras, animales y cosechas. Las autoridades tomaron grandes cantidades de cereales de las comunas para alimentar a los obreros de las ciudades, y esto, unido a varios desastres naturales, causó hambrunas e inanición. Se cree que murieron 45 millones de personas.

Una nueva política exterior

Tras la Revolución Cultural, Mao necesitaba la experiencia de EE UU para restaurar China, y EE UU quería un aliado contra la URSS. En 1972, el presidente Nixon viajaba a Pekín para reunirse con Mao. Para cuando este murió (1976), China se había convertido en un gran productor de petróleo con capacidad nuclear.

Deng Xiaoping, que dirigió China entre 1978 y 1997, quería emplear ideas capitalistas para centrarse en

el crecimiento económico. Pero, mientras daba inicio a nuevas reformas de mayor alcance, como invitar a firmas extranjeras a invertir en la industria china y a apoyar nuevas tecnologías, resistió las presiones para realizar reformas democráticas.

A principios del nuevo milenio, el crecimiento económico de China era espectacular. En 2001, el país fue admitido en la Organización Mundial del Comercio, y en 2008 fue anfitrión de los Juegos Olímpicos, en Pekín. Algunos economistas predicen que, hacia 2026, el producto interior bruto (PIB) de China será mayor que los de Japón y Europa occidental sumados.

Tras la muerte de Mao, el Partido Comunista de China condenó la Revolución Cultural como un desastre. No obstante, conforme el país experimentaba un periodo de crecimiento económico sin precedentes, entre los agricultores y la clase trabajadora urbana se extendió un sentimiento de nostalgia por los ideales de Mao, centrados en el pueblo y en la autosuficiencia. El legado de Mao proyecta aún hoy una larga sombra sobre una China en proceso de modernización. ■

Mao Zedong

Nacido en 1893 en una rica familia de agricultores de la provincia de Hunan, Mao Zedong fue el líder de la China comunista desde 1949 hasta su muerte, en 1976. Mientras trabajaba como bibliotecario en la Universidad de Pekín, Mao se hizo comunista y cofundador del Partido Comunista de China en 1921. Seis años después, tras liderar una insurrección contra el líder nacionalista Chiang Kaishek, se vio obligado a retirarse al campo, donde proclamó la República Soviética de China, en 1931. Tras demostrar su liderazgo durante la Larga Marcha, en 1935

se hizo con el control del Partido Comunista, y derrotó a Chiang en la guerra civil de 1945–1949.

Devoto leninista, a Mao le decepcionó la política soviética de «coexistencia pacífica» con Occidente, y desarrolló una forma más potente de comunismo, el maoísmo. No obstante, sus ideas radicales y sus experimentos de colectivización provocaron la muerte y el sufrimiento de millones de personas. Una de sus últimas acciones, en 1972, fue reunirse con Richard Nixon, el primer presidente de EE UU que visitó China.

LO DEFENDEREMOS CON NUESTRA SANGRE Y NUESTRA FUERZA, Y DEVOLVEREMOS AGRESIÓN POR AGRESIÓN Y MALDAD POR MALDAD

LA CRISIS DE SUEZ (1956)

EN CONTEXTO

ENFOQUE
Oriente Próximo

ANTES
1945 Egipto, Irak, Líbano, Siria, Arabia Saudí, el norte de Yemen y Transjordania forman la Liga Árabe.

1948 Se funda Israel en la antigua Palestina, dividiendo a árabes y judíos.

1952 El rey Faruk de Egipto es forzado a dejar el trono. El coronel Gamal Nasser se hace con el poder dos años después.

DESPUÉS
1964 La OLP pide la desaparición del Estado judío.

1993 Los acuerdos de paz de Oslo otorgan reconocimiento mutuo entre la OLP e Israel.

2011 En muchos Estados árabes, los manifestantes exigen reformas en una serie de revueltas populares.

El 26 de julio de 1956, el dirigente egipcio Gamal Abdel Nasser se dirigió a una multitud congregada en Alejandría y declaró la nacionalización del canal de Suez, la vía navegable por la que pasaba la mayor parte del petróleo hacia Europa occidental. Para los egipcios, esto simbolizaba la liberación con respecto al dominio imperial británico bajo el que vivían desde la década de 1880. Como respuesta, Gran Bretaña, Francia e Israel concibieron un plan secreto. Francia quería derrocar a Nasser debido a su apoyo a los insurgentes argelinos contra el dominio colonial; e Israel tenía muchas razones para derrocar a Nasser, como la negativa de Egipto a dejar pasar por

El presidente egipcio Nasser
anuncia la nacionalización del canal de Suez ante el júbilo de un cuarto de millón de personas en Alejandría, cuatro años después de la revolución.

el canal a barcos bajo bandera israelí. Los tres países acordaron que Israel atacaría Egipto, y que Francia y Gran Bretaña intervendrían unos días más tarde, haciéndose pasar por mediadores, y se harían con el control del canal. El 29 de octubre de 1956, los israelíes iniciaron su ataque. Soldados franceses y británicos entraron el día 31 de octubre, pero se enfrentaron a presiones diplomáticas que exigían un alto el fuego. EE UU, que estaba intentando mantener buenas relaciones con el mundo árabe, expresó su indignación por la invasión francobritánica, que creían que amenazaba la estabilidad de la región. El presidente Dwight D. Eisenhower forzó una resolución de la ONU que imponía un alto el fuego, y los soldados franceses y británicos tuvieron que retirarse.

Dividir la tierra

El fuerte sentimiento antioccidental de Oriente Próximo se remonta a siglos atrás, y se alimenta de la cada vez mayor injerencia occidental en la región. El colonialismo del siglo XIX y

el desmembramiento del Imperio otomano tras la Primera Guerra Mundial fueron humillaciones para pueblos que creían que su religión, el islam, era la más alta forma de revelación divina. En 1948, la partición de Palestina a fin de formar Israel dividió la tierra en dos estados, uno árabe y otro judío, algo que los palestinos (árabes) rechazaron y que enfureció a las demás naciones árabes. Los ejércitos regulares de países árabes como Irak, Líbano, Siria, Transjordania, Arabia Saudí, Yemen y Egipto atacaron Israel en la que fue la primera de las guerras árabe-israelíes, entre mayo y junio de 1948. La derrota árabe en el conflicto supuso un desastre para los palestinos: más de la mitad de los árabes del país fueron desplazados como refugiados y perdieron toda posibilidad de tener un Estado propio.

Planes ambiciosos

Egipto continuó con su postura antiisraelí cerrando el canal de Suez a los barcos israelíes. Tras derrocar al rey Faruk, en 1952, y forzar su exilio, Nasser importó armas desde la URSS y comenzó a construir un arsenal para futuros conflictos con Israel. Gran Bretaña había accedido a retirar sus tropas del área de Suez en junio de 1956, pero, para cuando sus últimos soldados abandonaban Egipto, Nasser estaba ya apoyándose en financiación británica y estadounidense para sus planes de modernización de Egipto. Entre estos estaba la presa de Asuán, en el Nilo. Nasser entró en cólera cuando Gran Bretaña y EE UU retiraron su oferta de préstamos para financiar la presa. EE UU y Gran Bretaña dieron marcha atrás debido a la asociación de Nasser »

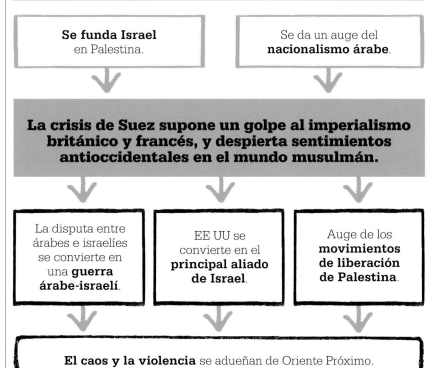

Se funda Israel en Palestina.

Se da un auge del **nacionalismo árabe**.

La crisis de Suez supone un golpe al imperialismo británico y francés, y despierta sentimientos antioccidentales en el mundo musulmán.

La disputa entre árabes e israelíes se convierte en una **guerra árabe-israelí**.

EE UU se convierte en el **principal aliado de Israel**.

Auge de los **movimientos de liberación de Palestina**.

El caos y la violencia se adueñan de Oriente Próximo.

con los soviéticos y sus constantes diatribas contra Occidente.

Sintiéndose insultado, Nasser nacionalizó el canal de Suez. La acción fue popular en Egipto, pues el canal era un orgullo para los árabes. Nasser era un modernizador laico que abogaba por la separación entre religión y política, lo que creía un signo distintivo de la modernidad árabe, pero esto no era universalmente aceptado. La organización Hermanos Musulmanes, fundada en Egipto en 1928, quería que el islam tuviera un papel central en el Gobierno. Tras varios llamamientos a la aplicación de la *sharía* (el corpus legal del islam) y un atentado contra Nasser, dicha organización fue ilegalizada en 1954.

En 1967, los países árabes sufrieron una aplastante derrota a manos de Israel en la guerra de los Seis Días, en la que los israelíes le arrebataron el Sinaí a Egipto, y Cisjordania y Jerusalén Este, a Jordania, lo que significaba que Israel era ahora un ocupante. En la década de 1970, el largo conflicto árabe-israelí fue orientándose hacia la negociación, y, en 1979, un acuerdo de paz entre Israel y Egipto acabó con 30 años de guerra. No obstante, el surgimiento del Ejército para la Liberación de Palestina y de otros

Jimmy Carter (centro) mira cómo el presidente egipcio Anuar el Sadat y el primer ministro israelí Menajem Beguin se dan la mano tras la firma del tratado de paz en la Casa Blanca, en 1979.

grupos armados que atacaban Israel, así como la invasión israelí del Líbano (donde muchos de estos grupos tenían su base), en 1982, desestabilizaron constantemente la frágil paz.

La guerra irano-iraquí

Como muchos países de Oriente Próximo, Irak surgió de las ruinas del Imperio otomano tras la Primera Guerra Mundial. Irak era un país dividido por criterios étnicos, así como por las diferencias religiosas entre musulmanes suníes y chiíes, estos últimos, mayoritarios. Saddam Hussein, un suní, se convirtió en el líder del país en 1979 y reprimió a la etnia kurda y a los chiíes. Como Nasser en Egipto, adoptó el nacionalismo árabe y gobernó Irak como un Estado laico.

En 1979, acontecimientos que tuvieron lugar en Irán inspiraron a islamistas de todo Oriente Próximo. El estilo de vida laico y occidental acabó barrido en la Revolución islámica, que derrocó al sah iraní, protegido de EE UU. El nuevo régimen, bajo el liderazgo del ayatolá Ruhollah Jomeini, alto clérigo musulmán chií, basaba sus leyes e ideología en las estrictas enseñanzas del Corán. El 22 de septiembre de 1980, Saddam Hussein, que se sintió amenazado por la Revolución islámica y por un posible levantamiento chií en su país, inició la invasión de Irán bajo el pretexto de una disputa territorial sobre el río navegable Shatt al-Arab, que separa ambos países al sur.

Esta agresión condujo a una guerra de ocho años que devastó ambos países e hizo aumentar la tensión en Oriente Próximo. El principal aliado de Irán fue Siria, pero Libia, China y Corea del Norte enviaron armamento. Irak fue apoyada sobre todo por los Estados árabes del golfo Pérsico, que veían a Irán como un peligro para su seguridad; Arabia Saudí y Kuwait proporcionaron miles de millones de dólares en préstamos. Finalmente,

Durante la primera guerra del Golfo, las tropas iraquíes incendiaron más de 600 pozos petrolíferos kuwaitíes. La causa de la invasión de Kuwait, en 1990, fue el deseo de Saddam Hussein de controlar su petróleo.

debido a la presión de la ONU, ambos firmaron la paz en 1988. En 1990, Irak, ahora con un gran arsenal de armas suministradas por potencias occidentales, invadió Kuwait, rico en petróleo. La ONU exigió la retirada, pero Saddam anunció que Kuwait quedaba anexionado a Irak. EE UU, con el apoyo de las fuerzas de una coalición, enviaron soldados en la que fue la primera guerra del Golfo (1990–1991) y depuso a Saddam.

Los atentados del 11-S

El continuado apoyo estadounidense a Israel causó una gran animosidad contra EE UU por parte de los islamistas. Para ellos, EE UU, país laico, capitalista y hambriento de petróleo, simbolizaba todo lo malo de Occidente; y cada vez hubo más atentados terroristas contra objetivos estadounidenses. Al Qaeda llevó a cabo los más impactantes el 11 de septiembre de 2001 (11-S), contra cuatro objetivos en suelo estadounidense, como el World Trade Center, en Nueva York. Como respuesta a estos atentados, una intervención militar liderada por EE UU acabó con el régimen talibán en Afganistán, que, según creía EE UU, había acogido a Osama Bin

> Nada nos satisfará excepto la desaparición definitiva de Israel del mapa de Oriente Próximo.
> **Mohamed Salah al-Din**
> **Exministro de Asuntos Exteriores egipcio (1954)**

Laden y Al Qaeda. Tras el 11-S, el presidente George W. Bush declaró una «guerra contra el terrorismo», y en 2002, con ayuda del Gobierno británico, atacó Irak con la excusa de destruir «armas de destrucción masiva», consideradas una amenaza a la seguridad nacional. Entre los islamistas, la intervención occidental en el mundo musulmán corroboró la creencia de que Occidente era enemigo del islam.

La Primavera Árabe

Los atentados del 11-S se inspiraban en una ideología radical y en la creencia de que los problemas que atenazaban a los pueblos musulmán y árabe se podían resolver atacando a los países percibidos como opresores del islam. En 2011, los jóvenes árabes (que buscaban cambios en sus propias sociedades y culpaban a sus líderes de las décadas de declive económico, político y cultural) impulsaron levantamientos por todo el mundo árabe. En esencia, lo que se acabaría llamando Primavera Árabe era el intento de una nueva generación de cambiar el orden estatal. Los levantamientos prodemocráticos de la Primavera Árabe causaron disturbios en Oriente Próximo y el norte de África. Todo comenzó en Túnez, el 17 de diciembre de 2010, cuando un joven vendedor ambulante murió tras quemarse a lo bonzo como protesta contra la brutalidad policial. Los manifestantes exigieron democracia, y el presidente Zine el Abidine Ben Alí huyó del país el 14 de enero.

Argelia, donde había gran malestar por el elevado desempleo, se contagió de las protestas. En Egipto, el 25 de enero, miles de manifestantes tomaban las calles, y, tras 18 días de protestas, el presidente Hosni Mubarak dimitía. Hacia mediados de febrero, las revueltas se habían extendido hasta Bahrein, donde fueron brutalmente reprimidas, y hasta Libia, donde la violenta respuesta de Muamar al Gadafi hacia los disidentes desencadenó una guerra civil. Una coalición internacional liderada por la OTAN lanzó una campaña de ataques aéreos contra las fuerzas gubernamentales, y Gadafi fue capturado y ejecutado por los insurgentes.

Hubo levantamientos posteriores en Jordania, Yemen y Arabia Saudí, pero la peor violencia contra civiles se vio en Siria, donde el presidente Bashar al Asad, aunque prometió reformas, reprimió a los disidentes, lo cual reafirmó la decisión de los manifestantes. En julio de 2011, cientos de miles de personas tomaron las calles sirias, y el país cayó en la guerra civil. Las Naciones Unidas informaron de que, en agosto de 2015, habían muerto más de 210 000 personas en el conflicto. Aprovechando el caos de la región, el autoproclamado Estado Islámico de Irak y el Levante (EIIL, o EI), también llamado Dáesh, el grupo extremista que sustituyó a Al Qaeda, comenzó a controlar enormes áreas de territorio por el norte y el este de Siria, así como en el vecino Irak.

Inestabilidad

La crisis de Suez fue el fin de una época en cuanto a la política de Oriente Próximo, y el inicio de una nueva. Señaló el humillante final de la influencia imperialista de Gran Bretaña y Francia, cuyo papel fue asumido enseguida por EE UU. Estimuló el nacionalismo árabe y abrió la puerta a futuros conflictos entre árabes e israelíes, y al terrorismo palestino.

Nunca en épocas cercanas ha parecido Oriente Próximo tan inestable. Se libran guerras por religión, etnia, territorio, política y comercio, y estos conflictos han causado la peor crisis de refugiados desde la Segunda Guerra Mundial, en la que millones de personas huyen del caos y el fanatismo. ∎

Terrorismo en Oriente Próximo

Desde mediados del siglo xx, la palabra terrorismo ha sido casi un sinónimo de Oriente Próximo. El conflicto árabe-israelí es uno de los más enquistados del mundo. En 1964, líderes árabes fundaron la Organización para la Liberación de Palestina (OLP), y declararon ilegal la fundación de Israel. La OLP usaba el terrorismo contra Israel y objetivos occidentales por su apoyo a los israelíes. En 1970, militantes palestinos hicieron estallar tres aviones secuestrados en el desierto de Jordania, y un grupo vinculado a la OLP atacó al equipo israelí en los Juegos Olímpicos de Múnich (Alemania), en 1972.

Hizbulá, grupo radical chií apoyado por Irán, voló en 1983 los cuarteles de marines de EE UU y del ejército francés en Beirut, matando a 298 personas. Hizbulá fue pionera en el uso de ataques suicidas en Oriente Próximo.

Judíos y musulmanes han recurrido al terrorismo para desbancar los intentos realizados para alcanzar paz en la región.

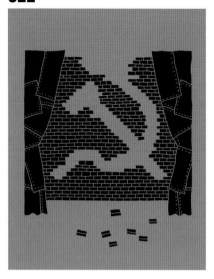

EL TELON DE ACERO HA SIDO DERRIBADO

LA CAÍDA DEL MURO DE BERLÍN (1989)

EN CONTEXTO

ENFOQUE
Derrumbe del comunismo soviético

ANTES
Agosto de 1989 Tras 45 años, Polonia ve el fin del régimen comunista. El sindicato Solidaridad forma un nuevo Gobierno.

23 de agosto de 1989 Dos millones de personas forman una cadena humana que atraviesa Estonia, Lituania y Letonia como protesta contra el dominio soviético.

11 de septiembre de 1989 Hungría abre su frontera con Austria y permite la salida de refugiados alemanes.

DESPUÉS
3 de diciembre de 1989 EE UU y la URSS declaran el fin de la guerra fría.

3 de octubre de 1990 Alemania se reunifica.

Diciembre de 1991 La URSS se desintegra en 15 Estados.

Gorbachov es elegido presidente de la URSS. Introduce **radicales reformas políticas y económicas**.

Esa democratización **reduce las tensiones de la guerra fría**.

Gorbachov no tiene intención de usar la **fuerza militar** para reforzar regímenes comunistas satélites.

Levantamientos por toda Europa del Este. Los **regímenes comunistas** caen.

Se derrumba el Muro de Berlín, y pronto le sigue el desmantelamiento de la URSS.

Durante décadas, el Muro de Berlín, que separaba Berlín Oriental de Berlín Occidental, se erigió como recordatorio de la guerra fría, la división entre el comunismo soviético y el capitalismo occidental. El 9 de noviembre de 1989, el Gobierno de Alemania Oriental eliminó las restricciones para viajar, y miles de personas se reunieron junto al Muro. Los guardas fronterizos de Alemania Oriental cedieron ante la multitud. El 10 de noviembre, soldados de ambos lados ayudaron a los berlineses a derruir el Muro. A lo largo de los dos días siguientes, más de 3 millones de personas cruzaron la frontera.

La caída del Muro de Berlín significó la liberación para mucha gente. La reunificación alemana, la desintegración de la URSS y el fin del comunismo en Europa del Este le siguieron.

Gobernar el Bloque del Este

Tras la Segunda Guerra Mundial, la URSS prohibió los partidos anticomunistas en los países de Europa del Este, y creó un bloque de estados satélite (el Bloque del Este), en los que se reprimía toda oposición. En otoño de 1956, Hungría se levantó contra su Gobierno comunista, pero el conato fue aplastado por los tanques soviéticos. En 1968, la URSS invadió Checoslovaquia para deponer un gobierno al que consideraba demasiado tibio.

En la década de 1960, Alemania estaba aún dividida en la República Democrática Alemana (RDA), comunista; y la República Federal de Alemania (RFA), democrática y capitalista. Y también Berlín estaba partida en dos: Berlín Oriental, supervisado por los soviéticos, y Berlín Occidental, por los aliados. Cada lado tenía su administración: comunista en la RDA y democrática en la RFA. Miles de ciudadanos de la RDA huyeron a la RFA, lo cual le supuso una hemorragia de trabajadores cualificados a la primera. El 13 de agosto de 1961, el Gobierno de la RDA aisló Berlín Oriental con una valla, que, con el tiempo, se convirtió en un muro que dividía la ciudad, la nación y las familias.

En 1985, Mijaíl Gorbachov fue nombrado secretario general del Partido Comunista de la URSS. A fin de mejorar las relaciones con Occidente, puso en marcha la *glasnost* («transparencia» política) y la *perestroika* («reestructuración» económica liberal). Lo crucial fue que levantó el veto a que los países del Bloque del Este reformasen sus sistemas políticos.

Colapso

Ya sin la amenaza de intervenciones soviéticas, muchos ciudadanos del Bloque del Este exigieron el fin del comunismo. En junio de 1989, Solidaridad, un sindicato clandestino polaco, fue escogido para liderar un gobierno de coalición. Conforme el impulso reformador ganaba velocidad, el Gobierno de la RDA declaraba que sus ciudadanos podrían visitar Berlín Occidental a través de cualquier frontera, incluido el Muro de Berlín.

La caída del Muro de Berlín señaló el inicio de una era. Permitió a millones de personas viajar libremente, y facilitó que las economías antes estancadas de la Europa del Este y de la antigua URSS se abrieran al mundo. Muchos antiguos países comunistas se integraron en la OTAN y en la Unión Europea.

El mundo cambió de dirección en 1989. El comunismo había muerto en el este europeo, y una Alemania reunificada iba a tomar su lugar en el corazón de Europa. ▪

La desintegración de la URSS

En 1985, Mijaíl Gorbachov se convirtió en líder de una URSS estancada. Aplicó reformas radicales (*glasnost* y *perestroika*) y, en julio de 1989, anunció que los países del Pacto de Varsovia podrían celebrar elecciones libres. Polonia, Checoslovaquia, Hungría y otros países optaron por gobiernos democráticos, lo que desestabilizó la URSS.

El anticomunista Boris Yeltsin fue elegido presidente de Rusia en julio de 1991. Un mes más tarde, con Gorbachov debilitado por un fallido golpe de Estado de comunistas radicales, Yeltsin aprovechó el momento. Prohibió el Partido Comunista en Rusia y se reunió en secreto con los líderes de Ucrania y Bielorrusia, que habían acordado separarse de la URSS. El 25 de diciembre de 1991, Gorbachov dimitió y Yeltsin quedó entonces como presidente del nuevo Estado ruso. El antiguo imperio se partió en 15 nuevos Estados independientes, y la URSS desapareció.

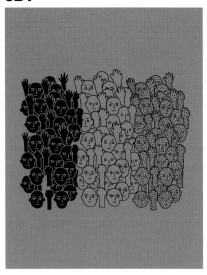

TODO EL PODER PARA EL PUEBLO

LAS PROTESTAS DE MAYO DE 1968

EN CONTEXTO

ENFOQUE
Política radical de posguerra

ANTES
1963 *La mística de la feminidad,* de Betty Friedan, da alas al movimiento por los derechos de la mujer.

1967 El asesinato en Berlín del manifestante Benno Ohnesorg desata una revuelta.

Marzo de 1968 Manifestantes protestan en Italia contra la brutalidad policial.

DESPUÉS
1969 Las manifestaciones de los Días de la Rabia, en Chicago, usan la violencia como protesta contra la guerra de Vietnam y el racismo en EE UU.

Década de 1970 El Ejército Rojo Japonés protesta por la presencia de bases militares estadounidenses en Japón.

1978 Las Brigadas Rojas, en Italia, secuestran al ex primer ministro Aldo Moro como parte de su campaña terrorista.

E n 1968, una manifestación por las malas instalaciones del campus de la Universidad de Nanterre, en París, se extendió por la ciudad. En marzo se llamó a la policía antidisturbios para lidiar con las protestas, y cientos de estudiantes marcharon hacia Nanterre. En mayo, el levantamiento se había trasladado al centro de París, y el número de manifestantes crecía hasta alcanzar varios millares. Los manifestantes exigían cambios sociales revolucionarios y la caída del Gobierno. A los pocos días, 8 millones de trabajadores se declaraban en huelga indefinida y, literalmente, detenían Francia.

Un año trascendental

El estallido de la tensión en Francia es el evento que define 1968, un año de protestas mundiales. En gran parte, estas eran contra la guerra de Vietnam, pero muchos se manifestaban también contra regímenes opresivos. La política cobró radicalidad: la «salida del armario» de las minorías sexuales, la liberación de la mujer y la igualdad de sexos saltaron a la palestra. En EE UU, los Panteras Negras luchaban por la igualdad racial, y el movimiento estudiantil alemán, liderado por Rudi Dutschke, se oponía a la generación anterior.

Las protestas francesas perdieron fuerza cuando las elecciones demostraron un apoyo abrumador al Gobierno. Los movimientos revolucionarios de 1968 acabaron fracasando, pero alentaron a una generación a cuestionar la autoridad. En su estela hubo un auge de grupos terroristas de extrema izquierda que usaron la violencia luchando por la justicia social. ∎

Lo importante es que la acción tuvo lugar cuando todo el mundo la creía impensable.
Jean-Paul Sartre

Véase también: Nkrumah obtiene la independencia de Ghana 306–307 ▪ La Marcha sobre Washington 311 ▪ El incidente del golfo de Tonkín 312–313 ▪ De Gaulle funda la Quinta República 340 ▪ El terrorismo de la Fracción del Ejército Rojo 341

NUNCA, NUNCA, NUNCA JAMÁS
LA LIBERACIÓN DE NELSON MANDELA (1990)

EN CONTEXTO

ENFOQUE
El fin del *apartheid*

ANTES
1948 El Partido Nacional (NP) gana las elecciones en Sudáfrica y adopta una política segregacionista *(apartheid)*.

1960 70 manifestantes negros son asesinados en Sharpeville. El Congreso Nacional Africano (CNA) es ilegalizado.

1961 Sudáfrica se declara república y abandona la Commonwealth. Mandela lidera el ala militar del CNA.

DESPUÉS
1991 F. W. de Klerk revoca las leyes del *apartheid*; se levantan las sanciones internacionales.

1994 Con las primeras elecciones democráticas, Sudáfrica ingresa en la Asamblea General de la ONU.

1996 La Comisión por la Verdad y la Reconciliación investiga los crímenes contra los derechos humanos del *apartheid*.

En 1964, Nelson Mandela fue condenado a cadena perpetua por su papel en las protestas contra el *apartheid* en Sharpeville (Sudáfrica). Mandela era miembro militante del Congreso Nacional Africano (CNA) que se manifestaba contra el *apartheid*, un sistema de segregación racial impuesto por el gobierno blanco. Mientras estuvo en prisión, Mandela se convirtió en el símbolo de la lucha por la igualdad racial. En 1990, al ser liberado, fue recibido con euforia.

Amigos, camaradas, conciudadanos sudafricanos, os saludo a todos en nombre de la paz, de la democracia y de la libertad para todos.
Nelson Mandela

Cuando el Partido Nacional obtuvo el poder en 1948, los afrikáners (blancos) implementaron una brutal política de *apartheid*: se segregaba a los negros y se les prohibía el voto. En el movimiento de oposición al *apartheid*, muchos abogaban por la protesta no violenta, que ayudaba a atraer a sudafricanos blancos a su causa. El *apartheid* fue condenado a escala mundial, y se le impusieron duras sanciones internacionales.

Un nuevo amanecer
En 1990, el presidente F. W. de Klerk sorprendía al mundo levantando las prohibiciones sobre el CNA. Al darse cuenta de la necesidad de cambios radicales, había estado negociando en secreto durante dos años para acabar con el *apartheid*. En 1994 se celebraron elecciones multirraciales, y Mandela ganó por un amplio margen. Su liberación fue uno de los momentos más relevantes de finales del siglo XX, y acabó con 300 años de dominio blanco en Sudáfrica. Todo ello transformó el país en una democracia multirracial, sin producirse la guerra civil que tantos habían temido. ∎

Véase también: Leyes de abolición del comercio de esclavos 226–227 ▪ La conferencia de Berlín 258–259 ▪ Nkrumah obtiene la independencia de Ghana 306–307 ▪ La Marcha sobre Washington 311

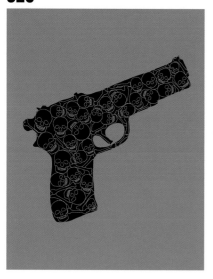

CREAR UNA INSOPORTABLE SITUACION DE INSEGURIDAD SIN NINGUNA ESPERANZA DE VIDA O SUPERVIVENCIA
EL SITIO DE SARAJEVO (1992–1996)

EN CONTEXTO

ENFOQUE
Conflictos tras el colapso de la URSS

ANTES
9 de noviembre de 1989
Cae el Muro de Berlín, lo cual lleva a la reunificación de Alemania.

1989 Rumanía derroca al sanguinario régimen de Nicolae Ceausescu.

1990 Nuevos gobiernos de centro-derecha en Polonia, Hungría y Checoslovaquia.

1992–1995 La guerra en Bosnia-Herzegovina causa la muerte de unas 100 000 personas.

DESPUÉS
1998–1999 Estalla la guerra en Kosovo entre albanos y serbios. Las tropas de la OTAN intervienen.

2014 Enfrentamientos entre rusos y ucranianos en el este de Ucrania.

El sitio de Sarajevo fue una de las tragedias más terribles de la guerra civil yugoslava (1991–2002). Durante el asedio, que duró 44 meses, los serbobosnios cortaron los suministros de alimentos y electricidad de la ciudad y bombardearon a la población. Miles de musulmanes bosnios fueron asesinados.

Nueva ola de nacionalismo

Yugoslavia estaba compuesta por repúblicas socialistas: Croacia, Montenegro, Eslovenia, Bosnia-Herzegovina, Macedonia y Serbia, cada una con sus primeros ministros y constituciones. En Yugoslavia, el poder general lo ejercía un presidente, el más famoso de los cuales fue el comunista Josip Broz Tito, entre 1953 y 1980.

Tras la disolución de la URSS, en 1991, surgió un nuevo auge del nacionalismo en Europa del Este. La exigencia de independencia por parte de Croacia y Eslovenia se encontró con la oposición de Serbia. El ejército yugoslavo, a las órdenes del líder serbio Slobodan Milosevic, destruyó Vukovar, en el este de Croacia. Cuando también Bosnia se declaró independiente, en 1992, la violencia se intensificó. Los serbobosnios querían crear un Estado independiente y exclusivamente serbio, la República Srpska, en territorio de la nueva República de Bosnia-Herzegovina. Los nacionalistas serbobosnios, apoyados por Serbia, iniciaron una campaña para expulsar a los no serbios, y, durante el sitio de Sarajevo, convirtieron en víctima a la población, de mayoría bosnia y musulmana.

En 1995 acabó la guerra de Bosnia, pero la lucha siguió en Kosovo, donde los albanokosovares iniciaron un movimiento separatista contra los serbios. El nacionalismo de base étnica también provocó pogromos contra los armenios en la región de Nagorno Karabaj (o Alto Karabaj) y en Bakú, capital de Azerbaiyán. En Georgia estalló la violencia entre las poblaciones georgiana y abjasia.

Estos conflictos obligaron a la comunidad internacional a asumir su responsabilidad para dirimir disputas que amenazaran con acrecentar la inestabilidad o causaran un sufrimiento inaceptable o violaciones de los derechos humanos. ∎

Véase también: La revolución de Octubre 276–279 ∎ La invasión nazi de Polonia 286–293 ∎ La caída del Muro de Berlín 322–323

HOY, CONCIUDADANOS, NUESTRA FORMA DE VIDA Y NUESTRA MISMA LIBERTAD SE HAN VISTO ATACADAS
LOS ATENTADOS DEL 11-S (2001)

EN CONTEXTO

ENFOQUE
Radicalismo islámico

ANTES
1979 La Revolución islámica de Irán sustituye al sah prooccidental por el clérigo chií ayatolá Ruhollah Jomeini.

1989 Las tropas soviéticas se retiran de Afganistán: Osama Bin Laden forma Al Qaeda para una nueva yihad (guerra santa).

26 de febrero de 1993 Al Qaeda revela sus intenciones con un atentado en el World Trade Center (Nueva York).

DESPUÉS
2004 Al Qaeda urge a los suníes a que se alcen contra las fuerzas estadounidenses en Irak. Bombas de extremistas islámicos causan 190 muertos en Madrid (España).

Febrero de 2014 El grupo terrorista EIIL (o Dáesh) busca crear un califato islámico que abarque Irak y Siria, y extender su influencia por todo el mundo.

El 11 de septiembre de 2001, un grupo de extremistas islámicos lanzó un ataque contra EE UU. Dos aviones de pasajeros secuestrados impactaron contra las torres gemelas del World Trade Center, en Nueva York; otro se estrelló contra el Pentágono, en Washington D.C., y un cuarto se estrelló en Pensilvania. Casi 3000 personas murieron.

Las semillas del extremismo
El atentado del 11-S no fue el primero en suelo norteamericano obra de extremistas islámicos. El 26 de febrero de 1993 explotó una bomba en el World Trade Center de Nueva York colocada por miembros de Al Qaeda. Durante el conflicto árabe-israelí, algunos musulmanes radicalizados habían adoptado tácticas de terrorismo internacional. En 1979, la invasión soviética de Afganistán llevó a la movilización mundial de militantes islámicos para luchar contra los invasores. En aquella época, Osama Bin Laden creó Al Qaeda. Los informes de inteligencia sugieren que fue él quien ideó los atentados del 11-S. Fue asesinado en 2011.

Amamos la muerte más de lo que vosotros amáis la vida.
Lema de Al Qaeda

La guerra civil de Siria, desde 2011, y el vacío de poder dejado en Irak por la marcha de las tropas de EE UU han llevado al surgimiento del autoproclamado Estado Islámico de Irak y el Levante (EIIL), o Dáesh, que controla varias ciudades de la región.

Los acontecimientos del 11-S constituyen el atentado terrorista de mayor calado dentro de territorio estadounidense. Posteriores atentados en Londres, Madrid y París, ejecutados por una difusa red de grupos terroristas regionales, han añadido una escalofriante nueva dimensión a la amenaza del terrorismo islámico. ∎

Véase también: La revolución de los Jóvenes Turcos 260–261 ▪ La fundación de Israel 302–303 ▪ La crisis de Suez 318–321

TU NAVEGACION EN LA RED AFECTA AL MUNDO

LANZAMIENTO DE LA PRIMERA PÁGINA WEB (1991)

EN CONTEXTO

ENFOQUE
Tecnologías de la información y la comunicación

ANTES
1943–1944 John W. Mauchly y John P. Eckert construyen el Computador e Integrador Numérico Electrónico (ENIAC).

1947 El transistor ofrece una electrónica potente y de poco tamaño que permite otros desarrollos, como el ordenador personal.

1962 Se lanza el satélite Telstar 1, que envía señales de televisión, llamadas telefónicas e imágenes por el espacio.

Década de 1980 Se comercializan los primeros teléfonos móviles.

DESPUÉS
Década de 2000 El auge de la comunicación sin cables conecta a casi todo el mundo.

2003 Invención de Skype.

El ejército de EE UU crea la **Red de la Agencia de Proyectos de Investigación Avanzada** (ARPANET).

ARPANET crece y se desarrolla hasta convertirse en **internet**.

Se lanza la primera página web para ayudar a los usuarios a navegar por internet.

La Web (World Wide Web) se convierte en una herramienta **mundial de telecomunicaciones**, empleada por miles de millones de personas.

Internet cambia radicalmente la manera en que el mundo **comparte información y hace negocios**.

La primera página web se llamaba «World Wide Web» y proporcionaba información básica sobre el proyecto World Wide Web y cómo crear páginas web. La creó Tim Berners-Lee, informático británico de la Organización Europea para la Investigación Nuclear (CERN), en Ginebra (Suiza). A Ber-

ners-Lee le interesaba facilitar el intercambio de ideas entre científicos situados en universidades y centros de investigación. En 1989 propuso la idea de una red de ordenadores que compartieran información. Su página web se activó en 1991, y a ella accedía un pequeño grupo de colegas del CERN. Berners-Lee convenció al

A sir Tim Berners-Lee, creador de la World Wide Web, le fascinaron desde joven los ordenadores. Hoy es un activista a favor de un internet abierto y gratuito.

CERN de ofrecer la World Wide Web al mundo como un recurso gratuito. Aunque revolucionó el mundo de la informática y las comunicaciones como nada que hubiera existido antes, la Web (o Red) solo fue posible utilizando y poniendo en común varias tecnologías ya existentes: el teléfono, la televisión, la radio e internet.

Internet

El lanzamiento del satélite soviético Sputnik 1, en 1957, espoleó al Departamento de Defensa de EE UU para diseñar medios de comunicación que sobrevivieran a un ataque nuclear. Nació así ARPANET (Red de la Agencia de Proyectos de Investigación Avanzada), en 1969, un sistema compuesto por cuatro ordenadores. A mediados de la década de 1980, esta red de ordenadores interconectados se acabó conociendo como internet. Tanto internet como la World Wide Web se limitaban a organizaciones académicas y de investigación.

No fue hasta 1993, con el lanzamiento de un navegador de páginas web sencillo, llamado Mosaic, que la Web despegó para el uso más general. Mosaic podía mostrar imágenes y texto, y los usuarios podían seguir enlaces de hipertexto haciendo clic sobre ellos con el ratón. La World Wide Web acabó convertida en sinónimo de internet, pero son cosas distintas. La Red, o World Wide Web, facilitaba la navegación por internet (la red de redes) y ayudó a que este fuese un medio eficaz de comunicación.

La revolución informática

La presentación, por parte de IBM, del ordenador personal 5150 provocó una revolución en la informática doméstica y de oficina. Más pequeño y barato que los grandes ordenadores de oficina, el 5150 y sus sucesores tenían acceso a la Red y a correo electrónico. Con los ordenadores portátiles, el uso de internet experimentó un gran crecimiento. Los primeros motores de búsqueda aparecieron a principios de la década de 1990. Google, que es hoy casi sinónimo de búsquedas por internet, llegó en 1997. El lanzamiento del portal de ventas en línea *(on line)* Amazon, en 1994, revolucionó el modo en que la gente compraba, permitiendo la adquisición por internet de cualquier cosa.

Internet trajo notables cambios en la forma de hacer negocios; la globalización se acentuó y el mundo pareció hacerse más pequeño, con unas comunicaciones mejoradas gracias a la velocidad y eficacia de internet. Se externalizaron puestos de trabajo, y las compañías dejaron de tener nacionalidad, pues era más fácil operar desde cualquier lugar del mundo.

La siguiente oleada de avances tecnológicos hizo aún más pequeños y portátiles los dispositivos, gracias a componentes electrónicos en pequeños circuitos integrados, o chips.

El futuro está aquí

En ningún lugar se ha reflejado un mayor impacto de la tecnología del microchip que en la introducción del iPhone de Apple, en 2007. Los «teléfonos inteligentes», o *smartphones*, han convertido internet en un recurso portátil, con una conectividad sin cables que ofrece acceso en movimiento a noticias y navegación por satélite, por poner algunos ejemplos. Con solo tocar un botón a través de redes sociales como Facebook o Twitter se puede compartir información e ideas desde cualquier lugar. Los teléfonos inteligentes han tenido también un gran impacto en la educación, la sanidad y la cultura, y han cambiado el panorama político gracias a su uso por parte de los manifestantes, que organizan concentraciones a través de las redes sociales para debilitar regímenes. Levantamientos como la Primavera Árabe, que comenzó en 2010, fueron en parte impulsados por activistas que se comunicaban mediante internet. El activismo vía internet, o «hacktivismo», se ha convertido en un potente modo de compartir ideas, despertar conciencias o apoyar causas. La World Wide Web, con más de 3000 millones de usuarios, ha transformado cada aspecto de la vida cotidiana. ▪

La autopista de la información transformará nuestra cultura tan radicalmente como la prensa de Gutenberg en la Edad Media.
Bill Gates

UNA CRISIS QUE COMENZO EN EL MERCADO HIPOTECARIO ESTADOUNIDENSE HA LLEVADO AL SISTEMA FINANCIERO AL BORDE DEL COLAPSO

LA CRISIS FINANCIERA MUNDIAL (2008)

EN CONTEXTO

ENFOQUE
Globalización y desigualdad

ANTES
1929 El crac de Wall Street causa la Gran Depresión, la peor crisis económica del siglo XX.

1944 Delegados de 44 países se reúnen en Bretton Woods, en New Hampshire (EE UU), para cambiar las reglas del sistema financiero mundial.

1975 Francia, Italia, Alemania, Japón, Gran Bretaña y EE UU forman el Grupo de los Seis (G-6) para impulsar el mercado internacional.

1997–1998 La crisis financiera asiática, que comienza en Indonesia y se extiende por el mundo, es el precedente de la de 2008.

DESPUÉS
2015 Los líderes mundiales prometen acabar con la pobreza para 2030.

El comienzo del siglo XXI trajo consigo señales de recesión mundial. Los bajos tipos de interés y un crédito desregulado habían inducido a mucha gente a endeudarse. Los banqueros, sobre todo en EE UU, ofrecían hipotecas a clientes con un deficiente historial crediticio o sin avales. A estos créditos se los llamaba hipotecas *subprime* (subpreferenciales o de alto riesgo). Esperaban que, si la gente no lograba pagarlas, podrían recuperar las casas y venderlas con beneficios, pero esto dependía de que el precio de la vivienda siguiera subiendo. En 2007, los tipos de interés subieron y los precios de la vivienda cayeron. La gente empezó a declararse en bancarrota y

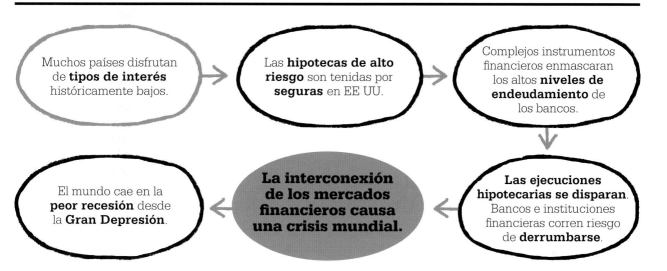

Muchos países disfrutan de **tipos de interés** históricamente bajos.

Las **hipotecas de alto riesgo** son tenidas por **seguras** en EE UU.

Complejos instrumentos financieros enmascaran los altos **niveles de endeudamiento** de los bancos.

Las **ejecuciones hipotecarias se disparan**. Bancos e instituciones financieras corren riesgo de **derrumbarse**.

La interconexión de los mercados financieros causa una crisis mundial.

El mundo cae en la **peor recesión** desde la **Gran Depresión**.

---

a no pagar las cuotas. En todo EE UU, los bancos recuperaban casas, pero con grandes pérdidas, y los banqueros temían no recuperar su dinero.

La crisis se extiende a Europa

En agosto de 2007, el banco francés Paribas reveló que corría peligro por la crisis de las hipotecas de alto riesgo. Los banqueros habían apostado billones de dólares de inversiones en hipotecas arriesgadas que ahora podrían no valer nada. Los bancos dejaron de prestarse dinero unos a otros. El banco británico Northern Rock se enfrentó a una escasez de liquidez, y tuvo que pedir al Gobierno británico un préstamo de emergencia.

Por todo el mundo las acciones cayeron en picado. En septiembre de 2008, las entidades hipotecarias estadounidenses Fannie Mae y Freddie Mac tuvieron que ser rescatadas por el Gobierno. Lehman Brothers, un

banco de inversión involucrado en el mercado de las hipotecas de alto riesgo, se declaró en bancarrota. EE UU consideró a Lehman Brothers demasiado insolvente y no lo rescató.

Los problemas del mercado financiero causaron un gran retroceso económico en la mayoría de las economías occidentales. Los precios de las acciones cayeron y el comercio mundial decreció porque los gobiernos gastaron menos. Irlanda fue el primer país europeo que entró en recesión, un periodo de caída generalizada de la actividad económica. El Gobierno de Islandia dimitió en octubre de 2008 tras dejar al país al borde de la bancarrota. Algunos gobiernos, como los de EE UU, China, Brasil y Argentina dedicaron paquetes »

Lehman Brothers, un banco de inversión con un largo historial, entró en bancarrota el 15 de septiembre de 2008, tras implicarse en el mercado de las hipotecas de alto riesgo.

La crisis del petróleo en Occidente (1973 y 1974) fue consecuencia de la guerra del Yom Kippur. El racionamiento de combustible en EE UU causó escenas como esta.

El papel del petróleo

Durante la década de 1970, el mundo estaba dividido entre países industrializados ricos y naciones en desarrollo, y el petróleo había cobrado una gran importancia. En 1960 se fundó la Organización de Países Árabes Exportadores de Petróleo (OPAEP), que incluía a Arabia Saudí, Egipto, Irak e Irán. Conforme las reservas de petróleo de otros países disminuían, los Estados del golfo Pérsico, donde abundaban, cobraron importancia. En octubre de 1973, cuando Egipto y Siria invadieron Israel durante la guerra del Yom Kippur, la OPAEP embargó el petróleo a todo país que ayudara a Israel y los precios se triplicaron. Sin petróleo, la productividad industrial cayó en picado. EE UU forzó un estricto racionamiento de combustible que duró hasta marzo de 1974, cuando se levantó el embargo.

Un nuevo modelo económico

La crisis del petróleo produjo una profunda recesión mundial, un aumento de la inflación y un elevado desempleo. En consecuencia se adoptó una política económica «neoliberal», que transfería el control de factores económicos de la esfera pública al sector privado. Los programas de bienestar social se veían como una de las causas de los fracasos económicos y hubo drásticos recortes. La desregulación se convirtió en la fuerza motriz de la economía mundial, barriendo del mapa muchos controles gubernamentales y dando libertad a las empresas para comerciar en una más amplia gama de territorios. La necesidad de hacer esto era especialmente importante para EE UU, que se enfrentaba a una dura competencia

de estímulos a sus economías. Lo hicieron incrementando el gasto gubernamental y bajando impuestos. Otros, sobre todo en Europa, optaron por la austeridad, congelando el gasto público y aumentando los impuestos. Protestas y huelgas se extendieron por Europa en respuesta a estas medidas. La Unión Europea (UE) presionó a Grecia, Portugal y España para que redujeran su deuda. La UE gastó miles de millones en reforzar las economías más débiles en un intento de mantener la viabilidad de la eurozona y el euro. Pero los efectos de la crisis económica fueron devastadores y muchos perdieron sus hogares y trabajos. Fue la peor crisis económica desde la Segunda Guerra Mundial.

Economía de posguerra

Tras la Segunda Guerra Mundial, la mayor parte de Europa, Japón, China y la URSS necesitaron tiempo para recuperarse. EE UU, que había experimentado un gran crecimiento en las manufacturas por el esfuerzo bélico y que no había sufrido destrucción en su territorio, siguió fabricando a una escala mayor que antes y dominó la economía mundial. Sus estrategas económicos buscaban un nuevo orden económico basado en la fuerza nacional y en un dólar estable.

En 1944 se fundó el Fondo Monetario Internacional (FMI) para impulsar el renacimiento del comercio mundial. La economía estadounidense de posguerra y el Plan Marshall, de 1947, una iniciativa de EE UU para ayudar a los países occidentales, reforzaron el comercio mundial mediante medidas de impulso al capitalismo y al libre intercambio de bienes entre naciones. Firmado en 1947, el Acuerdo General sobre Aranceles Aduaneros y Comercio (GATT) dictó que había que eliminar los aranceles para abrir mercados por todo el mundo.

El tigre asiático

Japón, entre tanto, experimentó un gran crecimiento económico. El Gobierno introdujo reformas basadas en la eficacia y restringió las importaciones. No firmó el GATT hasta 1955. Japón invirtió en sus industrias del carbón y del acero, así como en las empresas navieras y automovilísticas. A partir de la década de 1960, Japón se especializó en productos de alta tecnología. Países como Corea del Sur, Taiwán, Singapur y Malasia experimentaron crecimientos económicos similares poniendo énfasis en la electrónica y la tecnología. A estas economías se las llamó colectivamente como el «tigre asiático».

Septiembre y octubre de 2008 fue la peor crisis financiera de la historia, incluida la Gran Depresión.
Ben Bernanke
Exdirector de la Reserva Federal de EE UU

por parte de un mundo ya plenamente reconstruido tras la devastación de la Segunda Guerra Mundial. Algunas de las leyes y regulaciones que se habían instituido para proteger a los consumidores se consideraban un obstáculo para el libre comercio.

El impulso mundial por la desregulación condujo a la adopción de nuevos mercados, a una mayor competitividad y a una mayor apertura, sobre todo conforme el mundo se adaptaba al fin de la guerra fría y el derrumbe de la URSS. El ejemplo del este de Asia influyó en otros países asiáticos como India y China. México y Brasil disminuyeron sus barreras al comercio e iniciaron reformas económicas, que llevaron a un aumento de la calidad de vida. Tras la caída del Muro (1989) y conforme Alemania se reunificaba, la UE surgía como potencia en la economía mundial. China se abría al comercio exterior y atraía grandes inversiones, lo cual le confirió un extraordinario crecimiento.

Economía global

La economía mundial es hoy mucho más abierta. El uso de internet permite a las personas comprar bienes de cualquier parte del mundo y recibirlos en cuestión de días. El comercio mundial está compuesto por sociedades mundiales, con compañías transnacionales que obtienen gigantescos beneficios. En todo el mundo, la gente tiende a migrar a las ciudades en busca de empleo, lo que ha causado un incremento de la urbanización.

Una de las quejas dirigidas a la globalización es que muchas compañías dejan de lado la ética en su búsqueda de beneficios. Otra es que ha contribuido a una gran acumulación de riqueza por parte de pocos individuos, aumentando así las desigualdades. Además, algunos países no han salido de la pobreza: zonas enteras del África subsahariana se han desarrollado menos y han quedado atrasadas y endeudadas

A lo largo de la historia ha habido recesiones económicas, pero la crisis financiera iniciada en 2008 ha sido la peor al menos desde la Gran Depresión de 1929, y puede que la peor de todas. En opinión de muchos, era un desastre evitable causado por fallos en la regulación gubernamental y por la asunción de riesgos por parte de codiciosos banqueros y fondos de inversión. Tan solo unas gigantescas inyecciones de fondos y estímulos fiscales evitaron la catástrofe. Las deudas inmobiliarias y comerciales permanecieron en un nivel alto, y se extendió la furia hacia los banqueros, que, según muchos, habían logrado salir relativamente indemnes. Las medidas de austeridad provocaron malestar. Hubo manifestaciones contra el capitalismo: el movimiento Occupy se extendió, y miles de personas se manifestaron por Nueva York, Londres, Frankfurt, Madrid, Roma, Sídney y Hong Kong. Mientras los directivos debatían sobre las causas de la recesión mundial, su impacto en las vidas de la gente tuvo profundas y duraderas consecuencias. ∎

El pueblo tomó las calles para protestar contra las acciones de bancos y multinacionales, percibidos como desencadenantes de la crisis.

Una época de protestas

La crisis económica mundial iniciada en 2008 generó una profunda ira contra los símbolos institucionales del poder y de la codicia, y un auge de las protestas populares. Las manifestaciones unieron a quienes culpaban a los bancos y a los capitalistas, a manifestantes antiglobalización y a ecologistas. Había una creciente ira contra la desigualdad, la codicia corporativa y la falta de empleo.

Cuando el foro internacional de ministros de finanzas G-20 se reunió en el corazón de Londres en 2009, miles de furiosos manifestantes lo recibieron. Las redes sociales tuvieron una importancia crucial en las grandes convocatorias y en la ocupación de espacios físicos. Conforme las protestas se extendían por Europa, se unieron bajo el estandarte de Occupy, un movimiento iniciado en Nueva York en 2011 para protestar contra la desigualdad social y económica. Se produjeron disturbios en Roma, huelgas en Grecia y ocupaciones de plazas públicas en Barcelona, Moscú, Madrid, Nueva York, Chicago y Estambul.

ESTE ES UN DIA IMPORTANTE PARA TODA LA FAMILIA HUMANA

LA POBLACIÓN MUNDIAL SUPERA LOS 7000 MILLONES (2011)

EN CONTEXTO

ENFOQUE
La explosión demográfica

ANTES

1804 La población mundial alcanza los 1000 millones. El crecimiento es más rápido en Europa.

1927 La población mundial llega a los 2000 millones al descender la mortalidad y mantenerse los nacimientos.

1959 Nace el bebé 3000 millones.

1989 La ONU establece el Día Mundial de la Población el 11 de julio, cuando nace el bebé 5000 millones.

DESPUÉS

2050 Se cree que la población mundial llegará a los 9700 millones.

2100 Se cree que la población mundial será de más de 11 000 millones, un gran reto respecto al suministro de alimentos.

l 31 de octubre de 2011, un bebé nacido en Manila, la capital de Filipinas, fue escogido por la ONU para representar simbólicamente a la persona 7000 millones del planeta. Para señalar este hito demográfico, el 31 de octubre fue nombrado Día de los Siete Mil Millones; no obstante, en el mundo había entonces más de mil millones de personas pasando hambre, lo cual recrudeció los debates sobre si la Tierra podría soportar tanta población.

Antes del siglo XVII, la población mundial aumentaba a un ritmo muy lento, pero esto comenzó a cambiar a partir de 1850. En parte se debió a la reducción de la mortalidad infantil, pero también a la disminución de la mortalidad general, conforme nuevas tecnologías aumentaban la producción de alimentos y reducían el riesgo de hambrunas. El notable incremento de la industrialización y los avances en medicina mejoraron la salud general y los estándares de vida.

Hacia 1927, la población mundial había llegado a los 2000 millones de personas. A principios del siglo XX, el crecimiento demográfico era más rápido en el rico e industrializado Occidente, pero este patrón comenzó a cambiar. Para mediados de siglo, mu-

chos países europeos experimentaban caídas en su índice de natalidad, mientas que el crecimiento demográfico aumentaba bruscamente en las zonas relativamente subdesarrolladas de Asia, África y Sudamérica, con índices de natalidad mucho más altos. En 1987 nació la persona 5000 millones. La población mundial había tardado 123 años en pasar de los 1000 a los 2000 millones, pero solo 12 años en pasar de 6000 a 7000 millones.

La revolución verde

Durante los inicios del siglo XX, para satisfacer la demanda de una población creciente, muchos países importaron grandes cantidades de alimentos que no podían producir por sí mismos. Gran Bretaña, por ejemplo, importaba 55 millones de toneladas de alimentos al año.

A principios de la década de 1940, México importaba la mitad de su trigo, y su población crecía con rapidez. El país necesitaba los conocimientos de EE UU para aumentar su producción de cereales. Hacia 1944, con el apoyo financiero de la American Rockefeller Foundation, un grupo de científicos estadounidenses entre los que se hallaba el bioquímico Norman Borlaug había empezado

Vivir más tiempo

La esperanza de vida creció mucho durante el siglo XX. En 2013, la expectativa media de vida era de 71 años. Una mejor educación en temas sanitarios, y centrada en la dieta y la higiene, hizo disminuir la mortalidad infantil; y las mejoras en las instalaciones sanitarias y el agua potable redujeron los riesgos de propagación de enfermedades infecciosas como el cólera o el tifus.

Uno de los factores que más han contribuido a una mayor

esperanza de vida ha sido la erradicación de algunas enfermedades mortales. La penicilina, un antibiótico que combate las infecciones bacterianas, empezó a usarse en el tratamiento de la tuberculosis y la sífilis. Más tarde, programas de vacunación masiva a cargo de gobiernos y la OMS erradicaron la viruela y trabajaron para eliminar la polio. Los avances en medicina y diagnóstico han revolucionado la atención sanitaria. Algunos científicos creen que, en 2050, la esperanza de vida media será de cien años.

El doctor Norman Borlaug muestra su trigo, que diseñó específicamente por su resistencia a enfermedades y su alta productividad, y que revolucionó la producción de trigo en México.

Véase también: La peste negra irrumpe en Europa 118–119 ▪ El intercambio colombino 158–159 ▪ La locomotora *Rocket* de Stephenson entra en servicio 220–225 ▪ La apertura de la isla de Ellis 250–251 ▪ Inauguración de la torre Eiffel 256–257

a investigar métodos para desarrollar una variante de trigo de alta resistencia a las enfermedades y de menor altura, por lo que era menos susceptible de ser dañado por el viento. Su trabajo en México tuvo mucho éxito: hacia 1956, el país era ya autosuficiente y no necesitaba importar trigo ni maíz. Este éxito fue el detonante de lo que se llamaría revolución verde, el desarrollo de nuevas tecnologías agrícolas en las décadas de 1960 y 1970 que aumentaron la producción alimentaria en todo el mundo. La revolución verde benefició a países como Filipinas, Bangladesh, Sri Lanka, China, Indonesia, Kenia, Irán, Tailandia y Turquía.

Fueron sobre todo los científicos indios quienes continuaron la obra de Borlaug y sus colegas. A mediados de la década de 1960, dos sequías consecutivas habían golpeado India y el país necesitó importar grandes cantidades de alimentos de EE UU. En 1964, India y Pakistán comenzaron a importar y probar variedades semienanas de trigo desde México, y los resultados fueron prometedores: en la primavera de 1966, la cosecha fue la mayor jamás producida en el sur de Asia, pese a ser un año seco.

El arroz milagroso

En 1960, el Instituto Internacional de Investigación del Arroz, en Filipinas, desarrolló un nuevo arroz llamado IR-8. Con un ciclo de crecimiento mucho más corto, este producto supuso una radical transformación en las vidas de los arroceros. En países como Vietnam se podían producir dos cosechas completas del nuevo arroz en un año, mientras que el arroz tradicional daba solo una cosecha. Otras sorprendentes innovaciones de las ciencias agrónomas como esta permitieron a países pobres, especialmente en Asia, alimentar a sus crecientes poblaciones.

La revolución verde no estuvo libre de controversias porque implicó el uso de pesticidas químicos. En la década de 1940 se introdujo el uso del pesticida DDT (dicloro difenil tricloroetano) para controlar plagas y enfermedades como la malaria (transmitida por mosquitos) mediante un solo tratamiento. No obstante, en 1962, la bióloga estadounidense Rachel Carson puso de relieve los peligros del DDT en su revolucionaria obra *Primavera silenciosa*, donde aseguraba que podría causar cáncer y ser dañino para el medio ambiente. *Primavera silenciosa* fue la responsable de que se prohibiera el uso de DDT en EE UU, y despertó suficientes preocupaciones como para fundar la Agencia de Protección Medioambiental (Environmental Protection Agency, EPA), un organismo independiente para la salvaguarda del entorno natural. La revolución verde se enfrentó también a enormes desafíos en muchos países africanos, donde los sistemas de irrigación eran deficientes, la lluvia resultaba impredecible y los fertilizantes eran caros, y donde no se facilitaba crédito para la compra de las nuevas variedades de semillas.

Cultivos de OGM

Los cultivos de organismos genéticamente modificados (OGM) causaron una gran expectación en la década »

La mortalidad **desciende** y la natalidad **aumenta**.

Las mejores condiciones de vida y los **avances médicos** aumentan la **esperanza de vida**.

La preocupación por alimentar a una **población creciente** dispara la **revolución verde**.

La **población mundial** sigue creciendo, especialmente en **países en desarrollo**.

La población del mundo pasa de los 7000 millones.

Presiones crecientes sobre el medio ambiente, como la **escasez de alimentos y de agua y el cambio climático**, amenazan las vidas de millones de personas.

de 1990, y se percibieron como parte de una segunda revolución verde; pero también esto fue controvertido, pues son alimentos creados a partir de organismos cuyo ADN ha sido modificado mediante ingeniería genética. En EE UU se introdujeron en 1994, cuando la Administración de Alimentos y Medicamentos (Food and Drug Administration, FDA) aprobó el tomate Flavr Savr. Este tomate, de maduración lenta, ofrecía una vida más larga para su comercialización que el convencional, pero investigaciones sobre ratas alimentadas con patatas OGM sugirieron que estas eran tóxicas. La mayor parte de los países de la Unión Europea prohibieron los cultivos de OGM, mientras que los partidarios de estos afirmaban que, sin esos cultivos, el mundo moriría de inanición. Estos países (sobre todo EE UU, Brasil, Canadá, Argentina y Australia) creen que pueden acabar con enfermedades como el cáncer. El sentimiento más generalizado en Europa, Asia y África es de cautela ante los efectos de los pesticidas sobre la salud. Pese a esta oposición, la tecnología de OGM aún se está desarrollando. Se cree que 670 000 niños mueren al año por falta de vitamina A, deficiencia que provoca enfermedades como la malaria y el sarampión, y que causa ceguera. Entre los avances en la lucha contra esta deficiencia se halla la creación del «arroz dorado», al que se le añade vitamina A.

Disminución de tierras

Mientras que cada vez se necesitan cultivos mayores y más resistentes para alimentar a una población cada vez mayor, las ciudades han ido absorbiendo grandes zonas rurales y de tierras de cultivo. A principios del

No se trata de un tema político ni cultural. No tiene que ver con salvar las ballenas o los bosques tropicales [...]. Es una emergencia.
Stephen Emott
Experto en computación y escritor

siglo XXI, China experimentó un crecimiento urbano que implicó la pérdida de muchas plantaciones.

A lo largo de la historia, la gente se ha visto atraída hacia las ciudades en busca de empleo y oportunidades. En 1800, una de cada cuatro personas de Gran Bretaña vivía en una ciudad, y en 1900 eran ya tres de cada cuatro. En 2014, la población urbana representaba el 54 % de la población mundial (en 1960 era el 34 %), y la ONU predijo que, en 2050, dos tercios de la población mundial viviría en ciudades. No obstante, la falta de oportunidades y de vivienda asequible y digna en las ciudades explica en parte que existan los indigentes y los sintecho: en el África subsahariana, el 70 % de los habitantes de ciudades viven en chabolas. Las precarias condiciones de salud y la delincuencia, así como la desigualdad entre ricos y pobres, son una constante en las mayores ciudades del mundo.

El cambio climático

La urbanización y el desarrollo han supuesto una carga creciente sobre el medio natural. Conforme la población mundial ha aumentado, mejorar la calidad de vida de las personas sin destruir el medio ambiente se ha convertido en un desafío cada vez mayor.

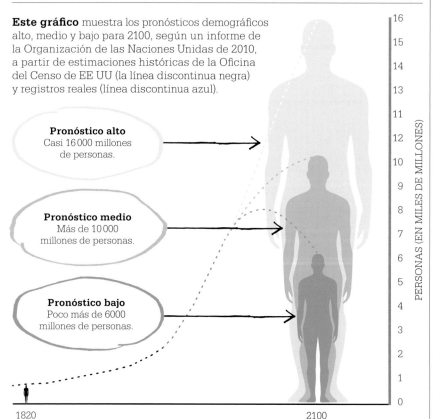

Este gráfico muestra los pronósticos demográficos alto, medio y bajo para 2100, según un informe de la Organización de las Naciones Unidas de 2010, a partir de estimaciones históricas de la Oficina del Censo de EE UU (la línea discontinua negra) y registros reales (línea discontinua azul).

Pronóstico alto
Casi 16 000 millones de personas.

Pronóstico medio
Más de 10 000 millones de personas.

Pronóstico bajo
Poco más de 6000 millones de personas.

PERSONAS (EN MILES DE MILLONES)

1820   2100

La contaminación del aire provocada por las centrales térmicas de los países en desarrollo está teniendo un efecto dañino en la salud de quienes viven cerca de ellas.

Los científicos creen que la causante del cambio climático, o «calentamiento global», es la actividad humana. Desde la revolución industrial, las temperaturas medias mundiales han aumentado, y el periodo entre 2011 y 2015 ha sido el quinquenio más cálido desde que hay registros.

Algunas de las causas del cambio climático son de origen natural, pero, a principios de la década de 1970, el auge del movimiento ecologista comenzó a cuestionar los beneficios de la actividad humana descontrolada sobre el planeta. Se urgía a los países en desarrollo a reducir sus emisiones de dióxido de carbono, que se creen responsables principales del cambio climático. En 2015, India abría una mina al mes para intentar sacar de la pobreza a sus 1300 millones de habitantes. Los mismos países desarrollados que ya habían contribuido al cambio climático causaron nuevas controversias al sugerir que las naciones en desarrollo deberían dejar de explotar sus propios recursos naturales para mejorar el bienestar de su gente. Los científicos advirtieron de que, si las emisiones de gases de efecto invernadero seguían aumentando, se traspasaría el punto de no retorno a partir del cual el cambio climático se vuelve catastrófico e irreversible. También los niveles del mar han crecido, erosionando las áreas costeras. Y los regímenes de precipitaciones están cambiando, lo que causa sequías en África y pone en peligro a muchas especies animales.

La amenaza del cambio climático se considera hoy tan seria que en 2015 los líderes de naciones de todo el mundo se reunieron en una conferencia en París para acordar la reducción de emisiones de gases de efecto invernadero. Los países en desarrollo pedían que las naciones desarrolladas les ayudasen a pagar la adaptación a los efectos del cambio climático, como los incrementos de inundaciones y sequías. En total, 196 naciones alcanzaron el primer acuerdo mundial y legalmente vinculante acerca del cambio climático, que busca limitar el calentamiento global al nivel relativamente seguro de 2 °C.

Un mundo hambriento

En la década de 1970, los movimientos ecologistas predijeron que cientos de millones de personas morirían de inanición a mediados de la década de 1980. Esta predicción no llegó a cumplirse pero, con 7000 millones de personas en el planeta, hay una escasez cada vez mayor de recursos naturales. La sobrepesca, sobre todo en Indonesia y China, ha hecho que las reservas de peces caigan drásticamente, y muy pronto la demanda de agua podría superar la capacidad de oferta. En 2015, la ONU predijo que, hacia 2025, unos 1800 millones de personas vivirán en regiones con escasez total de agua. El carbón, que impulsa la industria y la producción, tiene una demanda cada vez mayor, pero acabará agotándose.

La ONU estima que, hacia 2050, la población mundial será de 9700 millones de personas, y hacia 2100, de 11 200 millones. La dinámica demográfica está pasando de una alta mortalidad y una alta natalidad a una baja mortalidad y una baja natalidad, con una población cada vez más envejecida en todo el mundo, situación difícil de mantener. Desafíos como el cambio climático, las crisis migratorias, la inseguridad alimentaria y de acceso al agua, la pobreza, la deuda y las enfermedades se ven agravados por el crecimiento demográfico. Su estabilización podría ser la clave para la supervivencia del planeta. ∎

No vamos a ser capaces de quemarlo todo.
Barack Obama
Acerca de los combustibles fósiles

OTROS ACONTECIMIENTOS

INDEPENDENCIA IRLANDESA
(1922)

En las elecciones generales de Reino Unido de 1918, los independentistas irlandeses del Sinn Féin ganaron más de dos tercios de los escaños correspondientes a Irlanda. Cuando establecieron su propia asamblea nacional (la Dáil Éireann) y declararon su independencia respecto a Gran Bretaña, esta envió tropas a sofocar la rebelión. En 1922, ambos bandos acordaron que la mayor parte de Irlanda sería independiente (el Estado Libre Irlandés), pero los seis condados del norte, de mayoría protestante, seguirían siendo parte de Reino Unido. Esta división aún se mantiene.

LA GUERRA CIVIL ESPAÑOLA
(1936–1939)

En España, en 1931, el rey Alfonso XIII de Borbón partió voluntariamente al exilio cuando sus partidarios fueron derrotados por los republicanos en las elecciones municipales, tomadas como un plebiscito estatal. El subsiguiente gobierno de la Segunda República española introdujo reformas socialistas y redujo el poder del clero y de los militares. Sin embargo, una sublevación de oficiales descontentos y miembros del partido fascista Falange Española de las JONS (Juntas de Ofensiva Nacional Sindicalista) provocó la Guerra Civil española en 1936. El conflicto creció hasta convertirse en un choque ideológico internacional: por un lado, las potencias fascistas de Italia y Alemania apoyaron a los «nacionales» (la derecha);

por otro, miles de voluntarios antifascistas de Europa y otros países del mundo (las Brigadas Internacionales) combatieron junto al ejército español en el bando republicano. El líder del bando sublevado, Francisco Franco, consiguió la victoria y gobernó como dictador de España hasta 1975.

LA SEGUNDA GUERRA MUNDIAL EN EL PACÍFICO
(1941–1945)

En diciembre de 1941, los japoneses bombardearon la flota de EE UU en Pearl Harbor (Hawái), y se lanzaron a la invasión de Tailandia, Malasia, Birmania y Filipinas, entre otros objetivos, y EE UU entró en la guerra. EE UU y Japón combatieron durante años: hubo una prolongada campaña aérea, la batalla naval más grande de la historia en el golfo de Leyte (Filipinas), una guerra terrestre de tres meses en Filipinas, la sangrienta batalla de 82 días por Okinawa y el lanzamiento de las bombas atómicas sobre Hiroshima y Nagasaki (1945).

LA ORGANIZACIÓN DE LAS NACIONES UNIDAS
(1944)

La Organización de las Naciones Unidas (ONU) se concibió durante la Segunda Guerra Mundial para acercar a los países del mundo y evitar posteriores conflictos. Sus objetivos se esbozaron en una conferencia en Dumbarton Oaks (Washington D.C.), en 1944, y se fundó formalmente en 1945. Aunque la ONU no logró evitar posteriores conflictos, ha trabajado

a favor de la paz, y, a través de toda una serie de agencias, ha impulsado la educación, la salud, los derechos humanos, la independencia de los pueblos colonizados y el desarrollo económico. Hoy día, casi todos los países del mundo son miembros.

DE GAULLE FUNDA LA QUINTA REPÚBLICA
(1958)

En 1958, Francia enfrentaba con problemas el futuro de su colonia Argelia. Parte del ejército francés se oponía a la independencia argelina, y se rebelaron abiertamente contra la Cuarta República, que se derrumbó. El militar y político retirado Charles de Gaulle propuso un nuevo sistema de gobierno con un presidente con más poder ejecutivo. La propuesta se aprobó en referéndum, y se eligió a De Gaulle como presidente. La Quinta República sigue existiendo hoy.

SUHARTO SUSTITUYE A SUKARNO EN INDONESIA
(1965–1967)

En 1965 hubo un intento de golpe de Estado contra el presidente de Indonesia, Sukarno. Soldados a las órdenes del comandante Suharto, que había llevado a Indonesia a la independencia en 1940, sometieron a los rebeldes. Se culpó a los comunistas, y Suharto, tras arrebatar el poder a Sukarno, ejecutó a unos 500 000 comunistas. Como segundo presidente de Indonesia, Suharto gobernó hasta 1998, y generó una bonanza económica y mejores condiciones sanitarias y de vida para muchos indonesios. Sin embargo, su gobierno era corrupto (él mismo desfalcó millones de dólares), y su invasión de Timor Oriental causó una terrible matanza.

GOLPE MILITAR EN BRASIL
(1964)

El golpe de Estado de 1964 derrocó al presidente João Goulart, cuyas reformas sociales resultaban «comunistas» para sus oponentes. El golpe fue efectuado por una facción del Ejército apoyada por EE UU, país con el que el nuevo Gobierno militar se alineó. Hubo un enorme incremento de las inversiones extranjeras en Brasil, y la mitad de las mayores compañías del país pasaron a ser propiedad de extranjeros. Hubo un rápido crecimiento económico bajo la dictadura, pero a expensas de la libertad, y se reprimió duramente a los opositores.

EL TERRORISMO DE LA FRACCIÓN DEL EJÉRCITO ROJO
(Década de 1970)

En 1968 hubo manifestaciones anticapitalistas y antiimperialistas en muchos países occidentales, así como huelgas y disturbios. Nada de ello, sin embargo, dio resultados, y, en consecuencia surgieron diversos grupos dispuestos a la lucha armada contra el capitalismo. Uno de los más duraderos fue la Fracción del Ejército Rojo (Rote Armee Fraktion, RAF), en Alemania, también llamado Banda Baader-Meinhof (por los apellidos de sus fundadores, Andreas Baader y Ulrike Meinhof). Realizó varias acciones violentas (secuestros, atentados con bomba, robos y asesinatos) en la década de 1970 y en decenios posteriores. Sus actividades, como las de

otros grupos similares (como las Células Revolucionarias) que también operaban en Alemania en el mismo periodo, les alejaron de la gente.

GOLPE DE ESTADO DE PINOCHET EN CHILE
(1973)

En 1973, un golpe de Estado liderado por el general Augusto Pinochet depuso al presidente electo y líder socialista Salvador Allende y aupó a Pinochet al poder con una junta militar. EE UU se oponía al gobierno progresista de Allende, y, en plena guerra fría, promovió el golpe como parte de su estrategia de apoyo a los dictadores de derechas de Sudamérica y contra el comunismo, con la que incluso demolió gobiernos socialistas plenamente democráticos. Pinochet, que fue famoso por encarcelar, asesinar y torturar a sus oponentes, siguió recibiendo apoyo estadounidense y gobernando hasta 1990.

INVASIÓN SOVIÉTICA DE AFGANISTÁN
(1979)

A finales de la década de 1970, el gobierno de izquierdas de Afganistán (aliado de la URSS) se vio amenazado por guerrilleros musulmanes apoyados por EE UU, los muyahidines, que se oponían a su política modernizadora en ámbitos como la educación femenina. En 1979, la URSS invadió Afganistán y comenzó una guerra de diez años de duración en la que murieron 1,5 millones de afganos y muchos otros huyeron del país. Grupos de muyahidines lucharon contra los invasores, que se retiraron en 1989. La guerra debilitó a la URSS. Entonces estalló una guerra civil entre los muyahidines y el ejér-

cito afgano, y el poder recayó en el ala radical islamista, los talibanes.

LA REVOLUCIÓN ISLÁMICA IRANÍ
(1979)

El sah de Irán Mohamed Reza Pahlavi encabezó un régimen laico que occidentalizó el país y trajo prosperidad para algunos. En la década de 1970, un movimiento de oposición comenzó a ganar cada vez más peso. Estaba liderado por clérigos musulmanes como el ayatolá Ruhollah Jomeini, que predicaba contra el capitalismo laico (y también contra el comunismo). En 1979 se obligó al sah a exiliarse del país, y Jomeini fundó un nuevo Gobierno centrado en valores estrictamente islámicos. La Revolución islámica de Irán subrayó la creciente importancia del islam en el escenario mundial e influyó en las relaciones entre Occidente y Oriente Próximo.

EE UU Y GRAN BRETAÑA INVADEN IRAK
(2003)

La invasión de Irak de 2003 dio inicio a una guerra que enfrentó a muchas fuerzas, sobre todo de EE UU y Gran Bretaña, contra el dictador iraquí Saddam Hussein, al que depusieron. Hussein reprimía a su propio pueblo, apoyaba el terrorismo internacional y, según EE UU y sus aliados, poseía armas de destrucción masiva. Aunque luego se demostró que esto último no era cierto, los iraquíes apoyaron el derrocamiento de Hussein. Sin embargo, la falta de una estrategia para la posguerra trajo más inestabilidad y violencia al país, y dio a quienes se oponían a EE UU y sus aliados un pretexto para lanzar atentados terroristas contra ellos.

GLOSARIO

Anexión Acto de anexionar o tomar territorios para un país o Estado, habitualmente por la fuerza.

Autocracia Forma de gobierno en la que un solo individuo ejerce una autoridad ilimitada.

Bárbaro Individuo perteneciente a alguno de los pueblos que invadieron territorios de las grandes civilizaciones europeas antiguas (Grecia, Roma) y que era considerado por estas menos civilizado o socialmente avanzado.

Burguesía La clase media, especialmente en referencia a sus valores supuestamente materialistas y sus actitudes convencionales.

Burocracia Tipo de gobierno caracterizado por la especialización en sus funciones, la adherencia a reglas fijas y la jerarquía.

Califato Gobierno o rango del califa, un líder espiritual y político islámico considerado sucesor de Mahoma.

Campo de trabajos forzados Campo de prisioneros o presos en el que se obliga a estos a realizar difíciles trabajos físicos, a menudo en penosas condiciones.

Capitalismo Sistema económico en el que los medios de producción están en manos privadas, las compañías compiten por vender bienes y obtener beneficios y los trabajadores intercambian su trabajo por un sueldo.

Clase social Jerarquía de estatus dentro del sistema social que refleja poder, riqueza, educación y prestigio.

Colonia Área ocupada por un grupo de personas que viven en un nuevo territorio, a menudo ya habitado previamente por un pueblo nativo al que el Estado de los nuevos colonos somete.

Comunismo Ideología que aboga por la eliminación de la propiedad privada de los medios de producción en favor de la propiedad común; se basa en el manifiesto de Marx y Engels.

Conscripción Reclutamiento obligatorio en el servicio militar.

Constitución Compilación de los principios y leyes fundamentales de una nación.

Consumismo Actitud social típicamente capitalista por la que la población muestra una gran tendencia al consumo de bienes y servicios. El término hace también referencia a la percepción de que los individuos consumen bienes inmoderadamente a fin de definir su propia identidad.

Cruzada Guerra santa. En especial, el término alude a las expediciones de los cristianos europeos en los siglos XI, XII y XIII para arrebatar Tierra Santa a los musulmanes.

Democracia Forma de gobierno en la que el poder emana del pueblo, el cual lo ejerce a través de sus representantes electos.

Democracia directa Gobierno directo del pueblo, y no meramente de forma representativa: los ciudadanos votan todos los temas que les afectan. Se practicaba en la antigua Atenas.

Derechismo, conservadurismo Ideología de la derecha política, definida de modo muy aproximado por actitudes conservadoras, la defensa de la economía de mercado, la preferencia por los derechos del individuo por encima de la intervención estatal, el estricto enfoque de la ley y el orden y el nacionalismo. El concepto se originó en la Francia del siglo XVIII, cuando la nobleza partidaria del monarca se sentaba a la derecha del rey.

Derecho divino de los reyes Doctrina o principio que sostiene que el poder de los reyes procede directamente de Dios y no está sujeto a ninguna autoridad secular, o temporal.

Dictador Gobernante que se arroga todos los poderes, especialmente aquel que se hace con el poder sin el libre consentimiento de su pueblo. Típicamente, el dictador (o tirano) ejerce su poder de modo opresivo.

Dinastía Línea sucesoria de gobernantes de la misma familia o linaje; o periodo en que un país es gobernado por un mismo linaje.

Emancipación Acto de liberarse de restricciones legales, sociales o políticas que coartan los derechos fundamentales.

Embargo, bloqueo Orden de un gobierno para interrumpir toda actividad económica con un país en particular, a menudo empleada como medida de presión diplomática.

Emigración Movimiento de población desde los países de origen a otros.

Era espacial Periodo del siglo XX caracterizado por la exploración espacial. Comenzó en octubre de 1957, cuando la URSS lanzó el primer satélite (Sputnik 1) al espacio.

Estado País soberano y autoridad organizada que tiene el legítimo control de un territorio y el monopolio del uso de la fuerza en ese territorio.

Estado títere País oficialmente independiente, pero que, en realidad, depende de otro, que suele controlarlo por la fuerza militar.

Estado-nación Estado soberano habitado por un conjunto de personas relativamente homogéneo, y que comparten rasgos comunes como el lenguaje, la ascendencia y las tradiciones.

Eugenesia La creencia, o el estudio de la creencia, de que la población humana puede mejorarse mediante reproducción controlada.

Fascismo Ideología caracterizada por un fuerte liderazgo unipersonal, el énfasis en la identidad colectiva y el uso de la violencia o de la guerra para defender los intereses del Estado. El término procede del italiano *fascio* («haz» o «manojo»). Se aplicó por primera vez en el régimen de Mussolini.

Feudalismo Sistema político medieval que consistía en pequeñas unidades geográficas (principados o ducados, por ejemplo) gobernados por nobles (señores feudales), y en el que la población campesina vivía sometida a su señor.

Genocidio Masacre deliberada de un gran grupo de personas, especialmente un grupo religioso, étnico o nacional.

Golpe de Estado Derrocamiento repentino, ilegal y violento de un gobierno o líder. Lo suelen cometer miembros del poder político establecido.

Guerra civil Guerra librada por bandos opuestos de un mismo país.

Guerra justa (teoría) Doctrina de ética militar que comprende el *ius ad bellum* (el derecho a la guerra), que es la necesidad de una base moral y legal para la guerra, y el *ius in bello* (la recta intención o la proporcionalidad en la guerra), que es el imperativo de actuar con ética en la guerra.

Guerrillero Miembro de un grupo militar no oficial, a menudo con motivaciones políticas, que utiliza ataques sorpresa y actos de sabotaje contra fuerzas regulares de mayor tamaño, como ejércitos nacionales o policías.

Hegemonía Obtención y mantenimiento del poder y formación de grupos sociales en el proceso.

Ideología Marco de ideas que proporcionan un punto de vista o conjunto de creencias a un grupo social.

Igualitarismo Filosofía que sostiene la igualdad social, política y económica.

Ilustración Periodo de avances intelectuales en el siglo XVIII que implicó el cuestionamiento de las creencias religiosas con respecto al mundo y la aplicación de la razón. También llamado Siglo de las Luces.

Imperialismo Política consistente en extender el dominio de una nación mediante la intervención directa en los asuntos de otros países, así como con la apropiación de territorios y sometimiento de pueblos para construir un imperio.

Imperio Grupo de países o personas gobernadas por un líder, oligarquía o Estado soberano.

Inmigración Movimiento de población que recibe el país de acogida desde otros.

Insurgencia Situación de rebelión contra un gobierno, que no llega a ser una revolución organizada y tampoco se reconoce como estado de guerra.

Izquierdismo, progresismo Ideología de la izquierda política. Se caracteriza por un enfoque intervencionista tendente al bienestar social y por un punto de vista internacionalista. El concepto se originó en la Francia del siglo XVIII, cuando la parte de la nobleza interesada en mejorar las condiciones de vida de los campesinos se sentaba a la izquierda del rey.

Liberalismo Filosofía surgida en el siglo XVIII que aboga por los derechos del individuo por encima de los del Estado o de la Iglesia y es opuesta al absolutismo y al principio del origen divino del poder de los monarcas (derecho divino).

Marxismo Filosofía que se desprende de la obra de Karl Marx, y que propone que el orden económico de la sociedad determina las relaciones sociales y políticas dentro de ella.

Meritocracia Creencia de que se debería seleccionar a los gobernantes según su capacidad, más que por su riqueza o nacimiento.

Milicia Cuerpo de ciudadanos que puede poseer algún nivel de formación militar y que se usa para complementar el ejército profesional de un país en momentos de emergencia.

Nacionalismo Lealtad y devoción a la nación propia, y creencia de que se han de perseguir sus intereses como primer objetivo de la política.

Nómada, nomadismo Relativo a los nómadas o trashumantes: individuos que se trasladan de un hábitat a otro, generalmente en grupo, y a menudo siguiendo una pauta estacional y dentro de un territorio específico.

Oligarquía Forma de gobierno en la que un pequeño grupo de personas mantienen y ejercen el poder para sus propios intereses grupales, generalmente en perjuicio de la mayoría.

Paramilitar Grupo de civiles con formación militar y organizados según una estructura militar, que a menudo actúa como apoyo al ejército o a las fuerzas del orden oficiales del país.

Peregrinación Viaje a un altar o lugar sagrado como acto de devoción religiosa.

Prehistoria Periodo del pasado humano antes de que comenzase a haber registros escritos, y, por lo tanto, conocido sobre todo por los restos de excavaciones arqueológicas.

Proletariado Clase social de trabajadores u obreros, especialmente los dedicados a trabajos manuales y con salarios bajos, y que no poseen medios de producción.

Propaganda Divulgación organizada de información, ideas y opiniones, a menudo mediante los medios de comunicación, para favorecer o perjudicar a un gobierno, movimiento, institución, etcétera.

Racionalismo Doctrina según la cual la razón debería gobernar las acciones de las personas.

Racismo Creencia de que todos los miembros de una raza comparten características y atributos definitorios y diferenciadores, y de que, por tanto, ciertas razas son superiores, y otras, inferiores.

Reforma Movimiento político y religioso de la Europa del siglo XVI que quería reformar la Iglesia católica y la autoridad papal; dio como resultado la fundación del protestantismo.

Renacimiento Etapa cultural europea entre los siglos XV y XVII, y surgida en Italia, notable por sus logros artísticos, literarios y de conocimiento a partir del redescubrimiento del saber antiguo grecorromano; se considera como la transición entre la Edad Media y la Edad Moderna.

Reparaciones de guerra Compensaciones (económicas, materiales o en trabajo) pagadas por una nación derrotada por los daños, perjuicios y pérdidas económicas sufridas por otra nación como consecuencia de una guerra.

República Estado sin monarcas en el que el poder reside en el pueblo y lo ejercen sus representantes electos democráticamente (aunque también tienen este nombre algunas dictaduras).

Revolución Derrocamiento del sistema político u orden social establecido, a veces mediante la violencia, por parte del pueblo gobernado.

Revolución industrial Situación de desarrollo, originada en Gran Bretaña en el siglo XVIII, durante la cual, gracias a las nuevas formas de mecanización, las sociedades pasaron de una economía esencialmente agrícola y rural a otra urbana e industrial.

Separatista Persona que aboga por que un grupo o territorio nacional o con algún tipo de cohesión propia se separe políticamente de otro grupo u otra entidad estatal.

Siervo Especialmente en el medievo europeo, persona de clase baja obligada a efectuar labores agrícolas en tierras de su señor. Podía transferirse a los siervos junto con las tierras si estas se vendían a un nuevo terrateniente.

Sionismo Movimiento político que proclama que el pueblo judío constituye una nación y que posee el derecho a un territorio propio. En origen se centraba en crear un país para el pueblo judío, y hoy a desarrollar y proteger el Estado de Israel.

Soberanía Poder supremo ejercido por un Estado autónomo o gobernante, libre de influencias o controles exteriores. Se suele emplear en referencia al derecho de una nación a la autodeterminación en sus asuntos internos y sus relaciones internacionales con otros países.

Socialismo Ideología y sistema de gobierno que aboga por la propiedad estatal y la regulación de la economía, en oposición al sistema capitalista, que deja que sean las fuerzas del mercado las que determinen el desarrollo económico.

Sufragio Derecho a votar en elecciones y referendos (sufragio activo) y a optar a ser elegido para cargo público (sufragio pasivo). El sufragio universal es el derecho al voto de los ciudadanos sin importar su sexo, raza, estatus o riqueza. El sufragio femenino hace referencia al derecho de las mujeres a votar en igualdad de condiciones que el hombre, tal y como exigían a principios del siglo XX activistas como las *suffragettes*.

Superpotencia Nación soberana con un enorme poder político, económico y militar, capaz de influir sobre la política internacional.

Totalitarismo Régimen que subordina los derechos del individuo a los intereses del Estado, mediante el control de los asuntos políticos y económicos y la prescripción de las actitudes, los valores y las creencias de la población.

Tratado Contrato formal que expone pactos, tales como alianzas, el fin de hostilidades o acuerdos comerciales, entre dos o más Estados.

Vasallo En el sistema feudal, hombre al que el rey, barón u otro superior ha cedido el usufructo de tierras a cambio de homenaje y lealtad.

Virrey Gobernador de una colonia en nombre de su soberano.

Yihad Guerra santa de los musulmanes. En el islam, deber religioso de luchar contra el mal en nombre de Dios, ya sea espiritual o físicamente.

INDICE

Los números en **negrita** remiten a las entradas
principales.

Q R

S

AUTORIA DE LAS CITAS

AGRADECIMIENTOS

Dorling Kindersley desea expresar su agradecimiento a Hannah Bowen, Polly Boyd, Diane Pengelly y Debra Wolter por su asistencia editorial; a Stephen Bere y Ray Bryant por su ayuda en el diseño; a Alexandra Beeden por la corrección de pruebas, y a Helen Peters por la elaboración del índice.

CRÉDITOS FOTOGRÁFICOS

El editor agradece a las siguientes personas e instituciones el permiso para reproducir sus imágenes:

(Clave: a-arriba; b-abajo; c-centro; i-izquierda; d-derecha; s-superior)

21 Science Photo Library: Javier Trueba / MSF (si). **25 Alamy Images**: Juan Carlos Muñoz (bi). **Getty Images**: Robert Frerck (si). **27 Alamy Images**: Heritage Image Partnership Ltd (si). **Getty Images**: Imagno. **29 Getty Images**: Sovfoto (si). **37 Alamy Images**: INTERFOTO (si). **38 Dreamstime.com**: Siempreverde22 (bd). **41 Alamy Images**: Art Directors & TRIP / ArkReligion.com (bi); imageBROKER / Olaf Krüger (sd). **43 Bridgeman Images**: Museo arqueológico de Heraclión (Creta, Grecia) (sd). **Corbis**: Gustavo Tomsich (bi). **44 Bridgeman Images**: © National Museums of Scotland / Bridgeman Images (cd). **45 Corbis**: (bi). **49 Corbis**: Atlantide Phototravel (si). **51 Alamy Images**: World History Archive (sd). **52 Alamy Images**: World History Archive (cb). **53 Corbis**: Leemage (bi). **55 akg-images**: Pictures From History (sd). **56 Dreamstime.com**: Zhongchao Liu (bi). **57 akg-images**: (bd). **61 Alamy Images**: World History Archive (si). **62 Alamy Images**: The Art Archive (bi). **65 Alamy Images**: Lanmas (b). **66 Alamy Images**: Peter Horree (c). **69 TopFoto.co.uk**: World History Archive (bd). **77 Corbis**: Christel Gerstenberg (si). **79 Alamy Images**: Prisma Archivo (si). **80 Alamy Images**: Heritage Image Partnership Ltd (si). **83 Getty Images**: APIC (sd). **85 Alamy Images**: Heritage Image Partnership Ltd (si). **89 Alamy Images**: Lebrecht Music and Arts Photo Library (bi). **91 Alamy Images**: The Art Archive (sd). **92 Bridgeman Images**: Palacio de Topkapi (Estambul, Turquía) (s). **93 Bridgeman Images**: Bibliotheque Nationale (París, Francia) / Archives Charmet (cb). **95 Alamy Images**: North Wind Picture Archives (bi). **97 TopFoto.co.uk**: The Granger Collection (si). **98 Getty Images**: DEA / A. DAGLI ORTI (c). **99 Corbis**: The Print Collector (sd). **100 Alamy Images**: PBL Collection (si). **102 Bridgeman Images**: Museo Nacional de Historia de China (Pekín) / Ancient Art and Architecture Collection Ltd. (bd). **103 Alamy Images**: Pictorial Press Ltd (si). **105 Corbis**: Leemage (sd). **106 Bridgeman Images**: Emile (1804-92) / Château

de Versailles (France) / Bridgeman Images (c). **109 Alamy Images**: ADS (sd). Bridgeman Images: Pictures from History / David Henley / Bridgeman Images (c). **111 Bridgeman Images**: Bibliotheque Nationale (París, Francia) (bd). **115 Getty Images**: Dea Picture Library (bd). 119 Corbis: Pascal Deloche / Godong (bd). **123 Alamy Images**: GL Archive (bd). **125 Bridgeman Images**: Pictures from History / Bridgeman Images (bi). **126 Alamy Images**: Anton Hazewinkel (bi). **Getty Images**: Universal History Archive (sd). **129 Alamy Images**: Bildarchiv Monheim GmbH (cb). **130 Bridgeman Images**: Pictures from History / Bridgeman Images (cd). **131 Corbis**: Topic Photo Agency (si). **139 Alamy Images**: The Art Archive (sd). **140 Alamy Images**: Sonia Halliday Photo Library (sc). **Getty Images**: Heritage Images (bi). **141 Alamy Images**: Peter Eastland (si). **145 Getty Images**: Universal History Archive (bi). **147 Corbis**: The Gallery Collection (sd). **150 Alamy Images**: Lebrecht Music and Arts Photo Library (b). **151 Alamy Images**: The Art Archive (sd). **153 Alamy Images**: ivgalis (bd). **154 Corbis**: Jim Zuckerman (sd). **155 TopFoto.co.uk**: The Granger Collection (sd). **157 Rex Shutterstock**: British Library / Robana (sd). **161 Getty Images**: UniversalImagesGroup (bd). **162 Alamy Images**: INTERFOTO (bi). **163 Alamy Images**: Adam Eastland (sd). **166 akg-images**: (sd). **168 akg-images**: (bi). **171 Alamy Images**: Dinodia Photos (sd). Corbis: Stapleton Collection (bi). **173 Bridgeman Images**: Embleton, Ron / Private Collection / © Look and Learn (si). **175 Corbis**: Christie's Images (bi). **177 The Art Archive**: F&A Archive (sd). **178 The Art Archive**: Granger Collection (sd). **181 Alamy Images**: North Wind Picture Archives (si). **182 Alamy Images**: FineArt (bi). **185 Bridgeman Images**: Pictures from History / Bridgeman Images (si). **186 Corbis**: (c). **194 Alamy Images**: ITAR-TASS Photo Agency (si). **195 Alamy Images**: World History Archive (bd). **196 Bridgeman Images**: De Agostini Picture Library / G. Dagli Orti (cd). **197 Alamy Images**: Heritage Image Partnership Ltd (bi). **206 Alamy Images**: PAINTING (s). **207 Corbis**: Christie's Images (bi). **211 Alamy Images**: GL Archive (si). **212 TopFoto.co.uk**: Roger-Viollet (bi). **213 Corbis**: Leemage (sd). **215 Alamy Images**: Heritage Image Partnership Ltd (si). **217 Bridgeman Images**: Colección privada / Archives Charmet (sd). **218 Alamy Images**: World History Archive (si). **219 Getty Images**: DEA / M. Seemuller (bd). **223 Getty Images**: Science & Society Picture Library (bi). **224 Alamy Images**: Heritage Image Partnership Ltd (bi). **Getty Images**: Print Collector (sc). **225 Getty Images**: Stock Montage (si). **227 Bridgeman Images**: Wilberforce House, Hull City Museums and Art Galleries (Reino Unido) (si). **228 akg-images**: (bc). **233 Alamy Images**: Everett Collection Historical (si). **234 Getty Images**:

Popperfoto (bi). **235 Getty Images**: Keystone-France (bi). **237 Alamy Images**: World History Archive (bi). **Getty Images**: Science & Society Picture Library (sc). **239 TopFoto.co.uk**: (bi). **240 Alamy Images**: Peter Horree (sd). **241 Alamy Images**: INTERFOTO (sd). Getty Images: Imagno (bi). **245 Corbis**: (si, bi). **247 Corbis**: (bi). 249 The Library of Congress (Washington DC): (si). **251 Corbis**: AS400 DB (bi). **253 Alamy Images**: Pictorial Press Ltd (bi). The Library of Congress (Washington DC): (si). **255 Alamy Images**: liszt collection (si). **256 Getty Images**: Underwood Archives (bc). **257 Getty Images**: Science & Society Picture Library (bd). **259 Alamy Images**: The Print Collector (bi); Stock Montage, Inc. (sd). **261 Bridgeman Images**: Pictures from History (bi); Private Collection / Archives Charmet (sc). **263 Corbis**: Lebrecht Music & Arts / Lebrecht Music & Arts (bi). **Getty Images**: Hulton Archive (si). **272 Alamy Images**: World History Archive (bi). **Getty Images**: Fotosearch (sd). **274 Alamy Images**: Heritage Image Partnership Ltd (si). **275 Getty Images**: IWM (sd). **277 Alamy Images**: David Cole (sd). **278 TopFoto.co.uk**: ullsteinbild (bi). **279 Corbis**: AS400 DB (si). **282 Getty Images**: Keystone-France (bd). **283 Getty Images**: National Archives (sd). **285 Getty Images**: Imagno (sd). **289 Getty Images**: Hugo Jaeger (si). **290 Getty Images**: William Vandivert (bi). **292 Alamy Images**: Pictorial Press Ltd (si). Corbis: Bettmann (bd). **293 Alamy Images**: GL Archive (sd); MPVHistory (si). **295 Getty Images**: Keystone (si). **296 Alamy Images**: Everett Collection Inc (bc). **297 Corbis**: AS400 DB (sd). **299 Alamy Images**: Dinodia Photos (sd). **300 Alamy Images**: World History Archive (bi). **301 Getty Images**: Popperfoto (sd). **303 Alamy Images**: LOOK Die Bildagentur der Fotografen GmbH (sd). **Getty Images**: Horst Tappe (bi). **305 Bridgeman Images**: Pictures from History (bi). **Getty Images**: Universal History Archive (sd). **307 Corbis**: AS400 DB (bi). **Getty Images**: Mark Kauffman (sc). **309 Getty Images**: Alfred Eisenstaedt (bi); (c). **313 Naval History and Heritage Command**: NH 97908 (si). **315 Getty Images**: Miguel Vinas (si). Reuters: Prensa Latina (sd). **317 Getty Images**: Apic (bi). Pool 12 (si). **319 Getty Images**: Keystone-France (si). **320 Alamy Images**: Peter Jordan (sd). **Getty Images**: Stringer (bi). **323 Getty Images**: Gerard Malie (si). **329 Alamy Images**: WENN Ltd (si). **331 Alamy Images**: Stacy Walsh Rosenstock (bd). **332 Getty Images**: Spencer Grant (si). **333 Press Association Images**: Dominic Lipinski (bi). **336 Getty Images**: Art Rickerby (bd). **339 Getty Images**: alohaspirit (sd)

Las demás imágenes © Dorling Kindersley
Para más información: **www.dkimages.com**